Painéis e Relatórios do Excel Para leigos

As empresas e organizações estão sempre interessadas na BI (*inteligência de negócios*) — dados brutos que podem ser transformados em conhecimento de ação. Essa necessidade da inteligência de negócios manifesta-se de várias formas. Os painéis são mecanismos de relatório que fornecem a inteligência de negócios de uma forma gráfica. A maioria das análises de dados aproveita uma planilha, portanto, o Excel é uma parte inerente de qualquer portfólio de ferramentas de inteligência de negócios.

ADICIONANDO FONTES DE SÍMBOLOS AOS SEUS PAINÉIS E RELATÓRIOS DO EXCEL

Uma alternativa criativa para usar os conjuntos de ícones oferecidos com a formatação condicional é usar as várias fontes de símbolos que vêm com o Office. As fontes de símbolo são as Wingdings, Wingdings2, Wingdings3 e Webdings. Essas fontes mostram símbolos para cada caractere, em vez dos números e letras padrões.

Caractere	Fonte	Ícone	Caractere	Fonte	Ícone
3	Webdings	◀	f	Wingdings 3	←
4	Webdings	▶	g	Wingdings 3	→
5	Webdings	▲	h	Wingdings 3	↑
6	Webdings	▼	i	Wingdings 3	↓
l	Wingdings	●	j	Wingdings 3	↖
n	Wingdings	■	k	Wingdings 3	↗
t	Wingdings	♦	l	Wingdings 3	↙
P	Wingdings	☞	m	Wingdings 3	↘
C	Wingdings	👍	p	Wingdings 3	▲
D	Wingdings	👎	q	Wingdings 3	▼
J	Wingdings	☺	t	Wingdings 3	◀
K	Wingdings	☹	u	Wingdings 3	▶

CB055475

Painéis e Relatórios do Excel Para leigos

Caractere	Fonte	Ícone	Caractere	Fonte	Ícone
L	Wingdings	☹	r	Wingdings 3	△
O	Wingdings2	✗	s	Wingdings 3	▽
P	Wingdings2	✓	v	Wingdings 3	◁
Q	Wingdings2	☒	w	Wingdings 3	▷
R	Wingdings2	☑			

A ideia é simples. Crie uma fórmula que retorne um caractere, então, mude a fonte para que o símbolo desse caractere seja mostrado com base na fonte selecionada. Por exemplo, imagine que você queira testar se os valores na coluna A são maiores que 50. Você pode inserir a fórmula =IF (A1>50, "P", "O") em uma fonte padrão, como a Arial, e essa fórmula retornaria P ou O. Contudo, se você mudasse a fonte para Wingdings2, poderia ver uma marca de verificação ou um X.

	A	B	C
1		=IF(Q3>50,"P","O")	=IF(Q3>50,"P","O")
2		Arial Font	Wingdings2 Font
3	40	O	✗
4	50	O	✗
5	60	P	✓
6	70	P	✓

Painéis e Relatórios do Excel Para leigos

Painéis e Relatórios do Excel

Para leigos

Tradução da 3ª Edição

Michael Alexander
MVP da Microsoft

ALTA BOOKS
E D I T O R A
Rio de Janeiro, 2017

Painéis e Relatórios do Excel Para Leigos® — Tradução da 3ª Edição
Copyright © 2017 da Starlin Alta Editora e Consultoria Eireli. ISBN: 978-85-508-0083-7

Translated from original Excel® Dashboards & Reports For Dummies®, 3rd Edition by Michael Alexander. Copyright © 2016 by John Wiley & Sons, Inc. ISBN 978-1-119-07676-6. This translation is published and sold by permission of John Wiley & Sons, Inc., the owner of all rights to publish and sell the same. PORTUGUESE language edition published by Starlin Alta Editora e Consultoria Eireli, Copyright © 2017 by Starlin Alta Editora e Consultoria Eireli.

Todos os direitos estão reservados e protegidos por Lei. Nenhuma parte deste livro, sem autorização prévia por escrito da editora, poderá ser reproduzida ou transmitida. A violação dos Direitos Autorais é crime estabelecido na Lei nº 9.610/98 e com punição de acordo com o artigo 184 do Código Penal.

A editora não se responsabiliza pelo conteúdo da obra, formulada exclusivamente pelo(s) autor(es).

Marcas Registradas: Todos os termos mencionados e reconhecidos como Marca Registrada e/ou Comercial são de responsabilidade de seus proprietários. A editora informa não estar associada a nenhum produto e/ou fornecedor apresentado no livro.

Impresso no Brasil — 1ª Edição, 2017 - Edição revisada conforme o Acordo Ortográfico da Língua Portuguesa de 2009.

Obra disponível para venda corporativa e/ou personalizada. Para mais informações, fale com projetos@altabooks.com.br

Produção Editorial Editora Alta Books	**Gerência Editorial** Anderson Vieira	**Marketing Editorial** Silas Amaro marketing@altabooks.com.br	**Gerência de Captação e Contratação de Obras** autoria@altabooks.com.br	**Vendas Atacado e Varejo** Daniele Fonseca Viviane Paiva
Produtor Editorial Claudia Braga Thiê Alves	**Supervisão de Qualidade Editorial** Sergio de Souza			comercial@altabooks.com.br **Ouvidoria** ouvidoria@altabooks.com.br
Produtor Editorial (Design) Aurélio Corrêa	**Assistente Editorial** Renan Castro			
Equipe Editorial	Bianca Teodoro	Christian Danniel	Illysabelle Trajano	Juliana de Oliveira
Tradução Eveline Machado	**Revisão Gramatical** Marina Boscato Vivian Sbravatti	**Revisão Técnica** Ronaldo Roenick Engenheiro de Eletrônica pelo Instituto Militar de Engenharia (IME)	**Diagramação** Joyce Matos	

Erratas e arquivos de apoio: No site da editora relatamos, com a devida correção, qualquer erro encontrado em nossos livros, bem como disponibilizamos arquivos de apoio se aplicáveis à obra em questão.

Acesse o site www.altabooks.com.br e procure pelo título do livro desejado para ter acesso às erratas, aos arquivos de apoio e/ou a outros conteúdos aplicáveis à obra.

Suporte Técnico: A obra é comercializada na forma em que está, sem direito a suporte técnico ou orientação pessoal/exclusiva ao leitor.

Dados Internacionais de Catalogação na Publicação (CIP)
Vagner Rodolfo CRB-8/9410

A377p   Alexander, Michael

Painéis e relatórios do Excel para leigos / Michael Alexander ; traduzido por Eveline Machado. - Rio de Janeiro : Alta Books, 2017.
384 p. : il.; 17cm x 24cm.

Tradução de: Excel Dashboards & Reports for Dummies
Inclui índice.
ISBN: 978-85-508-0083-7

1. Excel. 2. Painéis. 3. Relatórios. I. Machado, Eveline. II. Título.

CDD 005
CDU 004.42

Rua Viúva Cláudio, 291 — Bairro Industrial do Jacaré
CEP: 20.970-031 — Rio de Janeiro (RJ)
Tels.: (21) 3278-8069 / 3278-8419
www.altabooks.com.br — altabooks@altabooks.com.br
www.facebook.com/altabooks — www.instagram.com/altabooks

Sobre o Autor

Michael Alexander tem certificado MCAD (Certificação da Microsoft para Desenvolvedor de Aplicativos) e mais de 15 anos de experiência em consultoria e desenvolvimento de soluções para o Office. É autor de vários livros sobre análise comercial usando o Access e o Excel da Microsoft. Foi nomeado MVP do Microsoft Excel por suas colaborações para a comunidade do Excel.

Dedicatória

À minha família.

Agradecimentos do Autor

Meus agradecimentos mais profundos aos profissionais na John Wiley & Sons, Inc., pelas horas de trabalho dedicadas para dar vida a este livro. Obrigado também a Mike Talley por sugerir várias melhorias nos exemplos e no texto do livro. Por fim, um agradecimento especial a Mary por suportar o tempo que passei trancado com este projeto.

Sumário Resumido

Introdução 1

Parte 1: Introdução aos Painéis e Relatórios do Excel 9
CAPÍTULO 1: Entrando no Clima do Painel 11
CAPÍTULO 2: Criando um Supermodelo 29

Parte 2: Criando Componentes Básicos do Painel 55
CAPÍTULO 3: Melhorando Suas Tabelas de Dados 57
CAPÍTULO 4: Conseguindo Inspiração com Minigráficos 73
CAPÍTULO 5: Formatação para Visualizações 87
CAPÍTULO 6: Tabela Dinâmica Principal 119

Parte 3: Criando os Componentes Avançados do Painel .. 155
CAPÍTULO 7: Gráficos que Mostram Tendência 157
CAPÍTULO 8: Agrupando e Movendo os Dados 181
CAPÍTULO 9: Exibindo o Desempenho em Relação a uma Meta 203

Parte 4: Técnicas Avançadas de Relatório 219
CAPÍTULO 10: Painel Carregado com Macros 221
CAPÍTULO 11: Dando aos Usuários uma Interface Interativa 237
CAPÍTULO 12: Adicionando Interatividade com Separadores Dinâmicos ... 259

Parte 5: Trabalhando com o Mundo Externo 277
CAPÍTULO 13: Usando Dados Externos para Seus Painéis e Relatórios 279
CAPÍTULO 14: Compartilhando Sua Pasta de Trabalho com o Mundo Externo ... 305

Parte 6: A Parte dos Dez 327
CAPÍTULO 15: Dez Princípios do Design Gráfico 329
CAPÍTULO 16: Dez Tipos de Gráficos do Excel e Quando Usá-los 343

Índice 349

Sumário

INTRODUÇÃO 1
    Sobre Este livro 3
    Penso que... 3
    Como Este Livro Está Organizado 4
        Parte 1: Introdução aos Painéis e Relatórios do Excel 4
        Parte 2: Criando os Componentes Básicos do Painel 4
        Parte 3: Criando os Componentes Avançados do Painel. 4
        Parte 4: Técnicas Avançadas de Relatório 5
        Parte 5: Trabalhando com o Mundo Externo. 5
        Parte 6: A Parte dos Dez 5
    Ícones Usados Neste Livro 5
    Além do Livro 6
    De Lá para Cá, Daqui para Lá 7

PARTE 1: INTRODUÇÃO AOS PAINÉIS E RELATÓRIOS DO EXCEL 9

CAPÍTULO 1: Entrando no Clima do Painel 11
    Definindo Painéis e Relatórios 12
        Definindo relatórios 12
        Definindo painéis 13
    Prepare-se para a Excelência 14
        Estabeleça o público e a finalidade para o painel 14
        Esboce as medidas do painel 15
        Catalogue as fontes de dados requeridas 16
        Defina as dimensões e os filtros do painel. 17
        Determine a necessidade de recursos detalhados 18
        Estabeleça a agenda de atualização 18
    Uma visão Rápida dos Princípios de Design do Painel. 18
        Regra número 1: Simplifique. 19
        Use o layout e a colocação para ter o foco 21
        Formate os números com eficiência 22
        Use títulos e legendas com eficiência 22
    Principais Perguntas a Fazer Antes de Distribuir seu Painel 23
        Meu painel apresenta as informações certas? 23
        Tudo em meu painel tem uma finalidade?. 24
        Meu painel exibe com destaque a mensagem principal? 24
        Posso manter este painel? 24
        Meu painel exibe claramente seu escopo e vida útil? 25
        Meu painel está bem documentado? 25
        Meu painel é de fácil utilização? 26
        Meu painel é preciso?. 26

CAPÍTULO 2: **Criando um Supermodelo** 29

Práticas Recomendadas de Modelagem de Dados 30
    Separando os dados, análise e apresentação 30
    Iniciando com dados devidamente estruturados 33
    Evitando transformar seu modelo de dados em um
      banco de dados 36
    Usando guias para documentar e organizar seu
      modelo de dados 37
    Testando seu modelo de dados antes de criar
      componentes de relatório nele 39
Funções do Excel que Cumprem o que Prometem 40
    Função PROCV 40
    Função PROCH 44
    Função Somarproduto 46
    Função ESCOLHER 49
Usando Tabelas Inteligentes que se Expandem com os Dados 50
    Convertendo uma faixa em uma tabela do Excel 52
    Convertendo uma tabela do Excel de volta em uma faixa 54

PARTE 2: CRIANDO COMPONENTES BÁSICOS DO PAINEL 55

CAPÍTULO 3: **Melhorando Suas Tabelas de Dados** 57

Princípios do Design da Tabela 58
    Use cores com moderação 58
    Retire a ênfase das bordas 60
    Use uma formatação de número eficiente 62
    Suavize suas legendas e cabeçalhos 63
Ficando elegante com uma Formatação de Números
    Personalizada 65
    Noções básicas da formatação de números 65
    Formatando números com milhares e milhões 67
    Ocultando e cortando os zeros 69
    Aplicando cores personalizadas no formato 70
    Formatando datas e horas 71

CAPÍTULO 4: **Conseguindo Inspiração com Minigráficos** 73

Introdução aos Minigráficos 74
Entendendo os Minigráficos 75
    Criando minigráficos 76
    Entendendo os grupos de minigráficos 78
Personalizando os Minigráficos 79
    Dimensionando e mesclando as células dos minigráficos ... 79
    Lidando com os dados ocultos ou ausentes 80
    Alterando o tipo do minigráfico 81
    Alterando as cores e a largura da linha do minigráfico 81
    Usando cor para enfatizar os principais pontos de dados ... 81

      Ajustando o dimensionamento do eixo do minigráfico........82
      Improvisando uma linha de referência......................83
      Especificando um eixo de data.............................84
      Atualizando automaticamente os intervalos dos minigráficos...86

CAPÍTULO 5: Formatação para Visualizações....................87

Aperfeiçoando os Relatórios com uma Formatação Condicional...88
      Aplicando uma formatação condicional básica...............88
      Adicionando manualmente suas próprias regras
        de formatação..96
      Mostrando apenas um ícone..............................100
      Mostrando Barras de Dados e ícones fora das células.......102
      Representando as tendências com Conjuntos de Ícones.....104
Usando Símbolos para Aperfeiçoar o Relatório..................106
Manuseando a Magnífica Ferramenta Câmera..................110
      Encontrando a ferramenta Câmera.......................110
      Usando a ferramenta Câmera............................111
      Aperfeiçoando um painel com a ferramenta Câmera.......113
Fazendo Waffles com a Formatação Condicional e
   a Ferramenta Câmera......................................114

CAPÍTULO 6: Tabela Dinâmica Principal.......................119

Uma Introdução à Tabela Dinâmica...........................120
As Quatro Áreas de uma Tabela Dinâmica.....................120
      Área dos Valores......................................120
      Área da Linha...121
      Área da Coluna.......................................122
      Área do Filtro..122
Criando Sua Primeira Tabela Dinâmica........................123
      Alterando e reorganizando sua tabela dinâmica............126
      Adicionando um filtro do relatório........................127
      Mantendo sua tabela dinâmica atualizada.................128
Personalizando os Relatórios da Tabela Dinâmica...............131
      Alterando o layout da tabela dinâmica....................131
      Personalizando os nomes do campo......................132
      Aplicando formatos numéricos nos campos de dados.......133
      Alterando os cálculos de sumarização....................134
      Suprimindo os subtotais...............................135
      Mostrando e ocultando os itens de dados.................138
      Ocultando ou mostrando os itens sem dados..............140
      Classificando sua tabela dinâmica........................142
Criando Exibições Úteis Baseadas na Tabela Dinâmica...........143
      Produzindo exibições superiores e inferiores...............143
      Criando exibições por mês, trimestre e ano................148
      Criando uma exibição de distribuição de porcentagem......150
      Criando uma exibição de totais acumulados no ano........152
      Criando uma exibição de variação de mês sobre mês......153

PARTE 3: CRIANDO OS COMPONENTES AVANÇADOS DO PAINEL 155

CAPÍTULO 7: **Gráficos que Mostram Tendência** 157
Prós e Contras da Tendência 158
    Usando tipos de gráfico adequados para a tendência 158
    Iniciando a escala vertical em zero 160
    Aproveitando a escala logarítmica do Excel................. 161
    Aplicando o gerenciamento criativo da legenda 163
Tendência Comparativa 166
    Criando comparações de tempos lado a lado................. 166
    Criando comparações de tempos empilhadas 168
Tendência com um eixo secundário 169
Enfatizando os Períodos de Tempo............................... 172
    Formatando períodos específicos........................... 172
    Usando divisores para marcar eventos importantes.......... 174
    Representando previsões em seus componentes de tendência 175
Outras Técnicas para mostrar Tendência........................ 176
    Evitando a sobrecarga com a tendência direcional 176
    Suavizando os dados 178

CAPÍTULO 8: **Agrupando e Movendo os Dados** 181
Criando Exibições dos Primeiros e Últimos 182
    Incorporando exibições dos primeiros e últimos nos painéis 182
    Usando tabelas dinâmicas para obter exibições dos primeiros e últimos 183
Primeiros Valores nos Gráficos................................. 186
Usando Histogramas para Controlar as Relações e a Frequência.. 190
    Criando um histograma baseado em fórmulas................. 191
    Adicionando uma porcentagem cumulativa 193
    Usando uma tabela dinâmica para criar um histograma 197
    Usando o gráfico estatístico Histograma do Excel 199

CAPÍTULO 9: **Exibindo o Desempenho em Relação a uma Meta** 203
Mostrando o Desempenho com Variação 204
Mostrando o Desempenho em Relação às Tendências Organizacionais 205
Usando um Gráfico no Estilo Termômetro........................ 206
Usando um Gráfico com Marcas 207
    Criando um gráfico com marcas 208
    Adicionando dados ao seu gráfico com marcas 212

Considerações finais sobre a formatação dos gráficos
com marcas 213
Mostrando o Desempenho em Relação a um Intervalo
de Meta 216

PARTE 4: TÉCNICAS AVANÇADAS DE RELATÓRIO 219

CAPÍTULO 10: Painel Carregado com Macros 221

Por que Usar uma Macro? 222
Gravando sua Primeira Macro 223
Executando Suas Macros 226
Ativando e Confiando nas Macros 230
    Entendendo as extensões de arquivo habilitadas
    para macros 230
    Ativando o conteúdo da macro 230
    Configurando locais confiáveis 231
Examinado Alguns Exemplos de Macros 232
    Criando botões de navegação 232
    Reorganizando dinamicamente os dados da
    tabela dinâmica 233
    Oferecendo opções de relatório com um toque 234

CAPÍTULO 11: Dando aos Usuários uma Interface Interativa 237

Introdução aos Controles de Formulário 238
    Encontrando os controles de Formulário 238
    Adicionando um controle a uma planilha 240
Usando o Controle Botão 241
Usando o Controle Caixa de Seleção 242
Ativando e Desativando uma Série de Gráficos 243
Usando o Controle Botão de Opção 246
Mostrando muitas Exibições por Meio de Um Gráfico 247
Usando o Controle Caixa de Combinação 250
Alterando os Dados do Gráfico com um Seletor Suspenso 251
Usando um Controle Caixa de Listagem 253
Controlando Vários Gráficos com Um Seletor 254

CAPÍTULO 12: Adicionando Interatividade com Separadores Dinâmicos 259

Entendendo os Separadores 260
Criando um Separador Padrão 262
Ficando Elegante com as Personalizações dos Separadores 264
    Tamanho e colocação 264
    Colunas dos itens de dados 265
    Outras definições do separador 266
    Criando seu próprio estilo de separador 266

Controlando Várias Tabelas Dinâmicas com Um Separador......269
Criando um Separador da Linha do Tempo....................270
Usando Separadores como Controles de Formulário..........273

PARTE 5: TRABALHANDO COM O MUNDO EXTERNO...277

CAPÍTULO 13: Usando Dados Externos para Seus Painéis e Relatórios...279

Importando Dados do Microsoft Access.....................280
    Método de arrastar e soltar..........................280
    Assistente de Exportação do Microsoft Access.............281
    Ícone Obter Dados Externos..........................283
Importando Dados do SQL Server..........................287
Aproveitando a Consulta Avançada para Extrair e Transformar os Dados...............................290
    Revisando o básico da Consulta Avançada................291
    Entendendo as etapas da consulta......................297
    Atualizando os dados da Consulta Avançada..............299
    Gerenciando as consultas existentes...................300
    Examinando os tipos de conexão da Consulta Avançada.....302

CAPÍTULO 14: Compartilhando Sua Pasta de Trabalho com o Mundo Externo..............................305

Protegendo Seus Painéis e Relatórios.......................306
    Protegendo o acesso à pasta de trabalho inteira...........306
    Limitando o acesso a intervalos específicos de planilhas.....309
    Protegendo a estrutura da pasta de trabalho..............313
Vinculando Seus Painéis do Excel ao PowerPoint.............314
    Criando um vínculo entre o Excel e o PowerPoint..........315
    Atualizando manualmente os vínculos para capturar as atualizações..............................316
    Atualizando automaticamente os vínculos................318
Distribuindo Seus Painéis via PDF..........................319
Distribuindo Seus Painéis para o OneDrive..................321
Limitações ao Publicar na Web............................325

PARTE 6: A PARTE DOS DEZ...................................327

CAPÍTULO 15: Dez Princípios do Design Gráfico................329

Evite uma Formatação Extravagante.......................330
Tire o Lixo Desnecessário do Gráfico......................331
Formate os Números Grandes Onde For Possível.............334
Use Tabelas, não use legendas...........................335
Faça Um Uso Eficiente dos Títulos do Gráfico................337
Classifique Seus Dados antes de Representar em Gráficos......337

Limite o Uso dos Gráficos de Pizza 338
Não Tenha Medo de Analisar os Dados em Gráficos Separados .. 339
Mantenha as Devidas Proporções 341
Não Tenha Medo de Usar Algo Diferente de um Gráfico 342

CAPÍTULO 16: Dez Tipos de Gráficos do Excel e Quando Usá-los 343

Gráfico de Linhas 344
Gráfico de Colunas 344
Gráfico de Colunas Agrupadas 345
Gráfico de Colunas Empilhadas 345
Gráfico de Pizza 346
Gráfico de Barras 346
Gráfico de Área 347
Gráfico de Combinação 347
Gráfico de Dispersão XY 348
Gráfico de Bolhas 348

ÍNDICE 349

Introdução

O termo *inteligência de negócios (em inglês, Business Inteligence)*, criado por Howard Dresner da Gartner, Inc., descreve o conjunto de conceitos e métodos para melhorar a tomada de decisão empresarial usando sistemas de suporte baseados em fatos. Na prática, BI é o que você obtém quando analisa os dados brutos e transforma essa análise em conhecimento. A BI pode ajudar uma organização a identificar as oportunidades de corte de custos, revelar novas oportunidades comerciais, reconhecer ambientes comerciais que mudam, identificar anomalias dos dados e criar relatórios amplamente acessíveis.

Nos últimos anos, o conceito de BI surpreendeu os executivos de empresas ansiosos para transformar quantidades impossíveis de dados em conhecimento. Como resultado dessa tendência, indústrias inteiras foram criadas. Revendedores de software que focam na BI e no painel estão saindo da obscuridade. Novas empresas de consultoria com conhecimento em BI estão aparecendo quase toda semana. E até os provedores de soluções corporativas tradicionais, como a Business Objects e SAP, estão oferecendo novas capacidades de BI.

Esta necessidade da BI manifestou-se de muitas formas. Mais recentemente, apareceu na forma de uma febre de painéis. Os painéis são mecanismos de relatório que fornecem inteligência empresarial de uma forma gráfica.

Talvez *você* tenha tido uma febre de painéis. Ou talvez seu gerente a esteja passando para você. Todavia, provavelmente você está segurando este livro porque foi solicitado a criar soluções de BI (ou seja, painéis) no Excel.

Embora muitos gerentes TI zombem do pensamento de usar o Excel como uma ferramenta BI, o programa é uma parte inerente do portfólio de ferramentas BI corporativas. Se os gerentes de TI estão entusiasmados ou não em reconhecê-lo, a maioria da análise de dados e relatórios feitos nos negócios hoje é realizada usando uma planilha. Você tem vários motivos significativos para usar o Excel como a plataforma para seus painéis e relatórios, inclusive

» **Familiaridade com a ferramenta:** Se você trabalha no mundo corporativo dos Estados Unidos, tem experiência com a linguagem do Excel. Você pode enviar até para o mais veterano dos vice-presidentes seniores uma ferramenta de relatório baseada no Excel e confiar que ele saberá o que fazer com ela. Com um processo de relatórios do Excel, seus usuários gastam menos tempo descobrindo como usar a ferramenta e mais tempo vendo os dados.

» **Flexibilidade embutida:** Na maioria das soluções corporativas de painéis, a capacidade de fazer uma análise fora das exibições predefinidas está desativada ou indisponível. Quantas vezes você colocou os dados da empresa no Excel para que você mesmo pudesse analisá-los? Eu já fiz isso. Você pode apostar que se der aos usuários um mecanismo de relatório inflexível, eles farão o que é necessário para criar seus próprios relatórios úteis. No Excel, recursos como tabelas dinâmicas, filtros automáticos e controles de Formulário permitem criar mecanismos que não limitam seu público a uma exibição. E como você pode ter várias planilhas em uma pasta de trabalho, pode dar ao seu público espaço para fazer sua própria análise quando necessário.

» **Desenvolvimento rápido:** Criar suas próprias capacidades de relatório no Excel pode liberá-lo dos limites de recursos e tempo do departamento de TI. Com o Excel, você não só pode desenvolver mecanismos de relatório de forma mais rápida, como também tem a flexibilidade de se adaptar prontamente às exigências dinâmicas.

» **Conectividade dos dados avançada e capacidade de automação:** O Excel não é um aplicativo de brinquedo como pensam alguns gerentes de TI. Com sua própria linguagem de programação nativa e seu modelo de objetos robusto, o Excel pode ser usado para automatizar os processos e até conectar várias fontes de dados. Com algumas técnicas avançadas, você pode tornar o Excel um mecanismo de relatório prático que quase é executado por si só.

» **Poucos ou sem custos maiores:** Nem todos nós podemos trabalhar para empresas multimilionárias que podem ter soluções de relatório no âmbito corporativo. Na maioria das empresas, o financiamento para novos computadores e servidores é limitado, o que dirá financiamento para pacotes de relatórios caros de BI. Para essas empresas, aproveitar o Microsoft Office é realmente o modo mais eficiente de fornecer as principais ferramentas de relatório comerciais sem comprometer demais a utilização e funcionalidade.

Dito isso, é verdade que o Excel tem tantas funções e ferramentas de relatório que é difícil saber por onde começar. Acolha o autor humilde, incorporado em suas mãos por este livro. Aqui, mostro como você pode tornar o Excel sua própria ferramenta BI pessoal. Usando alguns fundamentos e nova funcionalidade da BI que a Microsoft incluiu nesta última versão do Excel, você pode informar dados com tabelas simples até criar componentes de relatório significativos que certamente impressionarão a gerência.

Sobre Este livro

O objetivo deste livro é mostrar como aproveitar a funcionalidade do Excel para criar e gerenciar mecanismos melhores de relatórios. Cada capítulo fornece uma revisão completa dos conceitos técnicos e analíticos que ajudam a criar melhores componentes de relatório — que podem ser usados para painéis e relatórios. É importante observar que este livro não é um guia de práticas recomendadas para visualizações ou painéis — embora esses temas mereçam ter um livro próprio. Esta obra está focada nos aspectos técnicos de usar as várias ferramentas e funcionalidades do Excel e aplicá-las nos relatórios.

Os capítulos aqui apresentados foram feitos para serem independentes, para que você possa consultá-los seletivamente quando precisar. Ao avançar, você conseguirá criar componentes de painéis e relatórios cada vez mais sofisticados. Depois de ler o livro, você conseguirá

- Analisar grandes quantidades de dados e informá-los de um modo significativo.
- Ter melhor visibilidade nos dados a partir de diferentes perspectivas.
- Separar rapidamente os dados em várias visões de modo independente.
- Automatizar análises e relatórios redundantes.
- Criar processos de relatórios interativos.

Penso que...

Fiz três suposições sobre você como leitor. Suponho que você

- Já tem o Microsoft Excel instalado.
- Tem certa familiaridade com os conceitos básicos da análise de dados, como trabalhar com tabelas, agregar dados e fazer cálculos.
- Tem uma boa compreensão dos conceitos básicos do Excel, como gerenciar as estruturas da tabela, criar fórmulas, referenciar células, filtrar e classificar.

Como Este Livro Está Organizado

Os capítulos neste livro estão organizados em seis partes. Cada uma delas inclui capítulos que se baseiam na instrução dos capítulos anteriores. A ideia é que você percorra cada parte, consiga criar painéis com complexidade aumentada até ser um guru de relatórios do Excel.

Parte 1: Introdução aos Painéis e Relatórios do Excel

A Parte I ajuda você a pensar em seus dados em termos de criar painéis e relatórios eficientes. O Capítulo 1 apresenta o tópico dos painéis e relatórios, dando alguns fundamentos e regras básicas para criar painéis e relatórios eficientes. O Capítulo 2 mostra alguns conceitos em torno da estrutura de dados e do layout. Nesse capítulo, você aprenderá sobre o impacto de um conjunto de dados mal planejado e descobrirá as práticas recomendadas para configurar os dados de origem para seus painéis e relatórios.

Parte 2: Criando os Componentes Básicos do Painel

Na Parte II, você tem uma visão profunda de alguns componentes básicos do painel que poderá criar usando o Excel. O Capítulo 3 inicia com os fundamentos do design das tabelas de dados eficientes. O Capítulo 4 mostra como você pode aproveitar a funcionalidade Minigráfico encontrada no Excel. O Capítulo 5 fornece uma visão das várias técnicas que você pode usar para visualizar os dados sem usar gráficos. O Capítulo 6 finaliza esta seção do livro introduzindo as tabelas dinâmicas e analisando como uma tabela dinâmica pode desempenhar um papel perfeito nos painéis baseados no Excel.

Parte 3: Criando os Componentes Avançados do Painel

Na Parte III, você vai além do básico para ver alguns componentes avançados do gráfico que podem ser criados com o Excel. Essa parte consiste em três capítulos, começando com o Capítulo 7, no qual demonstro como representar a tendência do tempo, tendência sazonal, médias móveis e outros tipos de tendência nos painéis. No Capítulo 8, você explora os muitos métodos usados para *mover* os dados — colocá-los em grupos para o relatório, em outras palavras. Por fim, o Capítulo 9 demonstra algumas técnicas de gráficos que podem ajudar a exibir e medir valores versus objetivos.

Parte 4: Técnicas Avançadas de Relatório

A Parte IV foca nas técnicas que podem ajudar a automatizar seus processos de relatório e dar aos seus usuários uma interface do usuário interativa. O Capítulo 10 fornece uma compreensão clara de como as macros podem ser aproveitadas para sobrecarregar e automatizar seus sistemas de relatórios. O Capítulo 11 mostra como você pode fornecer aos seus clientes uma interface simples, permitindo que eles naveguem facilmente em (e interajam com) seus sistemas de relatórios. O Capítulo 12 mostra como os separadores dinâmicos podem adicionar capacidades de filtragem interativas a seu relatório dinâmico.

Parte 5: Trabalhando com o Mundo Externo

O tema na Parte V é importar e exportar informações para o Excel e a partir dele. O Capítulo 13 explora alguns modos de incorporar dados que não se originam no Excel. Nesse capítulo, você descobre como importar os dados de fontes externas, assim como criar sistemas que permitem a atualização dinâmica das fontes de dados externas. O Capítulo 14 finaliza o livro sobre os painéis e relatórios do Excel mostrando os vários modos de distribuir e apresentar seu trabalho.

Parte 6: A Parte dos Dez

A Parte VI é a seção Parte dos Dez clássica encontrada nos títulos da série *Para Leigos*. Os capítulos encontrados aqui apresentam 10 ou mais pérolas de sabedoria, fornecidas em pequenas partes. No Capítulo 15, compartilho com você 10 ou mais práticas recomendadas de criação de gráficos, ajudando-o a projetar gráficos mais eficientes. O Capítulo 16 oferece um resumo dos 10 tipos de gráficos mais usados, juntamente com conselhos sobre quando usar cada um.

Ícones Usados Neste Livro

Ao ler este livro, verá ícones nas margens que indicam o material de interesse (ou não, conforme o caso). Esta seção descreve resumidamente cada ícone no livro.

As dicas são boas porque ajudam a economizar tempo ou realizar uma tarefa sem ter que fazer muito trabalho extra. As dicas neste livro são técnicas rápidas ou indicadores para os recursos que você deveria experimentar para tirar o máximo proveito do Excel.

 Tente evitar fazer qualquer coisa marcada com um ícone Cuidado, a qual (como se pode esperar) representa um tipo de perigo.

 Sempre que você vir este ícone, pense em uma dica ou técnica *avançada*. Você pode achar essas informações úteis chatas demais ou podem conter a solução necessária para fazer um programa ser executado. Pule-as sempre que quiser.

 Se você não aprender nada de determinado capítulo ou seção, lembre-se do material marcado por este ícone. Em geral, esse texto contém um processo essencial ou uma parte de informação que você deve lembrar.

Além do Livro

Muito conteúdo extra que você não encontra neste livro está disponível em www.altabooks.com.br, procurando pelo título do livro. Fique online para descobrir o seguinte:

» **Os arquivos Excel usados nos exemplos**

Este livro contém muitos exercícios nos quais você cria e modifica as tabelas e os arquivos da pasta de trabalho do Excel. Se você quiser seguir os exercícios, mas não tem tempo, digamos, para criar sua própria tabela de dados, baixe os dados em www.altabooks.com.br, procurando pelo título do livro.

» **Você encontra a Folha de Cola para este livro em**

www.altabooks.com.br, procurando pelo título do livro. Aqui, você encontrará uma visão extra de como pode usar fontes elegantes, como Wingdings e Webdings, para adicionar visualizações aos seus painéis e relatórios. Você também encontrará uma lista de websites que poderá visitar para ter ideias e novas perspectivas sobre como criar os painéis.

» **As atualizações e erratas deste livro, se houver, também estão disponíveis em**

www.altabooks.com.br, procurando pelo título do livro.

» **Todas as figuras deste livro também podem ser encontradas em**

www.altabooks.com.br, procurando pelo título do livro.

De Lá para Cá, Daqui para Lá

É hora de iniciar sua aventura pelos painéis no Excel! Se você for novato no assunto, comece no Capítulo 1 e avance no livro com um ritmo que permita absorver o máximo de material possível. Se for um gênio no Excel, vá para a Parte III, que cobre os tópicos avançados.

1 Introdução aos Painéis e Relatórios do Excel

NESTA PARTE . . .

Descubra como pensar em seus dados em termos de criar painéis e relatórios eficientes.

Tenha uma compreensão sólida dos fundamentos e regras básicos para criar painéis e relatórios eficientes.

Descubra as práticas recomendadas para configurar os dados de origem para seus painéis e relatórios.

Explore as principais funções do Excel que ajudam a criar modelos de painéis eficientes.

> **NESTE CAPÍTULO**
> Comparando painéis com relatórios
> Começando com o pé direito
> Práticas recomendadas de painel

Capítulo 1
Entrando no Clima do Painel

Na música "New York State of Mind", Billy Joel lamenta as diferenças entre Califórnia e Nova Iorque. Nessa homenagem à Big Apple, ele insinua um clima e sentimento que vêm ao pensar em Nova Iorque. Admito que é um esforço, mas estenderei essa analogia ao Excel — não ria.

No Excel, as diferenças entre criar um painel e criar análises padrão baseadas em tabelas são tão boas quanto as diferenças entre Califórnia e Nova Iorque. Para abordar um projeto de painéis, você realmente precisa entrar no clima do painel. Como perceberá nos próximos capítulos, o painel requer muito mais preparação do que as análises padrão do Excel. Requer uma comunicação mais próxima com os líderes empresariais e o seguimento de algumas práticas recomendadas. É bom ter uma familiaridade básica com os conceitos fundamentais do painel antes de se aventurar na mecânica de criar um.

Neste capítulo, você terá uma sólida compreensão desses conceitos básicos do painel e princípios de design, assim como o que é necessário para preparar um projeto de painel.

Definindo Painéis e Relatórios

Não é difícil usar *relatório* e *painel* alternadamente. Na verdade, a linha entre os relatórios e os painéis se confunde com frequência. Vi incontáveis relatórios referidos como painéis só porque eles incluíam alguns gráficos. Do mesmo modo, vi muitos exemplos que poderiam ser considerados painéis, mas eram chamados de relatórios.

Agora, isso pode parecer semântica, mas é útil para esclarecer as coisas e entender os principais atributos do que é considerado relatório e painel.

Definindo relatórios

Provavelmente, o relatório é a aplicação mais comum da BI (inteligência de negócios). Um *relatório* pode ser descrito como um documento que contém os dados usados para ler ou exibir. Pode ser tão simples quanto uma tabela de dados ou tão complexo quanto uma exibição subtotalizada com listas suspensas interativas, parecidas com a funcionalidade Subtotal ou Tabela Dinâmica do Excel.

O principal atributo de um relatório é que ele não leva o leitor a uma conclusão predefinida. Embora os relatórios possam incluir análise, agregações e até gráficos, eles geralmente permitem que os usuários finais apliquem seu próprio julgamento e análise nos dados.

Para esclarecer o conceito, a Figura 1-1 mostra um exemplo de relatório, o qual possui estatísticas sobre visitantes do Parque Nacional por período. Embora esses dados possam ser úteis, é claro que esse relatório não está direcionando o leitor a nenhum julgamento ou análise predefinida; simplesmente está apresentando os dados agregados.

FIGURA 1-1: Os relatórios apresentam os dados para a exibição, mas não levam os leitores a conclusões.

A	B	C	D	E	F
Número de Visitantes (milhares)					
	2001	2002	2003	2004	2005
PN Great Smoky Mountains	9.198	9.316	9.367	9.167	9.192
PN Grand Canyon	4.105	4.002	4.125	4.326	4.402
PN Yosemite	3.369	3.362	3.379	3.281	3.304
PN Olympic	3.416	3.691	3.225	3.074	3.143
PN Yellowstone	2.759	2.974	3.019	2.868	2.836
PN Rocky Mountain	3.140	2.988	3.067	2.782	2.798
PN Cuyahoga Valley	3.123	3.218	2.880	3.306	2.534
PN Zion	2.218	2.593	2.459	2.677	2.587
PN Grand Teton	2.535	2.613	2.356	2.360	2.463
PN Acadia	2.517	2.559	2.431	2.208	2.051
PN Glacier	1.681	1.906	1.664	2.034	1.925
PN Hot Springs	1.297	1.440	1.561	1.419	1.340
PN Hawaii Volcanoes	1.343	1.111	992	1.307	1.661

Definindo painéis

Um *painel* é uma interface visual que fornece exibições imediatas das principais medidas relevantes para determinado objetivo ou processo empresarial. Os painéis têm três atributos principais:

» Os painéis são geralmente gráficos por natureza, fornecendo visualizações que ajudam a focar a atenção nas principais tendências, comparações e exceções.

» Os painéis geralmente mostram apenas os dados que são relevantes para seu objetivo.

» Como os painéis são projetados com uma finalidade ou objetivo específico, eles contêm, inerentemente, conclusões predefinidas que liberam o usuário final de realizar sua própria análise.

A Figura 1-2 mostra um painel que usa os mesmos dados mostrados na Figura 1-1. Esse painel mostra informações-chave sobre as estatísticas dos visitantes que pernoitam no Parque Nacional. Como você pode ver, essa apresentação tem todos os atributos principais que definem um painel. Primeiro, é uma exibição visual que permite reconhecer rapidamente a tendência geral das estatísticas dos visitantes que pernoitam. Segundo, você pode ver que nem todos os dados detalhados são mostrados aqui — você vê apenas as principais informações, relevantes para dar suporte ao objetivo do painel, que, neste caso, seria ter algumas ideias sobre quais parques precisariam de alguns recursos adicionais para aumentar as taxas de visitantes. Por fim, em virtude de seu objetivo, esse painel apresenta, efetivamente, uma análise e conclusões sobre a tendência dos visitantes que pernoitam.

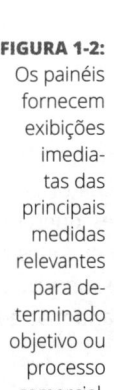

FIGURA 1-2: Os painéis fornecem exibições imediatas das principais medidas relevantes para determinado objetivo ou processo comercial.

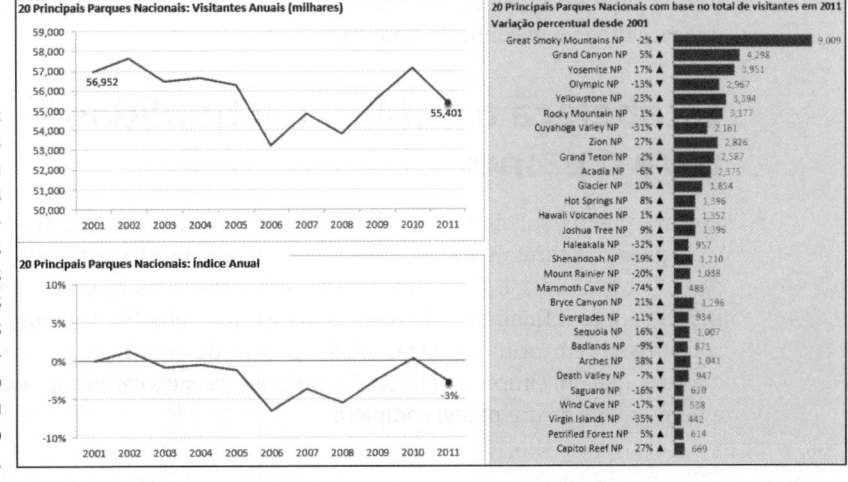

CAPÍTULO 1 **Entrando no Clima do Painel** 13

Prepare-se para a Excelência

Imagine que seu gerente peça a você para criar um painel que informe tudo que ele deveria saber sobre as assinaturas dos serviços mensais. Você parte para a ação e reúne tudo o que vem à mente? Tenta adivinhar o que ele deseja ver e espera que seja útil? Essas perguntas parecem ridículas, mas situações assim são mais frequentes do que você pensa. Sou sempre chamado para criar a próxima ferramenta incrível de relatório, mas raramente tenho tempo para reunir as verdadeiras exigências para ela. Entre as informações limitadas e os prazos irreais, o produto final geralmente acaba sendo inútil ou tendo pouco valor.

Isso me leva a uma das principais etapas ao preparar o painel: coletar as exigências do usuário.

No mundo não TI do analista Excel, as exigências do usuário são praticamente inúteis por causa das mudanças rápidas no escopo do projeto, alterando constantemente as prioridades e mexendo nos prazos. A reunião das exigências do usuário é vista como sendo muito trabalhosa e uma perda de tempo valioso no ambiente empresarial sempre dinâmico. Mas, como mencionei no início deste capítulo, está na hora de entrar no clima do painel.

Considere quantas vezes um gerente pediu a você uma análise e depois disse: "Não, eu queria assim". Ou "Agora percebo que preciso disto". Por mais frustrante que possa ser uma única análise, imagine fazer isso sempre de novo durante a criação de um painel complexo com vários processos de integração dos dados. A pergunta é: você preferiria gastar seu tempo na parte inicial reunindo as exigências do usuário ou reconstruindo com cuidado o painel que certamente odiará?

O processo de reunir as exigências do usuário não tem que ser complicado nem formal. Aqui estão algumas coisas simples que você pode fazer para assegurar que terá uma ideia sólida da finalidade do painel.

Estabeleça o público e a finalidade para o painel

Provavelmente, solicitaram que seu gerente criasse o mecanismo de relatório e ele passou a tarefa para você. Não tenha medo de perguntar sobre a origem da solicitação inicial. Converse com os solicitantes sobre o que eles querem. Discuta sobre a finalidade do painel e os gatilhos que fizeram com que eles o solicitassem em primeiro lugar. Vocês podem descobrir, depois de discutir a questão, que um simples relatório do Excel atende suas carências, abandonando a necessidade de um painel completo.

Se um painel for realmente justificado, converse sobre quem são os usuários finais. Reserve um tempo para encontrar alguns desses usuários para falar sobre como eles usariam o painel. O painel será usado como uma ferramenta de desempenho para os gerentes regionais? O painel será usado para compartilhar dados com os clientes externos? Falar sobre esses fundamentos com as pessoas certas ajudará a alinhar seus pensamentos e evitará a criação de um painel que não atende as exigências necessárias.

Esboce as medidas do painel

A maioria dos painéis é projetada em torno de um conjunto de medidas ou *indicadores-chave de desempenho (KPIs)*. Um KPI é um indicador do desempenho de uma tarefa considerada essencial para as operações ou processos diários. A ideia é que um KPI mostre o desempenho que está fora da faixa normal de uma determinada medida, portanto, geralmente sinaliza a necessidade de atenção e intervenção. Embora as medidas colocadas em seus painéis possam não ser chamadas oficialmente de KPIs, sem dúvida alguma servem à mesma finalidade — chamar a atenção para as áreas problemáticas.

LEMBRE-SE

O tópico da criação de KPIs eficientes para sua organização é um assunto que merece um livro próprio e está fora do escopo deste trabalho. Para obter um guia detalhado sobre as estratégias de desenvolvimento do KPI, veja o livro *Key Performance Indicators: Developing, Implementing, and Using Winning KPIs* de David Parmenter (Wiley Publishing, Inc.). Esse livro fornece uma excelente abordagem passo a passo para o desenvolvimento e a implementação dos KPIs.

As medidas usadas em um painel devem dar suporte à finalidade inicial dele. Por exemplo, se você estiver criando um painel focado nos processos das cadeias de fornecimento, pode não fazer sentido incorporar dados da quantidade de funcionários de recursos humanos. Geralmente, o ideal é evitar dados irrelevantes em seus painéis simplesmente para preencher o espaço em branco ou porque os dados estão disponíveis. Se os dados não derem suporte à finalidade principal do painel, omita-os.

DICA

Outra dica: ao reunir as medidas requeridas para o painel, acho que geralmente ajuda escrever uma frase para descrever a medida necessária. Por exemplo, em vez de simplesmente adicionar a palavra *Rendimento* nas minhas exigências do usuário, escrevo o que chamo de *pergunta do componente*, como: "Qual é a tendência de rendimento geral nos últimos dois anos?". Chamo isso de *pergunta do componente* porque pretendo criar um único componente, como um gráfico ou uma tabela, para responder à pergunta. Por exemplo, se a pergunta do componente for "Qual é a tendência de rendimento geral dos últimos dois anos?", você poderá imaginar um componente do gráfico respondendo a essa pergunta mostrando a tendência de rendimento dos dois anos.

Algumas vezes levo essa etapa mais longe e, de fato, incorporo perguntas do componente em um layout simulado do painel para ter uma ideia de alto nível dos dados que o painel irá requerer. A Figura 1-3 mostra um exemplo.

Cada caixa nesse modelo de layout do painel representa um componente e sua posição aproximada. As perguntas em cada caixa fornecem uma noção dos tipos de dados necessários para criar as medidas do painel.

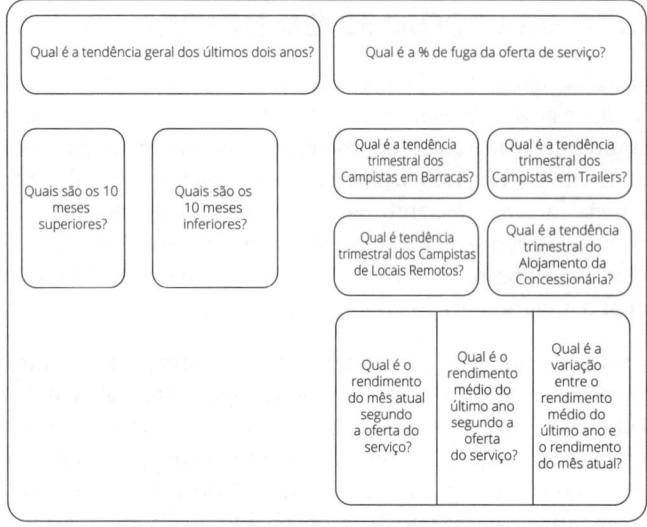

FIGURA 1-3: Cada caixa neste modelo de layout do painel representa um componente e o tipo de dados requerido para criar as medidas.

Catalogue as fontes de dados requeridas

Quando você tiver a lista de medidas necessárias para incluir no painel, será importante ter uma contagem dos sistemas disponíveis para determinar se os dados requeridos para produzir essas medidas estão disponíveis. Faça a si mesmo as seguintes perguntas:

- » Você tem acesso às fontes de dados necessárias?
- » Com que frequência essas fontes de dados são atualizadas?
- » Quem possui e mantém essas fontes de dados?
- » Quais são os processos para obter os dados desses recursos?
- » Os dados sequer existem?

São todas perguntas que você precisa responder ao negociar o tempo de desenvolvimento do painel, intervalos de atualização dos dados e gerenciamento das mudanças.

DICA A sabedoria convencional diz que as medidas em seu painel não devem ser governadas pela disponibilidade dos dados. Pelo contrário, você deve permitir que os KPIs do painel e as medidas governem as fontes de dados em sua organização. Embora eu concorde com a essência dessa declaração, estive envolvido em muitos projetos de painel que não deram certo por falta de dados. A experiência real me ensinou a diferença entre o *ideal* e a *tentativa*.

Se sua estratégia organizacional requer que você colete e meça dados inexistentes ou indisponíveis, pressione o botão Pausa no projeto do painel e direcione sua atenção para criar um mecanismo de coleta de dados que obterá os dados necessários.

Defina as dimensões e os filtros do painel

No contexto do relatório, uma *dimensão* é uma categoria de dados usada para organizar os dados empresariais. Exemplos de dimensões são Região, Mercado, Filial, Gerente ou Funcionário. Quando você define uma dimensão no estágio de desenvolvimento das exigências do usuário, está determinando como as medidas devem ser agrupadas ou distribuídas. Por exemplo, se seu painel deve informar os dados por funcionário, você precisa assegurar que sua coleta de dados e processos de agregação incluam o detalhe do funcionário. Como se pode imaginar, adicionar uma nova dimensão depois do painel ser criado pode ser complicado, especialmente quando seus processos requerem muitas agregações em várias fontes de dados. O resultado é que restringir as dimensões para um painel no início do processo definitivamente evita dores de cabeça.

Nessas mesmas linhas, você deseja ter uma noção clara dos tipos de filtros requeridos. No contexto dos painéis, *filtros* são mecanismos que permitem estreitar o escopo dos dados a uma única dimensão. Por exemplo, você pode filtrar o Ano, Funcionário ou Região. Novamente, se você não levar em conta determinado filtro ao criar seu processo de painel, provavelmente será forçado a um novo design desagradável de seus processos de coleta de dados e painel.

Se você estiver confuso com a diferença entre dimensões e filtros, pense em uma tabela simples do Excel. Uma dimensão é como uma coluna de dados (como uma coluna contendo os nomes do funcionário) em uma tabela do Excel. Então, um filtro é o mecanismo que permite estreitar sua tabela para mostrar apenas os dados de determinado funcionário. Por exemplo, se você aplicar o Filtro Automático do Excel na coluna Funcionário, estará criando um mecanismo de filtro em sua tabela.

Determine a necessidade de recursos detalhados

Muitos painéis fornecem *recursos detalhados* que permitem aos usuários "expandir" os detalhes de uma determinada medida. É necessário obter uma compreensão clara dos tipos de listas detalhadas que seus usuários têm em mente.

Para a maioria dos usuários, o *recurso detalhado* significa a capacidade de obter uma tabela de dados brutos que suporta as medidas mostradas no painel. Embora obter dados brutos nem sempre seja prático ou possível, discutir sobre essas exigências permitirá, no mínimo, que você converse com seus usuários sobre relatórios adicionais, links com outras fontes de dados e outras soluções que poderão ajudá-los a obter os dados necessários.

Estabeleça a agenda de atualização

Uma *agenda de atualização* se refere à agenda com a qual um painel é atualizado para mostrar as informações mais recentes disponíveis. Como você é a pessoa responsável por criar e manter o painel, deve ter o poder de decisão para atualizá-lo — seu gerente pode não saber o que é necessário para atualizar o painel em questão.

Quando você estiver determinando a agenda de atualização, lembre-se das taxas de atualização das diferentes fontes de dados cujas medidas você precisa obter. Você não pode atualizar seu painel mais rapidamente que suas fontes de dados. E mais, negocie bastante tempo de desenvolvimento para criar macros que ajudem na automação das tarefas de atualização redundantes e demoradas.

Uma visão Rápida dos Princípios de Design do Painel

Ao coletar as exigências do usuário para seu projeto de painel, há um grande foco nos aspectos dos dados do painel: os tipos de dados necessários, as dimensões dos dados requeridos, as fontes de dados a serem usadas etc. É algo bom — sem processos de dados sólidos, seus painéis não serão eficientes nem poderão ser mantidos. Dito isso, eis outro aspecto de seu projeto de painel que exige o mesmo entusiasmo na preparação: o *aspecto do design*.

Os usuários do Excel vivem em um mundo de números e tabelas, não da visualização ou design. Suas análises típicas do Excel não têm nenhum conhecimento do design visual e geralmente contam com seus próprios instintos visuais para projetar seus painéis. Como resultado, a maioria dos painéis baseados no Excel recebe pouca consideração para terem um design visual eficiente, geralmente resultando em interfaces do usuário excessivamente desordenadas e ineficientes.

A boa notícia é que os painéis existem por tanto tempo que há uma grande base de conhecimento da visualização prescrita e dos princípios de design do painel. Muitos desses princípios parecem ser de senso comum; mesmo assim, são conceitos sobre os quais os usuários do Excel geralmente não pensam. Como este capítulo é sobre entrar no clima do painel, divido essa tendência e revisão em alguns princípios de design do painel que melhoram a aparência de seus painéis do Excel.

DICA Muitos conceitos nesta seção vêm do trabalho de Stephen Few, um especialista em visualização e autor de vários livros e artigos sobre os princípios de design do painel. Este livro é basicamente focado nos aspectos técnicos de criar componentes de relatório no Excel, mas esta seção oferece uma visão de alto nível do design do painel. Se você acha que ficou encantado com o assunto, sinta-se à vontade para visitar o website de Stephen Few em `www.perceptualedge.com` (conteúdo em inglês).

Regra número 1: Simplifique

O especialista em design de painéis Stephen Few tem o mantra: "Simplifique, simplifique, simplifique". A ideia básica é que os painéis amontoados com medidas demais ou enfeites demais podem diluir as informações importantes que você está tentando apresentar. Quantas vezes alguém disse a você que seus relatórios parecem "cheios de detalhes"? Basicamente, essa reclamação significa que muita coisa está na página ou na tela, dificultando a visualização dos dados reais.

Eis algumas ações que você pode tomar para assegurar designs de painéis mais simples e eficientes.

Não transforme seu painel em um repositório de dados

Admita. Você inclui o máximo possível de informações em um relatório, principalmente para evitar que sejam solicitadas informações extras. Todos nós fazemos isso. Mas no clima do painel, você tem que lutar contra o desejo de colocar cada dado disponível em seus painéis.

Os usuários sobrecarregados com dados demais podem perder a visão do objetivo principal do painel e focar nos dados irrelevantes. As medidas usadas em um painel devem dar suporte a sua finalidade inicial. Evite o desejo de preencher o espaço em branco para ter simetria ou manter as aparências. Não inclua dados irrelevantes só porque estão disponíveis. Se os dados não derem suporte à finalidade básica do painel, omita-os.

Evite uma formatação extravagante

O segredo para comunicar seus painéis com eficiência é apresentar seus dados da maneira mais simples possível. Não há nenhuma necessidade de envolvê-lo com adereços bonitinhos para torná-lo mais interessante. Tudo bem ter um painel com pouca cor ou formatação. Você perceberá que a falta de formatação extravagante serve apenas para chamar a atenção para os dados reais. Foque nos dados, não no gráfico brilhante. Eis algumas diretrizes:

» **Evite usar cores ou preenchimentos de fundo para particionar seus painéis.** As cores, em geral, devem ser usadas com moderação, reservadas para fornecer informações sobre os principais pontos de dados. Por exemplo, atribuir as cores vermelha, amarela e verde para as medidas, tradicionalmente indica o nível do desempenho. Adicionar essas cores a outras seções de seu painel serve apenas para distrair o público.

» **Retire a ênfase das bordas, segundos planos e outros elementos que definem as áreas do painel.** Tente usar o espaço em branco natural entre os componentes para particionar o painel. Se bordas forem necessárias, formate-as com tonalidades mais claras do que as usadas para seus dados. Os cinzas claros são geralmente ideais para as bordas. A ideia é indicar as seções sem se distrair das informações exibidas.

» **Evite aplicar efeitos extravagantes, como graduações, filtros padrão, sombras, brilhos, bordas suaves e outra formatação.** O Excel facilita a aplicação de efeitos que tornam tudo brilhante, reluzente e geralmente vivo. Embora esses recursos de formatação contribuam para ótimas ferramentas de marketing, não colaboram com os mecanismos do relatório.

» **Não tente aperfeiçoar seus painéis com clipart ou imagens.** Eles não acrescentam nada à apresentação dos dados e também costumam ser de mau gosto.

Limite cada painel a uma página de impressão

Os painéis, em geral, devem fornecer exibições imediatas das principais medidas relevantes para determinados objetivos ou processos empresariais. Isso implica em todos os dados estarem imediatamente visíveis em uma página. Embora incluir todos os seus dados em uma página nem sempre seja a coisa mais fácil de fazer, há muita vantagem em conseguir ver tudo em uma página ou tela. Você pode comparar as seções com mais facilidade, pode processar as relações de causa e efeito com mais eficiência e depende menos da memória de curto prazo. Quando um usuário tem que paginar para a esquerda, para a direita ou para baixo, esses benefícios diminuem. E mais, os usuários tendem a acreditar que, quando as informações são colocadas fora da exibição normal (as áreas que requerem paginação), têm menos importância.

Mas e se você não conseguir colocar todos os dados em uma folha? Primeiro, reveja as medidas em seu painel e determine se realmente precisam estar nele. Em seguida, formate seu painel para usar menos espaço (formate as fontes, reduza o espaço em branco e ajuste as larguras das colunas e linhas). Por fim, tente adicionar interatividade ao seu painel, permitindo que os usuários mudem dinamicamente as exibições para mostrar apenas as medidas relevantes para eles.

Use o layout e a colocação para ter o foco

Como analisei anteriormente neste capítulo, apenas as medidas que dão suporte à utilidade e à finalidade do painel devem ser incluídas nele. Contudo, é preciso dizer que só porque todas as medidas em seu painel são importantes, elas nem sempre podem ter o mesmo nível de importância. Em outras palavras, com frequência, você desejará que um componente de seu painel se destaque em relação aos outros.

Em vez de usar cores brilhantes ou diferenças de tamanho exageradas, você poderá aproveitar a localização e a colocação para ter o foco nos componentes mais importantes em seu painel.

Vários estudos mostraram que os leitores têm uma tendência natural de focar em determinadas regiões de um documento. Por exemplo, os pesquisadores do projeto Eyetrack III, do Poynter Institute, descobriram que os leitores veem as várias regiões em uma tela em certa ordem, prestando uma atenção em particular em regiões específicas dela. Eles usam o diagrama na Figura 1-4 para mostrar o que chamam de *zonas de prioridade*. As regiões com o número 1 no diagrama parecem ter grande importância, atraindo mais atenção por períodos de tempo maiores. Entretanto, as regiões de número 3 parecem ter menos importância.

FIGURA 1-4: Estudos mostram que os usuários prestam mais atenção à esquerda superior e esquerda central de um documento.

1	1	2	3
1	1	2	2
2	2	2	3
3	3	3	3

Você pode aproveitar essas zonas de prioridade para promover ou rebaixar certos componentes com base na significância. Se um dos gráficos em seu painel justificar um foco especial, você poderá simplesmente colocar esse gráfico em uma região de importância.

DICA Note que as cores, bordas, fontes e outra formatação podem afetar os padrões de exibição de seus leitores, retirando a ênfase de uma região que, anteriormente, era de grande importância.

Formate os números com eficiência

Sem dúvida alguma haverá muitos números em seus painéis. Alguns estarão em gráficos e outros, em tabelas. Lembre que toda informação em seu painel deve ter um motivo para estar presente. É importante que você formate seus números com eficiência para permitir que os usuários entendam as informações representadas sem confusão ou impedimento.

Eis algumas diretrizes a lembrar ao formatar os números em seus painéis e relatórios:

» **Sempre use pontos para facilitar a leitura dos números.** Por exemplo, em vez de 2345, mostre 2.345.

» **Use casas decimais apenas se esse nível de precisão for necessário.** Por exemplo, raramente há uma vantagem em mostrar as casas decimais em uma quantia de dinheiro, como $123,45. Na maioria dos casos, $123 será suficiente. Do mesmo modo, nas porcentagens, use apenas o número mínimo de decimais requeridos para representar os dados com eficiência. Por exemplo, em vez de 43,21%, você pode ficar bem com 43%.

» **Use o cifrão apenas quando precisar esclarecer que está referindo-se a valores monetários.** Se você tiver um gráfico ou tabela que contém todos os valores do rendimento, e houver uma legenda informando claramente isso, poderá economizar espaço e pixels omitindo o cifrão.

» **Formate os números muito grandes em milhares ou milhões.** Por exemplo, em vez de exibir 16.906.714, você pode formatar o número para informar 17 milhões.

DICA No Capítulo 3 deste livro, você irá explorar como aproveitar os truques de formatação dos números para melhorar a leitura de seus painéis e relatórios.

Use títulos e legendas com eficiência

É senso comum, mas muitas pessoas não costumam legendar os itens nos painéis de forma eficiente. Se seu gerente vir seu painel e perguntar: "O que isso informa?", provavelmente você tem problemas com as legendas. Eis algumas diretrizes para ter legendas eficientes em seus painéis e relatórios:

» **Sempre inclua um timbre de hora e data nos mecanismos do relatório.** Isso minimiza a confusão ao distribuir o mesmo painel ou relatório em partes mensais ou semanais.

» **Sempre inclua algum texto indicando quando os dados das medidas foram obtidos.** Em muitos casos, o momento dos dados é uma parte importante da informação ao analisar uma medida.

» **Use títulos descritivos para cada componente em seu painel.** Isso permite que os usuários identifiquem claramente o que estão vendo. Evite títulos enigmáticos com muitos acrônimos e símbolos.

» **Embora possa parecer inesperado, geralmente é uma boa prática retirar a ênfase das legendas formatando-as com tonalidades mais claras que as usadas para seus dados.** Legendas com cores claras dão aos seus usuários as informações necessárias sem distraí-los das informações exibidas. As cores ideais para as legendas são as cores comumente encontradas na natureza: cinzas suaves, marrons, azuis e verdes.

Principais Perguntas a Fazer Antes de Distribuir seu Painel

Antes de enviar seu painel concluído, vale a pena voltar e medi-lo em relação a alguns princípios de design analisados neste capítulo. Eis algumas das principais perguntas que você pode usar como uma lista de verificação antes de distribuir seu painel.

Meu painel apresenta as informações certas?

Veja as informações que você está apresentando e determine se elas atendem à finalidade do painel identificada durante a coleta de exigências. Não tenha vergonha de esclarecer a finalidade do painel novamente com os usuários principais. Evite criar o painel no escuro. Permita que alguns usuários de teste vejam as iterações enquanto você o desenvolve. Assim, a comunicação permanecerá aberta e você não irá longe demais na direção errada.

Tudo em meu painel tem uma finalidade?

Tenha uma visão honesta de quanta informação em seu painel não dá suporte à finalidade principal. Para mantê-lo o mais valioso possível, você não desejará diluí-lo com dados que até são interessantes, mas que não têm nenhuma utilidade.

LEMBRE-SE

Se os dados não derem suporte à finalidade básica do painel, omita-os. Em nenhum lugar é dito que você precisa preencher cada parte de espaço em branco na página.

Meu painel exibe com destaque a mensagem principal?

Tudo no painel tem uma ou mais mensagens principais. Você deseja assegurar que essas mensagens sejam exibidas com destaque. Para testar se as mensagens principais em um painel estão em destaque, recue e olhe enquanto observa o painel. Desvie o olhar, então, veja o painel várias vezes. O que se destaca à primeira vista? Se não forem os componentes principais que você deseja exibir, terá que mudar algo. Eis algumas ações que você pode tomar para assegurar que seus componentes principais tenham destaque.

» Coloque os componentes principais de seu painel à esquerda superior ou à esquerda central da página. Estudos mostram que essas áreas atraem mais a atenção por períodos de tempo maiores.

» Retire a ênfase das bordas, segundos planos e outros elementos que definem as áreas do painel. Tente usar o espaço em branco natural entre seus componentes para particionar seu painel. Se bordas forem necessárias, formate-as com tonalidades mais claras do que seus dados.

» Formate as legendas e outro texto com tonalidades mais claras do que seus dados. Legendas com cores claras dão a seus usuários as informações necessárias sem distraí-los das informações exibidas.

Posso manter este painel?

Há uma grande diferença entre atualizar um painel e recriar um. Antes de você enviar com entusiasmo o belo painel que acabou de criar, reserve um momento para pensar sobre a manutenção dele. Considere a frequência das atualizações e por quais processos precisa passar sempre que for atualizar os dados. Se for um evento de relatório único, defina essa expectativa com seus usuários. Se souber que ele se tornará um relatório recorrente, negocie o tempo de desenvolvimento, intervalos de atualização e fase antes de concordar com qualquer calendário.

Meu painel exibe claramente seu escopo e vida útil?

Um painel deve especificar claramente seu escopo e vida útil. Ou seja, qualquer pessoa deve conseguir ver seu painel e saber o período relevante e o escopo das informações nele. Isso se resume a algumas coisas simples que você pode fazer para legendar com eficiência seus painéis e relatórios.

- » **Sempre inclua um timbre de hora e data em seu painel.** Isso minimiza a confusão ao distribuir o mesmo painel ou relatório em partes mensais ou semanais.
- » **Sempre inclua algum texto indicando quando os dados das medidas foram obtidos.** Em muitos casos, o momento dos dados é uma parte crítica das informações ao analisar uma medida.
- » **Use títulos descritivos para cada componente em seu painel.** Evite títulos enigmáticos com muitos acrônimos e símbolos.

Meu painel está bem documentado?

É importante documentar seu painel e o modelo de dados por trás dele. Qualquer pessoa que tenha herdado uma planilha do Excel sabe como pode ser difícil traduzir os vários giros analíticos que entram em um relatório. Se você tiver sorte, o modelo de dados será pequeno o bastante para ser entendido em uma semana ou mais. Se não tiver, terá que se livrar do modelo inteiro e começar do zero. A propósito, esse modelo de dados problemático do Excel nem precisa ser de outra pessoa. Na verdade, já voltei a um modelo que criei e, depois de seis meses ou mais, tinha esquecido o que fiz. Sem documentação, foram necessários dias para lembrar e decifrar meu próprio trabalho.

A documentação não tem que ser algo grandioso e extravagante. Algumas coisas simples podem ajudar a documentar seu painel.

- » **Adicione uma guia Mapa do Modelo ao seu modelo de dados.** A guia Mapa do Modelo é uma folha separada que você pode usar para resumir as principais faixas no modelo de dados e esclarecer como cada faixa interage com os componentes do relatório na camada de apresentação final.
- » **Use comentários e legendas generosamente.** É surpreendente como alguns comentários explicativos e legendas podem ajudar a esclarecer seu modelo, mesmo depois de você ter se afastado de seu modelo de dados por um tempo.

> **Use cores para identificar as faixas em seu modelo de dados.** Usar cores em seu modelo de dados permite ver rapidamente uma faixa de células e obter uma indicação básica do que essa faixa faz. Cada cor pode representar um tipo de faixa. Por exemplo, o amarelo poderia representar as tabelas de preparação, o cinza poderia representar as fórmulas e a cor púrpura poderia representar as tabelas de referência.

Meu painel é de fácil utilização?

Antes de distribuir seu painel, você deseja assegurar que ele seja de fácil utilização. Não é difícil adivinhar o que isso significa:

> **Intuitivo:** Seu painel deve ser intuitivo para alguém que nunca o viu. Experimente com alguém e pergunte à pessoa se ele faz sentido. Se você tiver que começar a explicar o que o painel informa, algo está errado. O painel precisa de mais legendas, menos gráficos complicados, um layout melhor, mais dados, menos dados? É uma boa ideia ter comentários de vários usuários.

> **Fácil de navegar:** Se seu painel é dinâmico, permitindo a interatividade com macros ou tabelas dinâmicas, verifique se a navegação funciona bem. O usuário tem que clicar em vários locais para chegar aos dados? O número de listas suspensas é adequado? Leva muito tempo para trocar de uma exibição para outra? Novamente, teste seu painel com vários usuários. E teste qualquer recurso interativo do painel em vários computadores diferentes do seu.

> **Imprime devidamente:** Nada é mais chato do que imprimir um painel e descobrir que a pessoa que o criou não reservou um tempo para garantir sua impressão correta. Defina as opções de impressão em seus arquivos do Excel para que seus painéis sejam impressos corretamente.

Meu painel é preciso?

Nada acaba com um painel ou relatório mais rapidamente do que perceber que os dados são imprecisos. Está fora de minha capacidade dizer como determinar se seus dados são precisos. Contudo, posso destacar três fatores que estabelecem a percepção de que um painel é preciso:

> **Consistência com fontes confiáveis:** É óbvio que se seus dados não corresponderem a outras fontes de relatório, você terá um problema de credibilidade dos dados — especialmente se essas outras fontes forem consideradas como confiáveis. Tenha consciência das fontes de dados que são consideradas verdadeiras em sua organização. Se seu painel contiver

dados associados a uma fonte confiável, compare-os com essa fonte para assegurar a consistência.

» **Consistência interna:** Não é nada divertido explicar por que uma parte de seu painel não concorda com as outras partes no mesmo painel. Assegure certo nível de consistência interna no painel. Verifique se os componentes de comparação nas diferentes áreas de seu painel são consistentes entre si. Se houver um motivo para a inconsistência, indique claramente esses motivos. É surpreendente como uma simples indicação esclarece perguntas sobre os dados.

» **Experiência pessoal:** Você já viu alguém observar um relatório e dizer: "Não parece certo"? A pessoa está usando o que alguns chamam de "intuição" para avaliar a validade dos dados. Nenhum de nós vê os números no vácuo. Quando vemos uma análise, trazemos conosco anos de conhecimento pessoal, interação e experiência. Usamos de modo subconsciente essas experiências em nossa avaliação das informações. Ao determinar a precisão de seu painel, leve em conta o "conhecimento casual" da organização. Se possível, mostre seu painel a alguns especialistas em conteúdo de sua empresa.

> **NESTE CAPÍTULO**
>
> Compreendendo as melhores práticas da modelagem de dados
>
> Aproveitando as funções do Excel para entregar dados
>
> Criando tabelas inteligentes que expandem com os dados

Capítulo 2
Criando um Supermodelo

Um dos recursos mais atraentes do Excel é sua flexibilidade. Você pode criar um sistema complicado de cálculos entrelaçados, células ligadas e resumos formatados que funcionam juntos para criar uma análise final. Contudo, anos de experiência me colocaram diante de uma terrível verdade: o Excel é como o professor de ginástica legal que permite fazer qualquer coisa que você deseja — a liberdade pode ser divertida, mas uma falta de estrutura em seus modelos de dados pode levar a algumas dores de cabeça sérias em longo prazo.

O que é modelo de dados? Um *modelo de dados* fornece a base sobre a qual seu mecanismo de relatório é criado. Quando você cria uma planilha que importa, agrega e modela os dados, basicamente está criando um modelo de dados que alimenta seus painéis e relatórios.

Criar um modelo de dados mal construído pode significar horas de trabalho manual mantendo e atualizando seus mecanismos de relatório. Por outro lado, criar um modelo eficiente permite repetir facilmente os processos de relatórios mensais sem prejudicar seus relatórios ou sua sanidade.

O objetivo deste capítulo é mostrar os conceitos e técnicas que ajudam a criar modelos de dados eficientes. Neste capítulo, você descobrirá que criar um mecanismo de relatório bem-sucedido requer mais do que colocar dados em uma planilha. Embora você veja como criar componentes legais de painel nos capítulos posteriores, esses componentes não serão bons se você não conseguir gerenciar com eficiência seus modelos de dados. Dito isso, comecemos.

Práticas Recomendadas de Modelagem de Dados

Criar um modelo eficiente não é tão complicado quanto você imagina. É basicamente uma questão de pensar em seus processos de relatório de modo diferente. A maioria das pessoas passa pouquíssimo tempo pensando no modelo de dados de suporte por trás do processo de relatório. Se elas pensam, geralmente começam a imaginar um modelo do painel terminado e trabalham para chegar nele.

Em vez de imaginar apenas o painel terminado em sua cabeça, tente pensar no processo completo. Onde você obterá os dados? Como os dados devem ser estruturados? Qual análise precisará ser realizada? Como os dados serão alimentados no painel? Como o painel será atualizado?

Obviamente, as respostas para essas perguntas são muito específicas para a situação. Contudo, algumas práticas recomendadas de modelagem de dados irão guiá-lo a um novo modo de pensar sobre seu processo de relatório. Isto será analisado nas próximas seções.

Separando os dados, análise e apresentação

Um dos conceitos mais importantes em um modelo de dados é a separação dos dados, análise e apresentação. A ideia fundamental é que você não deseja que seus dados fiquem presos demais a nenhum modo particular de apresentação.

Para entender o conceito, pense em uma fatura. Quando você recebe uma fatura, não supõe que os dados financeiros nela sejam a verdadeira fonte dos dados. É apenas uma apresentação dos dados que na verdade estão armazenados em um banco de dados. Esses dados podem ser analisados e apresentados de muitas outras maneiras: em gráficos, tabelas ou até websites. Isso parece óbvio, mas os usuários do Excel geralmente unificam os dados, a análise e a apresentação.

Por exemplo, vi pastas de trabalho do Excel contendo 12 guias, cada uma representando um mês. Em cada guia, os dados do mês são listados com fórmulas, tabelas dinâmicas e resumos. Agora, o que acontece quando solicitam que você forneça um resumo por trimestre? O problema fundamental nesse cenário é que, na verdade, as guias representam os valores de dados que estão unificados na apresentação de sua análise.

Para ter um exemplo mais alinhado com o relatório, veja a Figura 2-1. As tabelas incorporadas assim são comuns. Essa tabela é uma mistura de dados, análise e apresentação. Não só essa tabela liga você a uma análise específica, como também há pouca ou nenhuma transparência naquilo em que consiste exatamente a análise. E mais, o que acontece quando você precisa de um relatório por trimestre ou quando outra dimensão da análise é necessária? Você importa uma tabela que consiste em mais colunas e linhas? Como isso afeta seu modelo?

FIGURA 2-1: Evite tabelas incorporadas que unificam os dados, a análise e a apresentação.

	A	B	C	D	E	F	G	H	I
1									
2			Jan	Fev	Mar	Abr	Mai	Jun	Jul
3		Vendas	3,69 M	6,99 M	5,77 M	4,96 M	8,48 M	4,71 M	7,48 M
4		% Distribuição	5%	9%	7%	6%	10%	6%	9%

A alternativa é criar três camadas em seu modelo de dados: uma camada de dados, outra camada de análise e uma terceira camada de apresentação. Você pode considerar essas camadas como três planilhas diferentes em uma pasta de trabalho do Excel: uma folha para manter os dados brutos que alimentam seu relatório, uma folha para servir como uma área de preparação onde os dados são analisados e modelados, e uma folha para servir como a camada de apresentação. A Figura 2-2 mostra as três camadas de um modelo de dados eficiente.

Como você pode ver na Figura 2-2, o conjunto de dados brutos está localizado em sua própria folha. Embora o conjunto de dados tenha certo nível de agregação aplicado para mantê-lo pequeno para o gerenciamento, nenhuma outra análise é feita na folha de dados.

A camada de análise consiste basicamente em fórmulas que analisam e retiram os dados da camada de dados e colocam-nos nas tabelas formatadas, comumente referidas como *tabelas de preparação*. Essas tabelas de preparação basicamente alimentam os componentes do relatório em sua camada de apresentação. Resumindo, a folha que contém a camada de análise torna-se a camada de preparação na qual os dados são resumidos e modelados para alimentar os componentes do relatório. Observe na guia Análise na Figura 2-2, a barra de fórmula mostra que a tabela consiste em fórmulas que referenciam a guia Dados.

Há algumas vantagens nessa configuração. Primeiro, o modelo de relatório inteiro pode ser atualizado facilmente apenas substituindo os dados brutos por um conjunto de dados atualizado. As fórmulas na guia Análise continuam a trabalhar com os dados mais recentes. Segundo, qualquer análise adicional pode ser criada facilmente usando diferentes combinações de fórmulas na guia

Análise. Se você precisar de dados que não existem na folha Dados, poderá anexar facilmente uma coluna ao final do conjunto de dados brutos sem prejudicar as folhas Análise e Apresentação.

> **DICA**
>
> Você não tem que colocar, necessariamente, suas camadas de dados, análise e apresentação em planilhas diferentes. Nos pequenos modelos de dados, você pode achar mais fácil colocar seus dados em uma área da planilha enquanto cria tabelas de preparação em outra área da mesma planilha.

Seguindo essas mesmas linhas, lembre-se que você também não está limitado a três planilhas. Ou seja, você pode ter várias folhas que fornecem dados brutos, várias folhas que analisam e várias que servem como a camada de apresentação.

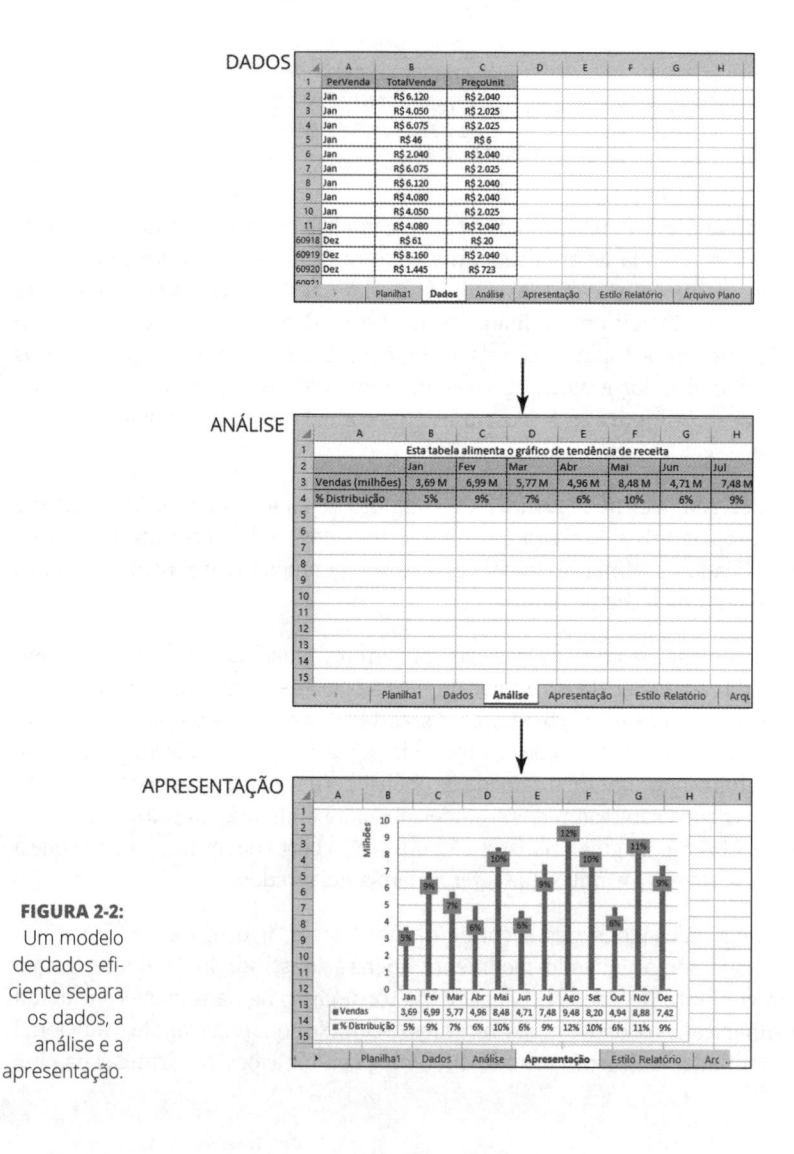

FIGURA 2-2: Um modelo de dados eficiente separa os dados, a análise e a apresentação.

Onde quer que você escolha colocar as diferentes camadas, lembre-se que a ideia é a mesma. A camada de análise basicamente consiste em fórmulas que obtêm os dados das folhas Dados e coloca-os nas tabelas de preparação usadas para alimentar sua apresentação. Mais tarde neste capítulo, você irá explorar algumas fórmulas que podem ser usadas em suas folhas de análise.

Iniciando com dados devidamente estruturados

Nem todos os conjuntos de dados são criados igualmente. Embora alguns conjuntos de dados funcionem em um ambiente padrão do Excel, eles podem não funcionar para as finalidades de modelagem de dados. Antes de criar seu modelo de dados, verifique se seus dados da fonte estão devidamente estruturados para as finalidades do painel.

Com o risco de simplificar demais, insisto que os conjuntos de dados geralmente usados no Excel têm três formas fundamentais:

- » Relatório da planilha
- » Arquivo de dados simples
- » Conjunto de dados tabular

O principal é que apenas os arquivos de dados planos e os conjuntos de dados tabulares contribuem com os modelos de dados. Revejo e analiso cada uma dessas diferentes formas nas próximas seções.

Os relatórios da planilha contribuem para modelos de dados ineficientes

Os *relatórios da planilha* mostram dados altamente formatos e resumidos, e costumam ser designados como ferramentas de apresentação para usuários da gerência ou executivos. Um relatório de planilha típico faz uso criterioso do espaço vazio para a formatação, repete os dados para fins estéticos e apresenta apenas a análise de alto nível. A Figura 2-3 mostra um relatório de planilha.

Embora um relatório de planilha possa parecer bom, não contribui para um modelo de dados eficiente. Por quê? O motivo principal é que esses relatórios não oferecem nenhuma separação dos dados, análise e apresentação. Basicamente, você fica limitado a uma análise.

Embora seja possível criar gráficos a partir do relatório mostrado na Figura 2-3, não seria prático aplicar alguma análise fora do que já existe nele. Por exemplo, como você calcularia e apresentaria a média de todas as vendas de bicicleta usando esse relatório em particular? Como calcularia uma lista dos 10 melhores mercados?

Com essa configuração, você é forçado a processos muito manuais que são difíceis de manter mês a mês. Qualquer análise fora das de alto nível, que já estão no relatório, é básica, na melhor das hipóteses — mesmo com fórmulas especiais. E mais, o que acontece quando solicitam que você mostre as vendas de bicicleta por mês? Quando seu modelo de dados requer uma análise com dados que não estão no relatório da planilha, você é forçado a pesquisar outro conjunto de dados.

	A	B	C	D	E	F	G
1							
2		Europa				América do Norte	
3	França				Canadá		
4	Segmento	Total Vendas	Preço Unit		Segmento	Total Vendas	Preço Unit
5	Acessórios	R$ 48.942	R$ 7.045		Acessórios	R$ 119.303	R$ 22.381
6	Bicicletas	R$ 3.597.879	R$ 991.098		Bicicletas	R$ 11.714.700	R$ 3.908.691
7	Vestuário	R$ 129.508	R$ 23.912		Vestuário	R$ 383.022	R$ 72.524
8	Componentes	R$ 871.125	R$ 293.854		Componentes	R$ 2.246.255	R$ 865.410
9							
10	Alemanha				Nordeste		
11	Segmento	Total Vendas	Preço Unit		Segmento	Total Vendas	Preço Unit
12	Acessórios	R$ 35.681	R$ 5.798		Acessórios	R$ 51.246	R$ 9.666
13	Bicicletas	R$ 1.602.487	R$ 545.175		Bicicletas	R$ 5.690.285	R$ 1.992.517
14	Vestuário	R$ 75.593	R$ 12.474		Vestuário	R$ 163.442	R$ 30.969
15	Componentes	R$ 337.787	R$ 138.513		Componentes	R$ 1.051.702	R$ 442.598
16							
17	Reino Unido				Noroeste		
18	Segmento	Total Vendas	Preço Unit		Segmento	Total Vendas	Preço Unit
19	Acessórios	R$ 43.180	R$ 7.419		Acessórios	R$ 53.308	R$ 11.417
20	Bicicletas	R$ 3.435.134	R$ 1.094.354		Bicicletas	R$ 10.484.495	R$ 3.182.041
21	Vestuário	R$ 120.225	R$ 21.981		Vestuário	R$ 201.052	R$ 40.055
22	Componentes	R$ 712.588	R$ 253.458		Componentes	R$ 1.784.207	R$ 695.876

FIGURA 2-3: Um relatório de planilha.

Os arquivos de dados planos servem bem para os modelos de dados

Outro tipo de formato de arquivo é um arquivo plano. Os *arquivos planos* são repositórios de dados organizados por linha e coluna. Cada linha corresponde a um conjunto de elementos de dados ou *registro*. Cada coluna é um *campo*. Um campo corresponde a um elemento de dados único em um registro. A Figura 2-4 contém os mesmos dados do relatório na Figura 2-3, mas expressos em um formato de arquivo de dados plano.

	A	B	C	D	E	F
				Total	Total	Total
1	Região	Mercado	Segmento Negócio	Vendas Jan	Vendas Fev	Vendas Mar
2	Europa	França	Acessórios	2.628	8.015	3.895
3	Europa	França	Bicicletas	26.588	524.445	136.773
4	Europa	França	Vestuário	6.075	17.172	6.043
5	Europa	França	Componentes	20.485	179.279	54.262
6	Europa	Alemanha	Acessórios	2.769	6.638	2.615
7	Europa	Alemanha	Bicicletas	136.161	196.125	94.840
8	Europa	Alemanha	Vestuário	7.150	12.374	7.159
9	Europa	Alemanha	Componentes	46.885	56.611	29.216
10	Europa	Reino Unido	Acessórios	4.205	2.579	5.745
11	Europa	Reino Unido	Bicicletas	111.830	175.522	364.844
12	Europa	Reino Unido	Vestuário	7.888	6.763	12.884
13	Europa	Reino Unido	Componentes	31.331	39.005	124.030
14	América do Norte	Canadá	Acessórios	3.500	12.350	9.768

FIGURA 2-4: Um arquivo de dados plano.

Observe que todo campo de dados tem uma coluna e toda coluna corresponde a um elemento de dados. E mais, não há nenhum espaço extra e cada linha (ou registro) corresponde a um conjunto único de informações. Mas o principal atributo que torna isso um arquivo plano é que nenhum campo identifica exclusivamente um registro. Na verdade, você teria que especificar quatro campos separados (Região, Mercado, Segmento Comercial e a quantidade de vendas por mês) antes de poder identificar exclusivamente o registro.

Os arquivos planos servem bem para a modelagem de dados no Excel porque podem ser detalhados o suficiente para manterem os dados necessários e ainda serem propícios para uma ampla gama de análise com fórmulas simples — SOMA, MÉDIA, PROCV e SOMASE, apenas para citar algumas. Posteriormente no capítulo, você explorará as fórmulas que são úteis para um modelo de dados de relatório.

Os conjuntos de dados tabulares são perfeitos para os modelos de dados orientados a tabelas dinâmicas

Muitos modelos de dados eficientes são orientados, basicamente, por tabelas dinâmicas (sobre as quais falo no Capítulo 6), as quais são as principais ferramentas de análise do Excel. Aqueles que já usaram tabelas dinâmicas sabem que elas oferecem uma excelente maneira de resumir e modelar os dados para o uso pelos componentes do relatório, como gráficos e tabelas.

Os *conjuntos de dados tabulares* são ideais para os modelos de dados orientados a tabelas. A Figura 2-5 mostra um conjunto de dados tabular. Observe que a diferença básica entre um conjunto de dados tabular, como mostra a Figura 2-5, e um arquivo de dados simples é que nos conjuntos tabulares as legendas da coluna não dobram como dados reais. Por exemplo, na Figura 2-4, os identificadores do mês são integrados nas legendas da coluna. Na Figura 2-5, a coluna Período de Vendas contém o identificador do mês. Essa diferença sutil na estrutura é o que torna os conjuntos de dados tabulares fontes de dados ideais para as tabelas dinâmicas. Essa estrutura assegura que as principais funções da tabela dinâmica, como a classificação e o agrupamento, funcionem como deveriam.

FIGURA 2-5: Um conjunto de dados tabular.

	A	B	C	D	E
1	Região	Mercado	Segmento Negócio	Período Venda	Total Venda
2	Europa	França	Acessórios	Jan	1.706
3	Europa	França	Acessórios	Fev	3.767
4	Europa	França	Acessórios	Mar	1.219
5	Europa	França	Acessórios	Abr	3.091
6	Europa	França	Acessórios	Mai	7.057
7	Europa	França	Acessórios	Jul	5.930
8	Europa	França	Acessórios	Ago	9.628
9	Europa	França	Acessórios	Set	4.279
10	Europa	França	Acessórios	Out	2.504
11	Europa	França	Acessórios	Nov	7.493
12	Europa	França	Acessórios	Dez	2.268
13	Europa	França	Bicicletas	Jan	64.895
14	Europa	França	Bicicletas	Fev	510.102
15	Europa	França	Bicicletas	Mar	128.806
16	Europa	França	Bicicletas	Abr	81.301
17	Europa	França	Bicicletas	Mai	618.594

Os atributos de um conjunto de dados tabular são os seguintes:

- » A primeira linha do conjunto de dados contém as legendas do campo que descreve as informações em cada coluna.
- » As legendas da coluna não têm a dupla tarefa dos itens de dados, que podem ser usados como filtros ou um critério de consulta (como meses, datas, anos, regiões ou mercados).
- » Não existem linhas ou colunas em branco — toda coluna tem um cabeçalho e há um valor em cada linha.
- » Cada coluna representa uma categoria única de dados.
- » Cada linha representa os itens individuais em cada coluna

Evitando transformar seu modelo de dados em um banco de dados

No Capítulo 1, talvez você tenha lido que as medidas usadas em um painel devem dar suporte à finalidade inicial desse painel. O mesmo conceito se aplica ao modelo de dados de retaguarda. Você deve importar apenas os dados necessários para atender à finalidade de seu painel ou relatório.

Em um esforço para ter o máximo de dados possível ao seu alcance, muitos usuários do Excel colocam em suas planilhas cada parte do dado que podem ter. Você pode identificar essas pessoas pelos arquivos de 40 megabytes que elas enviam por e-mail. Você viu essas planilhas — duas guias que contêm uma interface de relatório ou painel, depois, seis guias ocultas que contêm milhares de linhas de dados (em grande parte não utilizadas). Basicamente, criam um banco de dados em sua planilha.

O que está errado ao utilizar o máximo de dados possível? Bem, eis alguns problemas:

- » **Agregar dados no Excel aumenta o número de fórmulas.** Se você estiver colocando todos os dados brutos, terá que agregá-los no Excel. Isso faz, inevitavelmente, com que você aumente exponencialmente o número de fórmulas para utilizar e manter. Lembre-se que seu modelo de dados é um veículo para apresentar análises, não processar dados brutos. Os dados que funcionam melhor nos mecanismos do relatório são os que foram agregados e resumidos em exibições úteis que podem ser navegadas e alimentadas nos componentes do painel. Importar o máximo possível de dados que já foram agregados é bem melhor. Por exemplo, se você precisar fazer o relatório sobre o Rendimento por Região e Mês, não haverá nenhuma necessidade de importar as transações de vendas para seu modelo de dados. Pelo contrário, use uma tabela agregada que consiste na Região, Mês e Soma da Receita.

» **Seu modelo de dados será distribuído com seu painel.** Em outras palavras, como seu painel é alimentado por seu modelo de dados, você precisa manter o modelo nos bastidores (provavelmente em guias ocultas) ao distribuir o painel. Além do fato de que faz com que seja difícil lidar com o tamanho do arquivo, incluir dados demais em seu modelo de dados pode realmente diminuir o desempenho de seu painel. Por quê? Ao abrir um arquivo do Excel, o arquivo inteiro é carregado na memória para assegurar um processamento e acesso rápidos aos dados. A desvantagem desse comportamento é que o Excel requer muita RAM para processar até uma pequena alteração em sua planilha. Você pode ter notado que quando tenta realizar uma ação em um conjunto de dados grande com muitas fórmulas, o Excel responde lentamente, exibindo um indicador Calculando na barra de status. Quanto maior seu conjunto de dados, menos eficiente é a análise no Excel.

» **Grandes conjuntos de dados podem causar dificuldades no dimensionamento.** Imagine que você esteja trabalhando em uma pequena empresa e esteja usando transações mensais em seu modelo de dados. Cada mês tem 80.000 linhas de dados. Com o passar do tempo, você cria um processo robusto completo com todas as fórmulas, tabelas dinâmicas e macros necessárias para analisar os dados armazenados em sua guia bem mantida. Agora, o que acontece após um ano? Você inicia uma nova guia? Como analisa dois conjuntos de dados em duas guias diferentes como uma entidade? Suas fórmulas ainda são boas? Você precisa escrever novas macros?

Estes são problemas que podem ser evitados importando apenas os dados agregados e resumidos que são úteis para a principal finalidade das necessidades de seu relatório.

Usando guias para documentar e organizar seu modelo de dados

Querer manter seu modelo de dados limitado a uma planilha é natural. Na minha cabeça, controlar uma guia é muito mais simples do que usar diferentes guias. Contudo, limitar seu modelo de dados a uma guia tem suas desvantagens, inclusive as seguintes:

» **Usar uma guia geralmente coloca limites em sua análise.** Como apenas certa quantidade de conjuntos de dados pode caber em uma guia, usar uma guia limita o número de análises que podem ser representadas em seu modelo de dados. Isso, por sua vez, limita a análise que seu painel pode oferecer. Considere adicionar guias ao seu modelo de dados para fornecer dados e análise adicionais que podem não caber em apenas uma guia.

» **Coisas demais em uma guia contribuem para um modelo de dados confuso.** Ao trabalhar com grandes conjuntos de dados, você precisa de muitas tabelas de preparação para agregar e modelar os dados brutos para que eles possam ser alimentados para seus componentes de relatório.
Se você usar apenas uma guia, será forçado a posicionar essas tabelas de preparação abaixo ou à direita de seu conjunto de dados. Embora isso possa fornecer todos os elementos necessários para alimentar sua camada de apresentação, muita paginação é necessária para exibir todos os elementos posicionados em uma grande faixa de áreas. Isso dificulta o entendimento e a manutenção do modelo de dados. Use guias separadas para manter sua análise e tabelas de preparação, particularmente nos modelos de dados que contêm grandes conjuntos de dados ocupando muito espaço.

» **Usar uma guia limita a quantidade de documentação que você pode incluir.** Você descobrirá que seus modelos de dados se tornam facilmente um sistema complexo de links entrelaçados entre componentes, faixas de entrada, faixas de saída e fórmulas. Com certeza, tudo faz sentido enquanto você está criando seu modelo de dados, mas tente voltar a ele meses depois. Descobrirá que esqueceu o que cada faixa de dados faz e como cada faixa interage com a camada de apresentação final. Para evitar esse problema, considere adicionar uma guia Mapa do Modelo ao seu modelo de dados.
A guia *Mapa do Modelo* resume as principais faixas no modelo de dados e permite que você documente como cada faixa interage com os componentes de relatório na camada de apresentação final. Como você pode ver na Figura 2-6, o mapa do modelo não é nada elegante — apenas uma tabela que lista as principais informações sobre cada faixa no modelo.

FIGURA 2-6: Um mapa do modelo permite documentar como cada faixa interage com seu modelo de dados.

Guia	Faixa	Propósito	Componentes ligados
Análise 1	A2:A11	Provê a fonte de dados para o componente gráfico de tendência	Tendência Estados Unidos 1
Análise 2	A3:A11	Fonte de dados para o componente ListBox	ListBox 1
Análise 2	C1	Faixa de saída para o item selecionado no componente ListBox	Ícone condicional de tendência
Análise 2	D1:R1	Fórmulas PROCV que referenciam a célula C1. Esta faixa também serve como fonte de dados para o componente Gráfico de Combinação	Gráfico de Combinação 1
Dados	C4:R48	Conjunto principal de dados para este modelo de dados	

Você pode incluir qualquer informação que julgar apropriada em seu mapa do modelo. A ideia é ter uma referência útil que guie você nos elementos de seu modelo de dados.

FALANDO EM DOCUMENTAR SEU MODELO DE DADOS...

Outro modo de documentar a lógica em seu modelo de dados é usar comentários e legendas generosamente. É surpreendente como alguns comentários explicativos e legendas podem ajudar a esclarecer suas planilhas. A ideia geral aqui é que a lógica em seu modelo deve ser clara para você, mesmo depois de estar afastado de seu modelo de dados por um longo período de tempo.

E mais, considere usar cores para identificar as faixas em seu modelo de dados. Usar cores em seu modelo permite que você veja rapidamente uma faixa de células e tenha uma indicação básica do que essa faixa faz. O conceito geral por trás dessa prática recomendada é que cada cor representa um tipo de faixa. Por exemplo, você poderia usar o amarelo para representar as tabelas de preparação usadas para alimentar os gráficos e as tabelas em sua camada de apresentação. Poderia usar o cinza para representar as fórmulas que não serão alteradas ou tocadas, ou púrpura para representar as tabelas de referência usadas para pesquisas e listas suspensas.

Você pode usar qualquer cor; cabe a você dar significado a elas. O importante é que tenha uma distinção visual entre as várias faixas usadas em seu modelo de dados.

Testando seu modelo de dados antes de criar componentes de relatório nele

Esta prática recomendada é simples. Verifique se seu modelo de dados faz o que deve fazer antes de criar os componentes do painel nele. Neste sentido, eis algumas coisas para observar:

» **Teste suas fórmulas para assegurar que estejam funcionando corretamente.** Verifique se suas fórmulas não produzem erros e se cada uma gera os resultados esperados.

» **Verifique com atenção seu conjunto de dados principal para assegurar que esteja completo.** Verifique se sua tabela de dados não ficou cortada ao transferir para o Excel. E mais, verifique se cada coluna de dados está com as devidas legendas dos dados.

» **Verifique se toda formatação numérica está correta.** Verifique se a formatação de seus dados é apropriada para o campo. Por exemplo, verifique para saber se as datas estão formatadas como datas, os valores da moeda estão formatados corretamente e o número correto de casas decimais é exibido onde for necessário.

O objetivo óbvio aqui é eliminar erros fáceis de evitar que podem causar complicações mais tarde.

Funções do Excel que Cumprem o que Prometem

Como você descobrirá neste capítulo, o modelo de dados ideal para qualquer mecanismo de relatório é aquele no qual os dados, análise e apresentação estão separados em três camadas. Embora todas as três camadas sejam importantes, é na camada de análise que a arte real entra em cena. A tarefa fundamental da camada de análise é obter as informações na camada de dados e, depois, criar tabelas de preparação que alimentem seus gráficos, tabelas e outros componentes do relatório. Para fazer isso com eficiência, você precisa utilizar fórmulas que servem como mecanismos de entrega de dados — fórmulas que entregam dados para uma faixa de destino.

As informações necessárias ficam na camada de dados (geralmente uma tabela contendo dados agregados). As *fórmulas de entrega de dados* são projetadas para obterem esses dados e entregá-los na camada de análise para que possam ser analisados e modelados. O legal é que depois que você configura as fórmulas de entrega de dados, a camada de análise se atualiza automaticamente sempre que a camada de dados é restaurada.

Confuso? Não se preocupe — nesta seção, mostro algumas funções do Excel que funcionam particularmente bem nas fórmulas de entrega de dados. Quando você terminar de ler os exemplos aqui, começará a ver como esses conceitos se juntam.

Função PROCV

A função PROCV é a rainha de todas as funções de pesquisa no Excel. Eu aposto que, pelo menos, você já ouviu falar sobre a PROCV, se não a usou algumas vezes. A finalidade da PROCV é encontrar um valor específico em uma coluna de dados, onde o valor da linha mais à esquerda corresponde a determinado critério.

Noções básicas da PROCV

Veja a Figura 2-7 para ter uma ideia geral. A tabela à esquerda mostra as vendas por mês e o número do produto. A tabela inferior traduz esses números do produto em nomes do produto reais. A função PROCV pode ajudar ao associar o devido nome a cada número do produto respectivo.

FIGURA 2-7:
Neste exemplo, a função PROCV ajuda a pesquisar o nome de produto apropriado para cada número de produto.

	A	B	C	D	E	F	G
1							
2		Mês	Número Produto	Vendas	Nome Produto		
3		Fev	5	396	Mangas		=PROCV(C3;$D$17:$E$22;2;FALSO)
4		Fev	2	388	Bananas		=PROCV(C4;$D$17:$E$22;2;FALSO)
5		Fev	1	377	Abacaxis		=PROCV(C5;$D$17:$E$22;2;FALSO)
6		Fev	3	204	Laranjas		=PROCV(C6;$D$17:$E$22;2;FALSO)
7		Fev	4	200	Maçãs		=PROCV(C7;$D$17:$E$22;2;FALSO)
8		Fev	6	161	Peras		=PROCV(C8;$D$17:$E$22;2;FALSO)
9		Jan	3	489	Laranjas		=PROCV(C9;$D$17:$E$22;2;FALSO)
10		Jan	6	465	Peras		=PROCV(C10;$D$17:$E$22;2;FALSO)
11		Jan	1	382	Abacaxis		=PROCV(C11;$D$17:$E$22;2;FALSO)
12		Jan	2	285	Bananas		=PROCV(C12;$D$17:$E$22;2;FALSO)
13		Jan	4	200	Maçãs		=PROCV(C13;$D$17:$E$22;2;FALSO)
14		Jan	5	113	Mangas		=PROCV(C14;$D$17:$E$22;2;FALSO)
15							
16				Número Produto	Nome Produto		
17				1	Abacaxis		
18				2	Bananas		
19				3	Laranjas		
20				4	Maçãs		
21				5	Mangas		
22				6	Peras		

Para entender como funcionam as fórmulas PROCV, reserve um momento para rever a sintaxe básica. Uma fórmula PROCV requer quatro argumentos.

```
PROCV(valor_procurado; matriz_tabela; núm_índice_coluna;
procurar_intervalo)
```

Valor_procurado: O argumento *Valor_procurado* identifica o valor sendo pesquisado. É o valor que precisa ser correspondido com a tabela de pesquisa. No exemplo da Figura 2-7, *Valor_procurado* é o número do produto. Portanto, o primeiro argumento para todas as fórmulas mostradas na Figura 2-7 se refere à coluna C (a coluna que contém o número do produto).

Matriz_tabela: O argumento *Matriz_tabela* especifica a faixa que contém os valores da pesquisa. Na Figura 2-7, essa faixa é D16:B22. Estes são alguns pontos a lembrar com esse argumento. Primeiro, para uma PROCV funcionar, a coluna mais à esquerda da tabela deve ser o valor correspondente. Por exemplo, se você estiver tentando corresponder os números do produto, a coluna mais à esquerda da tabela de pesquisa deverá conter os números do produto. Segundo, observe que a referência usada para esse argumento é absoluta. Isto significa que as referências da coluna e da linha são prefixadas com um cifrão ($) — como em $D$16:$E$22. Isso assegura que as referências não se moverão quando você copiar as fórmulas para baixo ou para outro lado.

Núm_índice_coluna: O argumento *Núm_índice_coluna* identifica o número da coluna na tabela de pesquisa que contém o valor a ser retornado. No exemplo da Figura 2-7, a segunda coluna contém o nome do produto (o valor sendo pesquisado), portanto, a fórmula usa o número 2. Se a coluna do nome do produto fosse a quarta coluna na tabela de pesquisa, o número 4 seria usado.

Procurar_intervalo: O argumento *Procurar_intervalo* especifica se você está procurando uma correspondência exata ou aproximada. Se uma correspondência exata fosse necessária, você digitaria FALSO para esse argumento. Se a correspondência mais próxima fosse necessária, você digitaria VERDADEIRO ou deixaria o argumento em branco.

Aplicando as fórmulas PROCV em um modelo de dados

Como você pode imaginar, existem modos incontáveis de aplicar uma `PROCV` em todos os tipos de análises. Reservaremos um momento para ver um cenário no qual usar uma `PROCV` pode ajudar a melhorar seu modelo do painel.

Com algumas fórmulas `PROCV` e uma lista suspensa simples, você pode criar um modelo de dados que não só entrega dados na devida tabela de preparação, como também permite que você mude dinamicamente as exibições dos dados com base em uma seleção feita. A Figura 2-8 mostra a configuração.

DICA

Para ver esse efeito em ação, pegue a pasta de trabalho `Cap 2 Exemplos.xls` disponível para download no site da editora (busque pelo título do livro). Abra-a para ver uma guia `PROCV1`.

A camada de dados no modelo mostrado na Figura 2-8 reside na faixa `A9:F209`. A camada de análise é mantida na faixa `E2:F6`. A camada de dados consiste de todas as fórmulas que extraem e modelam os dados quando necessário. Como você pode ver, as fórmulas `PROCV` usam o valor Nome Cliente na célula C2 para pesquisar os devidos dados na camada de dados. Portanto, se você fornecesse **Chevron** na célula C3, as fórmulas `PROCV` extrairiam os dados para Chevron.

PAPO DE ESPECIALISTA

Você pode ter notado que as fórmulas `PROCV` na Figura 2-8 especificam um argumento `Matriz_tabela $C$9:$F$5000`. Isto significa que a tabela de pesquisa para a qual estão apontando estende-se de C9 a F5000. Isso parece estranho porque a tabela termina em F209. Porque você forçaria suas fórmulas `PROCV` a verem uma faixa que passa muito do final da tabela de dados?

FIGURA 2-8: Usando a função PROCV para extrair e modelar os dados.

Bem, lembre que a ideia por trás da separação da camada de dados e da camada de análise é para que esta possa ser atualizada automaticamente quando os dados são atualizados. Quando você obtiver novos dados no mês seguinte, conseguirá simplesmente substituir a camada de dados no modelo sem ter que trabalhar de novo na camada de análise. Permitir mais linhas do que o necessário em suas fórmulas PROCV assegura que, se a camada de dados aumentar, os registros não ficarão fora da faixa de pesquisa das fórmulas.

Posteriormente no capítulo, mostrarei como acompanhar automaticamente o crescimento das tabelas de dados usando tabelas inteligentes.

Usando listas suspensas de validação dos dados no modelo de dados

No exemplo mostrado na Figura 2-8, o modelo de dados permite selecionar os nomes do cliente em uma lista suspensa quando você clica na célula C3. O nome do cliente serve como o valor de pesquisa para as fórmulas PROCV. Mudar o nome do cliente extrai um novo conjunto de dados da camada de dados. Isso permite trocar rapidamente de um cliente para outro sem ter que lembrar e digitar o nome do cliente.

Agora, por mais legal que possa parecer, os motivos para essa configuração não são estéticos. Há motivos práticos para adicionar listas suspensas aos seus modelos de dados.

Muitos de seus modelos consistem em várias camadas analíticas nas quais cada uma mostra um conjunto diferente de análise. Embora cada camada de análise seja diferente, geralmente elas precisam girar em torno de uma dimensão compartilhada, como o mesmo nome do cliente, mesmo mercado ou mesma região. Por exemplo, quando você tem um modelo de dados que informa sobre o Financeiro, Estatísticas do Trabalho e Volumes Operacionais, deseja assegurar que, quando o modelo estiver informando sobre o financeiro da região Sul, as Estatísticas do Trabalho serão para a região Sul também.

Um modo eficiente de assegurar que isso ocorra é forçar suas fórmulas a usarem as mesmas referências da dimensão. Se a célula C3 for onde você troca os clientes, toda análise dependente do cliente deverá referenciar a célula C3. As listas suspensas permitem que você tenha uma lista predefinida de variáveis válidas localizadas em uma única célula. Com uma lista suspensa, você pode trocar facilmente as dimensões enquanto cria e testa as várias camadas de análise.

Adicionar uma lista suspensa é relativamente fácil com a funcionalidade Validação dos Dados do Excel. Para adicionar uma lista suspensa, siga estas etapas:

1. Selecione a guia Dados na Faixa.
2. Clique no botão Validação dos Dados.
3. Selecione a guia Configurações na caixa de diálogo Validação dos Dados recém-ativada. (Veja Figura 2-9.)

4. Na lista suspensa Permitir, escolha Lista.

5. Na caixa de entrada Fonte, referencie a faixa de células que contém sua lista de seleções predefinida.

   Em nosso exemplo, isto seria a lista de cliente que você deseja que seja exibida no painel.

6. Clique em OK.

FIGURA 2-9: Você pode usar a validação dos dados para criar uma lista predefinida de variáveis válidas para seu modelo de dados.

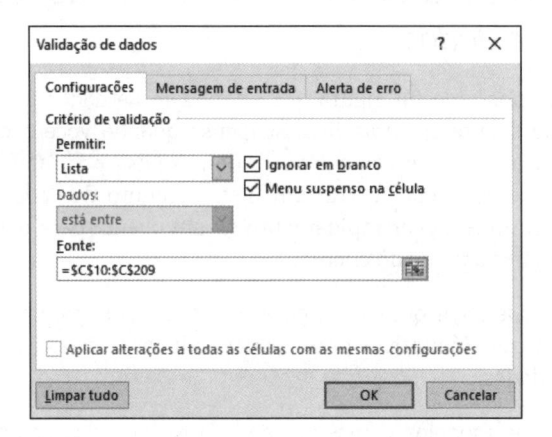

Função PROCH

A função PROCH é a prima pouco conhecida da função PROCV. O *H* em PROCH significa *horizontal*. Como os dados do Excel costumam ser orientados na vertical, a maioria das situações requer uma pesquisa vertical, ou PROCV. Contudo, algumas estruturas de dados são orientadas na horizontal, requerendo uma pesquisa horizontal, assim, a função PROCH é útil. A PROCH busca uma tabela de pesquisa para encontrar um único valor em uma linha de dados onde a legenda da coluna corresponde a determinado critério.

Noções básicas da PROCH

A Figura 2-10 demonstra um cenário típico onde as fórmulas PROCH são usadas. A tabela em C5 requer números do final do trimestre (março e junho) para 2011. As fórmulas PROCH usam as legendas da coluna para encontrar as colunas corretas do mês e, depois, localizar os dados de 2011 descendo o número correto de linhas. Neste caso, os dados de 2011 estão na linha 4, portanto, o número 4 é usado nas fórmulas.

FIGURA 2-10:
As fórmulas PROCH ajudam a encontrar os números de março e junho na tabela de pesquisa.

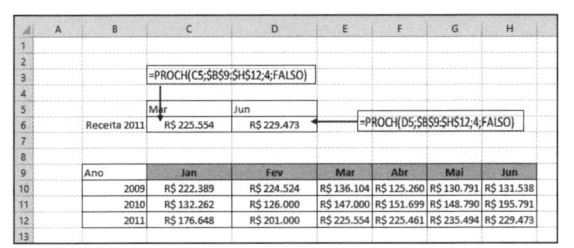

	A	B	C	D	E	F	G	H
1								
2								
3			=PROCH(C5;$B$9:$H$12;4;FALSO)					
4								
5			Mar	Jun				
6		Receita 2011	R$ 225.554	R$ 229.473	←	=PROCH(D5;$B$9:$H$12;4;FALSO)		
7								
8								
9		Ano	Jan	Fev	Mar	Abr	Mai	Jun
10		2009	R$ 222.389	R$ 224.524	R$ 136.104	R$ 125.260	R$ 130.791	R$ 131.538
11		2010	R$ 132.262	R$ 126.000	R$ 147.000	R$ 151.699	R$ 148.790	R$ 195.791
12		2011	R$ 176.648	R$ 201.000	R$ 225.554	R$ 225.461	R$ 235.494	R$ 229.473
13								

Para entender como isso funciona, veja a sintaxe básica da função PROCH.

```
PROCH(Valor_procurado, Matriz_tabela, Núm_índice_linha,
Procurar_intervalo)
```

Valor_procurado: O argumento *Valor_procurado* identifica o valor sendo pesquisado. Na maioria dos casos, esses valores são os nomes da coluna. No exemplo na Figura 2-10, as legendas da coluna estão sendo referenciadas para *Valor_procurado*. Isso aponta a função PROCH para a devida coluna na tabela de pesquisa.

Matriz_tabela: O argumento *Matriz_tabela* identifica a faixa que contém a tabela de pesquisa. Na Figura 2-10, essa faixa é B9:H12. Como os exemplos de PROCV anteriormente no capítulo, observe que as referências usadas para esse argumento são absolutas. Isso significa que as referências da coluna e da linha são prefixadas com o cifrão ($) — como em $B$9:$H$12. Isso assegura que a referência não se moverá quando você copiar as fórmulas para baixo ou para outro lado.

Núm_índice_linha: O argumento *Núm_índice_linha* identifica o número da linha que contém o valor que você está procurando. No exemplo na Figura 2-10, os dados de 2011 estão localizados na linha 4 da tabela de pesquisa. Portanto, as fórmulas usam o número 4.

Procurar_intervalo: O argumento *Procurar_intervalo* especifica se você está procurando uma correspondência exata ou aproximada. Se uma correspondência exata fosse necessária, você digitaria FALSO para esse argumento. Se fosse a correspondência mais próxima, digitaria VERDADEIRO ou deixaria o argumento em branco.

Aplicando as fórmulas PROCH em um modelo de dados

As PROCHs são especialmente úteis para modelar os dados nas estruturas apropriadas para representar em gráficos ou outros tipos de relatório. Um exemplo simples é demonstrado na Figura 2-11. Com as PROCHs, os dados mostrados na tabela de dados brutos, na parte inferior da figura, são reorientados em uma tabela de preparação na parte superior. Quando os dados brutos são alterados ou atualizados, a tabela de preparação captura as alterações.

FIGURA 2-11: Neste exemplo, as fórmulas PROCH obtêm e remodelam os dados sem prejudicar a tabela de dados brutos.

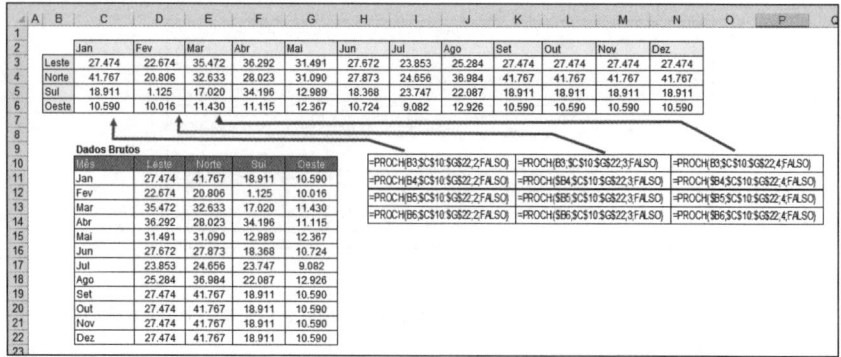

Função Somarproduto

A função SOMARPRODUTO está listada na categoria de Matemática e Trigonometria das funções do Excel. Como a finalidade básica de SOMARPRODUTO é calcular a soma do produto, a maioria das pessoas não sabe que é possível usá-la para pesquisar valores. Na verdade, você pode usar essa função versátil com muita eficiência na maioria dos modelos de dados.

Noções básicas da SOMARPRODUTO

A função SOMARPRODUTO é designada para multiplicar os valores de duas ou mais faixas de dados e, depois, somar os resultados para retornar a soma dos produtos. Veja a Figura 2-12 para ter um cenário típico no qual a SOMARPRODUTO é útil.

Na Figura 2-12, você vê uma análise comum na qual você precisa das vendas totais para os anos de 2011 e 2012. Como pode ver, para obter as vendas totais de cada ano, primeiro você tem que multiplicar o Preço pelo número de Unidades para obter o total de cada Região. Então, tem que somar esses resultados para obter o total de vendas de cada ano.

FIGURA 2-12: Sem a SOMARPRODUTO, obter o total de vendas envolve multiplicar o preço por unidades e somar os resultados.

Com a função SOMARPRODUTO, você pode realizar a análise de duas etapas com apenas uma fórmula. A Figura 2-13 mostra a mesma análise com as fórmulas SOMARPRODUTO. Em vez de usar 11 fórmulas, você pode fazer a mesma análise com apenas 3!

FIGURA 2-13: A função SOMAR PRODUTO permite realizar a mesma análise com apenas 3 fórmulas, em vez de 11.

	A	B	C	D	E	F	G	H	I	J
1										
2		Ano	Região	Preço	Unidades					
3		2012	Norte	R$ 40	751					
4		2012	Sul	R$ 35	483					
5		2012	Leste	R$ 32	789					
6		2012	Oeste	R$ 41	932					
7		2011	Norte	R$ 40	877					
8		2011	Sul	R$ 35	162					
9		2011	Leste	R$ 32	258					
10		2011	Oeste	R$ 41	517					
11										
12				Total 2012	R$ 110.405		=SOMARPRODUTO(D3:D6;E3:E6)			
13				Total 2011	R$ 70.203		=SOMARPRODUTO(D7:D10;E7:E10)			
14				Variação	R$ 40.202		=E12-E13			
15										

A sintaxe da função SOMARPRODUTO é bem simples:

```
SOMARPRODUTO(Matriz1, Matriz2, ...)
```

Matriz: *Matriz* representa uma faixa de dados. Você pode usar de 2 a 255 faixas em uma fórmula SOMARPRODUTO. As faixas são multiplicadas e, depois, somadas. A única regra obrigatória que você tem que lembrar é que todas as faixas devem ter o mesmo número de valores. Ou seja, não será possível usar SOMARPRODUTO se a faixa X tiver 10 valores e a faixa Y tiver 11 valores. Do contrário, você terá o erro #VALOR!.

Uma mudança na função SOMARPRODUTO

O interessante sobre a função SOMARPRODUTO é que ela pode ser usada para filtrar os valores. Veja a Figura 2-14 para saber o que quero dizer.

FIGURA 2-14: A função SOMAR PRODUTO pode ser usada para filtrar os dados com base em critérios.

	A	B	C	D	E	F	G	H	I	J	K
1											
2		Ano	Região	Preço		Unidades					
3		2012	Norte	R$ 40		751					
4		2012	Sul	R$ 35		483					
5		2012	Leste	R$ 32		789					
6		2012	Oeste	R$ 41		932					
7		2011	Norte	R$ 40		877					
8		2011	Sul	R$ 35		162					
9		2011	Leste	R$ 32		258					
10		2011	Oeste	R$ 41		517					
11											
12				Unidades Norte		1.628		=SOMARPRODUTO((C3:C10="Norte")*E3:E10)			
13				Unidades Norte 2011		877		=SOMARPRODUTO((C3:C10="Norte")*(B3:B10=2011)*E3:E10)			

A fórmula na célula E12 está obtendo a soma das unidades totais apenas da região Norte. Nesse ínterim, a célula E13 está obtendo as unidades registradas para a região Norte no ano de 2011.

Para entender como isso funciona, veja a fórmula na célula E12 mostrada na Figura 2-14. Essa fórmula indica `SOMARPRODUTO((C3:C10="Norte")*(E3:E10))`.

No Excel, `VERDADEIRO` significa 1 e `FALSO` significa 0. Todo valor na coluna C igual a `Norte` é avaliado como `VERDADEIRO` ou 1. Onde o valor não é `Norte`, ele é avaliado como `FALSO` ou 0. A parte da fórmula que indica `(C3:C10="Norte")` enumera cada valor na faixa `C3:C10`, atribuindo 1 ou 0 a cada valor. Então, internamente, a fórmula `SOMARPRODUTO` é traduzida como

```
(1*E3)+(0*E4)+(0*E5)+(0*E6)+(1*E7)+(0*E8)+(0*E9)+(0*E10).
```

Isso fornece a resposta 1628 porque

```
(1*751)+(0*483)+(0*789)+(0*932)+(1*877)+(0*162)+(0*258)+(0*517)
```

é igual a 1628.

Aplicando as fórmulas SOMARPRODUTO em um modelo de dados

Como sempre no Excel, você não tem que incorporar os critérios em suas fórmulas. Em vez de usar explicitamente `"Norte"` na fórmula `SOMARPRODUTO`, você poderia referenciar uma célula que contém o valor do filtro. Você pode imaginar que a célula A3 contém a palavra `Norte` e, neste caso, poderá usar `(C3:C10=A3)` em vez de `(C3:C10="Norte")`. Assim, poderá mudar dinamicamente seu critério do filtro e sua fórmula acompanhará.

A Figura 2-15 mostra como você pode usar esse conceito para obter os dados em uma tabela de preparação com base em vários critérios. Note que cada uma das fórmulas `SOMARPRODUTO` mostradas aqui referencia as células B3 e C3 para filtrar a Conta e a Linha de Produtos. Novamente, é possível adicionar listas suspensas de validação dos dados às células B3 e C3, permitindo mudar facilmente os critérios.

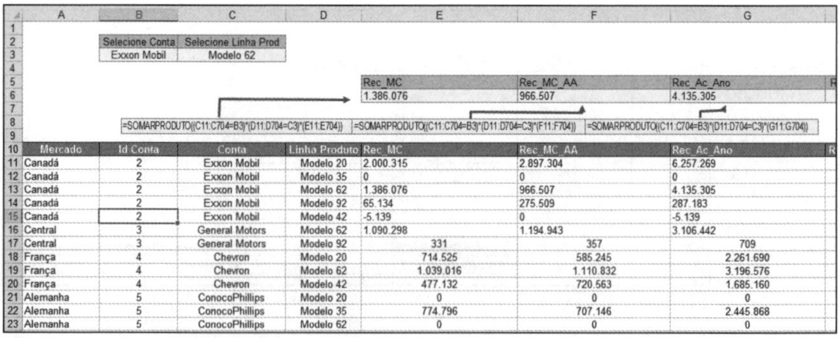

Mercado	Id Conta	Conta	Linha Produto	Rec_MC	Rec_MC_AA	Rec_Ac_Ano
Canadá	2	Exxon Mobil	Modelo 20	2.000.315	2.897.304	6.257.269
Canadá	2	Exxon Mobil	Modelo 35	0	0	0
Canadá	2	Exxon Mobil	Modelo 62	1.386.076	966.507	4.135.305
Canadá	2	Exxon Mobil	Modelo 92	65.134	275.509	287.183
Canadá	2	Exxon Mobil	Modelo 42	-5.139	0	-5.139
Central	3	General Motors	Modelo 62	1.090.298	1.194.943	3.106.442
Central	3	General Motors	Modelo 92	331	357	709
França	4	Chevron	Modelo 20	714.525	585.245	2.261.690
França	4	Chevron	Modelo 62	1.039.016	1.110.832	3.196.576
França	4	Chevron	Modelo 42	477.132	720.563	1.685.160
Alemanha	5	ConocoPhillips	Modelo 20	0	0	0
Alemanha	5	ConocoPhillips	Modelo 35	774.796	707.146	2.445.868
Alemanha	5	ConocoPhillips	Modelo 62	0	0	0

FIGURA 2-15: A função SOMARPRODUTO pode ser usada para obter os números somados na camada de dados para as tabelas de preparação.

Função ESCOLHER

A função ESCOLHER retorna um valor de uma lista especificada de valores com base em um número da posição especificada. Por exemplo, se você digitar as fórmulas ESCOLHER(3, "Red", "Yellow", "Green", "Blue") em uma célula, o Excel retornará Green porque Green é o terceiro item na lista de valores. A fórmula ESCOLHER(1, "Red", "Yellow", "Green", "Blue") retornaria Red. Embora isso possa não parecer útil à primeira vista, a função Escolher pode melhorar drasticamente seus modelos de dados.

Noções básicas de ESCOLHER

A Figura 2-16 mostra como as fórmulas ESCOLHER podem ajudar a apontar e extrair os números em uma faixa de células. Note que, em vez de usar valores incorporados no código, como Red, Green etc., é possível usar referências da célula para listar as opções.

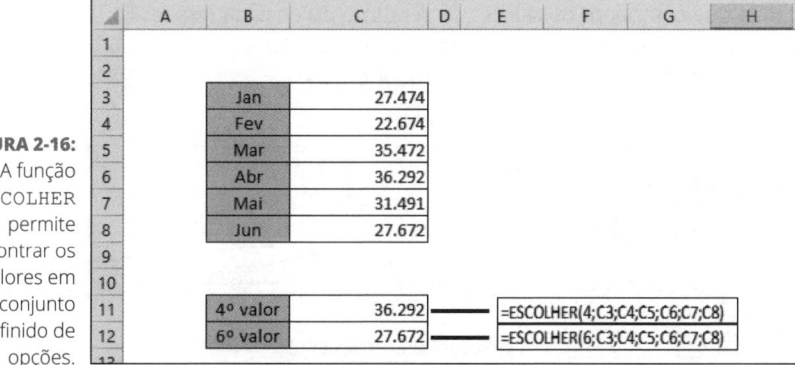

FIGURA 2-16: A função ESCOLHER permite encontrar os valores em um conjunto definido de opções.

Reserve um momento para rever a sintaxe básica da função ESCOLHER:

```
ESCOLHER(Núm_índice, Valor1, Valor2, ...)
```

Núm_índice: O argumento *Núm_índice* especifica o número da posição do valor escolhido na lista de valores. Se o terceiro valor na lista for necessário, *Núm_índice* será 3. O argumento *Núm_índice* deve ser um inteiro entre um e o número máximo de valores na lista definida de valores. Ou seja, se houver 10 opções definidas na fórmula ESCOLHER, o argumento *Núm_índice* não poderá ser maior que 10.

Valor: Cada argumento *Valor* representa uma opção na lista definida de opções para essa fórmula ESCOLHER. Os argumentos *Valor>* podem ser valores incorporados no código, referências de célula, nomes definidos, fórmulas ou funções. Você pode ter até 255 opções listadas em suas fórmulas ESCOLHER.

Aplicando as fórmulas ESCOLHER em um modelo de dados

A função `ESCOLHER` é especialmente valiosa nos modelos de dados nos quais várias camadas de dados precisam ser reunidas. A Figura 2-17 mostra um exemplo no qual as fórmulas `ESCOLHER` ajudam a reunir os dados.

Neste exemplo, você tem duas tabelas de dados: uma para Receitas e outra para Receita Líquida. Cada uma contém números para regiões separadas. A ideia é criar uma tabela de preparação que obtém os dados nas duas tabelas para que os dados correspondam a uma região selecionada.

Para entender o que está acontecendo, foque na fórmula na célula F3, mostrada na Figura 2-17. A fórmula é `ESCOLHER($C$2, F7, F8, F9, F10)`. O argumento *Núm_índice* é, na verdade, uma referência da célula que vê o valor na célula C2, que é o número 2. Como é possível ver, a célula C2 é uma fórmula `PROCV` que obtém o devido número do índice para a região selecionada. A lista de opções definidas na fórmula `ESCOLHER` é, basicamente, as referências da célula que compõem os valores do rendimento de cada região: F7, F8, F9 e F10. Portanto, a fórmula na célula F3 é traduzida como `ESCOLHER(2, 27474, 41767, 18911, 10590)`. A resposta é 41.767.

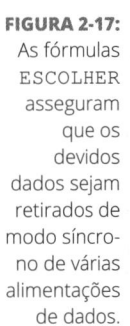

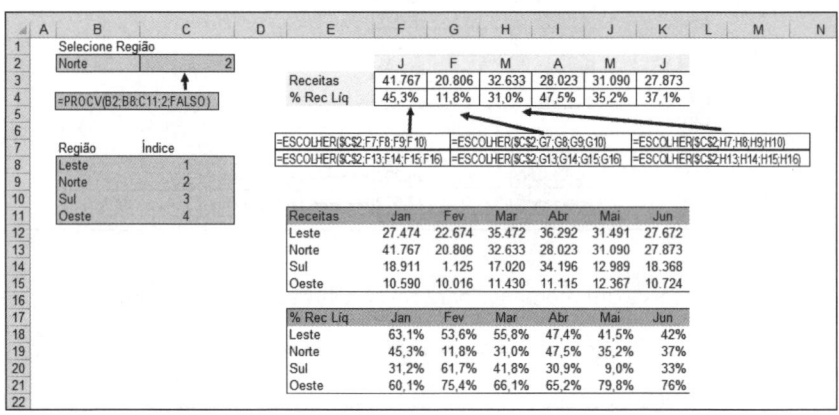

FIGURA 2-17: As fórmulas ESCOLHER asseguram que os devidos dados sejam retirados de modo síncrono de várias alimentações de dados.

Usando Tabelas Inteligentes que se Expandem com os Dados

Um dos desafios que você pode encontrar ao criar modelos de dados é uma tabela de dados que se expande com o tempo. Ou seja, o número de registros que a tabela mantém aumenta devido a novos dados sendo adicionados. Para ter uma compreensão básica desse desafio, veja a Figura 2-18. Nessa figura, você vê uma tabela simples que serve como fonte do gráfico. Observe que a tabela lista os dados de janeiro a junho.

Imagine que no mês seguinte a tabela se expanda para incluir os dados de julho. Você terá que atualizar manualmente seu gráfico para incluir os dados de julho. Agora, imagine que você tivesse esse mesmo problema em seu modelo de dados, com várias tabelas de dados que se ligam a várias tabelas de preparação e componentes do painel. Você pode imaginar que seria uma tarefa extremamente difícil acompanhar as mudanças a cada mês.

Para resolver isso, você pode usar o recurso Tabela do Excel (percebe-se que passaram uma noite inteira discutindo esse nome). O *recurso Tabela* permite converter uma faixa de dados em uma tabela definida que é tratada de modo independente das outras linhas e colunas na planilha. Depois de uma faixa ser convertida em uma tabela, o Excel exibe as células individuais na tabela como um único objeto com uma funcionalidade que uma faixa de dados típica não tem.

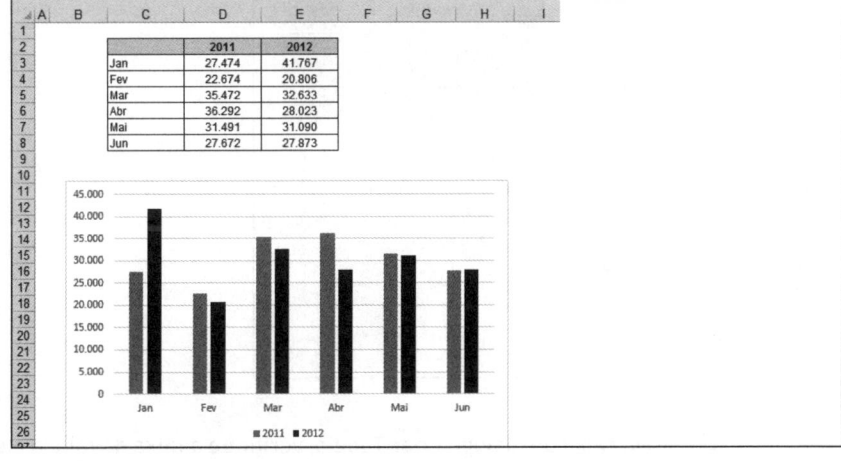

FIGURA 2-18: A data na tabela e no gráfico termina em junho.

Por exemplo, as tabelas do Excel oferecem os seguintes recursos:

» Elas são ativadas automaticamente com os cabeçalhos suspensos Filtro para que você possa filtrar e classificar com facilidade.

» Elas vêm com a capacidade de adicionar rapidamente uma linha Total com várias funções agregadas.

» Você pode aplicar uma formatação especial nas tabelas do Excel independentemente do resto da planilha.

» O mais importante para as finalidades de modelagem dos dados é que elas se expandem automaticamente para permitir novos dados.

DICA — O recurso Tabela existe no Excel 2003 com um nome diferente: recurso Lista (encontrado no menu Dados do Excel). A vantagem disso é que as tabelas do Excel são totalmente compatíveis com as Listas do Excel 2003.

Convertendo uma faixa em uma tabela do Excel

Para converter uma faixa de dados em uma tabela do Excel, siga estas etapas:

1. Destaque a faixa de células que contém os dados que você deseja incluir em sua tabela do Excel.

2. Na guia Inserir da Faixa, clique no botão Tabela.

   Esta etapa abre a caixa de diálogo Criar Tabela, como mostra a Figura 2-19.

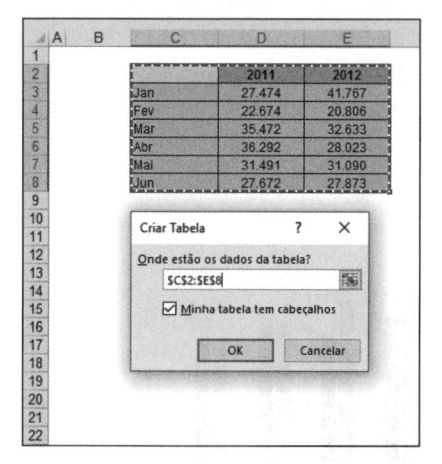

FIGURA 2-19: Convertendo uma faixa de dados em uma tabela do Excel.

3. Na caixa de diálogo Criar Tabela, verifique a faixa da tabela e especifique se a primeira linha da faixa selecionada é uma linha do cabeçalho.

4. Clique em OK para aplicar as alterações.

Depois de feita a conversão, note algumas pequenas mudanças. O Excel colocou as listas suspensas de filtro automático nas linhas do cabeçalho, as linhas na tabela agora têm uma sombra alternativa e qualquer cabeçalho que não tinha um valor foi nomeado pelo Excel.

Você pode usar as tabelas do Excel como uma fonte para gráficos, tabelas dinâmicas, caixas de lista ou qualquer outra coisa para a qual você normalmente usaria uma faixa de dados. Na Figura 2-20, um gráfico foi vinculado à tabela do Excel.

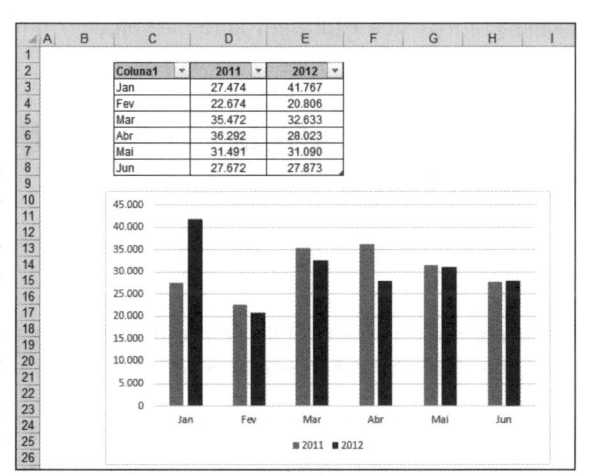

FIGURA 2-20: As tabelas do Excel podem ser usadas como a origem para gráficos, tabelas dinâmicas, faixas nomeadas etc.

Eis uma parte impressionante. Quando os dados são adicionados à tabela, o Excel expande automaticamente a faixa da tabela e incorpora a nova faixa em qualquer objeto vinculado. É apenas uma maneira elegante de dizer que qualquer gráfico ou tabela dinâmica ligada a uma tabela do Excel captura automaticamente novos dados sem uma intervenção manual.

Por exemplo, se eu adicionar os dados de julho e agosto ao final da tabela do Excel, o gráfico se atualizará automaticamente para capturar os novos dados. Na Figura 2-21, adicionei julho sem dados e agosto com dados para mostrar que o gráfico captura qualquer registro novo e plota automaticamente os dados fornecidos.

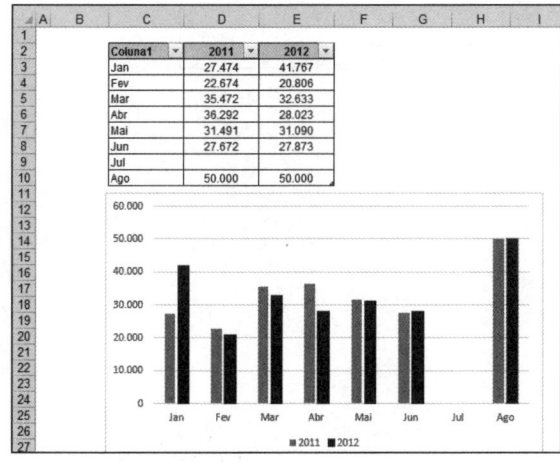

FIGURA 2-21: As tabelas do Excel se expandem automaticamente quando novos dados são adicionados.

Reserve um momento para pensar sobre o que significam as tabelas do Excel para um modelo de dados. Significam tabelas dinâmicas que nunca precisam ser reconfiguradas, gráficos que capturam automaticamente novos dados e faixas que acompanham automaticamente as mudanças.

Convertendo uma tabela do Excel de volta em uma faixa

Se você quiser converter uma tabela do Excel de volta em uma faixa, poderá seguir estas etapas:

1. Coloque o cursor em qualquer célula dentro da tabela do Excel e selecione as subguias Design das Ferramentas da Tabela na Faixa.

2. Clique no botão Converter em Intervalo, como mostra a Figura 2-22.

3. Quando perguntado se você tem certeza (via caixa de mensagem), clique no botão Sim.

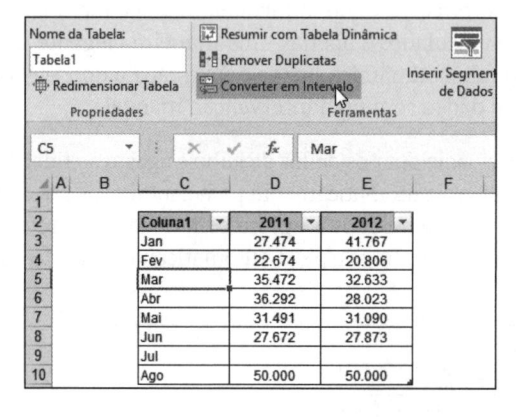

FIGURA 2-22: Para remover a funcionalidade da tabela do Excel, converta a tabela de volta em uma faixa.

2
Criando Componentes Básicos do Painel

NESTA PARTE...

Descubra as práticas recomendadas para criar tabelas de dados eficientes.

Veja como você pode aproveitar a funcionalidade Minigráfico encontrada no Excel.

Veja as várias técnicas que você pode usar para visualizar os dados sem o uso de gráficos.

Explore como as tabelas dinâmicas podem aperfeiçoar suas capacidades analíticas e de relatório, assim como seus painéis.

> **NESTE CAPÍTULO**
>
> Os princípios do design da tabela
>
> Formatação personalizada dos números
>
> Aplicando cores personalizadas ao formato
>
> Aplicando condições personalizadas ao formato

Capítulo 3
Melhorando Suas Tabelas de Dados

A tabela do Excel é o modo perfeito de consolidar e passar informações. As tabelas de dados são bem comuns — você encontrará uma em qualquer relatório do Excel. Contudo, o conceito de facilitar a leitura das tabelas e torná-las visualmente mais atraentes escapa à maioria de nós.

Talvez, seja porque as linhas e colunas bem estruturadas de uma tabela nos levem a acreditar que os dados já estão apresentados da melhor maneira possível. Talvez as opções de adicionar cor e bordas façam com que as tabelas sejam vistas como bem finalizadas. O Excel facilita a criação da tabela, mas mesmo assim, é possível usar vários princípios de design para tornar sua tabela do Excel uma plataforma mais eficiente para transmitir seus dados.

Neste capítulo, você explorará a facilidade de aplicar muitas das melhores práticas de design da tabela. As dicas encontradas aqui basicamente ajudam a criar tabelas visualmente atraentes que facilitam o consumo e o entendimento dos dados dentro delas.

Princípios do Design da Tabela

O design da tabela é um dos esforços mais subestimados no relatório do Excel. A forma como uma tabela é criada afeta diretamente como o público absorve e interpreta seus dados. Infelizmente, reunir uma tabela de dados com um olho na economia e na facilidade de consumo é uma habilidade incomum.

Por exemplo, a tabela mostrada na Figura 3-1 é parecida com muitas encontradas nos relatórios do Excel. As bordas grossas, várias cores (Aqui em tons e cinza. Para a versão em cores, ver os arquivos disponíveis para download.) e números mal formatados são marcas infelizes das tabelas que vêm do analista comum do Excel.

10 Principais Rotas por Receita							
		Receita		Margem		Por Passageiro	
De	Para	Receita Dólares	Receita Percentagem	Margem Dólares	Margem Percentagem	Receita por Passageiro	Margem por Passageiro
Atlanta	New York	$3.602.000	8,09%	$955.000	9%	245	65
Chicago	New York	$4.674.000	10,50%	$336.000	3%	222	16
Columbus (Ohio)	New York	$2.483.000	5,58%	$1.536.000	14%	202	125
New York	Detroit	$12.180.000	27,35%	$2.408.000	23%	177	35
New York	Washington	$6.355.000	14,27%	$1.230.000	12%	186	36
New York	Philadelphia	$3.582.000	8,04%	-$716.000	-7%	125	-25
New York	San Francisco	$3.221.000	7,23%	$1.856.000	18%	590	340
New York	Phoenix	$2.846.000	6,39%	$1.436.000	14%	555	280
New York	Toronto	$2.799.000	6,29%	$1.088.000	10%	450	175
New York	Seattle	$2.792.000	6,27%	$467.000	4%	448	75
Total Rotas Domésticas		$44.534.000		$10.596.000		272	53

FIGURA 3-1: Uma tabela mal projetada.

Neste capítulo, você irá melhorar essa tabela aplicando estes quatro princípios básicos do design:

» **Use cores com moderação,** reservando-as apenas para as informações sobre os principais pontos de dados.

» **Retire a ênfase das bordas,** usando o espaço em branco natural entre os componentes para particionar seu painel.

» **Use uma formação de números eficiente** para evitar inundar sua tabela com muita tinta.

» **Suavize suas legendas e cabeçalhos.**

Use cores com moderação

A cor é mais usada para separar as várias seções de uma tabela. A ideia básica é que as cores aplicadas em uma tabela sugerem a relação entre linhas e colunas. O problema é que elas costumam distrair e desviar a atenção dos dados importantes. E mais, é muito difícil ler as tabelas impressas com células com cores escuras (em especial nas impressoras em preto e branco). Também prejudicam o orçamento do toner, se isso for importante.

Em geral,as cores devem ser usadas com moderação, reservadas para fornecer informações sobre os principais pontos de dados. Os cabeçalhos, legendas e estrutura natural de sua tabela são mais do que suficientes para orientar seu público. Não há nenhuma necessidade real de adicionar uma camada de cor como uma demarcação de suas linhas e colunas.

A Figura 3-2 mostra a tabela da Figura 3-1 com as cores removidas. Como você pode ver, fica mais fácil de ler.

10 Principais Rotas por Receita

De	Para	Receita		Margem		Por Passageiro	
		Receita Dólares	Receita Percentagem	Margem Dólares	Margem Percentagem	Receita por Passageiro	Margem por Passageiro
Atlanta	New York	$3.602.000	8,09%	$955.000	9%	245	65
Chicago	New York	$4.674.000	10,50%	$336.000	3%	222	16
Columbus (Ohio)	New York	$2.483.000	5,58%	$1.536.000	14%	202	125
New York	Detroit	$12.180.000	27,35%	$2.408.000	23%	177	35
New York	Washington	$6.355.000	14,27%	$1.230.000	12%	186	36
New York	Philadelphia	$3.582.000	8,04%	-$716.000	-7%	125	-25
New York	San Francisco	$3.221.000	7,23%	$1.856.000	18%	590	340
New York	Phoenix	$2.846.000	6,39%	$1.436.000	14%	555	280
New York	Toronto	$2.799.000	6,29%	$1.088.000	10%	450	175
New York	Seattle	$2.792.000	6,27%	$467.000	4%	448	75
Total Rotas Domésticas		**$44.534.000**		**$10.596.000**		**272**	**53**

FIGURA 3-2: Remova as cores desnecessárias da célula.

Se você estiver trabalhando com uma tabela que contém células coloridas, poderá remover a cor rapidamente destacando as células e escolhendo a opção Sem Preenchimento no menu suspenso Cor do Preenchimento na guia Página Inicial. Veja a Figura 3-3.

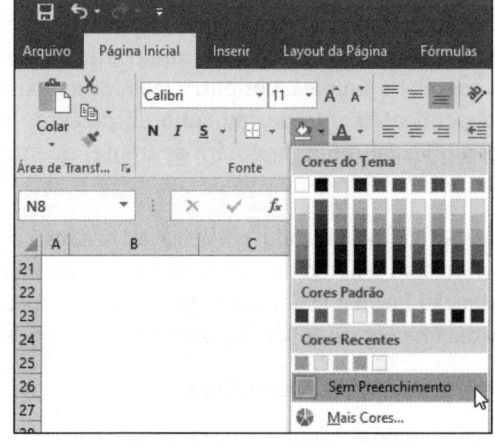

FIGURA 3-3: Use a opção Sem Preenchimento para limpar as cores da célula.

Retire a ênfase das bordas

Acredite, as bordas atrapalham a leitura dos dados em uma tabela. Como elas ajudam a separar os dados em belas seções particionadas, isso pode parecer ilógico, mas a realidade é que as bordas de uma tabela são a primeira coisa que seus olhos veem. Não acredita? Vire de costas para uma tabela do Excel e, depois de um tempo, dê uma olhada. As bordas saltarão.

Sempre tente retirar a ênfase das bordas e das linhas de grade onde puder. Use o espaço em branco natural entre as colunas para particionar as seções. Se as bordas forem necessárias, formate-as com tons mais claros do que seus dados; os cinzas claros costumam ser ideais. O objetivo é indicar as seções sem se distrair das informações exibidas.

A Figura 3-4 demonstra esses conceitos com a tabela da Figura 3-1. Observe como os números não estão mais presos dentro das linhas de grade e que os cabeçalhos agora saltam com o acréscimo dos sublinhados Contábil Simples.

FIGURA 3-4: Minimize o uso das bordas e use sublinhados contábeis simples para acentuar os cabeçalhos da coluna.

10 Principais Rotas por Receita

De	Para	Receita		Margem		Por Passageiro	
		Receita Dólares	Receita Percentagem	Margem Dólares	Margem Percentagem	Receita por Passageiro	Margem por Passageiro
Atlanta	New York	$3.602.000	8,09%	$955.000	9%	245	65
Chicago	New York	$4.674.000	10,50%	$336.000	3%	222	16
Columbus (Ohio)	New York	$2.483.000	5,58%	$1.536.000	14%	202	125
New York	Detroit	$12.180.000	27,35%	$2.408.000	23%	177	35
New York	Washington	$6.355.000	14,27%	$1.230.000	12%	186	36
New York	Philadelphia	$3.582.000	8,04%	-$716.000	-7%	125	-25
New York	San Francisco	$3.221.000	7,23%	$1.856.000	18%	590	340
New York	Phoenix	$2.846.000	6,39%	$1.436.000	14%	555	280
New York	Toronto	$2.799.000	6,29%	$1.088.000	10%	450	175
New York	Seattle	$2.792.000	6,27%	$467.000	4%	448	75
Total Rotas Domésticas		**$44.534.000**		**$10.596.000**		**272**	**53**

DICA Os sublinhados contábeis simples são diferentes do sublinhado padrão que você geralmente aplica usando Ctrl+U no teclado. Os sublinhados padrão desenham uma linha apenas onde há texto — ou seja, se você sublinhar a palavra SIM, os sublinhados padrão fornecerão uma linha abaixo das três letras. Os sublinhados contábeis simples, por outro lado, desenham uma linha na coluna inteira, independentemente do tamanho da palavra. Isso contribui para uma demarcação visual mínima, porém aparente, que mostra belos cabeçalhos da coluna.

Você pode formatar as bordas destacando primeiro as células com as quais está trabalhando, clicando com o botão direito para ativar o menu contextual, então, selecionando a opção Formatar Células. Isso ativará a caixa de diálogo Formatar Células mostrada na Figura 3-5. Nela, execute as seguintes etapas:

1. Selecione uma espessura adequada de linha.

Em geral, você deve selecionar a linha com o peso mais leve.

2. **Selecione uma cor adequada.**

   Novamente, os tons mais claros são as melhores opções.

3. Use os botões da borda para controlar onde as bordas são colocadas.

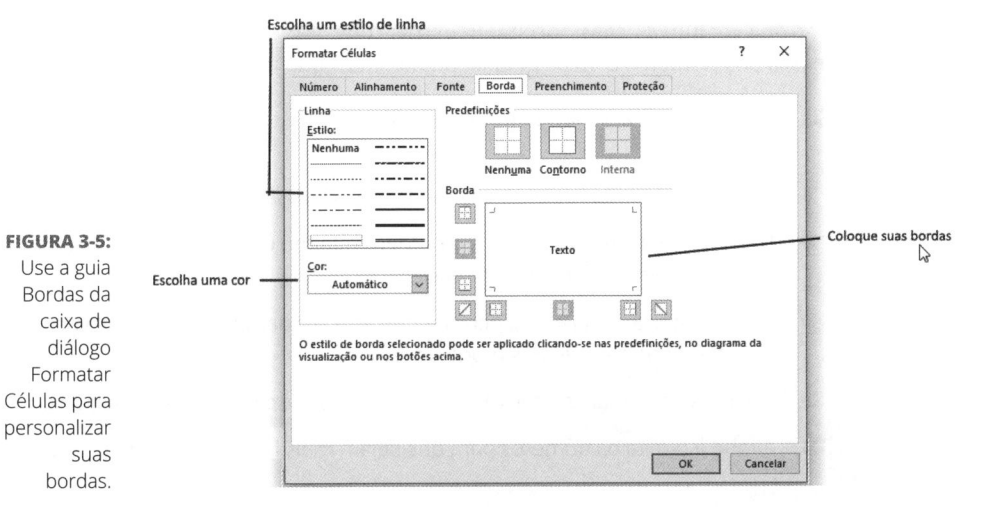

FIGURA 3-5: Use a guia Bordas da caixa de diálogo Formatar Células para personalizar suas bordas.

Para aplicar o sublinhado contábil simples, clique com o botão direito nos cabeçalhos da coluna e selecione Formatar Células. Clique na guia Fonte da caixa de diálogo Formatar Células e no menu suspenso Sublinhado, escolha a opção Contábil Simples, como demonstrado na Figura 3-6.

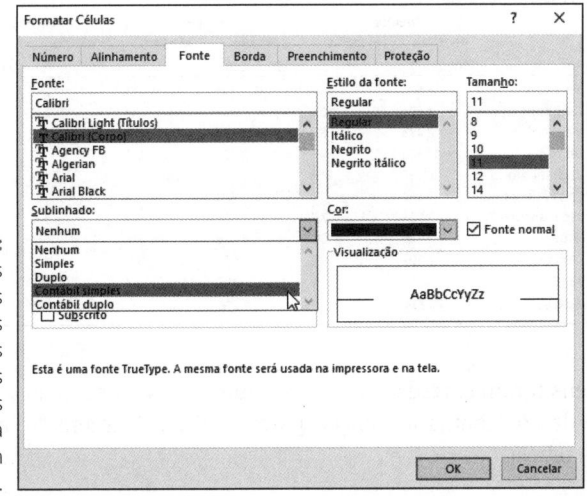

FIGURA 3-6: Os sublinhados contábeis simples mostram os cabeçalhos da coluna com eficiência.

Use uma formatação de número eficiente

Toda informação em sua tabela deve ter um motivo para existir. Em um esforço para esclarecer, as tabelas geralmente inundam o público com itens supérfluos que não valorizam informação. Por exemplo, você geralmente verá tabelas que mostram um número como $145,57, quando um simples 145 seria suficiente. Por que incluir as casas decimais extras, que servem apenas para adicionar massa aos números com os quais o público tem que trabalhar?

Eis algumas diretrizes para lembrar ao aplicar formatos nos números na tabela:

» Use casas decimais apenas se esse nível de precisão for requerido.

» Nas porcentagens, use apenas o número mínimo de decimais requeridos para apresentar os dados com eficiência.

» Em vez de usar o cifrão ($), permita que as legendas esclareçam que você está referindo-se a valores monetários.

» Formate os números muito grandes com a casa dos milhares ou milhões.

» Alinhe à direita os números para que sejam mais fáceis de ler e comparar.

A Figura 3-7 mostra a tabela da Figura 3-1 com a devida formatação dos números aplicada. Observe que o rendimento geral e as quantidades de moeda da margem foram convertidos na casa dos milhares. E mais, as legendas acima dos números agora indicam claramente isso.

FIGURA 3-7: Use a formatação do número para eliminar a confusão na tabela e chamar a atenção para a métrica principal.

10 Principais Rotas por Receita

		Receita		Margem		Por Passageiro	
		Receita	Receita	Margem	Margem	USD por	Margem USD
De	Para	USD x 1000	%	USD x 1000	%	Passageiro	por Passageiro
Atlanta	New York	3.602	8%	955	9%	245	65
Chicago	New York	4.674	10%	336	3%	222	16
Columbus (Ohio)	New York	2.483	6%	1.536	14%	202	125
New York	Detroit	12.180	27%	2.408	23%	177	35
New York	Washington	6.355	14%	1.230	12%	186	36
New York	Philadelphia	3.582	8%	-716	-7%	125	-25
New York	San Francisco	3.221	7%	1.856	18%	590	340
New York	Phoenix	2.846	6%	1.436	14%	555	280
New York	Toronto	2.799	6%	1.088	10%	450	175
New York	Seattle	2.792	6%	467	4%	448	75
Total Rotas Domésticas		**44.534**		**10.596**		**272**	**53**

As porcentagens foram cortadas para não exibir as casas decimais. Além disso, a codificação da cor chama a atenção para a coluna Margem %, a principal métrica nessa tabela.

O incrível é que todas essas melhorias foram feitas simplesmente com a formatação dos números. Isso mesmo: nenhuma fórmula foi usada para converter os números grandes na casa dos milhares, nenhuma formatação condicional foi usada para colorir o código no campo Margem % e não houve nenhum outro truque secundário.

Suavize suas legendas e cabeçalhos

Ninguém diria que as legendas e os cabeçalhos de uma tabela não são importantes. Pelo contrário, fornecem ao público uma orientação e estrutura necessárias para entender os dados. Porém, muitos de nós temos o hábito de enfatizar demais as legendas e cabeçalhos a ponto de eles ofuscarem os dados na tabela. Quantas vezes você viu uma fonte em negrito ou com tamanho muito grande aplicada nos cabeçalhos? A realidade é que seu público aproveitará mais as legendas suaves.

Retirar a ênfase das legendas formatando-as com tons mais claros realmente facilita a leitura da tabela e chama mais atenção para os dados dentro dela. As legendas com cores claras dão aos usuários as informações das quais eles precisam sem os distrair das informações apresentadas. As cores ideais para usar para as legendas são os cinzas suaves, marrons claros, azuis suaves e verdes.

O tamanho da fonte e o alinhamento também contribuem para uma exibição eficiente das tabelas. Alinhar os cabeçalhos da coluna com o mesmo alinhamento dos números abaixo ajuda a reforçar as estruturas da coluna em sua tabela. Manter o tamanho da fonte de suas legendas próximo dos dados na tabela ajudam a manter seus olhos focados nos dados — não nas legendas.

A Figura 3-8 mostra como a tabela original da Figura 3-1 fica com os cabeçalhos e legendas suavizados. Note como os dados agora se tornam o foco, enquanto as legendas suavizadas trabalham em segundo plano.

FIGURA 3-8: Deixe as legendas e cabeçalhos em segundo plano, suavizando suas cores e mantendo os tamanhos da fonte alinhados com os dados.

10 Principais Rotas por Receita

| | | Receita | | Margem | | Por Passageiro | |
| | | Receita USD x 1000 | Receita % | Margem USD x 1000 | Margem % | USD por Passageiro | Margem USD por Passageiro |
De	Para						
Atlanta	New York	3.602	8%	955	9%	245	65
Chicago	New York	4.674	10%	336	3%	222	16
Columbus (Ohio)	New York	2.483	6%	1.536	14%	202	125
New York	Detroit	12.180	27%	2.408	23%	177	35
New York	Washington	6.355	14%	1.230	12%	186	36
New York	Philadelphia	3.582	8%	-716	-7%	125	-25
New York	San Francisco	3.221	7%	1.856	18%	590	340
New York	Phoenix	2.846	6%	1.436	14%	555	280
New York	Toronto	2.799	6%	1.088	10%	450	175
New York	Seattle	2.792	6%	467	4%	448	75
Total Rotas Domésticas		**44.534**		**10.596**		**272**	**53**

DICA A classificação é outro fator importante na leitura dos dados. Muitas tabelas classificam com base nas legendas (ordem alfabética por rota, por exemplo). Classificar a tabela com base em um ponto de dado principal nos dados ajuda a estabelecer um padrão que o público poderá usar para analisar rapidamente os valores superior e inferior. Note que na Figura 3-8 os dados foram classificados segundo as quantias da Receita. Novamente, isso adiciona uma camada de análise, fornecendo uma visão rápida das rotas gerando valores superior e inferior.

A Figura 3-9 mostra a diferença que essas simples melhorias podem fazer na leitura de suas tabelas de dados. É fácil ver como alguns princípios de design da tabela podem melhorar muito sua capacidade de apresentar dados orientados a tabelas.

10 Principais Rotas por Receita

		Receita		Margem		Por Passageiro	
De	Para	Receita USD x 1000	Receita %	Margem USD x 1000	Margem %	USD por Passageiro	Margem USD por Passageiro
Atlanta	New York	$3.602.000	8,09%	$955.000	9%	245	65
Chicago	New York	$4.674.000	10,50%	$336.000	3%	222	16
Columbus (Ohio)	New York	$2.483.000	5,58%	$1.536.000	14%	202	125
New York	Detroit	$12.180.000	27,35%	$2.408.000	23%	177	35
New York	Washington	$6.355.000	14,27%	$1.230.000	12%	186	36
New York	Philadelphia	$3.582.000	8,04%	-$716.000	-7%	125	-25
New York	San Francisco	$3.221.000	7,23%	$1.856.000	18%	590	340
New York	Phoenix	$2.846.000	6,39%	$1.436.000	14%	555	280
New York	Toronto	$2.799.000	6,29%	$1.088.000	10%	450	175
New York	Seattle	$2.792.000	6,27%	$467.000	4%	448	75
Total Rotas Domésticas		**$44.534.000**		**$10.596.000**		**272**	**53**

10 Principais Rotas por Receita

		Receita		Margem		Por Passageiro	
De	Para	Receita USD x 1000	Receita %	Margem USD x 1000	Margem %	USD por Passageiro	Margem USD por Passageiro
New York	Detroit	12.180	27%	2.408	23%	177	35
New York	Washington	6.355	14%	1.230	12%	186	36
Chicago	New York	4.674	10%	336	3%	222	16
Atlanta	New York	3.602	8%	955	9%	245	65
New York	Philadelphia	3.582	8%	-716	-7%	125	-25
New York	San Francisco	3.221	7%	1.856	18%	590	340
New York	Phoenix	2.846	6%	1.436	14%	555	280
New York	Toronto	2.799	6%	1.088	10%	450	175
New York	Seattle	2.792	6%	467	4%	448	75
Columbus (Ohio)	New York	2.483	6%	1.536	14%	202	125
Total Rotas Domésticas		**44.534**		**10.596**		**272**	**53**

FIGURA 3-9: Antes e depois de aplicar os princípios de design da tabela.

DICA É possível considerar o uso de fontes modernas como Calibri e Segoe UI em seus relatórios e painéis. Fontes como Times New Roman ou Arial podem fazer seus relatórios parecerem antigos se comparados com as bordas arredondadas das fontes mais estilosas usadas agora. Essa mudança na percepção da fonte é, basicamente, orientada pelos websites populares que costumam usar fontes com bordas arredondadas.

Ficando elegante com uma Formatação de Números Personalizada

Você pode aplicar a formatação do número nas células de várias maneiras. A maioria das pessoas simplesmente usa os comandos do número encontrados na guia Página Inicial. Usando esses comandos, você pode aplicar rapidamente uma formatação padrão (número, porcentagens, moeda etc.) e finalizar, mas um modo melhor é usar a caixa de diálogo Formatar Células, na qual você tem a capacidade de criar sua própria formatação de números personalizada.

Noções básicas da formatação de números

Siga estas etapas para aplicar uma formatação básica dos números:

1. Clique com o botão direito na faixa de células e selecione Formatar Células no menu que aparece.

A caixa de diálogo Formatar Células é exibida.

2. Abra a guia Número e escolha um formato inicial que faça mais sentido para seu cenário.

Na Figura 3-10, o formato escolhido é Número e as opções selecionadas são usar um separador de milhar, para não incluir nenhuma casa decimal, e colocar os números negativos em vermelho.

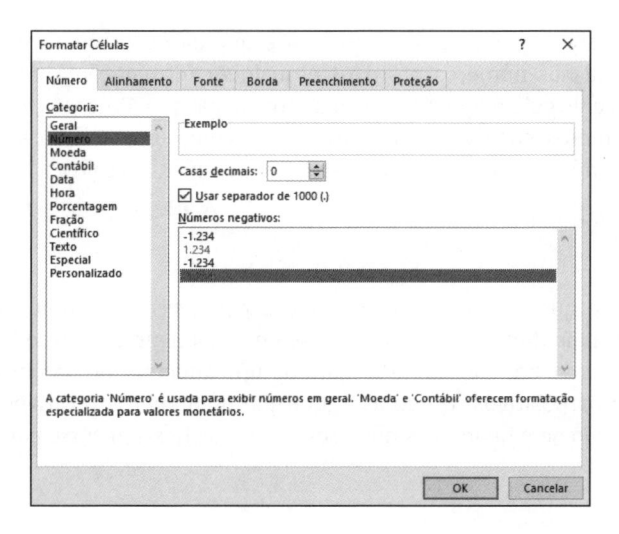

FIGURA 3-10: Escolha um formato básico.

3. **Clique na opção Personalizar, como mostra a Figura 3-11.**

   O Excel exibe uma tela que mostra a sintaxe que compõe o formato selecionado. Nela, você pode editar a sintaxe na caixa de entrada Tipo para personalizar o formato do número.

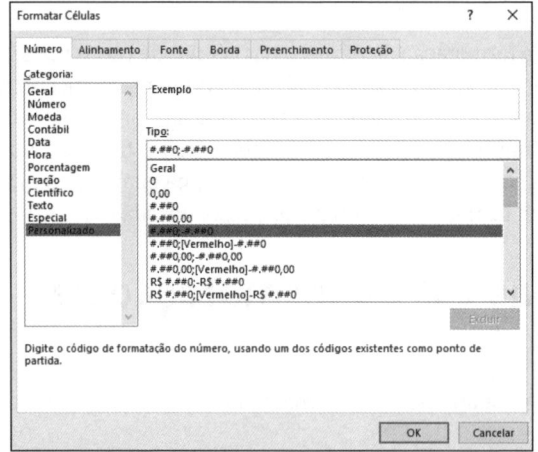

FIGURA 3-11: A caixa de entrada Tipo permite personalizar a sintaxe para o formato do número.

A sintaxe de formatação do número informa ao Excel como um número deve ficar em diversos cenários. A sintaxe de formatação do número consiste em vários formatos de número diferentes e individuais separados por ponto e vírgula.

Neste caso, você verá

```
#,##0_);(#,##0)
```

Aqui, você vê dois formatos diferentes: o formato à esquerda do ponto e vírgula, e o formato à direita dele.

Por padrão, qualquer formatação à esquerda do primeiro ponto e vírgula é aplicada nos números positivos e qualquer formatação à direita do primeiro ponto e vírgula é aplicada nos números negativos. Portanto, com essa escolha, os números positivos serão formatados como um número simples, ao passo que os números negativos ficarão entre parêntesis, assim:

```
(1,890)
1,982
```

LEMBRE-SE Observe que a sintaxe da formatação positiva no exemplo anterior termina com um sublinhado e um parêntese de fechamento: _). Isso informa ao Excel para deixar um espaço na largura de um caractere de parêntese no final dos números positivos, o que assegura que os números positivos e negativos se alinharão bem quando os números negativos ficarem entre parênteses.

Você pode editar a sintaxe na caixa de entrada Tipo para que os números sejam formatados de modo diferente. Por exemplo, tente mudar a sintaxe para

```
+#,##0;-#,##0
```

Quando essa sintaxe for aplicada, os números positivos começarão com o símbolo + e os negativos com o símbolo -, assim:

```
+1,200
-15,000
```

Isso é útil ao formatar as porcentagens. Por exemplo, você pode aplicar um formato de porcentagem personalizado digitando a seguinte sintaxe na caixa de entrada Tipo:

```
+0%;-0%
```

Essa sintaxe fornece as porcentagens que ficam assim:

```
+43%
-54%
```

Você pode ser elegante e colocar as porcentagens negativas entre parênteses com esta sintaxe:

```
0%_);(0%)
```

Essa sintaxe fornece porcentagens assim:

```
 43%
(54%)
```

LEMBRE-SE Se você incluir apenas uma sintaxe de formato (significando que não adiciona uma segunda opção de formatação usando um separador de ponto e vírgula), esse único formato será aplicado em todos os números — negativos ou positivos.

Formatando números com milhares e milhões

Anteriormente, neste capítulo, você formatou os números do rendimento para que aparecessem em milhares. Isso permite apresentar números mais claros e evita inundar o público com números grandes demais. Para mostrar seus números em milhares, destaque-os, clique com o botão direito e selecione Formatar Células no menu que aparece.

Depois que a caixa de diálogo Formatar Células abrir, clique na opção Personalizar para ver a tela mostrada na Figura 3-12.

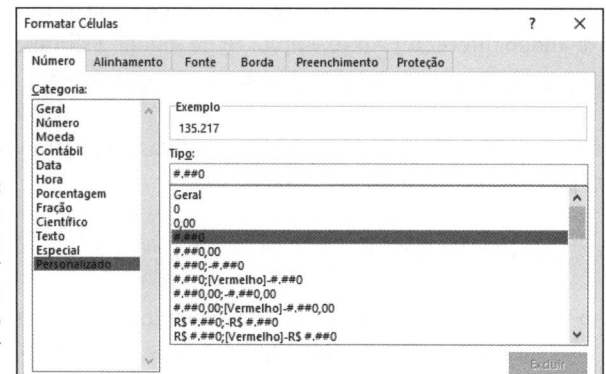

FIGURA 3-12:
Vá para a tela Personalizar da caixa de diálogo Formatar Células.

Na caixa de entrada Tipo, adicione um ponto após a sintaxe do formato:

```
#,##0.
```

Após confirmar suas alterações, seus números aparecerão automaticamente na casa dos milhares!

O bom aqui é que essa técnica não muda a integridade nem corta os valores numéricos. O Excel simplesmente está aplicando um efeito estético no número. Para ver o que isso quer dizer, veja a Figura 3-13.

FIGURA 3-13: Formatar os números aplica apenas uma mudança estética. Olhe na barra da fórmula para ver o número sem formatação.

A célula selecionada foi formatada para aparecer em milhares; você vê 118. Mas se olhar na barra da fórmula acima, verá o número sem formatação (117943,605787004). O 118 que você está vendo na célula é uma versão formatada do número real mostrado na barra da fórmula.

LEMBRE-SE

A formatação do número personalizada tem vantagens óbvias sobre o uso de outras técnicas para formatar os números com milhares. Por exemplo, muitos analistas inciantes converteriam os números em milhares dividindo-os por 1.000 em uma fórmula. Mas isso muda drasticamente a integridade do número.

Quando você realiza uma operação matemática em uma célula, está literalmente mudando o valor representado nessa célula. Isso o força a controlar com cuidado e manter as fórmulas introduzidas simplesmente para conseguir um efeito estético. Usar a formatação do número personalizada evita isso mudando apenas como o número aparece, mantendo o número real intacto.

Se necessário, você pode até indicar que o número está em milhares adicionando "m" à sintaxe do número:

```
#,##0,"m"
```

Isso mostraria seus números assim:

```
118m
318m
```

Você pode usar esta técnica nos números positivos e negativos:

```
#.##0."m"; (#,##0."m")
```

Após aplicar a sintaxe, seus números negativos também apareceriam em milhares:

```
118m
(318m)
```

Precisa mostrar os números em milhões? Fácil. Basta adicionar duas vírgulas à sintaxe do formato do número na caixa de entrada Tipo:

```
#.##0.00.. "M"
```

Note o uso das casas decimais extras (.00). Ao converter os números em milhões, geralmente é útil mostrar pontos de precisão adicionais, como em

```
24,65 M
```

Ocultando e cortando os zeros

Além de formatar os números positivos e negativos, o Excel permite fornecer um formato para os zeros. Você faz isso adicionando outro ponto e vírgula à sintaxe personalizada do número. Por padrão, qualquer sintaxe do formato colocada após o segundo ponto e vírgula é aplicada em qualquer número avaliado como zero.

Por exemplo, a sintaxe a seguir aplica um formato que mostra n/a para qualquer célula que contém zeros:

```
#.##0_);(#.##0);"n/a"
```

Você também pode usar isso para cortar inteiramente os zeros. Se você adicionar o segundo ponto e vírgula, mas não colocar nenhuma sintaxe depois, as células com zero aparecerão em branco:

```
#.##0_);(#.##0);
```

Novamente, a formatação personalizada do número afeta apenas a aparência estética da célula. Os dados reais na célula não são afetados. A Figura 3-14 demonstra isso. A célula selecionada é formatada para que os zeros apareçam como n/a, mas se você vir a barra da fórmula, poderá observar o conteúdo da célula sem formatação.

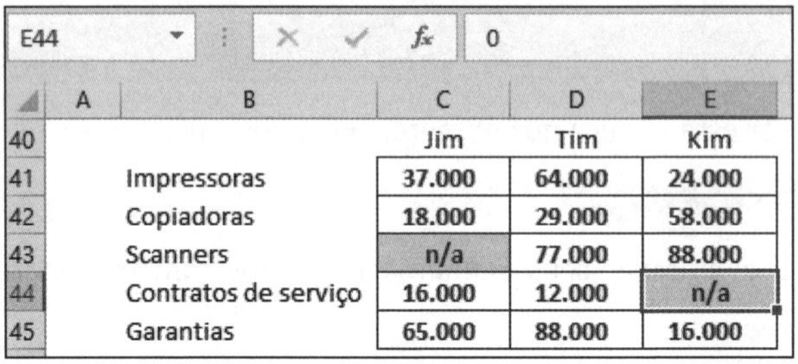

FIGURA 3-14: A formatação personalizada do número que mostra os zeros como n/a.

	A	B	C	D	E
40			Jim	Tim	Kim
41		Impressoras	37.000	64.000	24.000
42		Copiadoras	18.000	29.000	58.000
43		Scanners	n/a	77.000	88.000
44		Contratos de serviço	16.000	12.000	n/a
45		Garantias	65.000	88.000	16.000

Aplicando cores personalizadas no formato

Alguma vez você definiu a formatação em uma célula para que os números negativos aparecessem em vermelho? Se já, basicamente aplicou uma cor personalizada do formato. Além de controlar a aparência de seus números com a formatação personalizada do número, você pode controlar sua cor.

Neste exemplo, você formata as porcentagens para que as positivas apareçam em azul com um símbolo +, ao passo que as negativas apareçam em vermelho com um símbolo -. Insira essa sintaxe na caixa de entrada Tipo mostrada na Figura 3-11:

```
[Azul]+0%;[Vermelho]-0%
```

Observe que tudo o que é necessário para aplicar uma cor é inserir seu nome entre colchetes [ ].

Agora, existem apenas certas cores — as oito cores do Visual Basic — que você pode chamar pelo nome assim. Essas cores compõem as oito primeiras cores da paleta de cores do Excel:

   [Preto]

   [Azul]

[Ciano]
[Verde]
[Magenta]
[Vermelho]
[Branco]
[Amarelo]

Formatando datas e horas

A formatação personalizada do número não é apenas para os números. Você também pode formatar datas e horas. Como pode ver na Figura 3-15, você usa a mesma caixa de diálogo para aplicar os formatos de data e hora usando a caixa de entrada Tipo.

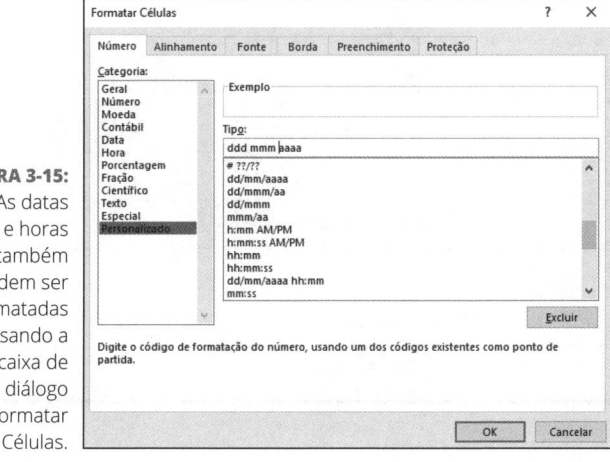

FIGURA 3-15: As datas e horas também podem ser formatadas usando a caixa de diálogo Formatar Células.

A Figura 3-15 demonstra que a formatação da data e hora envolve pouco mais do que reunir a sintaxe específica da data ou da hora. A sintaxe usada é bem simples. Por exemplo, ddd é a sintaxe para o dia com três letras, mmm é a sintaxe para o mês com três letras e aaaa é a sintaxe para o ano com quatro dígitos.

Há diversas variações no formato para os dias, meses, anos, horas e minutos. Vale a pena reservar um tempo e experimentar as diferentes combinações de sequências da sintaxe.

A Tabela 3-1 lista alguns códigos comuns do formato da data e hora que você pode usar como a sintaxe inicial de seus relatórios e painéis.

TABELA 3-1   Códigos comuns do formato da data e hora

Código do formato	1//31/2014 7:42:53 PM Aparece Como
M	1
Mm	01
mmm	jan
mmmm	janeiro
mmmmm	j
dd	31
ddd	qui
dddd	quinta-feira
aa	14
aaaa	2014
mm-aa	jan-14
dd/mm/aaaa	31/01/2014
dddd mm aaaa	quinta-feira jan 2014
mm-dd-aaaa h:mm AM/PM	01-31-2014 7:42 PM
h AM PM	7 PM
h:mm AM/PM	7:42 PM
h:mm:ss AM/PM	7:42:53 PM

> **NESTE CAPÍTULO**
>
> Compreendendo o recurso Minigráfico do Excel
>
> Adicionando minigráficos a uma planilha
>
> Personalizando os minigráficos
>
> Trabalhando com grupos de minigráficos

Capítulo 4
Conseguindo Inspiração com Minigráficos

Este capítulo apresenta os *minigráficos*. Essas visualizações são basicamente pequenos gráficos do tamanho de uma palavra colocados nos dados textuais e entre eles nas tabelas. Os minigráficos permitem ver, rapidamente, as tendências e padrões em seus dados usando um espaço mínimo em seu painel.

Antes de entrar nos detalhes do uso dos minigráficos, você deve entender exatamente como eles podem melhorar seu relatório. Este capítulo apresenta o conceito dos minigráficos e, depois, mostra como personalizá-los e adicioná-los às tabelas.

Introdução aos Minigráficos

Como menciono no Capítulo 3, grande parte do relatório feito no Excel é baseada em tabelas, nas quais os números precisos são mais importantes do que os gráficos bonitos. Porém, no relatório baseado em tabelas, você geralmente perde a capacidade de mostrar os aspectos importantes dos dados, como as tendências. O número de colunas necessárias para mostrar os dados adequados da tendência em uma tabela torna-a impraticável. Qualquer tentativa de adicionar dados de tendência a uma tabela geralmente não faz nada mais do que tornar seu relatório ilegível.

No exemplo na Figura 4-1, os dados representam um resumo compacto do KPI (indicador-chave de desempenho), designado para ser uma exibição rápida das principais métricas. Embora a tabela compare vários períodos de tempo (nas colunas D, E e F), ela faz isso apenas calculando a média, que não informa nada sobre as tendências com o passar do tempo. Fica evidente que ver uma tendência do ano inteiro seria útil.

FIGURA 4-1: Embora este resumo de KPI seja útil, não é possível mostrar uma tendência do ano inteiro.

	A	B	C	D	E	F	H	I
1		Sumário Compacto PKI		Mês Corrente	Méd 3 Ult Meses	Méd 12 Ult Meses	Objetivo	% do Objetivo
2		Métricas Financeiras	$ Receitas	$18.134 K	$17.985 K	$17.728 K	$18.000 K	101%
3			$ Despesas	$11.358 K	$11.186 K	$11.580 K	$12.600 K	90%
4			$ Lucros	$6.776 K	$6.799 K	$6.147 K	$5.400 K	125%
5			% Particip. Mercado	44%	46%	45%	52%	85%
6		Métricas de Voo	Voos	446	447	449	500	89%
7			Passageiros	63 K	62 K	61 K	65 K	97%
8			Milhas	346 K	347 K	349 K	395 K	88%
9			Milhas Passageiros	31.206 K	31.376 K	31.510 K	36.000 K	87%
10			Voos Cancelados	9	9	10	15	60%
11			Chegadas em Atraso	63	71	64	45	141%
12			Minutos em Atraso	1.302	1.472	1.337	1.000	130%
13			$ Custos Combustível	$1.295 K	$1.332 K	$1.326 K	$1.080 K	120%
14			Satisfação Clientes	4,52	4,5	4,5	4,80	94%
15			Utilização Voos	92%	91%	91%	94%	98%

A Figura 4-2 mostra o mesmo resumo do KPI com os minigráficos do Excel adicionados para ilustrar a tendência de 12 meses. Com os minigráficos adicionados, é possível ver a história por trás de cada métrica. Por exemplo, com base apenas nos números, a métrica Passageiros parece estar um pouco acima da média. Mas o minigráfico conta a história de um retorno heroico a partir de um duro golpe no início do ano.

Novamente, não se trata de adicionar coisas impressionantes e atraentes às suas tabelas. Trata-se de criar a mensagem mais eficiente no espaço limitado que você tem. Os minigráficos são outra ferramenta que você pode usar para dar outra dimensão aos relatórios baseados em tabelas.

LEMBRE-SE

Os minigráficos estão disponíveis apenas nas versões subsequentes do Excel 2010. Quando você abre uma pasta de trabalho com minigráficos usando uma versão anterior do Excel 2010, as células do minigráfico estão vazias. Se sua organização não estiver usando totalmente o Excel 2010 ou superior, pesquise alternativas para os minigráficos incorporados do Excel. Muitos componentes de terceiros trazem os recursos do minigráfico nas versões anteriores do Excel. Alguns desses produtos suportam tipos de minigráfico adicionais e a maioria tem opções de personalização. Pesquise na Web os *minigráficos excel* e encontrará vários complementos para escolher.

	Sumário Compacto PKI	Mês Corrente	Méd 3 Ult Meses	Méd 12 Ult Meses	Tendência 12 Meses	Objetivo	% do Objetivo
	$ Receitas	$18.134 K	$17.985 K	$17.728 K		$18.000 K	101%
Métricas Financeiras	$ Despesas	$11.358 K	$11.186 K	$11.580 K		$12.600 K	90%
	$ Lucros	$6.776 K	$6.799 K	$6.147 K		$5.400 K	125%
	% Particip. Mercado	44%	46%	45%		52%	85%
	Voos	446	447	449		500	89%
	Passageiros	63 K	62 K	61 K		65 K	97%
	Milhas	346 K	347 K	349 K		395 K	88%
	Milhas Passageiros	31.206 K	31.376 K	31.510 K		36.000 K	87%
Métricas de Voo	Voos Cancelados	9	9	10		15	60%
	Chegadas em Atraso	63	71	64		45	141%
	Minutos em Atraso	1.302	1.472	1.337		1.000	130%
	$ Custos Combustível	$1.293 K	$1.332 K	$1.326 K		$1.080 K	120%
	Satisfação Clientes	4,52	4,5	4,5		4,80	94%
	Utilização Voos	92%	91%	91%		94%	98%

FIGURA 4-2: Os minigráficos permitem adicionar a tendência em um espaço compacto, permitindo ver uma imagem maior de cada métrica.

Entendendo os Minigráficos

Embora os minigráficos pareçam gráficos em miniatura (e, algumas vezes, possam ficar no lugar de um gráfico), esse recurso é completamente separado do recurso de gráfico do Excel (tratado nos Capítulos 7, 8 e 9 deste livro). Por exemplo, os gráficos são colocados na camada de desenho de uma planilha e um único gráfico pode exibir várias séries de dados. Por outro lado, um minigráfico é exibido dentro de uma célula da planilha e mostra apenas uma série de dados.

O Excel suporta três tipos de minigráficos: Linha, Coluna e Ganhos/Perdas. A Figura 4-3 mostra exemplos de cada tipo de minigráfico, exibido na coluna H. Cada minigráfico representa os seis pontos de dados à esquerda.

» **Linha:** Parecido com um gráfico de linhas, o tipo Linha do minigráfico pode aparecer com ou sem um marcador para cada ponto de dados. O primeiro grupo na Figura 4-3 mostra os minigráficos de Linha com marcadores. Uma rápida olhada mostra que, com exceção do Número de Fundo W-91, os fundos vêm perdendo valor no período de seis meses.

» **Coluna:** Parecido com um gráfico de colunas, o segundo grupo permite os mesmos dados com os minigráficos de Coluna.

» **Ganhos/Perdas:** Um minigráfico de Ganhos/Perdas é um gráfico do tipo binário que exibe cada ponto de dado com um bloco alto ou baixo. O terceiro grupo mostra minigráficos de Ganhos/Perdas. Observe que os dados são diferentes. Cada célula exibe a mudança do mês anterior. No minigráfico, cada ponto de dados é representado como um bloco alto (ganho) ou um bloco baixo (perda). Neste exemplo, uma mudança positiva em relação ao mês anterior é um ganho e uma mudança negativa do mês anterior é uma perda.

FIGURA 4-3: Três tipos de minigráfico.

Minigráficos de Linha

Número Fundo	Jan	Fev	Mar	Abr	Mai	Jun	Minigráficos
A-13	103,98	98,92	88,12	86,34	75,58	71,2	
C-09	212,74	218,7	202,18	198,56	190,12	181,74	
K-88	75,74	73,68	69,86	60,34	64,92	59,46	
W-91	91,78	95,44	98,1	99,46	98,68	105,86	
M-03	324,48	309,14	313,1	287,82	276,24	260,9	

Minigráficos de Coluna

Número Fundo	Jan	Fev	Mar	Abr	Mai	Jun	Minigráficos
A-13	103,98	98,92	88,12	86,34	75,58	71,2	
C-09	212,74	218,7	202,18	198,56	190,12	181,74	
K-88	75,74	73,68	69,86	60,34	64,92	59,46	
W-91	91,78	95,44	98,1	99,46	98,68	105,86	
M-03	324,48	309,14	313,1	287,82	276,24	260,9	

Minigráficos de Ganhos/Perdas

Número Fundo	Jan	Fev	Mar	Abr	Mai	Jun	Minigráficos
A-13	0	-5,06	-10,8	-1,78	-10,76	-4,38	
C-09	0	5,96	-16,52	-3,62	-8,44	-8,38	
K-88	0	-2,06	-3,82	-9,52	4,58	-5,46	
W-91	0	3,66	2,66	1,36	-0,78	7,18	
M-03	0	-15,34	3,96	-25,28	-11,58	-15,34	

Criando minigráficos

A Figura 4-4 mostra os dados meteorológicos que você pode resumir com minigráficos. Para criar um minigráfico para os valores nessas nove linhas, siga estas etapas:

1. Selecione o intervalo de dados que você deseja resumir. Neste exemplo, selecione B4:M12.

Se você estiver criando vários minigráficos, selecione todos os dados.

FIGURA 4-4:
Os dados que você deseja resumir com os minigráficos.

	A	B	C	D	E	F	G	H	I	J	K	L	M
1	Média Mensal de Precipitação (Polegadas)												
2													
3		Jan	Fev	Mar	Abr	Mai	Jun	Jul	Ago	Set	Out	Nov	Dez
4	ASHEVILLE, NC	4,06	3,83	4,59	3,50	4,41	4,38	3,87	4,30	3,72	3,17	3,82	3,39
5	BAKERSFIELD, CA	1,18	1,21	1,41	0,45	0,24	0,12	0,00	0,08	0,15	0,30	0,59	0,76
6	BATON ROUGE, LA	6,19	5,10	5,07	5,56	5,34	5,33	5,96	5,86	4,84	3,81	4,76	5,26
7	BILLINGS, MT	0,81	0,57	1,12	1,74	2,48	1,89	1,28	0,85	1,34	1,26	0,75	0,67
8	DAYTONA BEACH, FL	3,13	2,74	3,84	2,54	3,26	5,69	5,17	6,09	6,61	4,48	3,03	2,71
9	EUGENE, OR	7,65	6,35	5,80	3,66	2,66	1,53	0,64	0,99	1,54	3,35	8,44	8,29
10	HONOLULU,HI	2,73	2,35	1,89	1,11	0,78	0,43	0,50	0,46	0,74	2,18	2,26	2,85
11	ST. LOUIS, MO	2,14	2,28	3,60	3,69	4,11	3,76	3,90	2,98	2,96	2,76	3,71	2,86
12	TUCSON, AZ	0,99	0,88	0,81	0,28	0,24	0,24	2,07	2,30	1,45	1,21	0,67	1,03

2. **Com os dados selecionados, clique na guia Inserir na Faixa e encontre o grupo Minigráficos.**

3. **Na guia Inserir, selecione qualquer um dos três tipos de minigráficos — Linha, Coluna ou Ganhos/Perdas — no grupo Minigráficos. Neste caso, selecione a opção Coluna.**

   O Excel exibe a caixa de diálogo Criar Minigráficos, como mostra a Figura 4-5.

FIGURA 4-5:
Use a caixa de diálogo Criar Minigráficos para especificar o intervalo de dados e o local para o minigráfico.

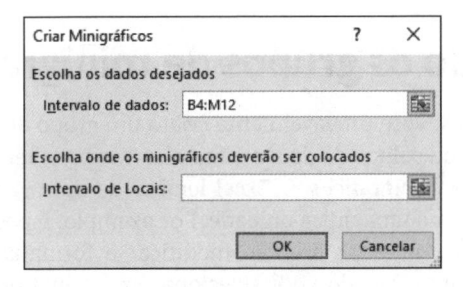

4. **Especifique o intervalo de dados e o local dos minigráficos. Para este exemplo, especifique N4:N12 como o Intervalo de Locais.**

   Em geral, você coloca os minigráficos ao lado dos dados, mas isso não é obrigatório. Na maioria das vezes, você usa um intervalo vazio para manter os minigráficos. Contudo, o Excel não o impede de inserir minigráficos em células preenchidas. O local do minigráfico especificado deve corresponder aos dados de origem em termos de número de linhas ou colunas.

5. **Clique em OK.**

   O Excel cria os minigráficos do tipo especificado, como mostra a Figura 4-6.

   LEMBRE-SE Os minigráficos são vinculados aos dados, portanto, se você mudar qualquer valor no intervalo de dados, o minigráfico será atualizado.

FIGURA 4-6: Os minigráficos da Coluna resumem os dados de precipitação para nove cidades.

	A	B	C	D	E	F	G	H	I	J	K	L	M	N
1	Média Mensal de Precipitação (Polegadas)													
2														
3		Jan	Fev	Mar	Abr	Mai	Jun	Jul	Ago	Set	Out	Nov	Dez	
4	ASHEVILLE, NC	4,06	3,83	4,59	3,50	4,41	4,38	3,87	4,30	3,72	3,17	3,82	3,39	▪▪▪▫▪▪▪▪▪▫▪▫
5	BAKERSFIELD, CA	1,18	1,21	1,41	0,45	0,24	0,12	0,00	0,08	0,15	0,30	0,59	0,76	▪▪▪▫▫▫▫▫▫▫▫▪
6	BATON ROUGE, LA	6,19	5,10	5,07	5,56	5,34	5,33	5,96	5,86	4,84	3,81	4,76	5,26	▪▪▪▪▪▪▪▪▪▫▪▪
7	BILLINGS, MT	0,81	0,57	1,12	1,74	2,48	1,89	1,28	0,85	1,34	0,75	0,67		▫▫▫▪▪▪▫▫▫▫▫▫
8	DAYTONA BEACH, FL	3,13	2,74	3,84	2,54	3,26	5,69	5,17	6,09	6,61	4,48	3,03	2,71	▫▫▪▫▪▪▪▪▪▪▫▫
9	EUGENE, OR	7,65	6,35	5,80	3,66	2,66	1,53	0,64	0,99	1,54	3,35	8,44	8,29	▪▪▪▪▫▫▫▫▫▫▪▪
10	HONOLULU, HI	2,73	2,35	1,89	1,11	0,78	0,43	0,50	0,46	0,74	2,18	2,26	2,85	▪▪▪▫▫▫▫▫▫▪▪▪
11	ST. LOUIS, MO	2,14	2,28	3,60	3,69	4,11	3,76	3,90	2,98	2,96	2,76	3,71	2,86	▫▫▪▪▪▪▪▪▪▪▪▫
12	TUCSON, AZ	0,99	0,88	0,81	0,28	0,24	0,24	2,07	2,30	1,45	1,21	0,67	1,03	▫▫▫▫▫▫▪▪▫▫▫▫

DICA

Na maioria das vezes, você criará minigráficos na mesma planilha que contém os dados. Se você quiser criar minigráficos em uma planilha diferente, comece ativando a planilha onde os minigráficos serão exibidos. Então, na caixa de diálogo Criar Minigráficos, especifique os dados de origem selecionando o intervalo de células ou digitando a referência completa da planilha (por exemplo **Sheet1!A1:C12**). A caixa de diálogo Criar Minigráficos permite especificar uma planilha diferente para o Intervalo de Dados, mas não para o Intervalo de Locais.

Entendendo os grupos de minigráficos

Na maioria das vezes, você provavelmente criará um grupo de minigráficos — um para cada linha ou coluna de dados. Uma planilha pode ter qualquer quantidade de grupos de minigráficos. O Excel lembra de cada grupo e você pode trabalhar com ele como uma única unidade. Por exemplo, é possível selecionar um minigráfico em um grupo e então modificar a formatação de todos os minigráficos no grupo. Quando você seleciona uma célula do minigráfico, o Excel exibe um contorno de todos os outros minigráficos no grupo.

Contudo, é possível realizar algumas operações em um minigráfico individual em um grupo:

> » **Mude a origem dos dados do minigráfico.** Clique na célula do minigráfico e vá para a guia Ferramentas do Minigráfico na Faixa. Nela, você poderá clicar em Design ➪ Minigráfico ➪ Editar Dados ➪ Editar Dados do Único Minigráfico. O Excel exibe uma caixa de diálogo que permite mudar a origem dos dados do minigráfico selecionado.
>
> » **Apague o minigráfico.** Clique no minigráfico, clique na guia Ferramentas do Minigráfico na Faixa, então, selecione Design ➪ Agrupar ➪ Limpar ➪ Limpar Minigráficos Selecionados.

LEMBRE-SE

Ambas as operações — mudar a origem dos dados do minigráfico e apagar o minigráfico — estão disponíveis no menu de atalho que aparece quando você clica com o botão direito em uma célula do minigráfico.

Você também pode desagrupar um conjunto de minigráficos. Selecione qualquer minigráfico no grupo e escolha Design ⇨ Agrupar ⇨ Desagrupar na guia Ferramentas do Minigráfico. Depois de desagrupar um conjunto de minigráficos, você poderá trabalhar com o minigráfico individualmente.

DICA

É possível adicionar um novo minigráfico a um grupo existente selecionando primeiro qualquer minigráfico no grupo existente, então, escolhendo Design ⇨ Editar Dados ⇨ Editar Localização e Dados do Grupo. Isso abrirá a caixa de diálogo Editar Minigráficos. Simplesmente edite o Intervalo de Dados e o Intervalo de Locais para incluir os novos dados que você deseja adicionar.

Personalizando os Minigráficos

Quando você ativa uma célula que contém um minigráfico, o Excel exibe um contorno em volta de todos os minigráficos em seu grupo. Então, você pode usar os comandos na guia Ferramentas do Minigráfico ⇨ Design para personalizar o grupo de minigráficos.

Dimensionando e mesclando as células dos minigráficos

Quando você muda a largura ou a altura de uma célula que contém um minigráfico, ele se ajusta para preencher o novo tamanho da célula. E mais, você pode colocar um minigráfico nas células mescladas. Para mesclar as células, selecione pelo menos duas células e escolha Início ⇨ Alinhamento ⇨ Mesclar e Centralizar.

A Figura 4-7 mostra o mesmo minigráfico exibido em quatro tamanhos, resultando da mudança da largura da coluna e da altura da linha, e da mesclagem das células.

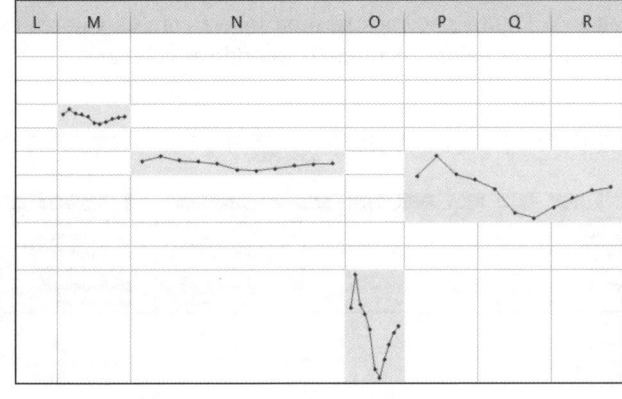

FIGURA 4-7: Um minigráfico com vários tamanhos.

É importante notar que uma proporção esticada pode distorcer suas visualizações, exagerando a tendência nos minigráficos que são altos demais e achatando a tendência nos minigráficos que são largos demais. Em geral, a proporção mais adequada para um gráfico é aquela em que a largura do gráfico tem cerca de duas vezes o tamanho da altura. Na Figura 4-7, o minigráfico com a proporção mais apropriada é o localizado na célula M4.

LEMBRE-SE

Se você mesclar as células e elas ocuparem mais de uma linha ou coluna, o Excel não permitirá que você insira um grupo de minigráficos nessas células mescladas. Caso contrário, você precisará inserir os minigráficos em um intervalo normal (sem células mescladas) e, depois, mesclar as células.

Também é possível colocar um minigráfico em células não vazias, inclusive as células mescladas. A Figura 4-8 mostra dois minigráficos que ocupam as células mescladas ao longo do texto que descreve o gráfico.

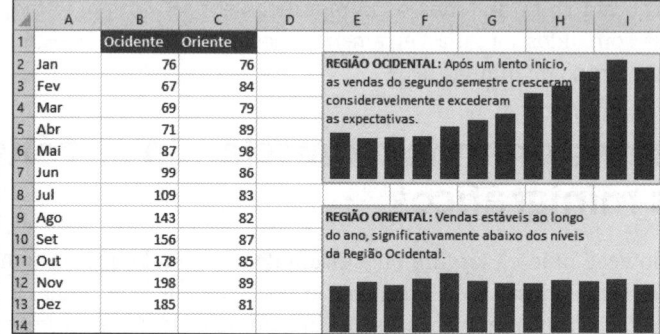

FIGURA 4-8: Os minigráficos nas células mescladas (E2:I7 e E9:I14).

Lidando com os dados ocultos ou ausentes

Em alguns casos, você apenas deseja apresentar uma visualização do minigráfico sem números. Um modo de fazer isso é ocultar as linhas ou colunas que contêm dados. A Figura 4-9 mostra uma tabela com os valores exibidos e a mesma tabela com os valores ocultos (ocultando as colunas).

FIGURA 4-9: Os minigráficos podem usar dados em linhas ou colunas ocultas.

Por padrão, se você ocultar as linhas ou colunas que contêm os dados usados em um minigráfico, os dados ocultos não aparecerão no minigráfico. E mais, as células em branco serão exibidas como lacunas no gráfico.

Para mudar essas definições padrão, vá para a guia Ferramentas do Minigráfico na Faixa e selecione Design ⇨ Minigráfico ⇨ Editar Dados ⇨ Células Ocultas e Vazias. Na caixa de diálogo Configurações de Células Ocultas e Vazias, você pode especificar como lidar com os dados ocultos e as células vazias.

Alterando o tipo do minigráfico

Como mencionado anteriormente neste capítulo, o Excel suporta três tipos de minigráfico: Linha, Coluna e Ganhos/Perdas. Depois de criar um minigráfico ou grupo de minigráficos, você pode facilmente mudar o tipo clicando no minigráfico e selecionando um dos três ícones localizados em Ferramentas do Minigráfico ⇨ Design ⇨ Tipo. Se o minigráfico selecionado fizer parte de um grupo, todos os minigráficos no grupo serão alterados para o novo tipo.

DICA Se você personalizou a aparência, o Excel lembrará das configurações de personalização para cada tipo de minigráfico se você mudar entre os tipos diferentes.

Alterando as cores e a largura da linha do minigráfico

Após criar um minigráfico, mudar a cor é fácil. Basta clicar para selecionar o minigráfico, abrir a guia Ferramentas do Minigráfico na Faixa e selecionar Design. Lá, você encontrará opções para mudar a cor e o estilo do minigráfico.

Para os minigráficos de Linha, você também pode especificar a largura da linha. Escolha Minigráfico Também É ⇨ Design ⇨ Cor do Minigráfico.

LEMBRE-SE As cores usadas no minigráfico são ligadas ao tema do documento. Se você mudar o tema (escolhendo Layout da Página ⇨ Temas), as cores do minigráfico mudarão para as novas cores do tema.

Usando cor para enfatizar os principais pontos de dados

Use os comandos em Ferramentas do Minigráfico ⇨ Design ⇨ Cor do Marcador para personalizar os minigráficos para enfatizar os principais aspectos dos dados. Essas opções estão no grupo Mostrar:

» **Ponto Alto:** Aplique uma cor diferente no ponto de dados mais alto no minigráfico.

> **Ponto Baixo:** Aplique uma cor diferente no ponto de dados mais baixo no minigráfico.

> **Pontos Negativos:** Aplique uma cor diferente nos valores negativos no minigráfico.

> **Primeiro Ponto:** Aplique uma cor diferente no primeiro ponto de dados no minigráfico.

> **Último Ponto:** Aplique uma cor diferente no último ponto de dados no minigráfico.

> **Marcadores:** Exiba marcadores de dados no minigráfico. Esta opção está disponível apenas para os minigráficos de Linha.

Você pode controlar a cor dos marcadores do minigráfico usando o controle Cor do Marcador no grupo Ferramentas do Minigráfico ⇨ Design ⇨ Estilo. Infelizmente, não é possível mudar o tamanho dos marcadores nos minigráficos de linha.

Ajustando o dimensionamento do eixo do minigráfico

Quando você cria um ou mais minigráficos, todos usam (por padrão) um dimensionamento automático do eixo. Em outras palavras, o Excel determina os valores mínimo e máximo do eixo vertical de cada minigráfico no grupo com base no intervalo numérico dos dados do minigráfico.

O comando Ferramentas do Minigráfico ⇨ Design ⇨ Eixo permite anular esse comportamento automático e controlar os valores mínimo e máximo de cada minigráfico ou de um grupo de minigráficos. Para ter ainda mais controle, você pode usar a opção Valor Personalizado e especificar o mínimo e o máximo para o grupo de minigráficos.

O dimensionamento do eixo faz uma diferença enorme nos minigráficos. A Figura 4-10 mostra dois grupos de minigráficos. O grupo na parte superior usa as definições padrão do eixo (opção Automático Para Cada Minigráfico). Cada minigráfico nesse grupo mostra a tendência de seis meses para o produto, mas não a grandeza dos valores.

FIGURA 4-10:
O grupo inferior de minigráficos mostra o efeito de usar os mesmos valores mínimo e máximo do eixo para todos os minigráficos em um grupo.

	A	B	C	D	E	F	G	H
1								
2		Jan	Fev	Mar	Abr	Mai	Jun	Minigráficos
3	Produto A	100	99	108	107	105	116	
4	Produto B	300	306	303	306	304	303	
5	Produto C	600	602	603	598	597	607	
6								
7								
8								
9		Jan	Fev	Mar	Abr	Mai	Jun	Minigráficos
10	Produto A	100	99	108	107	105	116	
11	Produto B	300	306	303	306	304	303	
12	Produto C	600	602	603	598	597	607	

O grupo de minigráficos na parte inferior (que usa os mesmos dados) usa a definição Igual para Todos os Minigráficos para os valores mínimo e máximo do eixo. Com essas definições em vigor, a grandeza dos valores nos produtos fica aparente —, mas a tendência nos meses em um produto não.

A opção de dimensionamento do eixo escolhida depende de qual aspecto dos dados você deseja enfatizar.

Improvisando uma linha de referência

Um recurso útil que falta nos minigráficos é uma linha de referência. Por exemplo, pode ser útil mostrar o desempenho relativo a um objetivo. Se o objetivo for exibido como uma linha de referência no minigráfico, o observador poderá ver rapidamente se o desempenho de um período excedeu o objetivo.

Uma abordagem é escrever fórmulas que transformam os dados, então, usar um eixo do minigráfico como uma linha de referência fictícia. A Figura 4-11 mostra um exemplo. Os alunos têm um objetivo de leitura mensal de 500 páginas. O intervalo dos dados mostra a leitura real das páginas, com os minigráficos na coluna H. Os minigráficos mostram os dados da página de seis meses, mas é impossível dizer quem excedeu o objetivo ou quando conseguiu.

FIGURA 4-11:
Os minigráficos exibem o número de páginas lidas por mês.

	A	B	C	D	E	F	G	H
1	Páginas lidas							
2	Objetivo Mensal:		500					
3								
4					Páginas Lidas			
5	Aluno	Jan	Fev	Mar	Abr	Mai	Jun	Minigráficos
6	Ann	450	412	632	663	702	512	
7	Bob	309	215	194	189	678	256	
8	Chuck	608	783	765	832	483	763	
9	Dave	409	415	522	598	421	433	
10	Ellen	790	893	577	802	874	763	
11	Frank	211	59	0	0	185	230	
12	Giselle	785	764	701	784	214	185	
13	Henry	350	367	560	583	784	663	

CAPÍTULO 4 **Conseguindo Inspiração com Minigráficos**

O conjunto inferior de minigráficos na Figura 4-12 mostra outra abordagem: Transformar os dados de modo que o cumprimento do objetivo seja expresso como 1 e a falha em cumpri-lo seja expressa como -1. A fórmula a seguir (na célula B18) transforma os dados originais:

```
=SE(B6>$C$2,1,-1)
```

FIGURA 4-12: Usando os minigráficos de Ganhos/Perdas para exibir o status do objetivo.

	A	B	C	D	E	F	G	H
4				Páginas Lidas				
5	Aluno	Jan	Fev	Mar	Abr	Mai	Jun	Minigráficos
6	Ann	450	412	632	663	702	512	
7	Bob	309	215	194	189	678	256	
8	Chuck	608	783	765	832	483	763	
9	Dave	409	415	522	598	421	433	
10	Ellen	790	893	577	802	874	763	
11	Frank	211	59	0	0	185	230	
12	Giselle	785	764	701	784	214	185	
13	Henry	350	367	560	583	784	663	
14								
15								
16				Páginas Lidas (Alcançou ou Não o Objetivo)				
17	Aluno	Jan	Fev	Mar	Abr	Mai	Jun	Minigráficos
18	Ann	-1	-1	1	1	1	1	
19	Bob	-1	-1	-1	-1	1	-1	
20	Chuck	1	1	1	1	-1	1	
21	Dave	-1	-1	1	1	-1	-1	
22	Ellen	1	1	1	1	1	1	
23	Frank	-1	-1	-1	-1	-1	-1	
24	Giselle	1	1	1	1	-1	-1	
25	Henry	-1	-1	1	1	1	1	

Essa fórmula foi copiada para outras células no intervalo B18:G25.

Usando os dados transformados, os minigráficos de Ganhos/Perdas são usados para visualizar os resultados. Essa abordagem é melhor que a original, mas não transmite as diferenças na grandeza. Por exemplo, não é possível dizer se o aluno não cumpriu o objetivo por 1 ou 500 páginas.

A Figura 4-13 mostra uma abordagem melhor. Nela, os dados originais são transformados subtraindo o objetivo das páginas lidas. A fórmula na célula B30 é

```
=B6-C$2
```

Essa fórmula foi copiada para outras células no intervalo B30:G37 e um grupo de minigráficos de linha exibe os valores resultantes. Esse grupo tem a definição Mostrar Eixo ativada e também usa os marcadores Ponto Negativo para que os valores negativos (falha em cumprir o objetivo) se destaquem claramente.

Especificando um eixo de data

Por padrão, os dados exibidos em um minigráfico devem estar em intervalos iguais. Por exemplo, um minigráfico pode exibir um saldo de conta diário, vendas por mês ou lucros por ano. Mas e se os dados não estiverem em intervalos iguais?

	A	B	C	D	E	F	G	H
1	**Páginas lidas**							
2	Objetivo Mensal:		500					
3								
28			Páginas Lidas (Em Relação ao Objetivo)					
29	Aluno	Jan	Fev	Mar	Abr	Mai	Jun	Minigráficos
30	Ann	-50	-88	132	163	202	12	
31	Bob	-191	-285	-306	-311	178	-244	
32	Chuck	108	283	265	332	-17	263	
33	Dave	-91	-85	22	98	-79	-67	
34	Ellen	290	393	77	302	374	263	
35	Frank	-289	-441	-500	-500	-315	-270	
36	Giselle	285	264	201	284	-286	-315	
37	Henry	-150	-133	60	83	284	163	

FIGURA 4-13: O eixo nos minigráficos representa o objetivo.

A Figura 4-14 mostra os dados por data, juntamente com minigráficos criados a partir da coluna B. Observe que algumas datas não existem, mas que o minigráfico mostra as colunas como se os valores estivessem espaçados em intervalos iguais.

FIGURA 4-14: O minigráfico exibe os valores como se eles estivessem em intervalos de tempo iguais.

	A	B	C	D	E
1	Data	Quantidade			
2	01/01/2010	154			
3	02/01/2010	201			
4	03/01/2010	245			
5	04/01/2010	176			
6	11/01/2010	267			
7	12/01/2010	289			
8	13/01/2010	331			
9	14/01/2010	365			
10	18/01/2010	298			
11	19/01/2010	424			

Para representar melhor esse tipo de dado baseado no tempo, a solução é especificar um eixo Data. Selecione o minigráfico e escolha Ferramentas do Minigráfico ⇨ Design ⇨ Agrupar ⇨ Eixo ⇨ Tipo de Eixo de Data.

O Excel exibe uma caixa de diálogo solicitando o intervalo que contém as datas correspondentes. Neste exemplo, especifique o intervalo A2:A11.

Clique em OK e o minigráfico exibirá as lacunas das datas ausentes, como mostra a Figura 4-15.

FIGURA 4-15: Depois de especificar o eixo da data, o minigráfico mostra os valores com precisão.

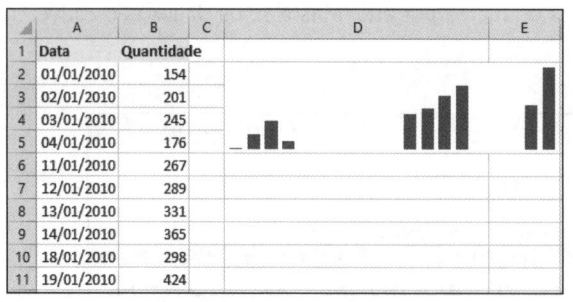

	A	B	C	D	E
1	Data	Quantidade			
2	01/01/2010	154			
3	02/01/2010	201			
4	03/01/2010	245			
5	04/01/2010	176			
6	11/01/2010	267			
7	12/01/2010	289			
8	13/01/2010	331			
9	14/01/2010	365			
10	18/01/2010	298			
11	19/01/2010	424			

Atualizando automaticamente os intervalos dos minigráficos

Se um minigráfico usa dados em um intervalo normal de células, adicionar novos dados ao início ou ao final do intervalo não forçará o minigráfico a usar os novos dados. Você precisa usar a caixa de diálogo Editar Minigráficos para atualizar o intervalo de dados (Ferramentas do Minigráfico ➪ Design ➪ Minigráfico ➪ Editar Dados).

Contudo, se os dados do minigráfico estiverem em uma coluna dentro de um objeto da tabela (criado usando Inserir ➪ Tabelas ➪ Tabela, como descrito no Capítulo 2), o minigráfico usará os novos dados adicionados ao final da tabela sem precisar de uma atualização.

A Figura 4-16 mostra um exemplo. O minigráfico foi criado usando os dados na coluna Taxa da tabela, que cobre o intervalo de janeiro a agosto. Se você fosse adicionar a nova taxa para setembro, o minigráfico atualizaria automaticamente seu intervalo de dados.

FIGURA 4-16: Criando um minigráfico a partir dos dados em uma tabela.

	A	B	C	D	E
1		Taxa de Juros ao Final do Mês			
2					
3		Mês	Taxa		
4		Jan	5,20%		
5		Fev	5,02%		
6		Mar	4,97%		
7		Abr	4,99%		
8		Mai	4,89%		
9		Jun	4,72%		
10		Jul	4,68%		
11		Ago	4,61%		

> **NESTE CAPÍTULO**
>
> Usando a formatação condicional
>
> Trabalhando com símbolos nas fórmulas
>
> Usando a ferramenta Câmera
>
> Criando um gráfico de waffle

Capítulo 5
Formatação para Visualizações

Visualização é a apresentação dos conceitos abstratos ou dados em termos visuais por meio de alguma imagem gráfica. Um semáforo, por exemplo, é uma visualização dos conceitos abstratos de 'parar e seguir'.

No mundo dos negócios, as visualizações nos ajudam a comunicar e processar o significado dos dados mais rapidamente do que simples tabelas de números. O Excel oferece muitos recursos à análise empresarial que podem ser usados para adicionar visualizações a painéis e relatórios.

Neste capítulo, você explorará algumas técnicas de formatação que poderá aproveitar para adicionar camadas de visualizações que podem transformar seus dados em exibições significativas.

Aperfeiçoando os Relatórios com uma Formatação Condicional

Formatação condicional é o termo dado à capacidade do Excel de mudar dinamicamente a formatação de um valor, célula ou intervalo de células com base em um conjunto de condições definidas. A formatação condicional adiciona um nível de visualização que permite ver seus relatórios do Excel e fazer determinações muito rápidas sobre quais valores são "bons" e quais são "ruins", apenas com base na formatação.

Nesta seção, você entrará no mundo da formatação condicional na medida em que vir como aproveitar essa funcionalidade para aprimorar seus relatórios e painéis.

Aplicando uma formatação condicional básica

Graças aos muitos cenários predefinidos que o Excel oferece, você pode aplicar uma formatação condicional básica com alguns cliques do mouse. Para experimentar o que é possível fazer, clique no botão Formatação Condicional, encontrado na guia Início da Faixa, como mostra a Figura 5-1.

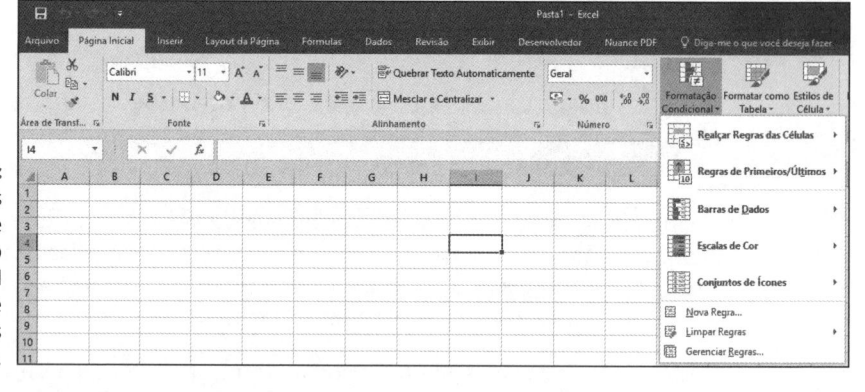

FIGURA 5-1: Os cenários de formatação condicional definidos e disponíveis no Excel.

Como se pode ver, o Excel tem cinco categorias de cenários predefinidos: Realçar Regras das Células, Regras de Primeiros/Últimos, Barras de Dados, Escalas de Cor e Conjuntos de Ícones.

Reserve um momento para rever o que você pode fazer usando cada categoria do cenário predefinido.

Usando Realçar Regras das Células

Os cenários de formatação na categoria Realçar Regras das Células, mostrada na Figura 5-2, permitem destacar as células cujos valores atendem determinada condição.

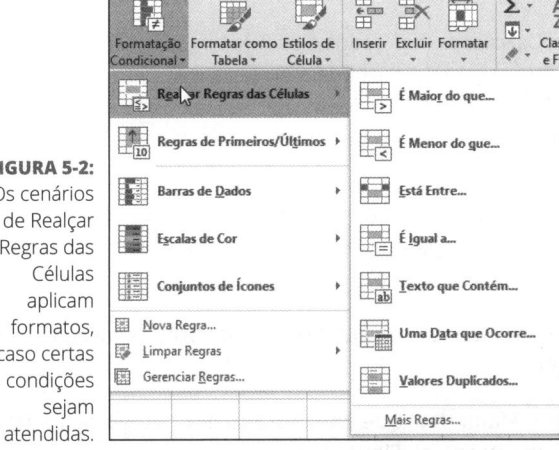

FIGURA 5-2: Os cenários de Realçar Regras das Células aplicam formatos, caso certas condições sejam atendidas.

O que se deve lembrar sobre esses cenários é que eles funcionam de modo muito parecido com uma instrução Se... então... senão. Ou seja, se a condição for atendida, a célula será formatada e, se a condição não for atendida, a célula permanecerá como está.

Os cenários na categoria Realçar Regras das Células são óbvios. Eis uma lista do que você pode formatar condicionalmente com cada cenário:

» **É Maior Do Que:** Uma célula cujo valor é maior que uma quantidade especificada. Por exemplo, você pode informar ao Excel para formatar as células que contêm um valor maior que 50.

» **É Menor Do Que:** Uma célula cujo valor é menor que uma quantidade especificada. Por exemplo, você pode informar ao Excel para formatar as células que contêm um valor menor que 100.

» **Está Entre:** Uma célula cujo valor está entre duas quantidades dadas. Por exemplo, você pode informar ao Excel para formatar as células que contêm um valor entre 50 e 100.

» **É Igual a:** Uma célula cujo valor é igual a certa quantidade. Por exemplo, você pode informar ao Excel para formatar as células que contêm um valor que é exatamente 50.

- » **Texto Que Contém:** Uma célula cujo conteúdo contém qualquer forma de texto dado, especificado como um critério. Por exemplo, você pode informar ao Excel para formatar as células que contêm o texto *Norte*.

- » **Uma Data Que Ocorre:** Uma célula cujo conteúdo contém uma data que ocorre em um período de tempo especificado relativo à data de hoje. Por exemplo, Ontem, Última Semana, Último Mês, Próximo Mês ou Próxima Semana.

- » **Valores Duplicados:** Os valores duplicados e os valores únicos em certo intervalo de células. Esta regra foi designada mais para a limpeza dos dados do que para o painel, permitindo identificar rapidamente os valores duplicados ou únicos em seu conjunto de dados.

Reserve um momento para trabalhar no seguinte exemplo de como aplicar um desses cenários. Neste exemplo simples, você destaca todos os valores maiores que certa quantidade.

1. Inicie selecionando um intervalo de células no qual precisa aplicar a formatação condicional.

2. Escolha o cenário É Maior Do Que encontrado na categoria Realçar Regras das Células, mostrada na Figura 5-2.

   Esta etapa abre a caixa de diálogo mostrada na Figura 5-3. Nessa caixa, a ideia é definir o valor que inicializará a formatação condicional.

FIGURA 5-3: Cada cenário tem sua própria caixa de diálogo que você pode usar para definir os valores de inicialização e o formato de cada regra.

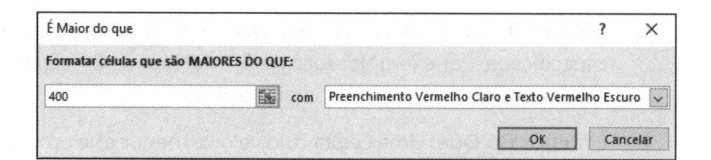

3. Digite o valor (400 neste exemplo) ou referencie uma célula que contenha o valor de inicialização, então, use o menu suspenso da caixa para especificar o formato que você deseja aplicar.

4. Clique no botão OK.

   Imediatamente, o Excel aplicará a regra de formatação nas células selecionadas; veja a Figura 5-4.

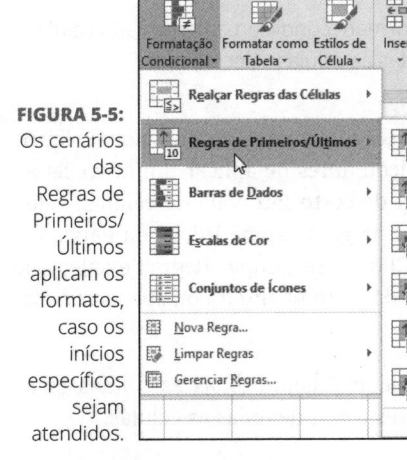

FIGURA 5-4:
As células maiores que 400 são formatadas.

	Maior que 400
Jan	100
Fev	-100
Mar	200
Abr	250
Mai	-50
Jun	350
Jul	400
Ago	450
Set	500
Out	550
Nov	600
Dez	650

A vantagem de uma regra de formatação condicional é que o Excel reavalia automaticamente a regra sempre que uma célula é alterada (contanto que a célula tenha uma regra de formatação condicional aplicada). Por exemplo, se eu fosse mudar qualquer valor inferior a 450, a formatação para esse valor mudaria automaticamente porque todas as células no conjunto de dados têm a formatação aplicada nelas.

Aplicando as Regras de Primeiros/Últimos

Os cenários de formatação na categoria Regras de Primeiros/Últimos, mostrada na Figura 5-5, permitem destacar as células cujos valores atendem determinado início.

FIGURA 5-5:
Os cenários das Regras de Primeiros/Últimos aplicam os formatos, caso os inícios específicos sejam atendidos.

CAPÍTULO 5 **Formatação para Visualizações**

Como Realçar Regras das Células, esses cenários funcionam como instruções `Se... então... senão`: se a condição for atendida, a célula será formatada e, se a condição não for atendida, a célula ficará como está.

Eis uma lista de cada cenário na categoria Regras de Primeiros/Últimos:

» **10 Primeiros Itens:** Embora o nome não sugira, este cenário permite especificar qualquer quantidade de células a destacar com base nos valores individuais das células (não apenas 10). Por exemplo, você pode destacar as cinco primeiras células cujos valores estão entre os cinco maiores números de todas as células escolhidas.

» **Primeiros 10%:** Este cenário é parecido com os 10 Primeiros Itens. Apenas as células selecionadas são avaliadas em uma porcentagem. Novamente, não deixe que o nome o engane: a seleção da porcentagem não tem que ser 10. Por exemplo, você pode destacar as células cujos valores compõem os primeiros 20% dos totais de todas as células selecionadas.

» **10 Últimos Itens:** Você pode usar este cenário para especificar o número de células a destacar com base nos valores das células individuais mais baixos. Novamente, não deixe que o nome o engane: você pode especificar qualquer número de células a destacar — não apenas 10. Por exemplo, é possível destacar as 15 últimas células cujos valores estão dentro dos 15 menores números entre as células selecionadas.

» **Últimos 10%:** Embora este cenário seja parecido com os Primeiros 10%, nele, apenas as células selecionadas são avaliadas em uma porcentagem. Por exemplo, você pode destacar as células cujos valores compõem os últimos 15% dos valores totais de todas as células selecionadas.

» **Acima da Média:** Este cenário permite formatar condicionalmente cada célula cujo valor está acima da média de todas as células selecionadas.

» **Abaixo da Média:** Permite que você formate condicionalmente cada célula cujo valor está abaixo da média de todas as células selecionadas.

LEMBRE-SE Para evitar sobrepor os diferentes cenários de formatação condicional, limpe qualquer formatação condicional que aplicou antes de aplicar um novo cenário. Para limpar a formatação condicional de certo intervalo de células, selecione as células e Formatação Condicional na guia Página Inicial da Faixa. Lá, você encontra a seleção Limpar Regras. Clique em Limpar Regras e selecione se deseja limpar a formatação condicional da planilha inteira ou apenas a pasta de trabalho selecionada.

No exemplo a seguir, você formata condicionalmente todas as células cujos valores estão nos primeiros 40% dos valores totais de todas as células.

1. Inicie selecionando o intervalo de células no qual precisa aplicar a formatação condicional.

2. **Escolha o cenário Primeiros 10% encontrado na categoria Regras de Primeiros/Últimos; consulte a Figura 5-5.**

   Esta etapa abre a caixa de diálogo Primeiros 10% mostrada na Figura 5-6. A ideia aqui é definir o início que inicializará a formatação condicional.

FIGURA 5-6: Cada cenário tem sua própria caixa de diálogo que você pode usar para definir os valores de inicialização e seu formato.

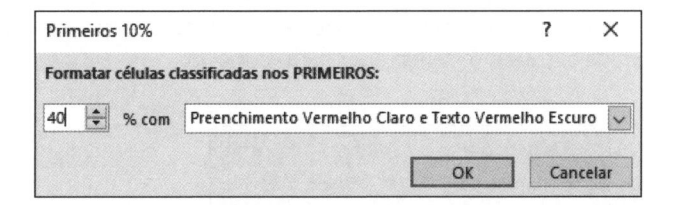

3. **Neste exemplo, digite 40, então, use o menu suspenso da caixa para especificar o formato que deseja aplicar.**

4. **Clique em OK.**

   Imediatamente, o Excel aplicará o cenário de formatação nas células selecionadas. Veja a Figura 5-7.

FIGURA 5-7: Com a formatação condicional, você pode ver facilmente que setembro a dezembro compõem 40% do valor total neste conjunto de dados.

Dentro dos 40% Superiores	
Jan	100
Fev	-100
Mar	200
Abr	250
Mai	-50
Jun	350
Jul	400
Ago	450
Set	500
Out	550
Nov	600
Dez	650

Criando Barras de Dados

As *Barras de Dados* preenchem cada célula que você está formatando com minibarras de comprimento variável, indicando o valor em cada célula em relação às outras células formatadas. Basicamente, o Excel obtém os maiores e menores valores no intervalo selecionado e calcula o comprimento de cada barra. Para aplicar as Barras de Dados em um intervalo, faça o seguinte:

1. Selecione o intervalo de destino das células nas quais você precisa aplicar a formatação condicional.

2. Escolha Barra de Dados no menu Formatação Condicional na guia Início, como mostra a Figura 5-8.

Como se pode ver na Figura 5-9, o resultado é basicamente um minigráfico dentro das células selecionadas. Note também que, por padrão, o cenário das Barra de Dados registra muito bem os números negativos mudando a direção da barra e invertendo a cor para vermelho.

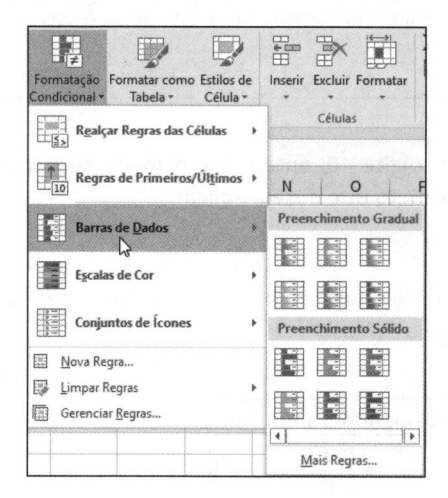

FIGURA 5-8: Aplicando as Barras de Dados.

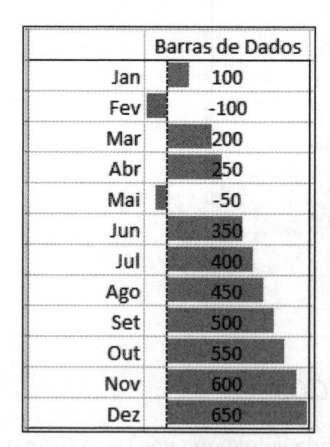

FIGURA 5-9: Formatação condicional com as Barra de Dados.

	Barras de Dados
Jan	100
Fev	-100
Mar	200
Abr	250
Mai	-50
Jun	350
Jul	400
Ago	450
Set	500
Out	550
Nov	600
Dez	650

Aplicando as Escalas de Cor

As Escalas de Cor preenchem cada célula que você está formatando com uma cor que varia em escala, com base no valor de cada célula em relação às outras células formatadas. O Excel obtém os maiores e menores valores no intervalo selecionado e determina a cor de cada célula. Para aplicar as Escalas de Cor em um intervalo, faça o seguinte:

1. Selecione o intervalo de destino das células nas quais você precisa aplicar a formatação condicional.

2. Escolha Escalas de Cor no menu Formatação Condicional na guia Início. (Veja a Figura 5-10.)

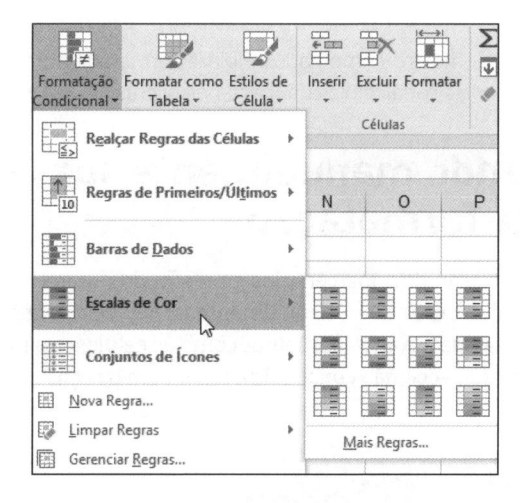

FIGURA 5-10: Aplicando as Escalas de Cor.

Como se pode ver na Figura 5-11, o resultado é um tipo de mapa de calor nas células selecionadas.

	Escalas de Cor
Jan	100
Fev	-100
Mar	200
Abr	250
Mai	-50
Jun	350
Jul	400
Ago	450
Set	500
Out	550
Nov	600
Dez	650

FIGURA 5-11: A formatação condicional com as Escalas de Cor.

CAPÍTULO 5 **Formatação para Visualizações**

Usando Conjuntos de Ícones

Conjuntos de Ícones são conjuntos de símbolos inseridos em cada célula que você está formatando. O Excel determina qual símbolo usar com base no valor de cada célula em relação às outras células formatadas. Para aplicar um Conjunto de Ícones em um intervalo, faça o seguinte:

1. Selecione o intervalo de destino das células nas quais você precisa aplicar a formatação condicional.

2. Escolha Conjuntos de Ícones no menu Formatação Condicional na guia Início.

    Como se pode ver na Figura 5-12, você pode escolher em um menu de Conjuntos de Ícones variando na forma e na cor.

    A Figura 5-13 mostra como cada célula é formatada com um símbolo indicando o valor de cada célula com base nas outras células.

Adicionando manualmente suas próprias regras de formatação

Você não precisa usar um dos cenários predefinidos oferecidos pelo Excel. O Excel dá a flexibilidade de criar manualmente suas próprias regras de formatação. Esse recurso ajuda a controlar melhor como as células são formatadas e permite fazer coisas que você não conseguiria fazer com os cenários predefinidos.

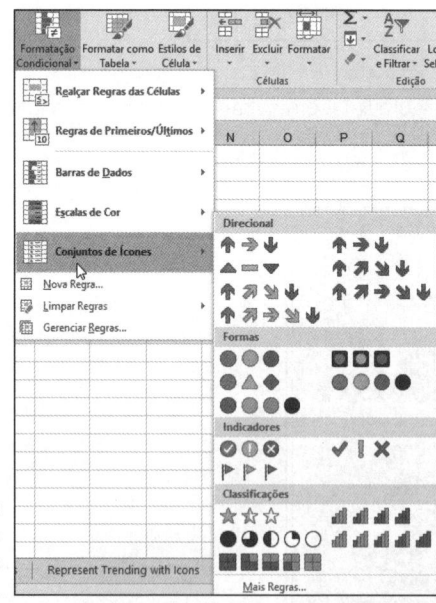

FIGURA 5-12: Aplicando os Conjuntos de Ícones.

FIGURA 5-13: Formatação condicional com os Conjuntos de Ícones.

Conjunto de Ícones		
Jan	✖	100
Fev	✖	-100
Mar	❗	200
Abr	❗	250
Mai	✖	-50
Jun	❗	350
Jul	❗	400
Ago	✔	450
Set	✔	500
Out	✔	550
Nov	✔	600
Dez	✔	650

Por exemplo, uma regra de formatação condicional útil é unir todos os valores acima da média com um ícone de Verificação e todos os valores abaixo da média com um ícone X. A Figura 5-14 demonstra a regra.

FIGURA 5-14: Com uma regra de formatação personalizada, você pode unir os valores acima da média com uma marca de verificação e os valores abaixo da média com um X.

	REGIÃO	MERCADO		Vendas
2	Norte	Grandes Lagos	✖	70.261
3	Norte	Nova Inglaterra	✔	217.858
4	Norte	Nova Iorque Norte	✖	157.774
5	Norte	Nova Iorque Sul	✖	53.670
6	Norte	Carolina do Norte	✖	124.600
7	Norte	Ohio	✖	100.512
8	Norte	Vale Shenandoah	✖	149.742
9	Sul	Florida	✖	111.606
10	Sul	Costa do Golfo	✔	253.703
11	Sul	Illinois	✖	129.148
12	Sul	Indiana	✖	152.471
13	Sul	Kentucky	✔	224.524
14	Sul	Carolina do Sul	✔	249.535
15	Sul	Tennessee	✔	307.490
16	Sul	Texas	✔	180.167

LEMBRE-SE Embora seja verdade que os cenários Acima da Média e Abaixo da Média incorporados no Excel permitam formatar os atributos da célula e da fonte, eles não permitem usar os Conjuntos de Ícones. Você pode imaginar por que os Conjuntos de Ícones seriam melhores em um painel do que simplesmente as variações de cor. Os ícones e as formas são muito melhores para transmitir sua mensagem, especialmente quando o painel é impresso em preto e branco.

Para começar a criar sua primeira regra de formatação personalizada, abra o arquivo `CapsExemplo.xls` encontrado entre os arquivos de exemplo no website complementar deste livro. Depois de abrir o arquivo, vá para a guia Criar Regra Manualmente, então, siga estas etapas:

1. Selecione o intervalo de destino das células nas quais você precisa aplicar a formatação condicional e selecione Nova Regra no menu Formatação Condicional, como mostra a Figura 5-15.

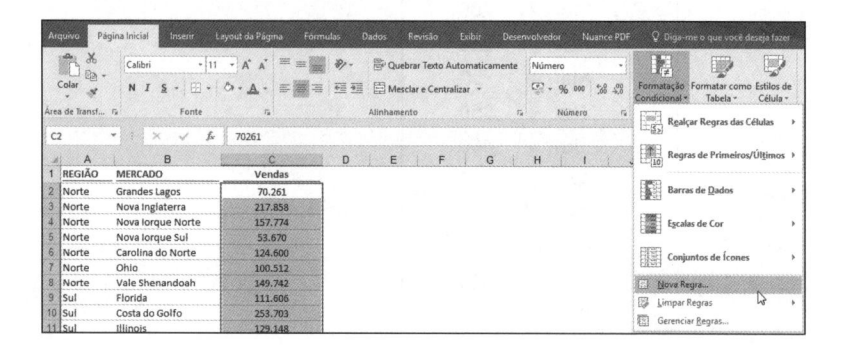

FIGURA 5-15: Selecione o intervalo de destino e Nova Regra.

Esta etapa abre a caixa de diálogo Nova Regra de Formatação, mostrada na Figura 5-16. Quando você vir os tipos da regra na parte superior da caixa de diálogo, poderá reconhecer alguns entre as escolhas de cenário predefinidas analisadas anteriormente neste capítulo. Eis o que cada tipo faz:

- *Formatar Todas as Células com Base em Seus Valores:* Mede os valores no intervalo selecionado em relação aos outros. Esta seleção é útil para encontrar as anormalidades gerais em seu conjunto de dados.

- *Formatar Apenas Células Que Contenham:* Aplica a formatação condicional nas células que atendem a um critério específico definido. Essa seleção é perfeita para comparar os valores com uma referência definida.

- *Formatar Apenas os Primeiros ou Últimos Valores:* Aplica a formatação condicional nas células que estão classificadas no primeiro ou último número ou porcentagem de todos os valores no intervalo.

- *Formatar Apenas Valores Acima e Abaixo da Média:* Aplica a formatação condicional nos valores que estão matematicamente acima ou abaixo da média de todos os valores no intervalo selecionado.

- *Usar uma Fórmula para Determinar Quais Células Devem Ser Formatadas:* Avalia os valores com base em uma fórmula especificada. Se determinado valor for avaliado como verdadeiro, a formatação condicional será aplicada nessa célula. Esta seleção geralmente é usada ao aplicar as condições com base nos resultados de uma fórmula ou operação matemática avançada.

DICA As Barras de Dados, Escalas de Cor e Conjuntos de Ícones podem ser usados apenas com o tipo de regra Formatar Todas as Células Com Base em Seus Valores.

2. Verifique se o tipo de regra Formatar Todas as Células Com Base em Seus Valores está selecionado, então, use o menu suspenso Estilo de Formatação para trocar para os Conjuntos de Ícones.

3. Clique no menu suspenso Estilo do Ícone para selecionar um Conjunto de Ícones.

FIGURA 5-16: Selecione a regra Formatar Todas as Células Com Base em Seus Valores e use o menu suspenso Estilo de Formatação para trocar para os Conjuntos de Ícones.

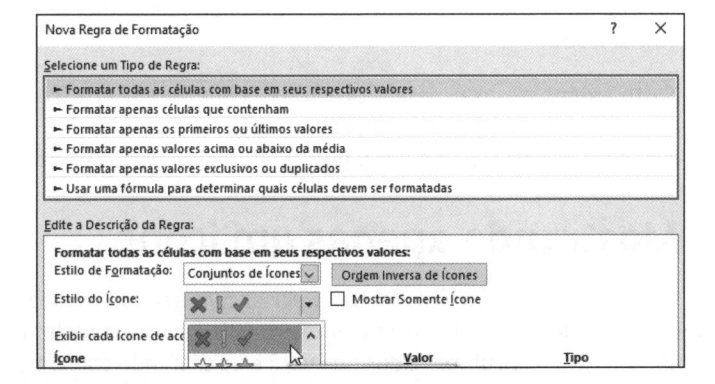

4. Mude os dois menus suspensos Tipo para Fórmula

5. Em cada caixa Valor, digite =MÉDIA($C$2:$C$22).

    Esta etapa informa ao Excel que o valor em cada célula deve ser maior que a média do conjunto de dados inteiro para ter o ícone de Verificação.

    Neste ponto, a caixa de diálogo parece com a da Figura 5-17.

6. Clique em OK para aplicar sua formatação condicional.

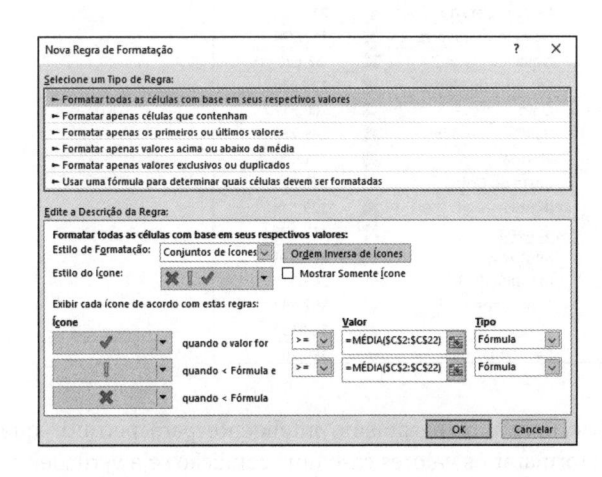

FIGURA 5-17: Mude as caixas suspensas Tipo para Fórmula e digite as devidas fórmulas nas caixas Valor.

Vale a pena reservar um tempo para entender como essa regra de formatação condicional funciona. O Excel avalia cada célula no intervalo de destino para saber se seu conteúdo corresponde, em ordem (caixa superior primeiro), à lógica em cada caixa Valor. Se uma célula contiver um número ou texto que é avaliado como verdadeiro na primeira caixa Valor, o primeiro ícone será aplicado e o Excel irá para a próxima célula no intervalo. Se não, ele continuará descendo em cada caixa Valor até que uma delas seja avaliada como verdadeiro. Se a célula sendo avaliada não se encaixar em nenhuma lógica colocada nas caixas Valor, o Excel unirá automaticamente essa célula com o último ícone.

Neste exemplo, você deseja que uma célula tenha um ícone de Verificação apenas se o valor dela for superior (ou igual) à média dos valores totais. Do contrário, desejará que o Excel pule diretamente para o ícone X e aplique o X.

Mostrando apenas um ícone

Em muitos casos, você pode não precisar mostrar todos os ícones ao aplicar o Conjunto de Ícones. Na verdade, mostrar ícones demais de uma só vez serve apenas para obstruir os dados que você está tentando transmitir no painel.

No exemplo anterior, você aplicou um ícone de Verificação nos valores acima da média do intervalo e aplicou um ícone X em todos os valores abaixo da média; veja a Figura 5-18. Contudo, no mundo real, geralmente você precisa chamar a atenção para apenas os valores abaixo da média. Assim, seus olhos não ficam cheios de ícones supérfluos.

	A	B		C
1	REGIÃO	MERCADO		Vendas
2	Norte	Grandes Lagos	✖	70.261
3	Norte	Nova Inglaterra	✔	217.858
4	Norte	Nova Iorque Norte	✖	157.774
5	Norte	Nova Iorque Sul	✖	53.670
6	Norte	Carolina do Norte	✖	124.600
7	Norte	Ohio	✖	100.512
8	Norte	Vale Shenandoah	✖	149.742
9	Sul	Flórida	✖	111.606
10	Sul	Costa do Golfo	✔	253.703
11	Sul	Illinois	✖	129.148
12	Sul	Indiana	✖	152.471
13	Sul	Kentucky	✔	224.524
14	Sul	Carolina do Sul	✔	249.535
15	Sul	Tennessee	✔	307.490
16	Sul	Texas	✔	180.167
17	Oeste	Califórnia	✔	190.264

FIGURA 5-18: Ícones demais podem ocultar os itens para os quais você deseja chamar a atenção.

O Excel fornece um mecanismo inteligente para permitir que você pare de avaliar e formatar os valores caso uma condição seja verdadeira.

Neste exemplo, você deseja remover os ícones de Verificação. As células que contêm esses ícones têm valores acima da média para o intervalo. Então, primeiro, você precisa adicionar uma condição para todas as células cujos valores estão acima da média. Para tanto, siga estas etapas:

1. Selecione o intervalo de destino das células, vá para a guia Início e selecione Formatação Condicional ⇨ Gerenciar Regras.

   Esta etapa abre a caixa de diálogo Gerenciador de Regras de Formatação Condicional mostrada na Figura 5-19.

2. Clique no botão Nova Regra para iniciar uma nova regra.

   A caixa de diálogo Nova Regra de Formatação aparece.

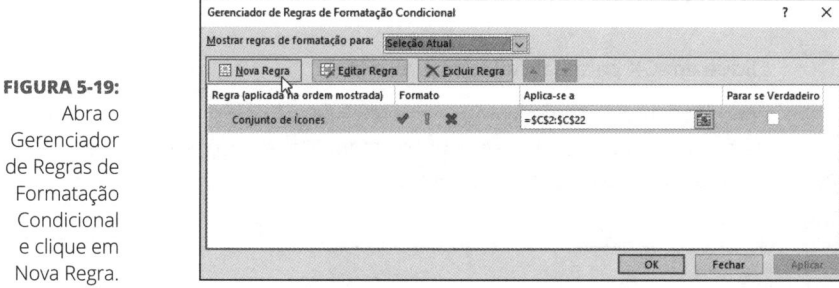

FIGURA 5-19: Abra o Gerenciador de Regras de Formatação Condicional e clique em Nova Regra.

3. Clique no tipo de regra Formatar Apenas Células Que Contenham e configure a regra para que o formato se aplique apenas aos valores da célula maiores que a média; veja a Figura 5-20.

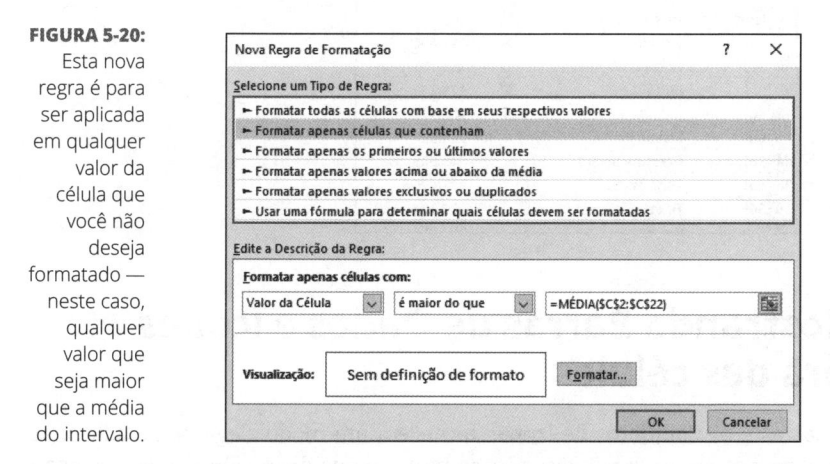

FIGURA 5-20: Esta nova regra é para ser aplicada em qualquer valor da célula que você não deseja formatado — neste caso, qualquer valor que seja maior que a média do intervalo.

4. **Clique em OK sem mudar nenhuma opção de formatação.**

5. Volte para o Gerenciador de Regras de Formatação Condicional, clique para marcar a caixa de seleção Parar Se Verdadeiro, como demonstrado no lado direito da Figura 5-21.

FIGURA 5-21: Clique em Parar Se Verdadeiro para informar ao Excel para parar de avaliar as células que atendem à primeira condição.

6. Clique em OK para aplicar suas alterações.

   Como você pode ver na Figura 5-22, agora, apenas os ícones X são mostrados. De novo, isso permite que seu público foque nas exceções, em vez de determinar quais ícones são bons e ruins.

FIGURA 5-22: Agora, esta tabela está formatada para mostrar apenas um ícone.

Mostrando Barras de Dados e ícones fora das células

As Barras e os Conjuntos de Ícones fornecem um modo elegante de adicionar visualizações aos seus painéis; não há muito o que dizer sobre onde eles aparecem na célula. Dê uma olhada na Figura 5-23 para ver o que quero dizer.

FIGURA 5-23: Mostrar Barras de Dados dentro da mesma célula como valores pode dificultar a análise dos dados.

	A	B	C
2	REGIÃO	MERCADO	Vendas
3	Norte	Grandes Lagos	70.261
4	Norte	Nova Inglaterra	217.858
5	Norte	Nova Iorque Norte	157.774
6	Norte	Nova Iorque Sul	53.670
7	Norte	Carolina do Norte	124.600
8	Norte	Ohio	100.512
9	Norte	Vale Shenandoah	149.742
10	Sul	Flórida	111.606
11	Sul	Costa do Golfo	253.703
12	Sul	Illinois	129.148
13	Sul	Indiana	152.471
14	Sul	Kentucky	224.524
15	Sul	Carolina do Sul	249.535
16	Sul	Tennessee	307.490

Por padrão, as Barras de Dados são colocadas diretamente dentro de cada célula, que, neste caso, quase ofusca os dados. Da perspectiva do painel, isso não é ideal por duas razões:

» Os números podem se perder nas cores das Barra de Dados, ficando difíceis de ler — especialmente quando impressos em preto e branco.

» É difícil ver as extremidades de cada barra.

A solução para este problema é mostrar as Barra de Dados *fora* da célula que contém o valor. Faça assim:

1. À direita de cada célula, insira uma fórmula que referencie a célula que contém o valor do dado.

Por exemplo, se os dados estiverem em B2, vá para a célula C2 e digite **=B2**.

2. Aplique a formatação condicional Barra de Dados nas fórmulas que você acabou de criar.

3. Selecione o intervalo formatado de células e selecione Gerenciar Regras no botão Formatação Condicional, na guia Início da Faixa.

4. Na caixa de diálogo aberta, clique no botão Editar Regra.

5. Selecione a opção Mostrar Barra Somente, como mostra a Figura 5-24.

6. Clique em OK para aplicar a alteração.

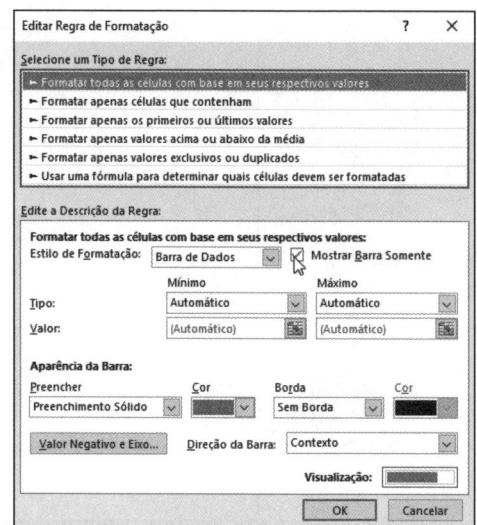

FIGURA 5-24: Edite a regra de formatação para mostrar apenas as Barras de Dados, não os dados.

A recompensa por seus esforços é uma visão mais clara, muito mais adequada para o relatório em um ambiente de painel. A Figura 5-25 mostra a melhoria obtida com essa técnica.

	A	B	C
1	REGIÃO	MERCADO	Vendas
2	Grandes Lagos	70.261	
3	Nova Inglaterra	217.858	
4	Nova Iorque Norte	157.774	
5	Nova Iorque Sul	53.670	
6	Carolina do Norte	100.512	
7	Ohio	149.742	
8	Vale Shenandoah	249.535	
9	Florida	111.606	
10	Costa do Golfo	253.703	
11	Illinois	129.148	
12	Indiana	152.471	
13	Kentucky	224.524	
14	Carolina do Sul	124.600	
15	Tennessee	307.490	

FIGURA 5-25: As Barras de Dados, colocadas claramente ao lado dos valores dos dados.

Usando a mesma técnica, você pode separar os Conjuntos de Ícones dos dados — permitindo posicionar os ícones onde ficam melhor em seu painel.

Representando as tendências com Conjuntos de Ícones

Um ambiente de painel nem sempre tem espaço suficiente disponível para adicionar um gráfico que mostra a tendência. Nesses casos, os Conjuntos de Ícones são substitutos ideais, permitindo representar visualmente a tendência geral sem ocupar muito espaço. A Figura 5-26 mostra esse conceito com uma tabela que fornece um belo elemento visual, permitindo uma visão imediata de quais mercados estão em alta, baixa ou invariáveis no mês anterior.

FIGURA 5-26:
Os Conjuntos de Ícones da Formatação Condicional permitem as visualizações da tendência.

	A	B	C	D	E
1	REGIÃO	MERCADO	Mês Anterior	Mês Corrente	Variação
2	Norte	Grandes Lagos	70.261	72.505	↑ 3,2%
3	Norte	Nova Inglaterra	217.858	283.324	↑ 30,0%
4	Norte	Nova Iorque Norte	157.774	148.790	↓ -5,7%
5	Norte	Nova Iorque Sul	53.670	68.009	↑ 26,7%
6	Norte	Carolina do Norte	100.512	98.308	→ -2,2%
7	Norte	Ohio	149.742	200.076	↑ 33,6%
8	Norte	Vale Shenandoah	249.535	229.473	↓ -8,0%
9	Sul	Florida	111.606	136.104	↑ 22,0%
10	Sul	Costa do Golfo	253.703	245.881	↓ -3,1%
11	Sul	Illinois	129.148	131.538	→ 1,9%
12	Sul	Indiana	152.471	151.699	→ -0,5%
13	Sul	Kentucky	224.524	225.461	→ 0,4%
14	Sul	Carolina do Sul	124.600	130.791	↑ 5,0%
15	Sul	Tennessee	307.490	268.010	↓ -12,8%

Você pode querer fazer o mesmo com seus relatórios. O segredo é criar uma fórmula que forneça algum tipo de variação ou tendência.

Para conseguir esse tipo de visualização, siga estas etapas:

1. Selecione o intervalo de destino das células nas quais você precisa aplicar a formatação condicional.

Neste caso, o intervalo de destino será as células que mantêm suas fórmulas de variação.

2. Escolha os Conjuntos de Ícones no menu Formatação Condicional na guia Início, então, escolha os ícones mais adequados para sua situação.

Por exemplo, escolha o conjunto com as três setas mostradas na Figura 5-27.

FIGURA 5-27:
A seta para cima indica uma tendência de alta, a seta para baixo indica uma tendência de baixa e a seta para a direita indica uma tendência invariável.

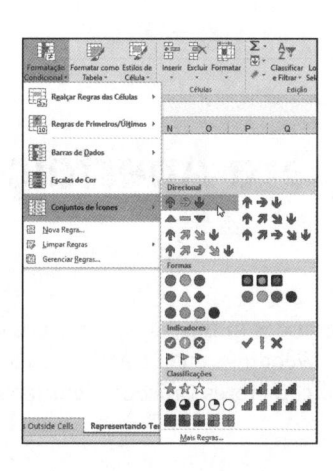

CAPÍTULO 5 **Formatação para Visualizações** 105

Na maioria dos casos, você ajustará os inícios que definem o que significa para cima, baixo e invariável. Imagine que você precisa que qualquer variação acima de 3% seja unida a uma seta para cima; qualquer variância abaixo de -3% seja unida a uma seta para baixo e todas as outras apareçam como invariáveis.

3. Selecione o intervalo de destino das células e Gerenciar Regras no botão Formatação Condicional na guia Início da Faixa.

4. Na caixa de diálogo que se abre, clique no botão Editar Regra.

5. Ajuste as propriedades, como mostra a Figura 5-28.

6. Clique em OK para aplicar a mudança.

DICA

Observe na Figura 5-28 que a propriedade Tipo da regra de formação está definida para Número, mesmo que os dados com os quais você está trabalhando (as variâncias) sejam porcentagens. Você descobrirá que trabalhar com a configuração Número dá mais controle e previsibilidade ao definir os limiares.

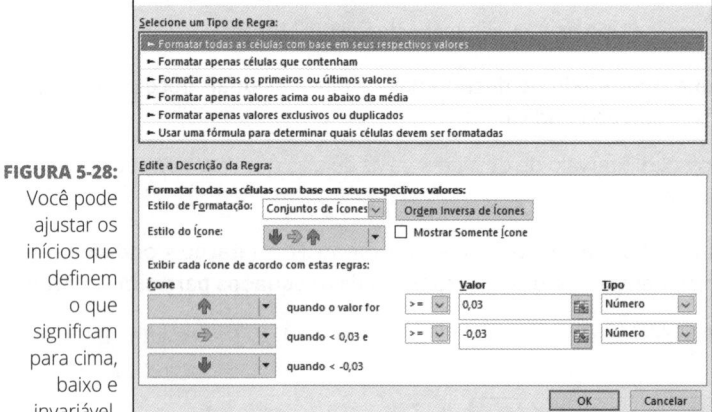

FIGURA 5-28: Você pode ajustar os inícios que definem o que significam para cima, baixo e invariável.

Usando Símbolos para Aperfeiçoar o Relatório

Os *símbolos* são, basicamente, gráficos minúsculos, parecidos com aqueles vistos quando você usa Wingdings, Webdings ou outras fontes elegantes. Contudo, os símbolos não são fontes. São caracteres Unicode. *Caracteres Unicode* são um conjunto de elementos de texto padrão da indústria designados a fornecer um conjunto de caracteres confiável que fica viável em qualquer plataforma, independentemente das diferenças de fontes internacionais.

Um exemplo de símbolo comumente usado é o de direitos autorais (©). Esse símbolo é um caractere Unicode. Você pode usá-lo no PC chinês, turco, francês ou americano, e ele estará disponível, sem nenhuma diferença internacional.

Em termos de apresentações do Excel, os caracteres Unicode (ou símbolos) podem ser usados em lugares nos quais não se pode usar a formatação condicional. Por exemplo, nas legendas dos gráficos vistos na Figura 5-29, o eixo x mostra algumas setas de tendência que permitem uma camada extra de análise. Isso não poderia ser feito com a formatação condicional.

Agora, reservarei um tempo para rever as etapas que levam ao gráfico na Figura 5-29.

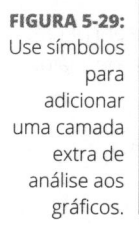

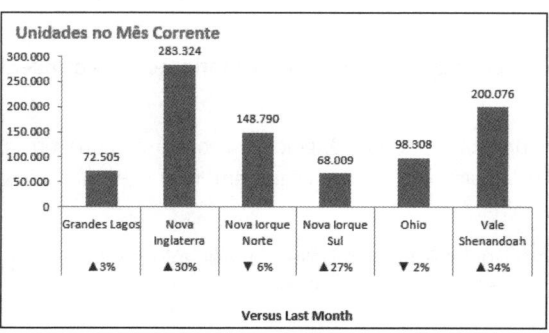

FIGURA 5-29: Use símbolos para adicionar uma camada extra de análise aos gráficos.

Inicie com os dados mostrados na Figura 5-30. Note que você tem uma célula designada — C1 neste caso — para manter qualquer símbolo que usará. Essa célula não é muito importante. É apenas uma célula de retenção para os símbolos que você inserirá.

FIGURA 5-30: Os dados iniciais com uma célula de retenção para os símbolos.

Agora, siga estas etapas:

1. Clique em C1 e selecione o comando Símbolo na guia Inserir.

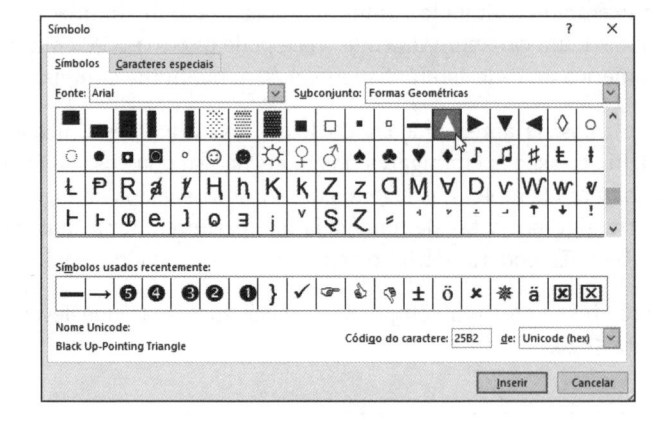

FIGURA 5-31: Use a caixa de diálogo Símbolo para inserir os símbolos na célula de retenção.

2. Encontre e selecione os símbolos clicando no botão Inserir após cada símbolo.

    Neste cenário, selecione o triângulo para baixo e clique em Inserir. Então, clique no triângulo para cima e clique em Inserir. Feche a caixa de diálogo quando terminar.

    Neste ponto, você tem os símbolos de triângulo para cima e para baixo na célula C1, como mostra a Figura 5-32.

FIGURA 5-32: Copie os símbolos recém--inseridos para a Área de Transferência.

3. Clique na célula C1, vá para a barra Fórmula e copie os dois símbolos destacando-os e pressionando Ctrl+C no teclado.

4. Vá para a tabela de dados, clique com o botão direito nas porcentagens e selecione Formatar Células no menu que aparece.

5. Na caixa de diálogo Formatar Células, crie um novo formato personalizado colocando os símbolos de triângulo para cima e para baixo nas devidas partes da sintaxe; veja a Figura 5-33.

   Neste caso, qualquer porcentagem positiva será precedida pelo símbolo do triângulo para cima e qualquer porcentagem negativa será precedida pelo símbolo do triângulo para baixo.

   DICA

   Não está familiarizado com a formatação personalizada dos números? O Capítulo 3 cobre com detalhes os prós e contras desse tópico.

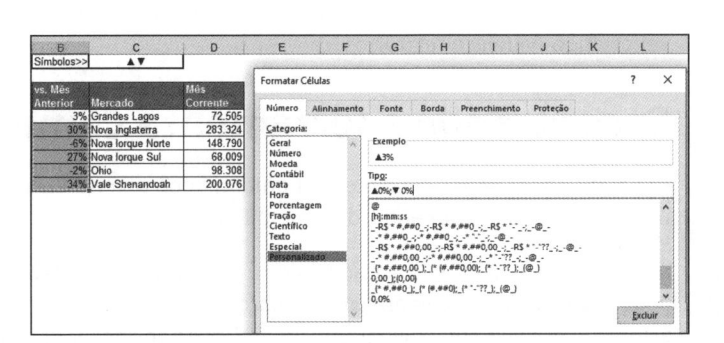

   FIGURA 5-33: Crie um formato de número personalizado usando os símbolos.

6. Clique em OK.

   Agora, os símbolos fazem parte de sua formatação dos números! A Figura 5-34 ilustra como ficam as porcentagens. Mude qualquer número de positivo para negativo (ou vice-versa) e o Excel aplicará automaticamente o devido símbolo.

   FIGURA 5-34: Agora, seus símbolos fazem parte da formatação dos números.

   Como os gráficos adotam automaticamente a formatação dos números, um gráfico criado a partir desses dados mostra os símbolos como parte das legendas. Basta usar esses dados como a origem do gráfico.

   Este é apenas um modo de usar os símbolos em seu relatório. Com essa técnica básica, você pode inserir símbolos para acrescentar um apelo visual às tabelas, tabelas dinâmicas, fórmulas ou qualquer outro objeto no qual você possa pensar.

Manuseando a Magnífica Ferramenta Câmera

A ferramenta Câmera do Excel permite tirar uma fotografia de um intervalo de células que se atualiza dinamicamente enquanto os dados nesse intervalo se atualizam. Se você nunca ouviu falar nisso, não se sinta mal. Essa ferramenta elegante foi omitida nas últimas versões do Excel. Embora a Microsoft tenha escolhido não incluí-la na Faixa convencional, ela será muito útil se você estiver criando painéis e relatórios.

Encontrando a ferramenta Câmera

Antes de poder usar a ferramenta Câmera, você precisa encontrá-la e adicioná-la à barra de ferramentas de Acesso Rápido.

DICA A *barra de ferramentas de Acesso Rápido* é uma barra personalizada na qual você pode armazenar os comandos usados com frequência para que eles fiquem sempre acessíveis com apenas um clique. Você pode adicionar comandos à barra de ferramentas de Acesso Rápido arrastando-os diretamente a partir da Faixa ou usando o menu Personalizar.

Siga estas etapas para adicionar a ferramenta Câmera à barra de ferramentas de Acesso Rápido:

1. Clique no botão Arquivo.
2. Abra a caixa de diálogo Opções do Excel clicando no botão Opções.
3. Clique no botão Barra de Ferramentas de Acesso Rápido.
4. Na lista suspensa Escolher Comandos Em, selecione Comandos Fora da Faixa de Opções.
5. Pagine a lista alfabética de comandos mostrada na Figura 5-35 e encontre Câmera; clique duas vezes para adicionar à barra de ferramentas de Acesso Rápido.
6. Clique em OK.

   Depois de executar estas etapas, você verá a ferramenta Câmera na barra de ferramentas de Acesso Rápido, como mostra a Figura 5-36.

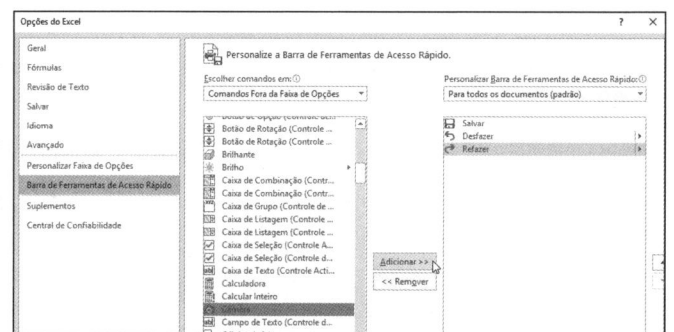

FIGURA 5-35:
Adicione a ferramenta Câmera à barra de ferramentas de Acesso Rápido.

FIGURA 5-36:
Sem nenhuma surpresa, o ícone da ferramenta Câmera parece uma câmera.

Usando a ferramenta Câmera

Para usar a ferramenta Câmera, simplesmente destaque um intervalo de células para capturar tudo nesse intervalo em uma imagem dinâmica. O legal da ferramenta Câmera é que você não está limitado a mostrar o valor de uma única célula, como fica com uma caixa de texto vinculada. E como a imagem é dinâmica, qualquer atualização feita no intervalo de origem mudará automaticamente a imagem.

Reserve um momento para ver a demonstração básica da ferramenta Câmera. Na Figura 5-37, você vê alguns números simples e um gráfico com base nesses números. O objetivo aqui é criar uma imagem dinâmica do intervalo que tenha os números e o gráfico.

FIGURA 5-37:
Insira alguns números simples e crie um gráfico básico a partir deles.

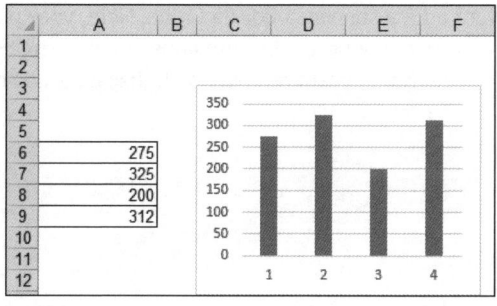

CAPÍTULO 5 **Formatação para Visualizações** 111

Siga estas etapas:

1. **Destaque o intervalo que contém as informações que você deseja capturar.**

   Neste cenário, você seleciona B3:F13 para capturar a área com o gráfico.

2. **Selecione o ícone da ferramenta Câmera na barra de ferramentas de Acesso Rápido.**

   Você adicionou a ferramenta Câmera à barra de ferramentas de Acesso Rápido na seção anterior.

3. **Clique na planilha no local onde você deseja colocar a imagem.**

   O Excel cria imediatamente uma imagem dinâmica do intervalo inteiro, como mostra a Figura 5-38.

   Mudar qualquer número no intervalo original fará com que a imagem seja atualizada automaticamente.

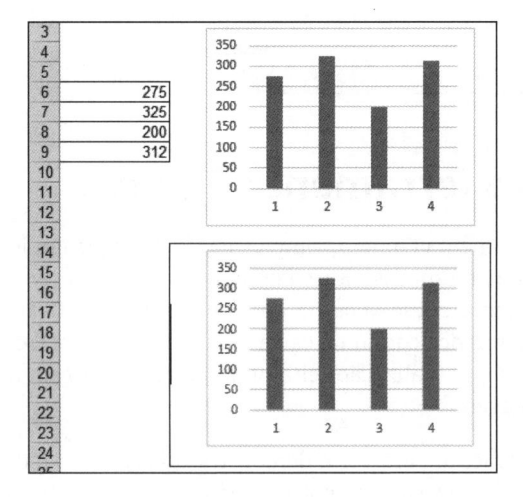

FIGURA 5-38: Uma imagem dinâmica é criada via ferramenta Câmera.

DICA Por padrão, a imagem criada tem uma borda em torno dela. Para remover a borda, clique com o botão direito na imagem e selecione Formatar Imagem no menu que aparece. Isso abrirá a caixa de diálogo Formatar Imagem. Na guia Cores e Linhas, você verá a lista suspensa Cor da Linha. Nela, você pode selecionar Sem Cor, removendo, assim, a borda. Em uma observação parecida, para ter uma imagem sem linhas de grade, basta remover as linhas de grade do intervalo de origem.

Aperfeiçoando um painel com a ferramenta Câmera

Veja algumas maneiras de ir além do básico e usar a ferramenta Câmera para melhorar seus painéis e relatórios:

» **Consolide intervalos diferentes em uma área impressa.** Algumas vezes, um modelo de dados fica tão complexo que é difícil manter os dados finais em uma área impressa. Isso geralmente o força a imprimir várias páginas que são inconsistentes no layout e tamanho. Dado que os painéis são mais eficientes quando estão em uma área compacta que pode ser impressa em uma página ou duas, os modelos de dados complexos são problemáticos quanto ao layout e design.

É possível usar a ferramenta Câmera nessas situações para criar imagens dinâmicas de vários intervalos que você pode colocar em uma única página. A Figura 5-39 mostra uma pasta de trabalho que contém os dados de várias planilhas. O segredo aqui é que esses intervalos de dados são apenas imagens vinculadas criadas pela ferramenta Câmera.

Como você pode ver, é possível criar e gerenciar várias análises em diferentes guias e, depois, reunir todas as partes de sua apresentação em uma camada de apresentação bem formatada.

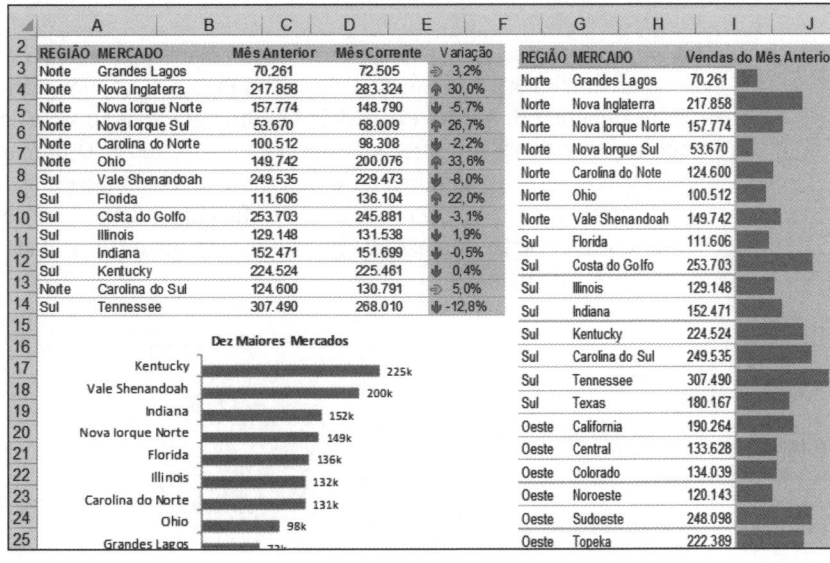

FIGURA 5-39: Use a ferramenta Câmera para ter vários intervalos de origem em uma área compacta.

» **Gire os objetos para economizar tempo.** Novamente, como a ferramenta Câmera produz imagens, você pode girar as imagens nas situações em que colocar o intervalo copiado ao seu lado pode ajudar a economizar tempo. Um ótimo exemplo é um gráfico. A criação de determinados gráficos é relativamente fácil em uma orientação vertical, mas muito difícil na horizontal.

É a ferramenta Câmera que vem ao seu resgate! Quando a imagem dinâmica do gráfico é criada, tudo que você tem que fazer é mudar o alinhamento das legendas do gráfico e girar a imagem usando a alça de giro para criar uma versão horizontal.

» **Crie pequenos gráficos.** Quando você cria imagens com a ferramenta Câmera, pode redimensionar e mover as imagens livremente. Isso dá a liberdade de testar diferentes layouts e tamanhos de gráfico sem precisar resolver as larguras da coluna, linhas ocultas e outras bobagens.

Fazendo Waffles com a Formatação Condicional e a Ferramenta Câmera

Depois de ter alguns truques na manga, você pode se divertir um pouco e usar a formatação condicional e a ferramenta Câmera juntas para criar um gráfico de waffle!

Um *gráfico de waffle* é uma visualização interessante que ajuda a exibir o progresso até um objetivo. Como se pode ver na Figura 5-40, um gráfico de waffle é, basicamente, um quadrado dividido em uma grade de 10 x 10. Cada caixa da grade representa 1% em direção a um objetivo de 100%. O número de caixas de grade coloridas ou sombreadas é determinado pela métrica associada. Esse tipo de gráfico é uma opção relativamente eficiente quando você deseja adicionar uma visualização interessante ao painel sem distorcer os dados ou ocupar muito espaço do painel.

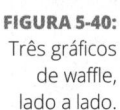

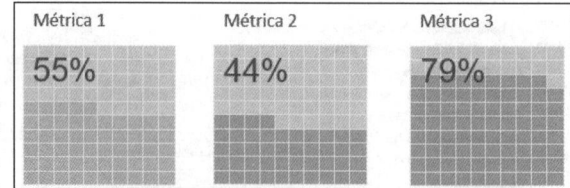

FIGURA 5-40: Três gráficos de waffle, lado a lado.

É relativamente fácil criar um gráfico de waffle, necessitando de pouca experiência em formatação condicional. Siga estas etapas para criar seu primeiro gráfico de waffle:

1. **Em uma nova planilha, dedique uma célula para sua métrica real e crie uma grade de 10 x 10 das porcentagens que variam de 1% a 100%.**

   A Figura 5-41 demonstra a configuração inicial necessária.

   FIGURA 5-41: A configuração inicial necessária para o gráfico de waffle.

2. **Destaque a grade de 10 x 10 e selecione Início ⇨ Formatação Condicional ⇨ Nova Regra.**

3. **Crie uma regra que pintará cada célula na grade de 10 x 10 se o valor da célula for menor ou igual ao valor mostrado na célula da métrica (A2, neste exemplo).**

   A Figura 5-42 mostra como deve ficar a regra de formatação.

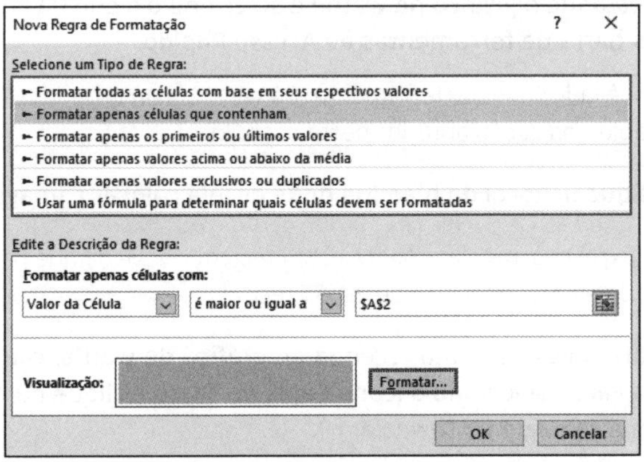

   FIGURA 5-42: Adicione uma formatação condicional à grade de 10 x 10.

CAPÍTULO 5 **Formatação para Visualizações** 115

LEMBRE-SE

4. **Clique no botão OK para confirmar o formato condicional.**

   Aplique o mesmo formato de cor para o preenchimento e a fonte. Isso assegura que os valores da porcentagem na grade de 10 x 10 fiquem ocultos.

   Agora, verifique se a grade tem uma cor de fundo clara quando as caixas não estão coloridas por sua formatação condicional.

5. **Destaque todas as células na grade de 10 x 10 e aplique uma cor cinza padrão nas células e na fonte. Também aplique uma borda branca em todas as células.**

   Neste ponto, a grade de 10 x 10 deve ficar parecida com a mostrada na Figura 5-43. Quando você mudar a métrica ou as porcentagens do destino, a grande deverá ajustar automaticamente as cores para refletir a mudança dos dados. É hora de usar a ferramenta Câmera para modelar e posicionar seu gráfico de waffle.

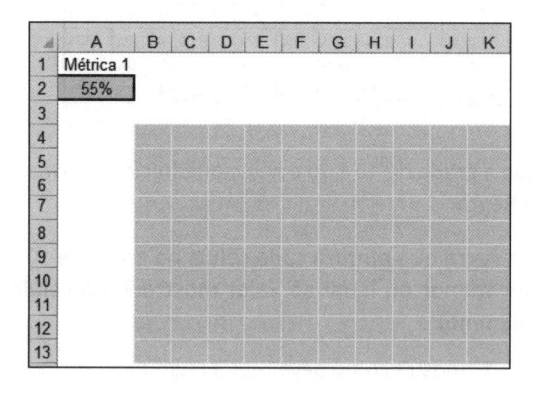

FIGURA 5-43: Seu gráfico de waffle está pronto para a ferramenta Câmera.

6. **Destaque o gráfico de waffle e selecione o ícone da Ferramenta Câmera na barra de ferramentas de Acesso Rápido.**

   Você adicionou a ferramenta Câmera à barra de ferramentas de Acesso Rápido na seção anterior neste capítulo.

7. **Clique no local da planilha onde deseja colocar a imagem.**

   O Excel cria imediatamente uma imagem vinculada que pode ser redimensionada e posicionada onde você precisar.

8. **Para adicionar uma legenda ao gráfico de waffle, clique na guia Inserir na Faixa, selecione o ícone Caixa de Texto e clique na planilha para criar uma caixa de texto vazia.**

9. **Com a caixa de texto selecionada, coloque seu cursor na barra Fórmula, digite o sinal de igual (=) e clique na célula que contém a célula da métrica.**

10. Coloque a caixa de texto que contém sua legenda no topo do gráfico de waffle.

Você pode repetir essas etapas para criar um gráfico de waffle separado para cada uma de suas métricas. Depois de ter criado cada gráfico de waffle, é possível alinhá-los para criar um gráfico atraente que ajuda seu público a visualizar o desempenho em relação ao objetivo de cada métrica. (Veja Figura 5-44.)

FIGURA 5-44: Crie vários gráficos de waffle para dar uma bela visão geral para seu público.

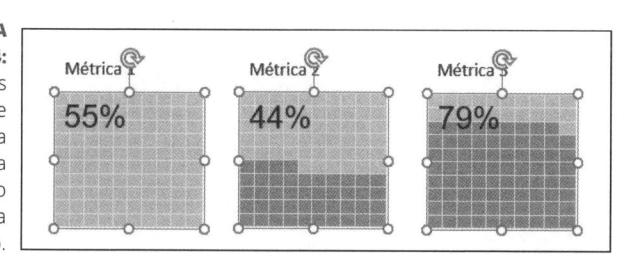

> **NESTE CAPÍTULO**
>
> Introdução às tabelas dinâmicas
>
> Criando sua primeira tabela dinâmica
>
> Personalizando suas tabelas dinâmicas
>
> Usando relatórios orientados pela tabela dinâmica
>
> Criando relatórios superior e inferior

Capítulo 6
Tabela Dinâmica Principal

Sei o que você está pensando: "Devo ir diretamente para as tabelas dinâmicas?" Minha resposta é um enfático sim!

No Capítulo 2, apresentei o conceito dos modelos de relatório que separam as camadas de dados, análise e apresentação. Como você descobrirá neste capítulo, as tabelas dinâmicas servem bem a esse conceito. Com elas, você pode criar modelos de relatório que não só são de fácil configuração, mas também podem ser atualizados com o simples pressionar de um botão. Assim, você pode gastar menos tempo na manutenção de seus painéis e relatórios, e mais tempo fazendo outras coisas úteis. Nenhum utilitário do Excel permite obter esse modelo de dados eficiente melhor do que uma tabela dinâmica.

As tabelas dinâmicas têm a reputação de serem complicadas, mas se você for iniciante, relaxe um pouco. Após ler essa introdução, você terá a agradável surpresa de ver como é fácil criar e usar as tabelas dinâmicas. Mais tarde, descobrirá algumas técnicas rápidas para ajudar a criar exibições úteis orientadas pela tabela dinâmica para seus painéis e relatórios.

Uma Introdução à Tabela Dinâmica

Uma *tabela dinâmica* é uma ferramenta robusta que permite criar uma exibição interativa de seu conjunto de dados, comumente referida como *relatório da tabela dinâmica*. Com um relatório da tabela dinâmica, você pode categorizar rápida e facilmente seus dados em grupos, reduzir grandes quantidades de dados em análises significativas e realizar interativamente uma grande variedade de cálculos.

As tabelas dinâmicas têm este nome devido ao modo como permitem arrastar e soltar os campos em seu relatório para mudar (ou *articular*) dinamicamente a perspectiva e ter uma análise inteiramente nova usando a mesma fonte de dados.

Considere uma tabela dinâmica como um objeto que você pode apontar para seu conjunto de dados. Quando você olha seu conjunto de dados em uma tabela dinâmica, pode ver seus dados de diferentes perspectivas. O próprio conjunto de dados não muda e não é conectado à tabela dinâmica. A tabela dinâmica é simplesmente uma ferramenta que você está usando para mudar dinamicamente as análises, aplicar cálculos variados e extrair interativamente registros detalhados.

O motivo para uma tabela dinâmica ser tão adequada para o painel e o relatório é que você pode atualizar as análises mostradas por meio dela simplesmente atualizando o conjunto de dados apontado. Isso permite configurar suas camadas de análise e apresentação uma única vez; então, para atualizar seu mecanismo de relatório, tudo que terá que fazer é pressionar um botão.

Comecemos esta exploração das tabelas dinâmicas com uma lição sobre a anatomia dela.

As Quatro Áreas de uma Tabela Dinâmica

Uma tabela dinâmica é composta de quatro áreas. Os dados colocados nessas áreas definem a utilidade e a aparência da tabela dinâmica. Reserve um momento para entender a função de cada uma dessas quatro áreas.

Área dos Valores

A *área dos valores*, como mostra a Figura 6-1, é a grande área retangular abaixo e à direita dos cabeçalhos da coluna e da linha. No exemplo na Figura 6-1, a área dos valores contém a soma dos valores no campo Quantidade de Vendas.

A área dos valores calcula e conta os dados. Os campos dos dados que você arrasta e solta aqui geralmente são aqueles que você deseja medir — campos como Soma do Rendimento, Contagem das Unidades ou Média do Preço.

Área da Linha

A *área da linha* é mostrada na Figura 6-2. Colocar um campo de dados na área da linha mostra os valores exclusivos desse campo nas linhas do lado esquerdo da tabela dinâmica. Em geral, a área da linha tem pelo menos um campo, embora seja possível não ter nenhum campo.

Região	(All)			
Total de Vendas	Segmento de Negócios			
Mercado	Acessórios	Bicicletas	Vestuário	Componentes
Austrália	23.974	1.351.873	43.232	203.791
Canadá	119.303	11.714.700	383.022	2.246.255
Central	46.551	6.782.978	155.874	947.448
França	48.942	3.597.879	129.508	871.125
Alemanha	35.681	1.602.487	75.593	337.787
Nordeste	51.246	5.690.285	163.442	1.051.702
Noroeste	53.308	10.484.495	201.052	1.784.207
Sudeste	45.736	6.737.556	165.689	959.337
Sudoeste	110.080	15.430.281	364.099	2.693.568
Reino Unido	43.180	3.435.134	120.225	712.588

FIGURA 6-1: A área dos valores de uma tabela dinâmica calcula e conta os dados.

Região	(All)			
Total de Vendas	Segmento de Negócios			
Mercado	Acessórios	Bicicletas	Vestuário	Componentes
Austrália	23.974	1.351.873	43.232	203.791
Canadá	119.303	11.714.700	383.022	2.246.255
Central	46.551	6.782.978	155.874	947.448
França	48.942	3.597.879	129.508	871.125
Alemanha	35.681	1.602.487	75.593	337.787
Nordeste	51.246	5.690.285	163.442	1.051.702
Noroeste	53.308	10.484.495	201.052	1.784.207
Sudeste	45.736	6.737.556	165.689	959.337
Sudoeste	110.080	15.430.281	364.099	2.693.568
Reino Unido	43.180	3.435.134	120.225	712.588

Área da Linha

FIGURA 6-2: A área da linha de uma tabela dinâmica dá uma perspectiva orientada por linhas.

Os tipos de campos de dados que você soltaria aqui incluem aqueles que você deseja agrupar e categorizar, como Produtos, Nomes e Locais.

Área da Coluna

A *área da coluna* é composta pelos cabeçalhos que estão no topo das colunas na tabela dinâmica.

Como se pode ver na Figura 6-3, a área da coluna se estende no topo das colunas. Neste exemplo, ela contém a única lista de segmentos do negócio.

Colocar um campo de dados na área da coluna exibe os valores exclusivos desse campo em uma perspectiva orientada por colunas. A área da coluna é ideal para criar uma matriz de dados ou mostrar a tendência ao longo do tempo.

FIGURA 6-3: A área da coluna de uma tabela dinâmica fornece uma perspectiva orientada por colunas.

Região	(All)			Área da Coluna
Total de Vendas	Segmento de Negócios			
Mercado	Acessórios	Bicicletas	Vestuário	Componentes
Australia	23.974	1.351.873	43.232	203.791
Canada	119.303	11.714.700	383.022	2.246.255
Central	46.551	6.782.978	155.874	947.448
França	48.942	3.597.879	129.508	871.125
Alemanha	35.681	1.602.487	75.593	337.787
Nordeste	51.246	5.690.285	163.442	1.051.702
Noroeste	53.308	10.484.495	201.052	1.784.207
Sudeste	45.736	6.737.556	165.689	959.337
Sudoeste	110.080	15.430.281	364.099	2.693.568
Reino Unido	43.180	3.435.134	120.225	712.588

Área do Filtro

A *área do filtro* é um conjunto opcional de um ou mais menus suspensos no topo da tabela dinâmica. Na Figura 6-4, a área do filtro contém o campo Região e a tabela dinâmica é definida para mostrar todas as regiões.

Colocar os campos de dados na área do filtro permite filtrar a tabela dinâmica inteira com base em suas seleções. Os tipos de campos de dados que você soltaria aqui incluem aqueles que você deseja isolar e focar — por exemplo, Região, Linha de Negócio e Funcionários.

FIGURA 6-4: A área do filtro permite aplicar facilmente filtros em um relatório da tabela dinâmica.

Região	(All)			Área do Filtro
Total de Vendas	Segmento de Negócios			
Mercado	Acessórios	Bicicletas	Vestuário	Componentes
Australia	23.974	1.351.873	43.232	203.791
Canada	119.303	11.714.700	383.022	2.246.255
Central	46.551	6.782.978	155.874	947.448
França	48.942	3.597.879	129.508	871.125
Alemanha	35.681	1.602.487	75.593	337.787
Nordeste	51.246	5.690.285	163.442	1.051.702
Noroeste	53.308	10.484.495	201.052	1.784.207
Sudeste	45.736	6.737.556	165.689	959.337
Sudoeste	110.080	15.430.281	364.099	2.693.568
Reino Unido	43.180	3.435.134	120.225	712.588

Criando Sua Primeira Tabela Dinâmica

Se você acompanhou este capítulo, agora tem uma boa compreensão da estrutura básica de uma tabela dinâmica, portanto, vamos parar de falar e usar as seguintes instruções para ver a criação de sua primeira tabela dinâmica.

DICA

Você pode encontrar o arquivo de exemplo deste capítulo no website complementar do livro.

Siga estas etapas:

1. Clique em uma célula dentro da fonte de dados — a tabela que você usará para alimentar a tabela dinâmica.

2. Selecione a guia Inserir na Faixa e clique no ícone Tabela Dinâmica, como mostra a Figura 6-5.

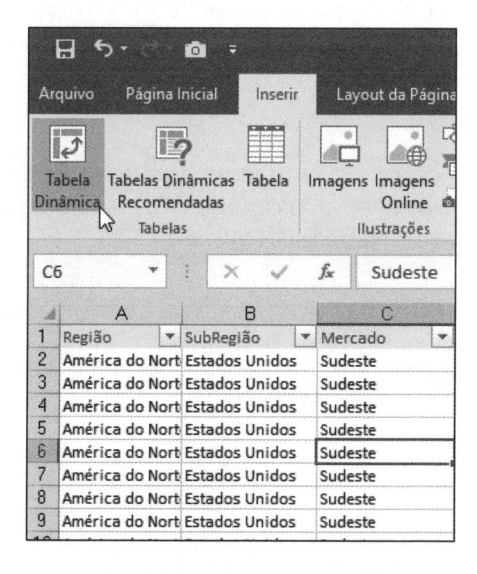

FIGURA 6-5: Inicie uma tabela dinâmica pela guia Inserir.

3. No menu suspenso que aparece, escolha Tabela Dinâmica.

   Esta etapa ativa a caixa de diálogo Criar Tabela Dinâmica, como mostra a Figura 6-6. Como se pode ver, essa caixa de diálogo pede que você especifique o local de seus dados de origem e o local onde deseja colocar a tabela dinâmica

   LEMBRE-SE

   Observe que, na caixa de diálogo Criar Tabela Dinâmica, o Excel faz uma tentativa de preencher o intervalo dos dados. Na maioria dos casos, o Excel faz isso corretamente. Contudo, sempre verifique se o intervalo correto está selecionado.

CAPÍTULO 6 **Tabela Dinâmica Principal** 123

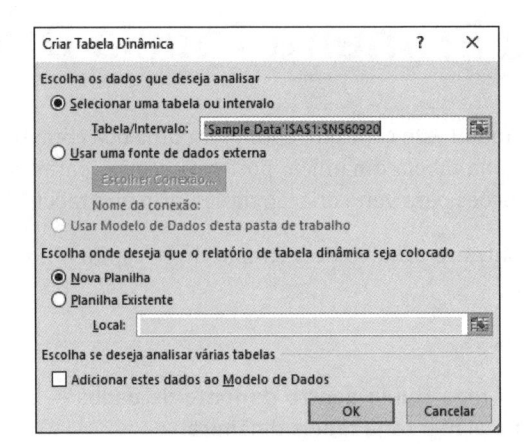

FIGURA 6-6:
A caixa de diálogo Criar Tabela Dinâmica.

Você também notará na Figura 6-6 que o local padrão da nova tabela dinâmica é Nova Planilha. Isso significa que a tabela dinâmica será colocada em uma nova planilha na pasta de trabalho atual. Você pode mudar isso selecionando a opção Planilha Existente e especificando a planilha onde deseja que a tabela dinâmica seja colocada.

4. **Clique em OK.**

   Neste ponto, você tem um relatório vazio da tabela dinâmica em uma nova planilha. Ao lado da tabela dinâmica vazia, você vê a caixa de diálogo Campos da Tabela Dinâmica, mostrada na Figura 6-7.

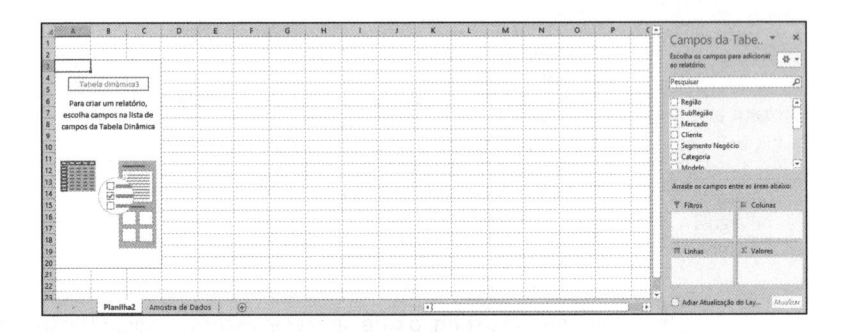

FIGURA 6-7:
A caixa de diálogo Campos da Tabela Dinâmica.

A ideia aqui é adicionar os campos necessários na tabela dinâmica usando as quatro *zonas para arrastar e soltar* encontradas na Lista de Campos da Tabela Dinâmica — Filtros, Colunas, Linhas e Valores. De modo bem amigável, essas zonas para arrastar e soltar correspondem às quatro áreas da tabela dinâmica revistas no início do capítulo.

> **DICA**
>
> Se clicar na tabela dinâmica não ativar a caixa de diálogo Campos da Tabela Dinâmica, você poderá ativá-la manualmente clicando com o botão direito em qualquer lugar dentro da tabela dinâmica e selecionando Mostrar Lista de Campos no menu que aparece.

Agora, antes de sair e começar a soltar os campos nas várias zonas, você deve fazer duas perguntas a si mesmo: "O que estou medindo?" e "Como desejo visualizar isso?" As respostas para essas perguntas darão uma orientação ao determinar onde ficam os campos.

Para seu primeiro relatório da tabela dinâmica, você medirá as vendas em dinheiro por mercado. Isso informará automaticamente que você precisará trabalhar com o campo Total Vendas e o campo Mercado.

Como deseja visualizar isso? Você deseja que os mercados desçam à esquerda do relatório e as quantidades de vendas sejam calculadas ao lado de cada mercado. Lembrando as quatro áreas da tabela dinâmica, você precisará adicionar o campo Mercado à zona para soltar Linhas e adicionar o campo Total Vendas à zona para soltar Valores.

5. **Marque a caixa de seleção Mercado na lista, como mostra a Figura 6-8.**

Agora que você tem regiões em sua tabela dinâmica, é hora de adicionar as vendas em dinheiro.

FIGURA 6-8: Marque a caixa de seleção Mercado.

6. **Marque a caixa de seleção Total Vendas na lista, como mostra a Figura 6-9.**

> **DICA**
>
> Marcar uma caixa de seleção que *não é numérica* (texto ou data) coloca automaticamente esse campo na área da linha da tabela dinâmica. Marcar uma caixa de seleção que é *numérica* coloca automaticamente esse campo na área de valores da tabela dinâmica.

O que acontecerá se você precisar de campos nas outras áreas da tabela dinâmica? Bem, em vez de marcar a caixa de seleção do campo, você poderá arrastar qualquer campo diretamente para as diferentes zonas e soltar.

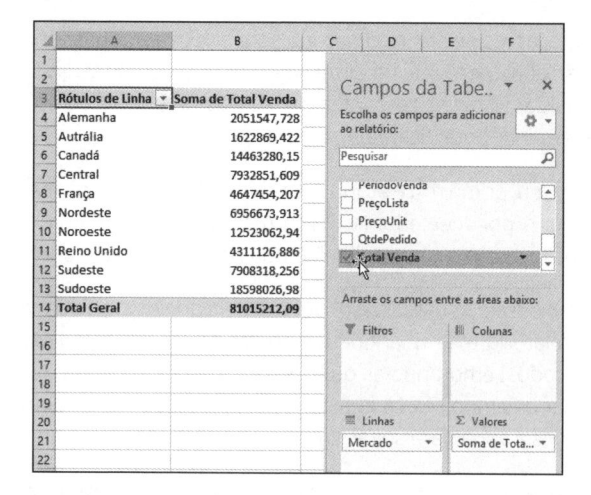

FIGURA 6-9: Adicione o campo Quantidade de Vendas marcando sua caixa de seleção.

Mais uma coisa: quando você adiciona campos às zonas para arrastar e soltar, pode achar difícil ver todos os campos em cada zona. Você pode expandir a caixa de diálogo Campos da Tabela Dinâmica clicando e arrastando as bordas.

Como se pode ver, você analisou as vendas de cada mercado com apenas seis etapas! Isso é incrível, considerando que iniciou com mais de 60.000 linhas de dados. Com um pouco de formatação, essa modesta tabela dinâmica pode tornar-se o ponto de partida para um painel ou relatório de gerenciamento.

Alterando e reorganizando sua tabela dinâmica

Eis algo maravilhoso sobre suas tabelas dinâmicas: você pode adicionar quantas camadas de análise forem possíveis por campos em sua tabela de dados de origem. Digamos que você queira mostrar as vendas em dinheiro que cada mercado ganhou por segmento de negócio. Como a tabela dinâmica já contém os campos Mercado e Total Vendas, tudo que você tem que adicionar é o campo Segmento do Negócio.

Portanto, basta clicar em algum lugar na tabela dinâmica para reativar a caixa de diálogo Campos da Tabela Dinâmica e marcar a caixa de seleção Segmento do Negócio. A Figura 6-10 mostra como deve ficar a tabela dinâmica agora.

LEMBRE-SE Se clicar na tabela dinâmica não ativar a caixa de diálogo Campos da Tabela Dinâmica, você poderá ativá-la manualmente clicando com o botão direito em qualquer lugar dentro da tabela e selecionando Mostrar Lista de Campos no menu que aparece.

FIGURA 6-10: Adicionar uma camada de análise é tão fácil quanto introduzir outro campo.

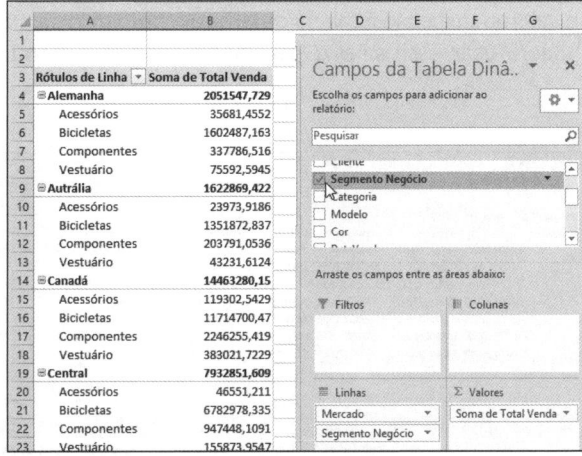

Imagine que seu gerente diga que este layout não funciona para ele. Ele deseja ver os segmentos do negócio no topo do relatório da tabela dinâmica. Tudo bem. Basta arrastar o campo Segmento de Negócio da zona Linhas para a zona Colunas. Como se pode ver na Figura 6-11, isso reestrutura instantaneamente a tabela dinâmica com suas especificações.

FIGURA 6-11: Agora, seus segmentos do negócio são orientados pela coluna.

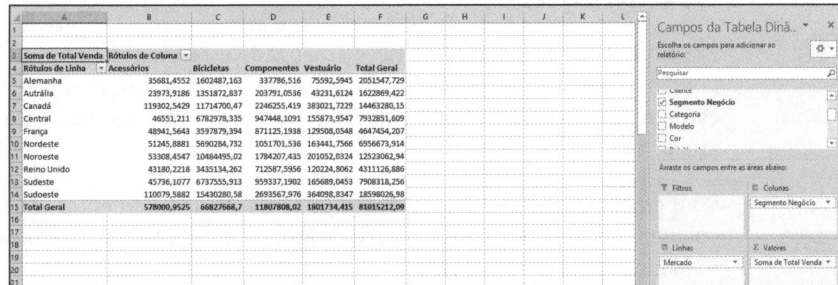

Adicionando um filtro do relatório

Com frequência, você deve produzir relatórios para determinada região, mercado, produto etc. Em vez de trabalhar horas e horas criando relatórios separados para cada possível cenário de análise, você pode aproveitar as tabelas dinâmicas para criar várias exibições dos mesmos dados. Por exemplo, é possível fazer isso criando um filtro da região em sua tabela dinâmica.

Clique em qualquer lugar na tabela dinâmica para reativar a caixa de diálogo Campos da Tabela Dinâmica e arraste o campo Região para a zona Filtros. Isso adicionará um seletor suspenso à tabela dinâmica, como mostra a Figura 6-12. Então, você poderá usar esse seletor para analisar uma determinada região por vez.

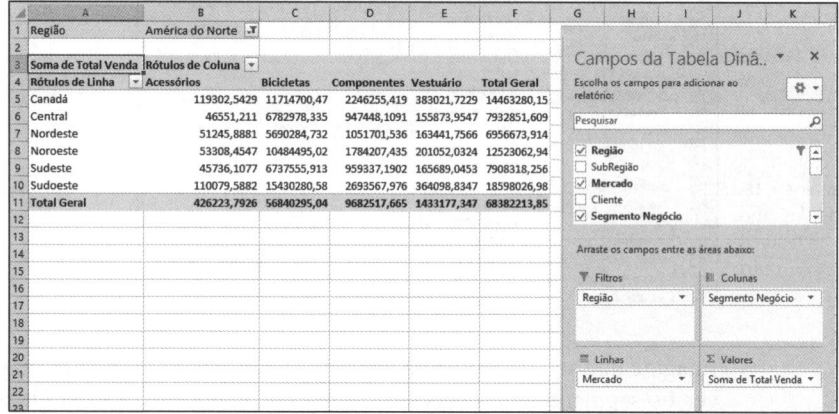

FIGURA 6-12: Usando tabelas dinâmicas para analisar as regiões.

Mantendo sua tabela dinâmica atualizada

Em Hollywood, é importante ficar atualizado e relevante. Por mais chatas que possam parecer suas tabelas dinâmicas, no final das contas elas se tornarão as estrelas de seus relatórios e painéis. Portanto, é muito importante mantê-las atualizadas e relevantes.

Com o passar do tempo, seus dados podem mudar e aumentar com as linhas e colunas recém-adicionadas. A ação de atualizar uma tabela dinâmica com essas mudanças *renova* seus dados.

O relatório da tabela dinâmica pode ser atualizado clicando com o botão direito dentro dele e selecionando Atualizar no menu que aparece, como mostra a Figura 6-13.

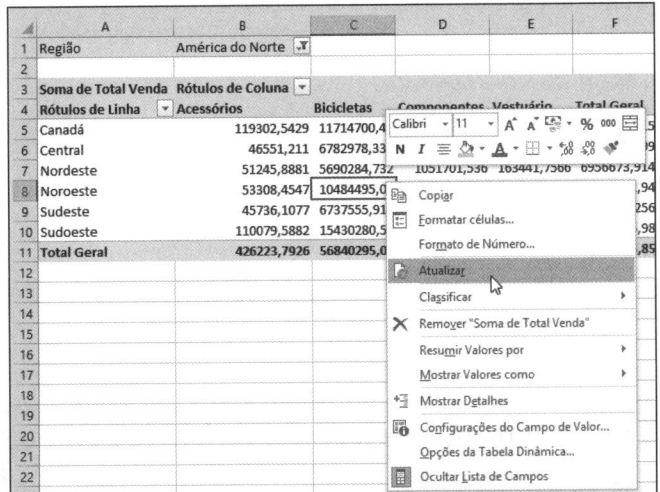

FIGURA 6-13: Atualizar sua tabela dinâmica captura as mudanças feitas em seus dados.

Algumas vezes, *você é* a fonte dos dados que alimenta suas alterações na estrutura da tabela dinâmica. Por exemplo, você pode ter adicionado ou excluído linhas ou colunas de sua tabela de dados. Esses tipos de mudanças afetam o intervalo de sua fonte de dados, não apenas alguns itens de dados na tabela.

Nesses casos, realizar uma simples Atualização da tabela dinâmica não funcionará. Você precisa atualizar o intervalo sendo capturado pela tabela dinâmica. Eis como:

1. Clique em qualquer lugar dentro da tabela dinâmica para ativar a guia contextual Ferramentas da Tabela Dinâmica na Faixa.

2. Selecione a guia Analisar na Faixa.

3. Clique no ícone Mudar Fonte dos Dados da guia e escolha Mudar Fonte dos Dados no menu que aparece, como mostra a Figura 6-14.

   A caixa de diálogo Mudar Fonte dos Dados da Tabela Dinâmica aparecerá.

FIGURA 6-14: Mudando o intervalo que alimenta a tabela dinâmica.

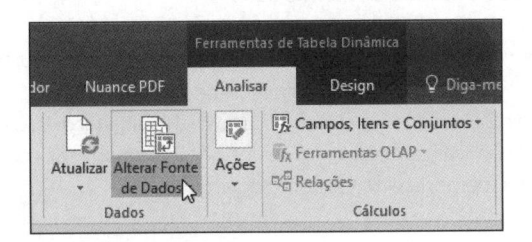

4. Mude a seleção do intervalo para incluir qualquer linha ou coluna nova. (Veja a Figura 6-15.)

CAPÍTULO 6 **Tabela Dinâmica Principal** 129

5. Clique em OK para aplicar a alteração.

FIGURA 6-15: Selecione o novo intervalo que alimenta a tabela dinâmica.

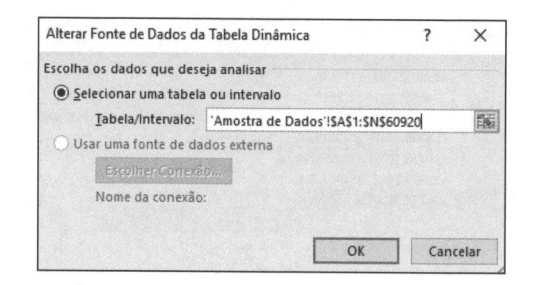

> ## TABELAS DINÂMICAS E AUMENTO DA PLANILHA
>
> É importante entender que as tabelas dinâmicas vêm com implicações de espaço e memória para seus processos de relatório. Quando você cria uma tabela dinâmica, o Excel faz um instantâneo de seu conjunto de dados e armazena-o em um cache dinâmico. Um *cache dinâmico* é, basicamente, um contêiner de memória que mantém esse instantâneo de seu conjunto de dados. Cada relatório da tabela dinâmica criado a partir de uma fonte de dados separada cria seu próprio cache dinâmico, o que aumenta o uso da memória e o tamanho de arquivo de sua pasta de trabalho. O aumento no uso da memória e no tamanho do arquivo depende do tamanho da fonte de dados original sendo duplicada para criar o cache dinâmico.
>
> Muito simples, certo? Bem, eis o problema: você geralmente precisa criar tabelas dinâmicas separadas a partir da mesma fonte de dados para analisar os mesmos dados de modos diferentes. Se você criar duas tabelas dinâmicas a partir da fonte de dados, um novo cache dinâmico será automaticamente criado mesmo que já possa existir um para o conjunto de dados sendo usado. Isso significa que você está aumentando sua planilha com dados redundantes sempre que cria uma nova tabela dinâmica usando o mesmo conjunto de dados.
>
> Para resolver esse problema em potencial, você pode utilizar o recurso Copiar, então Colar. É simples: basta copiar uma tabela dinâmica e colá-la em algum outro lugar para criar outra tabela dinâmica *sem* duplicar o cache dinâmico. Isso permite criar várias tabelas dinâmicas que usam os mesmos dados de origem, com aumentos insignificantes na memória e no tamanho do arquivo.

Personalizando os Relatórios da Tabela Dinâmica

As tabelas dinâmicas criadas geralmente precisam ser ajustadas para ficarem como você deseja. Nesta seção, cubro algumas opções que você pode ajustar para personalizar suas tabelas dinâmicas para adequar às necessidades do relatório.

Alterando o layout da tabela dinâmica

O Excel dá uma opção no layout de seus dados em uma tabela dinâmica. Os três layouts mostrados lado a lado na Figura 6-16 são Forma Compacta, Forma Geral e Forma Tabular. Embora nenhum layout se destaque como sendo melhor que os outros, prefiro usar o layout Forma Tabular porque parece mais fácil de ler e é o layout com o qual a maioria das pessoas que viram as tabelas dinâmicas está acostumada.

FIGURA 6-16: Os três layouts para um relatório da tabela dinâmica.

O layout escolhido afeta não apenas a aparência de seus mecanismos de relatório, mas também pode afetar como você cria e interage com qualquer modelo de painel com base em suas tabelas dinâmicas.

LEMBRE-SE

Mudar o layout de uma tabela dinâmica é fácil. Siga estas etapas:

1. Clique em qualquer lugar dentro da tabela dinâmica para ativar a guia contextual Ferramentas da Tabela Dinâmica na Faixa.

2. Selecione a guia Design na Faixa.

3. Clique no ícone Layout do Relatório e escolha o layout que você gostaria no menu que aparece. (Veja Figura 6-17.)

Personalizando os nomes do campo

Observe que todo campo em sua tabela dinâmica tem um nome. Os campos nas áreas da linha, coluna e filtro herdam seus nomes das legendas dos dados na tabela de origem. Os campos na área de valores recebem um nome, como Soma e Total Vendas.

Algumas vezes, você pode preferir o nome Vendas Totais, em vez do nome padrão feio, como Soma da Quantidade de Vendas. Nestas situações, a capacidade de mudar seus nomes do campo é útil. Para mudar um nome do campo, faça o seguinte:

1. Clique com o botão direito em qualquer valor no campo de destino.

Por exemplo, se você quiser mudar o nome do campo Soma da Quantidade de Vendas, clique com o botão direito em qualquer valor nesse campo.

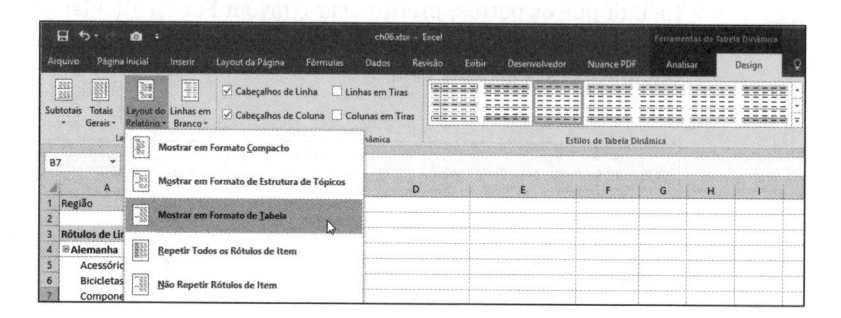

FIGURA 6-17: Mudando o layout da tabela dinâmica.

2. Selecione Configurações do Campo Valor no menu que aparece, como mostra a Figura 6-18.

A caixa de diálogo Configurações do Campo Valor aparecerá.

Note que, se você estivesse mudando nome de um campo na área da linha ou da coluna, essa seleção seria Configurações do Campo.

FIGURA 6-18: Clique com o botão direito em qualquer valor no campo de destino para selecionar a opção Configurações do Campo Valor.

132 PARTE 2 **Criando Componentes Básicos do Painel**

3. Insira o novo nome na caixa de entrada Personalizar Nome, mostrada na Figura 6-19.

4. Clique em OK para aplicar a alteração.

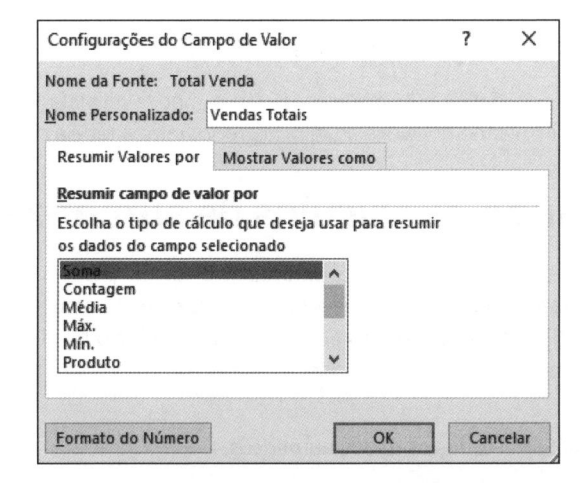

FIGURA 6-19: Use a caixa de entrada Personalizar Nome para mudar o nome do campo.

> **DICA**
>
> Se você usar o nome da legenda dos dados utilizado em sua tabela de origem, terá um erro. Por exemplo, se você renomear Soma e Total Vendas como Total Vendas, verá uma mensagem de erro porque já existe um campo Total Vendas na tabela dos dados de origem. Bem, isso é ruim, especialmente se Total Vendas é exatamente como você deseja nomear o campo em sua tabela dinâmica.
>
> Para resolver isso, você pode nomear o campo e adicionar um espaço ao final do nome. O Excel considera a Total Vendas (seguida de um espaço) como sendo diferente de Total Vendas. Assim, é possível usar o nome que você deseja e ninguém notará que é diferente.

Aplicando formatos numéricos nos campos de dados

Os números nas tabelas dinâmicas podem ser formatados para se adequarem às suas necessidades — ou seja, formatados como moeda, porcentagem ou número. Você pode controlar facilmente a formatação numérica de um campo usando a caixa de diálogo Configurações do Campo Valor. Eis como:

1. Clique com o botão direito em qualquer valor no campo de destino.

   Por exemplo, se você quiser mudar o formato dos valores no campo Total Vendas, clique com o botão direito em qualquer valor nesse campo.

2. Selecione Configurações do Campo Valor no menu que aparece.

   A caixa de diálogo Configurações do Campo Valor aparecerá.

CAPÍTULO 6 **Tabela Dinâmica Principal** 133

3. Clique no botão Formato do Número.

   A caixa de diálogo Formatar Células será aberta.

4. Aplique o formato do número desejado, como geralmente faria em sua planilha.

5. Clique em OK para aplicar as alterações.

   Depois de definir a formatação de um campo, a formatação aplicada permanecerá, mesmo que você atualize ou reorganize a tabela dinâmica.

Alterando os cálculos de sumarização

Ao criar seu relatório da tabela dinâmica, o Excel, por padrão, totaliza seus dados contando ou somando os itens. Em vez de Sum ou Count, você pode querer escolher funções como Média, Mín, Máx etc. No total, estão disponíveis 11 opções, inclusive:

» **Soma:** Soma todos os dados numéricos.

» **Contagem:** Conta todos os itens de dados em certo campo, inclusive células numéricas, de texto e formatadas com a data.

» **Média:** Calcula uma média dos itens dos dados de destino.

» **Máx:** Exibe o maior valor nos itens dos dados de destino.

» **Mín:** Exibe o menor valor nos itens dos dados de destino.

» **Produto:** Multiplica todos itens dos dados de destino.

» **Contar Números:** Conta apenas as células numéricas nos itens dos dados de destino.

» **DesvPad** e **DesvPadp:** Calcula o desvio padrão dos itens dos dados de destino. Use DESVPAD.P se seu conjunto de dados contiver o preenchimento completo. Use DESVPAD.A se seu conjunto de dados contiver uma amostra do preenchimento.

» **Var.A** e **Var.P:** Calcula a variância estatística dos itens dos dados de destino. Use Var.P se seus dados contiverem um preenchimento completo. Se seus dados contiverem apenas uma amostra do preenchimento completo, use Var.A para estimar a variância.

Você pode mudar facilmente o cálculo do total para qualquer campo executando as seguintes ações:

1. Clique com o botão direito em qualquer valor no campo de destino.

2. Selecione Configurações do Campo Valor no menu que aparece.

A caixa de diálogo Configurações do Campo Valor aparecerá.

3. Escolha o tipo de cálculo que você deseja usar na lista de cálculos. (Veja a Figura 6-20.)

4. Clique em OK para aplicar as alterações.

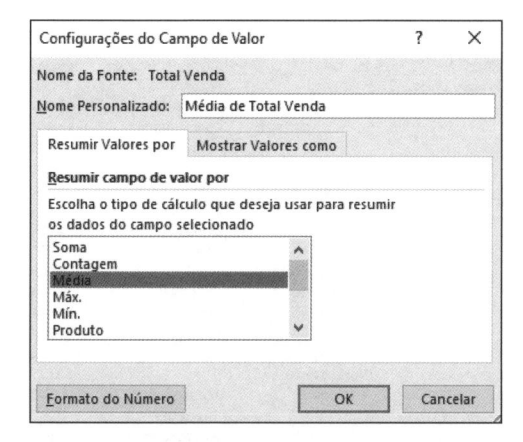

FIGURA 6-20: Mudando o tipo de cálculo do total usado em um campo.

LEMBRE-SE

Você sabia que uma simples célula em branco faz com que o Excel conte em vez de somar? É verdade. Se todas as células em uma coluna tiverem dados numéricos, o Excel escolherá Soma. Se apenas uma célula estiver em branco ou contiver texto, o Excel escolherá Contagem.

Preste atenção nos campos que você coloca na área de valores da tabela dinâmica. Se o nome do campo começar com Contagem De, o Excel contará os itens no campo, em vez de somar os valores.

Suprimindo os subtotais

Observe que sempre que você adiciona um campo à sua tabela dinâmica, o Excel adiciona um subtotal para esse campo. Porém, pode haver vezes em que a inclusão dos subtotais não faz sentido ou apenas atrapalha uma visão clara do relatório da tabela dinâmica. Por exemplo, a Figura 6-21 mostra uma tabela dinâmica na qual os subtotais inundaram o relatório com totais que ocultam os dados reais que você está tentando informar.

Removendo todos os subtotais de uma só vez

Você pode remover todos os subtotais de uma só vez executando estas ações:

1. Clique em qualquer lugar dentro da tabela dinâmica para ativar a guia contextual Ferramentas da Tabela Dinâmica na Faixa.

2. Selecione a guia Design na Faixa.

3. Clique no ícone Subtotais e selecione Não Mostrar Subtotais no menu que aparece, como mostra a Figura 6-22.

Como se pode ver na Figura 6-23, o mesmo relatório sem os subtotais é muito mais agradável de rever.

FIGURA 6-21: Algumas vezes, os subtotais atrapalham os dados que você está tentando mostrar.

	Região	SubRegião	Mercado	Segmento Negócio	Vendas Totais
4	⊟ América do Norte	⊟ Estados Unidos	⊟ Central	Acessórios	46.551,21
5				Bicicletas	6.782.978,33
6				Componentes	947.448,11
7				Vestuário	155.873,95
8			Central Total		7.932.851,61
9			⊟ Nordeste	Acessórios	51.245,89
10				Bicicletas	5.690.284,73
11				Componentes	1.051.701,54
12				Vestuário	163.441,76
13			Nordeste Total		6.956.673,91
14			⊟ Noroeste	Acessórios	53.308,45
15				Bicicletas	10.484.495,02
16				Componentes	1.784.207,44
17				Vestuário	201.052,03
18			Noroeste Total		12.523.062,94
19			⊟ Sudeste	Acessórios	45.736,11
20				Bicicletas	6.737.555,91
21				Componentes	959.337,19
22				Vestuário	165.689,05
23			Sudeste Total		7.908.318,26
24			⊟ Sudoeste	Acessórios	110.079,59
25				Bicicletas	15.430.280,58
26				Componentes	2.693.567,98
27				Vestuário	364.098,83
28			Sudoeste Total		18.598.026,98
29		Estados Unidos Total			53.918.933,70

FIGURA 6-22: Use a opção Não Mostrar Subtotais para remover todos os subtotais de uma só vez.

136 PARTE 2 **Criando Componentes Básicos do Painel**

FIGURA 6-23:
O relatório mostrado na Figura 6-21, sem os subtotais.

	A	B	C	D	E
3	Região	SubRegião	Mercado	Segmento Negócio	Vendas Totais
4	América do Norte	Estados Unidos	Central	Acessórios	46.551,21
5				Bicicletas	6.782.978,33
6				Componentes	947.448,11
7				Vestuário	155.873,95
8			Nordeste	Acessórios	51.245,89
9				Bicicletas	5.690.284,73
10				Componentes	1.051.701,54
11				Vestuário	163.441,76
12			Noroeste	Acessórios	53.308,45
13				Bicicletas	10.484.495,02
14				Componentes	1.784.207,44
15				Vestuário	201.052,03
16			Sudeste	Acessórios	45.736,11
17				Bicicletas	6.737.555,91
18				Componentes	959.337,19
19				Vestuário	165.689,05
20			Sudoeste	Acessórios	110.079,59
21				Bicicletas	15.430.280,58
22				Componentes	2.693.567,98
23				Vestuário	364.098,83
24	Total Geral				53.918.933,70

Removendo os subtotais para apenas um campo

Talvez você queira remover os subtotais para apenas um campo. Em tal caso, poderá executar as seguintes ações:

1. Clique com o botão direito em qualquer valor no campo de destino.

2. Selecione Configurações do Campo no menu que aparece.

A caixa de diálogo Configurações do Campo aparecerá.

3. Escolha a opção Nenhum em Subtotais, como mostra a Figura 6-24.

4. Clique em OK para aplicar as alterações.

FIGURA 6-24:
Escolha a opção Nenhum para remover os subtotais de um campo.

CAPÍTULO 6 **Tabela Dinâmica Principal** 137

Removendo os totais gerais

Pode haver vezes em que você deseja remover os totais gerais de sua tabela dinâmica:

1. Clique com o botão direito em qualquer lugar na tabela dinâmica.
2. Selecione Opções da Tabela Dinâmica no menu que aparece.

   A caixa de diálogo Opções da Tabela Dinâmica aparecerá.
3. Clique na guia Totais e Filtros.
4. Clique na caixa de seleção Mostrar Totais Gerais para Linhas para cancelar sua seleção.
5. Clique na caixa de seleção Mostrar Totais Gerais para Colunas para cancelar sua seleção.

Mostrando e ocultando os itens de dados

Uma tabela dinâmica resume e exibe todos os registros na tabela dos dados de origem. Contudo, pode haver situações em que você deseja impedir que certos itens de dados sejam incluídos no resumo da tabela dinâmica. Nestes casos, é possível escolher ocultar um item de dado.

Em termos de tabelas dinâmicas, ocultar não significa apenas impedir que o item de dado seja mostrado no relatório. Ocultar um item de dado também o impede de ser fatorado nos cálculos do total.

Na tabela dinâmica mostrada na Figura 6-25, você vê as quantidades de vendas de todos os segmentos do negócio por mercado. Nesse exemplo, desejo mostrar os totais sem levar em consideração as vendas do segmento Bicicletas. Em outras palavras, desejo ocultar o segmento Bicicletas.

Mercado	Segmento Negócio	Soma de Total Venda
⊟ Alemanha	Acessórios	35681,4552
	Bicicletas	1602487,163
	Componentes	337786,516
	Vestuário	75592,5945
Alemanha Total		**2051547,729**
⊟ Austrália	Acessórios	23973,9186
	Bicicletas	1351872,837
	Componentes	203791,0536
	Vestuário	43231,6124
Austrália Total		**1622869,422**
⊟ Canadá	Acessórios	119302,5429
	Bicicletas	11714700,47
	Componentes	2246255,419
	Vestuário	383021,7229
Canadá Total		**14463280,15**
⊟ Central	Acessórios	46551,211
	Bicicletas	6782978,335
	Componentes	947448,1091
	Vestuário	155873,9547
Central Total		**7932851,609**

FIGURA 6-25: Para remover Bicicletas desta análise...

Você pode ocultar o segmento do negócio Bicicletas clicando na seta da lista suspensa Segmento Negócio e desmarcando a caixa de seleção Bicicletas no menu que aparece, como mostra a Figura 6-26.

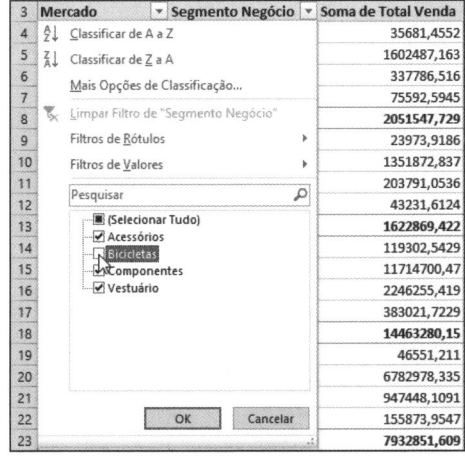

FIGURA 6-26: ...desmarque a caixa de seleção Bicicletas.

Depois de escolher OK para fechar a caixa de seleção, a tabela dinâmica recalcula instantaneamente, omitindo o segmento Bicicletas. Como se pode ver na Figura 6-27, agora as vendas totais do Mercado refletem as vendas sem as Bicicletas.

Posso restabelecer, de modo igualmente rápido, todos os itens de dados ocultos para meu campo. Basta clicar na seta da lista suspensa Segmento do Negócio e clicar na caixa de seleção Selecionar Todos no menu que aparece, como mostra a Figura 6-28.

FIGURA 6-27: A análise da Figura 6-25, sem o segmento Bicicletas.

CAPÍTULO 6 **Tabela Dinâmica Principal** 139

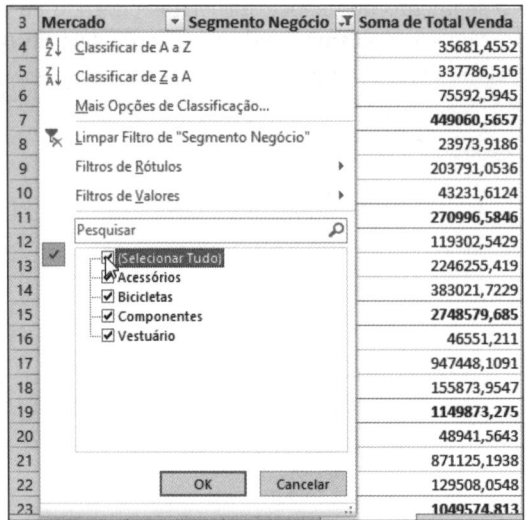

FIGURA 6-28: Clicar na caixa de seleção Selecionar Todos faz com que todos os itens de dados nesse campo fiquem visíveis.

Ocultando ou mostrando os itens sem dados

Por padrão, a tabela dinâmica mostra apenas os itens de dados com dados. O comportamento inerente pode causar problemas inesperados para sua análise de dados.

Veja a Figura 6-29, que mostra uma tabela dinâmica com o campo Período de Vendas na área da linha e o campo Região na área do filtro. Note que o campo Região está definido para (Todos) e que todo o período de vendas aparece no relatório.

Se eu escolher Europa na área do filtro, apenas uma parte de todos os períodos de vendas aparecerá. (Veja a Figura 6-30.) A tabela dinâmica mostrará apenas os períodos de vendas que se aplicam à região da Europa.

FIGURA 6-29: Todos os períodos de vendas estão aparecendo.

140 PARTE 2 **Criando Componentes Básicos do Painel**

FIGURA 6-30: Filtrar pela região da Europa faz com que alguns períodos de vendas desapareçam.

	A	B
1	Região	Europa
2		
3	PeríodoVenda	Soma de Total Venda
4	01/07/08	$180.241
5	01/08/08	$448.373
6	01/09/08	$373.122
7	01/10/08	$119.384
8	01/11/08	$330.026
9	01/12/08	$254.011
10	01/01/09	$71.313
11	01/02/09	$264.487

Exibir apenas esses itens com dados poderia causar problemas se eu pretendesse usar a tabela dinâmica como a alimentadora de meus gráficos ou outros componentes do painel. De uma perspectiva do painel e relatório, não seria ideal se metade dos dados do ano desaparecesse sempre que os clientes selecionassem Europa.

Eis como você pode impedir que o Excel oculte os itens dinâmicos sem dados:

1. Clique com o botão direito em qualquer valor no campo de destino.

Neste exemplo, o campo de destino é Período de Vendas.

2. Selecione Configurações do Campo no menu que aparece.

A caixa de diálogo Configurações do Campo aparece.

3. Selecione a guia Layout e Impressão na caixa de diálogo Configurações do Campo.

4. Selecione Mostrar Itens com a opção Sem Dados, como mostra a Figura 6-31.

5. Clique em OK para aplicar a alteração.

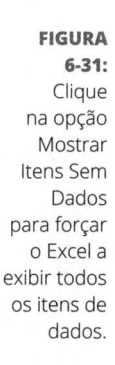

FIGURA 6-31: Clique na opção Mostrar Itens Sem Dados para forçar o Excel a exibir todos os itens de dados.

CAPÍTULO 6 **Tabela Dinâmica Principal** 141

Como se pode ver na Figura 6-32, depois de escolher a opção Mostrar Itens Sem Dados, todos os períodos de vendas aparecem, tendo a região selecionada vendas no período ou não.

Depois de estar confiante de que a estrutura da tabela dinâmica está bloqueada, você poderá usá-la para alimentar os gráficos e outros componentes no painel.

FIGURA 6-32: Agora, todos os períodos de vendas são exibidos, mesmo que não haja dados a mostrar.

	A	B
1	Região	Europa
2		
3	PeríodoVenda	Soma de Total Venda
4	01/01/08	
5	01/02/08	
6	01/03/08	
7	01/04/08	
8	01/05/08	
9	01/06/08	
10	01/07/08	$180.241
11	01/08/08	$448.373
12	01/09/08	$373.122

Classificando sua tabela dinâmica

Por padrão, os itens em cada campo dinâmico são classificados na sequência ascendente com base no nome do item. O Excel lhe dá liberdade para mudar a ordem da classificação dos itens em uma tabela dinâmica.

Como em muitas ações que você pode realizar no Excel, há muitos modos diferentes de classificar os dados em uma tabela dinâmica. O modo mais fácil, e o que mais uso, é aplicar a classificação diretamente na tabela dinâmica. Eis como:

1. Clique com o botão direito no campo de destino — o campo que você precisa classificar.

No exemplo mostrado na Figura 6-33, desejo classificar pela quantidade de vendas.

2. Selecione Classificar no menu que aparece, então, selecione a direção da classificação.

As mudanças entram em vigor imediatamente e permanecem enquanto você trabalha com a tabela dinâmica.

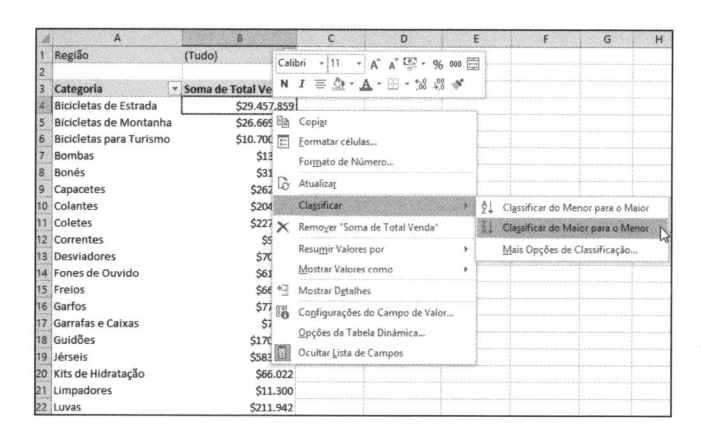

FIGURA 6-33: Aplicando uma classificação em um campo da tabela dinâmica.

Criando Exibições Úteis Baseadas na Tabela Dinâmica

Neste ponto em sua exploração das tabelas dinâmicas, você cobriu fundamentos suficientes para começar a criar seus próprios relatórios da tabela dinâmica. Nesta última seção, compartilho com você algumas das técnicas que uso para criar algumas das exibições mais úteis do relatório. Embora você possa criar essas exibições manualmente, criá-las com tabelas dinâmicas ajuda a economizar horas de trabalho e permite que você as atualize e mantenha mais facilmente.

Produzindo exibições superiores e inferiores

Você perceberá com frequência que os gerentes estão interessados nas partes superior e inferior: os 50 primeiros clientes, os últimos 5 representantes de vendas, os 10 primeiros produtos. Embora você possa pensar que é porque os gerentes têm o intervalo de atenção de uma criança de 4 anos de idade, há um motivo mais lógico para focar nos valores atípicos.

O painel e o relatório costumam servir para mostrar os dados de ação. Se você, como gerente, sabe quais 10 últimos cálculos geram rendimento, poderá aplicar seu esforço e recursos ao levantar esses cálculos. Como muito provavelmente você não terá recursos para focar em todos os cálculos, exibir um subconjunto gerenciável dos cálculos seria mais útil.

Felizmente, as tabelas dinâmicas facilitam filtrar seus dados para os cinco primeiros, os 10 últimos ou qualquer combinação imaginada dos registros superiores e inferiores.

Eis um exemplo. Imagine que, em sua empresa, o segmento de negócio Acessórios seja de alta margem — você tem mais lucro por cada real de vendas no segmento Acessórios. Para aumentar as vendas, seu gerente deseja focar nos 50 clientes que gastam menos dinheiro em acessórios. Obviamente, ele deseja gastar seu tempo e recursos para fazer com que esses clientes comprem mais acessórios. Eis o que fazer:

1. Crie uma tabela dinâmica com o Segmento do Negócio na área do filtro, Cliente na área da linha e Total Vendas na área dos valores; veja a Figura 6-34. Para ter estética, mude o layout para Forma Tabular.

FIGURA 6-34: Crie esta tabela dinâmica para começar.

	A	B
1	Segmento Negócio	(Tudo)
2		
3	Categoria	Soma de Total Venda
4	A Bike Store	$85.177
5	A Great Bicycle Company	$9.055
6	A Typical Bike Shop	$83.457
7	Acceptable Sales & Service	$1.258
8	Accessories Network	$2.216
9	Acclaimed Bicycle Company	$7.682
10	Ace Bicycle Supply	$3.749
11	Action Bicycle Specialists	$328.503
12	Active Cycling	$1.805
13	Active Life Toys	$200.013
14	Active Systems	$643
15	Active Transport Inc.	$88.246
16	Activity Center	$42.804
17	Advanced Bike Components	$363.131
18	Aerobic Exercise Company	$2.677
19	Affordable Sports Equipment	$311.446

LEMBRE-SE

Veja a seção anterior "Alterando o layout da tabela dinâmica" para descobrir como fazer isso.

Você pode encontrar o arquivo de exemplo deste capítulo no website complementar deste livro.

2. Clique com o botão direito em qualquer nome do cliente no campo Cliente, selecione Filtro e 10 Primeiros — como mostra a Figura 6-35.

LEMBRE-SE

Não se confunda com a legenda *10 Primeiros*. Você pode usar a opção 10 Primeiros para filtrar os registros superiores e inferiores.

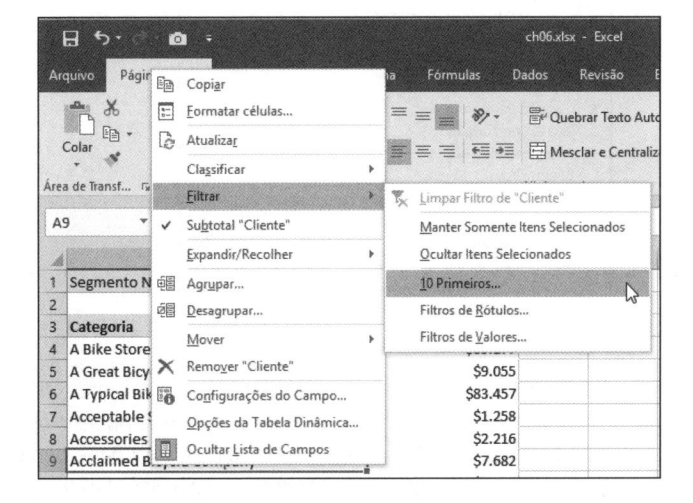

FIGURA 6-35: Selecione a opção de filtro 10 Primeiros.

3. Na caixa de diálogo Filtrar 10 Primeiros, como mostra a Figura 6-36, basta definir a exibição que você está procurando.

FIGURA 6-36: Especifique o filtro que você deseja aplicar.

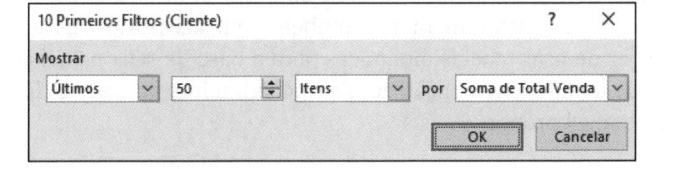

Neste exemplo, você deseja os 50 últimos itens (clientes), conforme definido pelo campo Soma da Total Vendas.

4. Clique em OK para aplicar o filtro.

5. Na área do filtro, clique no botão suspenso do campo Segmento do Negócio e marque a caixa de seleção do item do filtro Acessórios no menu que aparece, como mostra a Figura 6-37.

CAPÍTULO 6 **Tabela Dinâmica Principal** 145

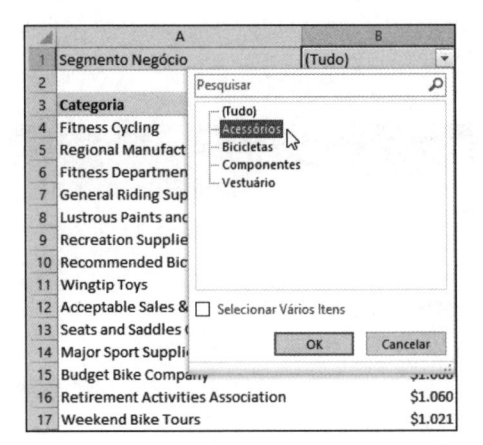

FIGURA 6-37:
Filtre seu relatório da tabela dinâmica para mostrar os Acessórios.

Neste ponto, você tem exatamente o que seu gerente solicitou — os 50 clientes que gastaram menos em acessórios. Você pode ir além e formatar um pouco o relatório classificando a Soma da Quantidade de Vendas e aplicando um formato de moeda nos números. (Veja a Figura 6-38.)

Note que, como você criou esta exibição usando uma tabela dinâmica, pode adaptar facilmente o relatório recém-criado para criar uma exibição inteiramente nova. Por exemplo, é possível adicionar o campo Sub-região — mostrado na Figura 6-39 — à área do filtro para obter os 50 clientes do Reino Unido que gastaram menos dinheiro em acessórios. Esse, meu amigo, é o poder de usar tabelas dinâmicas para a base de seus painéis e relatórios. Continue a lidar com a opção de filtro 10 Primeiros para ver o tipo de relatório que é possível propor.

FIGURA 6-38:
O relatório final.

FIGURA 6-39: Você pode adaptar facilmente este relatório para produzir qualquer combinação de exibições.

Segmento Negócio	Acessórios	
SubRegião	Reino Unido	
Categoria	Soma de Total Venda	
Vigorous Sports Store	$3	
Closest Bicycle Store	$3	
Exclusive Bicycle Mart	$15	
Extended Tours	$20	
Instruments and Parts Company	$21	
Tachometers and Accessories	$23	
Metropolitan Bicycle Supply	$26	
Number One Bike Co.	$30	
Nearby Cycle Shop	$36	
Metro Metals Co.	$46	
Cycles Wholesaler & Mfg.	$376	
Cycling Goods	$433	
Exceptional Cycle Services	$758	
Channel Outlet	$918	
Express Bike Services	$1.718	
Downhill Bicycle Specialists	$1.915	
Uttermost Bike Shop	$3.807	
Bulk Discount Store	$4.067	
Commerce Bicycle Specialists	$4.436	
Action Bicycle Specialists	$4.861	
Exhibition Showroom	$5.723	
Riding Cycles	$6.459	
Prosperous Tours	$7.487	
Total Geral	**$43.180**	

PAPO DE ESPECIALISTA

Você pode notar que, na Figura 6-39, o relatório 50 Últimos está mostrando apenas 27 registros. É porque são menos de 50 clientes no mercado do Reino Unido que têm vendas de acessórios. Como eu solicitei os 50 últimos, o Excel mostra até 50 cálculos, mostrando menos se houver menos de 50. Se houver uma ligação para qualquer classificação nos 50 últimos, o Excel mostrará todos os registros ligados.

É possível remover os filtros aplicados em suas tabelas dinâmicas tomando estas ações:

1. Clique em qualquer lugar dentro de sua tabela dinâmica para ativar a guia contextual Ferramentas da Tabela Dinâmica na Faixa.

2. Selecione a guia Opções na Faixa.

3. Clique no ícone Limpar e selecione Limpar Filtros no menu que aparece, como mostra a Figura 6-40.

FIGURA 6-40: Selecione Limpar Filtros para limpar os filtros aplicados em um campo.

CAPÍTULO 6 **Tabela Dinâmica Principal** 147

Criando exibições por mês, trimestre e ano

Os dados transacionais brutos raramente são agregados por mês, trimestre ou ano para você. Em geral, esse tipo de dados é capturado por dia. Contudo, os gerentes normalmente desejam relatórios por mês ou trimestres, em vez de dia. Felizmente, as tabelas dinâmicas facilitam agrupar os campos da data em várias dimensões de tempo. Eis como:

1. Crie uma tabela dinâmica com a Data das Vendas na área da linha e Quantidade de Vendas na área dos valores, parecido com a mostrada na Figura 6-41.

2. Clique com o botão direito em qualquer data e selecione Agrupar no menu que aparece, como mostra a Figura 6-42.

   A caixa de diálogos Agrupamento aparecerá, como mostra a Figura 6-43.

3. Selecione as dimensões do tempo desejadas.

   Neste exemplo, selecione Meses, Trimestres e Anos.

4. Clique em OK para aplicar a alteração.

	A	B
1	Segmento Negócio	(Tudo)
2	SubRegião	(Tudo)
3		
4	DataVenda	Soma de Total Venda
5	01/01/08	$22.889
6	02/01/08	$26.794
7	03/01/08	$14.118
8	04/01/08	$19.905
9	05/01/08	$26.170
10	06/01/08	$11.550
11	07/01/08	$47.136
12	08/01/08	$9.646
13	09/01/08	$25.337
14	10/01/08	$12.577
15	11/01/08	$31.988
16	12/01/08	$33.923
17	13/01/08	$37.343
18	14/01/08	$43.444
19	15/01/08	$4.869
20	16/01/08	$36.652
21	17/01/08	$25.342

FIGURA 6-41: Crie esta tabela dinâmica para começar.

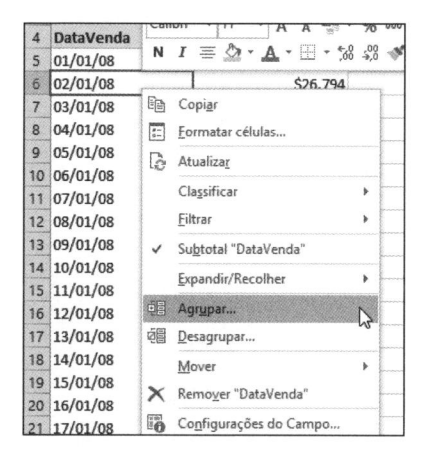

FIGURA 6-42: Selecione a opção Agrupar.

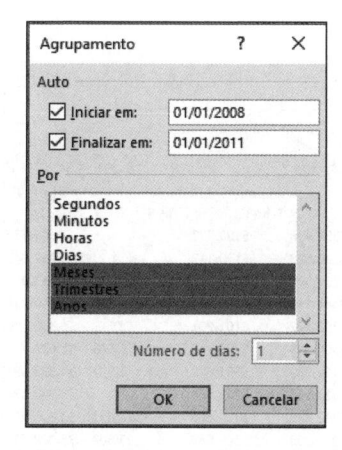

FIGURA 6-43: Selecione as dimensões de tempo adequadas às suas necessidades.

Há várias coisas interessantes para observar na tabela dinâmica resultante. Primeiro, note que os Trimestres e os Anos foram adicionados à lista de campos. Lembre que seus dados de origem não mudaram para incluir esses campos novos; pelo contrário, esses campos agora fazem parte da tabela dinâmica. Outra coisa interessante é que, por padrão, os campos Anos e Trimestres são adicionados automaticamente ao lado do campo de data original no layout da tabela dinâmica, como mostra a Figura 6-44.

Depois do campo da data ser agrupado, é possível usar cada agrupamento do tempo adicionado exatamente como você usaria qualquer outro campo em sua tabela dinâmica. Na Figura 6-45, uso os agrupamentos de tempo recém-criados para mostrar as vendas de cada mercado por trimestre para 2010.

	A	B	C	D
1	Segmento Negócio	(Tudo)		
2	SubRegião	(Tudo)		
3				
4	Anos	Trimestres	DataVenda	Soma de Total Venda
5	⊟2008	⊟Trim1	jan	$713.230
6			fev	$1.682.318
7			mar	$1.673.760
8		⊟Trim2	abr	$872.568
9			mai	$2.280.165
10			jun	$1.102.021
11		⊟Trim3	jul	$2.446.798
12			ago	$3.615.926
13			set	$2.826.440
14		⊟Trim4	out	$1.872.402
15			nov	$2.939.785
16			dez	$2.303.436
17	⊟2009	⊟Trim1	jan	$1.318.597
18			fev	$2.166.151
19			mar	$1.784.231
20		⊟Trim2	abr	$1.829.387
21			mai	$2.921.701
22			jun	$1.932.251

FIGURA 6-44: Adicionando os campos Anos e Trimestres.

	A	B	C	D	E	F
1	Segmento Negócio	(Tudo)				
2	SubRegião	(Tudo)				
3						
4	Soma de Total Venda	Anos	Trimestres			
5		⊟2010				Total Geral
6	Mercado	Trim1	Trim2	Trim3	Trim4	
7	Alemanha	$406.367	$399.498	$100.772		$906.637
8	Austrália	$340.522	$236.578	$170.142		$747.242
9	Canadá	$1.024.564	$1.114.589	$884.516	$886.391	$3.910.059
10	Central	$626.424	$481.199	$565.002	$608.210	$2.280.836
11	França	$597.773	$680.722	$101.901		$1.380.396
12	Nordeste	$475.563	$508.589	$288.912	$353.648	$1.626.712
13	Noroeste	$1.166.061	$1.162.232	$931.871	$1.072.927	$4.333.091
14	Reino Unido	$542.587	$511.905	$225.600		$1.280.092
15	Sudeste	$500.399	$532.449	$719.666	$872.692	$2.625.207
16	Sudoeste	$1.441.357	$1.457.835	$1.069.882	$1.109.502	$5.078.576
17	Total Geral	$7.121.616	$7.085.597	$5.058.264	$4.903.371	$24.168.848

FIGURA 6-45: Você pode usar suas dimensões do tempo recém-criadas como um campo dinâmico típico.

Criando uma exibição de distribuição de porcentagem

Uma exibição de *distribuição de porcentagem* (ou *contribuição de porcentagem*) permite ver quanto do total é composto de um item de dados específico. Essa exibição é útil quando você está tentando medir o impacto geral de determinado item.

A tabela dinâmica, como mostra a Figura 6-46, dá uma visão da porcentagem de vendas que vem de cada segmento do negócio. Aqui, você pode dizer que as bicicletas compõem 81% das vendas do Canadá, ao passo que apenas 77% das vendas da França vêm delas.

FIGURA 6-46:
Esta exibição mostra a porcentagem do total para a linha.

Soma de Total Venda	Segmento Negócio			
Mercado	Acessórios	Bicicletas	Componentes	V
Alemanha	1,74%	78,11%	16,46%	
Autrália	1,48%	83,30%	12,56%	
Canadá	0,82%	81,00%	15,53%	
Central	0,59%	85,50%	11,94%	
França	1,05%	77,42%	18,74%	
Nordeste	0,74%	81,80%	15,12%	
Noroeste	0,43%	83,72%	14,25%	
Reino Unido	1,00%	79,68%	16,53%	
Sudeste	0,58%	85,20%	12,13%	
Sudoeste	0,59%	82,97%	14,48%	
Total Geral	**0,71%**	**82,49%**	**14,57%**	

Estas são as etapas para criar esse tipo de exibição:

1. Clique com o botão direito em qualquer valor no campo de destino.

Por exemplo, se você quiser mudar as configurações do campo Quantidade de Vendas, clique com o botão direito em qualquer valor nesse campo.

2. Selecione Configurações do Campo Valor no menu que aparece.

A caixa de diálogo Configurações do Campo Valor aparece.

3. Clique na guia Mostrar Valores Como.

4. Selecione % do Total de Linhas na lista suspensa.

5. Clique em OK para aplicar a alteração.

A tabela dinâmica na Figura 6-47 é formatada para fornecer a porcentagem de vendas de cada mercado.

Novamente, lembre que, como você criou essas exibições em uma tabela dinâmica, tem a flexibilidade de fatiar os dados por região, introduzir novos campos, reorganizar os dados e, o mais importante, atualizar essa exibição quando chegam novos dados.

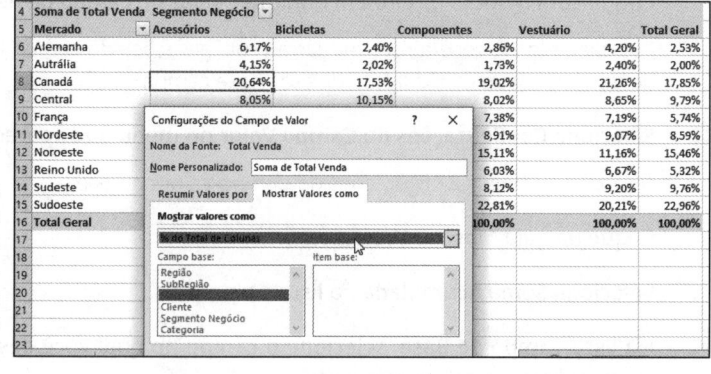

FIGURA 6-47:
Mostrando a porcentagem do total para a coluna.

Soma de Total Venda	Segmento Negócio				
Mercado	Acessórios	Bicicletas	Componentes	Vestuário	Total Geral
Alemanha	6,17%	2,40%	2,86%	4,20%	2,53%
Autrália	4,15%	2,02%	1,73%	2,40%	2,00%
Canadá	20,64%	17,53%	19,02%	21,26%	17,85%
Central	8,05%	10,15%	8,02%	8,65%	9,79%
França			7,38%	7,19%	5,74%
Nordeste			8,91%	9,07%	8,59%
Noroeste			15,11%	11,16%	15,46%
Reino Unido			6,03%	6,67%	5,32%
Sudeste			8,12%	9,20%	9,76%
Sudoeste			22,81%	20,21%	22,96%
Total Geral			**100,00%**	**100,00%**	**100,00%**

Criando uma exibição de totais acumulados no ano

Algumas vezes, é útil capturar uma exibição dos totais contínuos para analisar o movimento dos números no acumulado no ano (YTD). A Figura 6-48 mostra uma tabela dinâmica que exibe um total contínuo do rendimento por mês de cada ano. Nessa exibição, é possível ver onde as vendas YTD ficam em determinado mês em cada ano. Por exemplo, você pode ver que em agosto de 2010 os rendimentos foram de um milhão de dólares a menos que no mesmo mês em 2009.

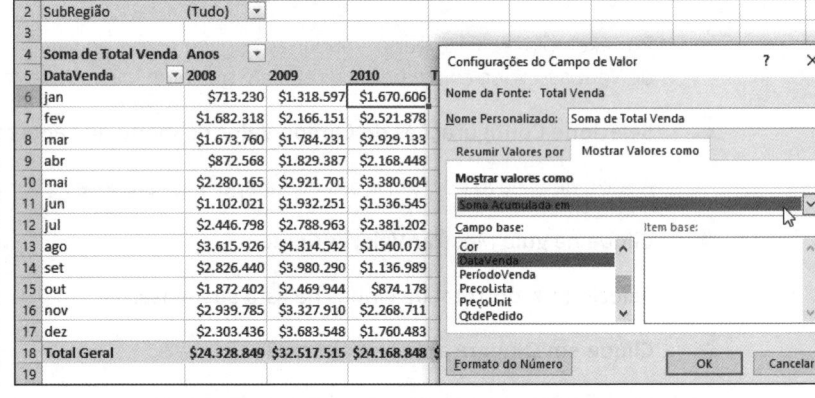

FIGURA 6-48: Esta exibição mostra um total contínuo das vendas de cada mês.

LEMBRE-SE Nos dados de exemplo deste capítulo, você não vê os Meses e os Anos. Você precisa criá-los agrupando o campo Data das Vendas. Sinta-se à vontade para rever a seção "Criando exibições por mês, trimestre e ano", anteriormente neste capítulo, para descobrir como.

Para criar esse tipo de exibição, tome estas ações:

1. **Clique com o botão direito em qualquer valor no campo de destino.**

   Por exemplo, se você quiser mudar as configurações do campo Quantidade de Vendas, clique com o botão direito nesse campo.

2. **Selecione Configurações do Campo Valor no menu que aparece.**

   A caixa de diálogo Configurações do Campo Valor aparece.

3. **Clique na guia Mostrar Valor Como.**

4. **Selecione Soma Acumulada na lista suspensa.**

5. **Na lista Campo de Base, selecione o campo no qual você deseja que os totais contínuos sejam calculados.**

Na maioria dos casos, isso será uma série de tempos como, neste exemplo, o campo Data das Vendas. (Consulte a Figura 6-48).

6. **Clique em OK para aplicar a alteração.**

Criando uma exibição de variação de mês sobre mês

Outra exibição comumente solicitada é uma variação de mês sobre mês. Como as vendas deste mês se compararam com as vendas do último mês? O melhor modo de criar esses tipos de exibições é mostrar junto o número bruto e a variação da porcentagem.

Nesse sentido, você pode começar a criar essa exibição construindo uma tabela dinâmica parecida com a mostrada na Figura 6-49. Observe que você introduz o campo Total Vendas duas vezes. Um deles fica intocado, mostrando os dados brutos. O outro é alterado para mostrar a variação de mês sobre mês.

A Figura 6-50 mostra as configurações que convertem o campo Soma da Total Vendas em um cálculo da variação de mês sobre mês.

Como se pode ver, depois de as configurações serem aplicadas, a tabela dinâmica oferece uma bela visão dos valores das vendas brutas e a variação no último mês. Obviamente, você pode mudar os nomes do campo (veja a seção "Personalizando os nomes do campo" anteriormente neste capítulo) para refletir as devidas legendas de cada coluna.

LEMBRE-SE

Nos dados de exemplo deste capítulo, você não vê os Meses e os Anos. Você precisa criá-los agrupando o campo Data das Vendas. Sinta-se à vontade para rever a seção "Criando exibições por mês, trimestre e ano", anteriormente neste capítulo, para descobrir como.

FIGURA 6-49: Crie uma tabela dinâmica que contenha a Soma da Quantidade de Vendas duas vezes.

	A	B	C
1			
2	SubRegião	(Tudo)	
3			
4	DataVenda	Soma de Total Venda	Soma de Total Venda2
5	jan	$3.702.433	3702433,28
6	fev	$10.072.781	6370347,689
7	mar	$16.459.905	6387123,637
8	abr	$21.330.307	4870402,742
9	mai	$29.912.778	8582470,413
10	jun	$34.483.595	4570816,936
11	jul	$42.100.557	7616962,393
12	ago	$51.571.098	9470540,56
13	set	$59.514.816	7943718,637
14	out	$64.731.339	5216523
15	nov	$73.267.745	8536405,542
16	dez	$81.015.212	7747467,262
17	Total Geral		81015212,09

FIGURA 6-50: Configure o segundo campo Soma da Quantidade de Vendas para mostrar a variação de mês sobre mês.

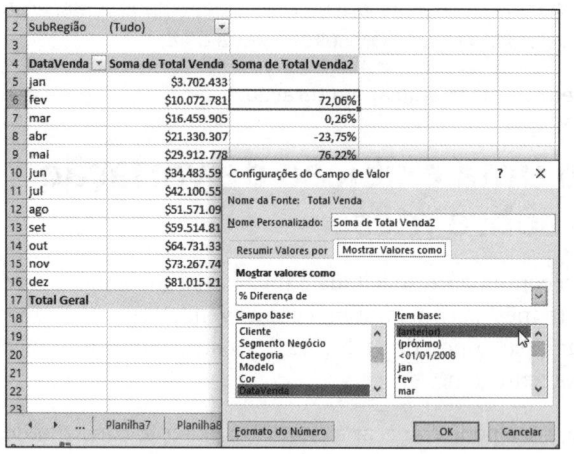

Para criar a exibição na Figura 6-50, tome estas ações:

1. Clique com o botão direito em qualquer valor no campo de destino.

Neste caso, o campo de destino é o segundo campo Soma da Total Vendas.

2. Selecione Configurações do Campo Valor no menu que aparece.

A caixa de diálogo Configurações do Campo Valor aparece.

3. Clique na guia Mostrar Valores Como.

4. Selecione % Diferença De na lista suspensa.

5. Na lista Campo de Base, selecione o campo no qual você deseja que os totais contínuos sejam calculados.

Na maioria dos casos, esta é uma série de tempos como, neste exemplo, o campo Data das Vendas.

6. Na lista Item de Base, selecione o item com o qual você deseja comparar ao calcular a variação da porcentagem.

Neste exemplo, você deseja calcular a variação de cada mês com o mês anterior. Portanto, selecione o item (Anterior).

3
Criando os Componentes Avançados do Painel

NESTA PARTE . . .

Vá além do gráfico básico, vendo algumas técnicas de negócio avançadas que podem ajudar a tornar seus painéis mais significativos.

Descubra como representar a tendência nas várias séries e períodos de tempo distintos.

Explore como usar melhor os gráficos para agrupar os dados em exibições significativas.

Revele as técnicas que podem ajudar a exibir e medir o desempenho de uma meta

> **NESTE CAPÍTULO**
>
> Entendendo os conceitos básicos da tendência
>
> Comparando as tendências em várias séries
>
> Enfatizando períodos distintos de tempo em suas tendências
>
> Trabalhando com outras anormalidades nos dados de tendência

Capítulo 7
Gráficos que Mostram Tendência

Não importa seu tipo de negócio, você não pode escapar da tendência. Na verdade, um dos conceitos mais comuns usados nos painéis e relatórios é o da tendência. Uma *tendência* é uma medida de variação em algum intervalo definido — em geral, períodos como dias, meses ou anos.

O motivo para a tendência ser tão popular é que ela fornece uma expectativa racional do que pode acontecer no futuro. Se sei que o livro vendeu 10.000 cópias por mês nos últimos 12 meses (quem dera), tenho uma expectativa razoável para acreditar que as vendas no mês seguinte ficarão em torno de 10.000 cópias. Resumindo, a tendência informa onde você estava e para onde poderá ir.

Neste capítulo, você explorará os conceitos básicos da tendência e algumas técnicas avançadas que poderá usar para levar seus componentes da tendência além dos simples gráficos de linhas.

Prós e Contras da Tendência

Criar componentes de tendência para seus painéis tem prós e contras. Esta seção ajuda a evitar alguns passos em falso comuns da tendência.

Usando tipos de gráfico adequados para a tendência

Seria ótimo se você pudesse dizer, de forma conclusiva, qual tipo de gráfico deve usar ao criar os componentes da tendência. Mas a verdade é que nenhum tipo de gráfico é a solução para todas as situações. Para ter uma tendência eficiente, você deve entender quais tipos de gráfico são mais eficientes nos diferentes cenários da tendência.

Usando gráficos de linhas

Os gráficos de linhas são os reis da tendência. Nas apresentações comerciais, um *gráfico de linhas* quase sempre indica o movimento no tempo. Mesmo nas áreas não relacionadas ao negócio, o conceito de linhas é usado para indicar o tempo — considere as linhas do tempo, linhas de descendência familiar, linhagens etc. A vantagem de usar um gráfico de linhas para a tendência é que ele é reconhecido instantaneamente como um componente de tendência, evitando qualquer atraso no processamento das informações.

Os gráficos de linhas são especialmente eficientes ao apresentar as tendências com muitos pontos de dados — como mostra o gráfico superior na Figura 7-1. Você também pode usar um gráfico de linhas para apresentar as tendências para mais de um período de tempo, como mostra o gráfico inferior na Figura 7-1.

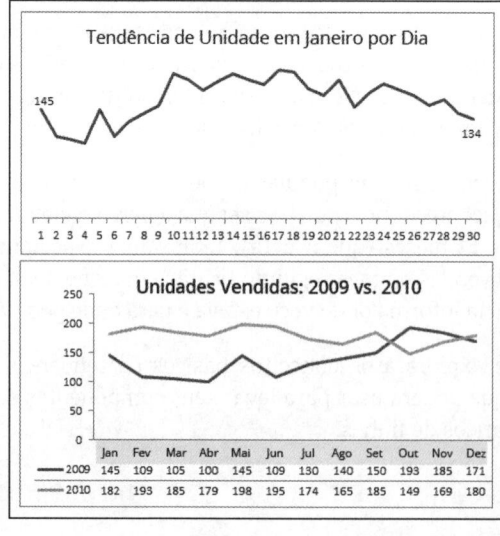

FIGURA 7-1: Os gráficos de linhas são os escolhidos quando você precisa mostrar a tendência com o passar do tempo.

Usando os gráficos de área

Um *gráfico de área* é basicamente um gráfico de linhas que foi preenchido. Portanto, tecnicamente, os gráficos de área são adequados para a tendência. Eles são particularmente bons ao destacarem as tendências em um grande período de tempo. Por exemplo, o gráfico na Figura 7-2 se estende por 120 dias de dados.

FIGURA 7-2: Os gráficos de área podem ser usados para a tendência em um grande período de tempo.

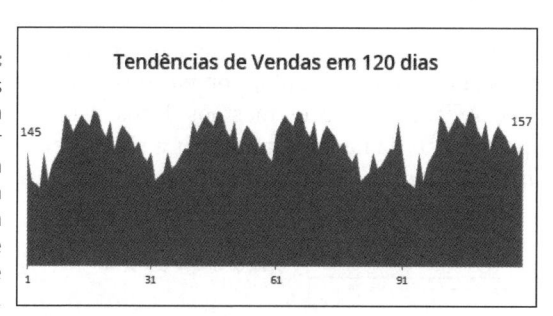

Usando gráficos de colunas

Se você estiver fazendo a tendência de uma única série de tempos, um gráfico de linhas certamente será a escolha certa. Contudo, se estiver comparando dois ou mais períodos no mesmo gráfico, as colunas podem destacar melhor as comparações.

Uma alternativa é usar um gráfico de combinação. Uma combinação de gráficos de linhas e colunas é um modo extremamente eficiente de mostrar a diferença nas unidades vendidas entre dois períodos de tempo. Por exemplo, a Figura 7-3 demonstra como um gráfico de combinação pode chamar a atenção instantaneamente para os meses exatos quando as vendas de 2010 ficaram abaixo das vendas de 2009. (Você descobrirá mais sobre os gráficos de combinação posteriormente neste capítulo.)

FIGURA 7-3: Usar colunas e linhas enfatiza as diferenças de tendência entre dois períodos de tempo.

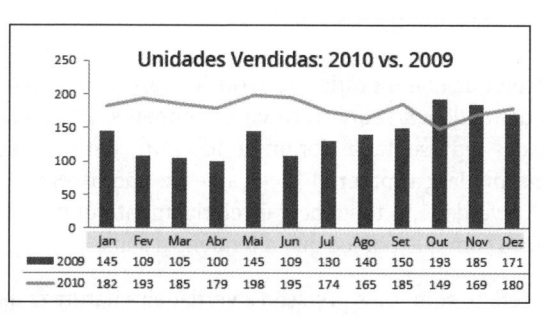

	Jan	Fev	Mar	Abr	Mai	Jun	Jul	Ago	Set	Out	Nov	Dez
2009	145	109	105	100	145	109	130	140	150	193	185	171
2010	182	193	185	179	198	195	174	165	185	149	169	180

Iniciando a escala vertical em zero

O eixo vertical em um gráfico de tendência quase sempre inicia em zero. O motivo para eu dizer *quase* é porque você pode ter dados de tendência que contêm valores negativos ou frações. Nessas situações, geralmente é melhor manter a escala padrão do Excel. Porém, se você tiver apenas inteiros não negativos, assegure-se de que o eixo vertical inicie em zero.

A escala vertical de um gráfico pode ter um impacto significativo na representação de uma tendência. Por exemplo, compare os dois gráficos mostrados na Figura 7-4. Ambos contêm os mesmos dados. A única diferença é que, no gráfico superior, não fiz nada para corrigir a escala vertical atribuída pelo Excel (ela começa em 96), mas no gráfico inferior, corrigi a escala para começar em zero.

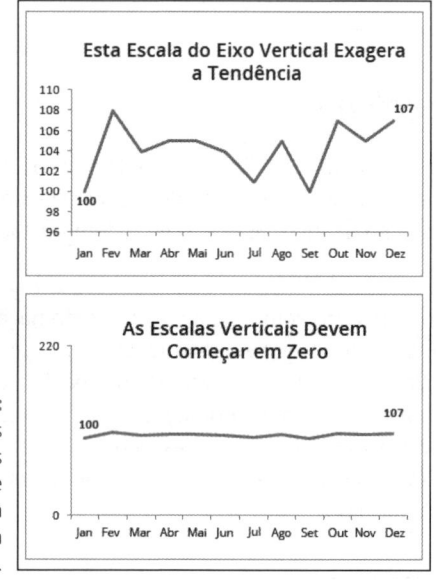

FIGURA 7-4: As escalas verticais sempre devem começar em zero.

Agora, você pode pensar que o gráfico superior é mais preciso porque mostra os altos e baixos da tendência. Porém, se vir os números com atenção, perceberá que as unidades representadas foram de 100 a 107 em 12 meses. Isso não é exatamente uma mudança material e certamente não assegura um gráfico impressionante. Na verdade, a tendência é relativamente uniforme, embora o gráfico superior faça com que pareça que a tendência suba.

O gráfico inferior reflete com mais precisão a verdadeira natureza da tendência. Consegui esse efeito travando o valor Mínimo no eixo vertical em zero.

Para ajustar a escala do eixo vertical, siga estas etapas simples:

1. Clique com o botão direito no eixo vertical e escolha Formatar Eixo no menu que aparece.

   A caixa de diálogo Formatar Eixo aparece; veja a Figura 7-5.

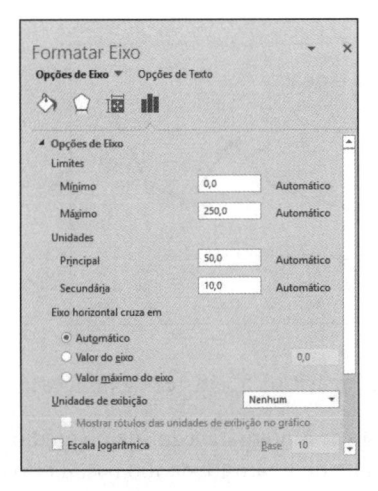

FIGURA 7-5: Sempre defina o valor Mínimo do eixo vertical para zero.

2. Na caixa de diálogo Formatar Eixo, expanda a seção Opções do Eixo e defina o valor na caixa Mínimo para 0.

3. (Opcional) Defina o valor vinculado Maior para duas vezes o valor Máximo em seus dados.

   Definir esse valor assegura que a linha da tendência seja colocada no meio do gráfico.

4. Clique em Fechar para aplicar suas alterações.

Muitas pessoas argumentariam que o gráfico inferior mostrado na Figura 7-4 oculta a tendência em pequena escala que pode ser importante. Ou seja, uma diferença de sete unidades pode ser significativa em alguns negócios. Bem, se isso for verdade, por que usar um gráfico? Se cada unidade tem um impacto na análise, por que usar uma representação ampla, como um gráfico? Uma tabela com formatação condicional seria melhor ao destacar as alterações em pequena escala do que qualquer gráfico.

Aproveitando a escala logarítmica do Excel

Em algumas situações, sua tendência pode iniciar com números muitos pequenos e terminar com números muito grandes. Nestes casos, você possui gráficos que não representam precisamente a verdadeira tendência. Por exemplo, na Figura 7-6 você vê a tendência das unidades para 2009 e 2010. Como pode ver nos dados de origem, 2009 iniciou com modestas 50 unidades. Conforme os meses progrediram, a contagem de unidades mensal aumentou para 11.100 unidades até dezembro de 2010. Como os dois anos estão em escalas diferentes, é difícil discernir uma tendência comparativa para os dois anos juntos.

FIGURA 7-6: Uma escala linear padrão não permite a tendência precisa no gráfico.

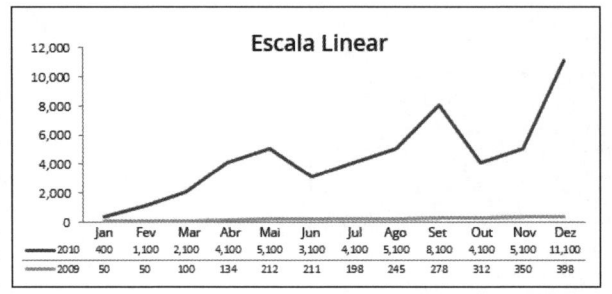

A solução é usar uma escala logarítmica, em vez de uma escala linear padrão.

Sem entrar em uma discussão de Matemática do ensino médio, uma *escala logarítmica* permite que o eixo salte de 1 para 10, de 100 para 1.000 etc. sem mudar o espaçamento entre os pontos do eixo. Em outras palavras, a distância entre 1 e 10 é igual à distância entre 100 e 1.000.

A Figura 7-7 mostra o mesmo gráfico da Figura 7-6, mas em uma escala logarítmica. Observe que, agora, a tendência para os dois anos fica clara e é representada com precisão.

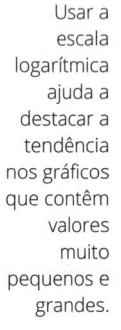

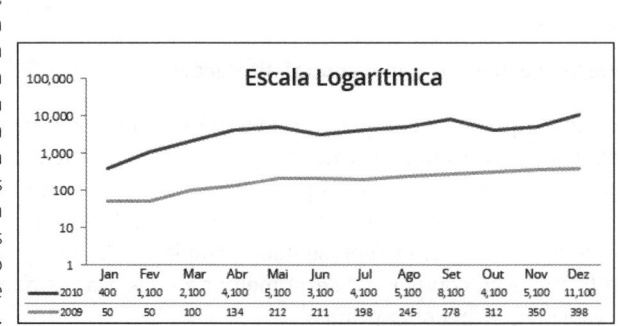

FIGURA 7-7: Usar a escala logarítmica ajuda a destacar a tendência nos gráficos que contêm valores muito pequenos e grandes.

Para mudar o eixo vertical de um gráfico para a escala logarítmica, siga estas etapas:

1. Clique com o botão direito no eixo vertical e escolha Formatar Eixo no menu que aparece.

A caixa de diálogo Formatar Eixo aparece.

2. Expanda a seção Opções do Eixo e marque a caixa de seleção Escala Logarítmica, como mostra a Figura 7-8.

LEMBRE-SE

As escalas logarítmicas funcionam apenas com números positivos.

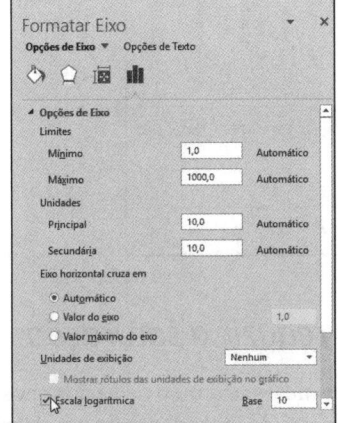

FIGURA 7-8: Definindo o eixo vertical para a escala logarítmica.

Aplicando o gerenciamento criativo da legenda

Por mais comum que possa parecer, a legenda pode ser um dos pontos de impasse para criar componentes de tendência eficientes. Os gráficos de tendência costumam manter muitos pontos de dados, cujas legendas do eixo da categoria ocupam muito espaço. Inundar os usuários com muitas legendas de dados pode distrair da mensagem principal do gráfico. Nesta seção, você encontrará algumas dicas para ajudar a gerenciar as legendas em seus componentes de tendência.

Abreviar em vez de mudar o alinhamento

Os meses do ano parecem muito longos quando você os coloca em um gráfico — especialmente quando esse gráfico tem que caber em um painel. Contudo, a solução não é mudar seu alinhamento, como mostra a Figura 7-9. As palavras inclinadas fazem com que um leitor pare por um momento e leia as legendas. Isso não é ideal quando você deseja que eles pensem em seus dados e não passem o tempo lendo seus cabeçalhos com título.

Embora nem sempre seja possível, a primeira opção é manter as legendas alinhadas normalmente. Portanto, em vez de ir diretamente para a opção de alinhamento para espremê-las, tente abreviar os nomes dos meses. Como se pode ver na Figura 7-9, usar apenas a primeira letra do nome do mês também é apropriado.

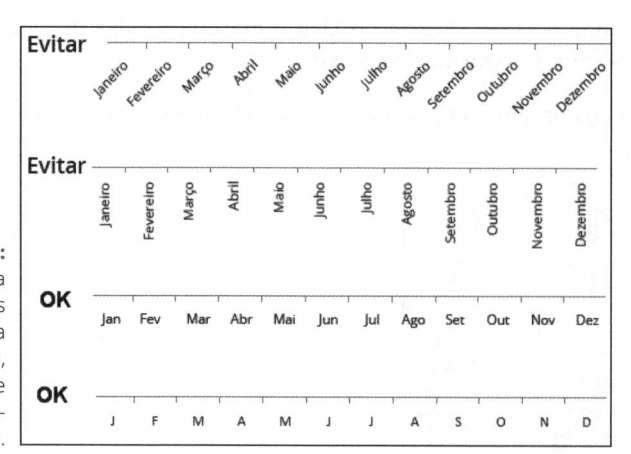

FIGURA 7-9:
Escolha abreviar os nomes da categoria, em vez de mudar o alinhamento.

Sugerindo legendas para reduzir a saturação

Quando você está listando os mesmos meses no curso de vários anos, é possível *sugerir* as legendas para os meses, em vez de legendar cada um deles.

Veja a Figura 7-10, por exemplo. O gráfico nessa figura mostra a tendência em dois anos. Ele tem tantos pontos de dados que as legendas são forçadas a se alinhar na vertical. Para reduzir a saturação, como se pode ver, apenas determinados meses são legendados explicitamente. Os outros são sugeridos por um ponto. Para conseguir esse efeito, você pode simplesmente substituir a legenda nos dados originais por um ponto (ou qualquer caractere desejado).

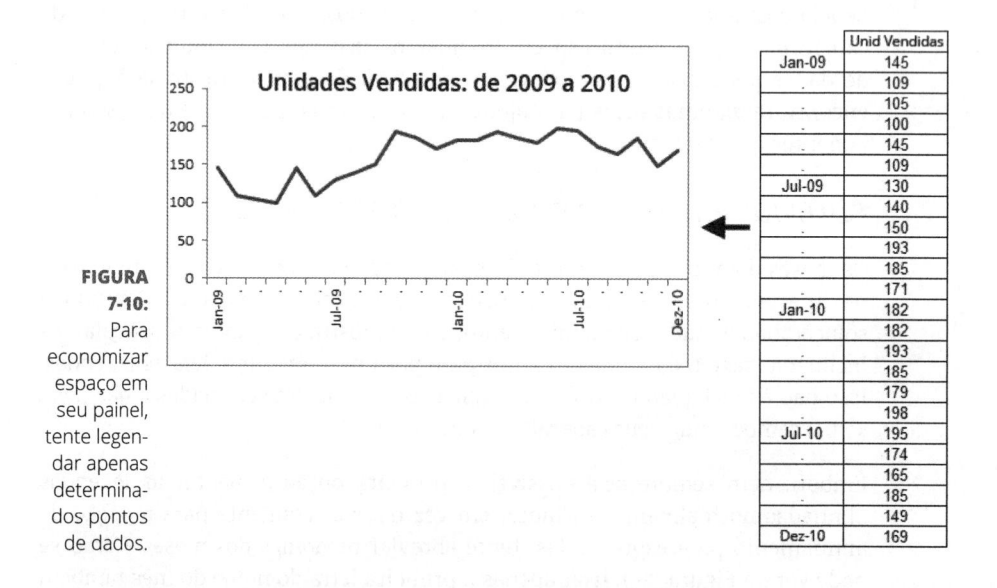

FIGURA 7-10:
Para economizar espaço em seu painel, tente legendar apenas determinados pontos de dados.

	Unid Vendidas
Jan-09	145
.	109
.	105
.	100
.	145
.	109
Jul-09	130
.	140
.	150
.	193
.	185
.	171
Jan-10	182
.	182
.	193
.	185
.	179
.	198
Jul-10	195
.	174
.	165
.	185
.	149
Dez-10	169

Ficando na vertical quando você tem pontos de dados demais para a horizontal

Os dados de tendência por dia são comuns, mas são um problema se a tendência se estende em 30 dias ou mais. Nesses cenários, fica difícil manter o gráfico com um tamanho razoável e até mais difícil de legendá-lo com eficiência.

Uma solução é mostrar a tendência na vertical usando um gráfico de barras. (Veja a Figura 7-11 para ter um exemplo.) Em um gráfico de barras, você tem espaço para legendar os pontos de dados e manter o gráfico com um tamanho razoável. Porém, isso não é algo a desejar. A tendência na vertical não é tão simples e pode não transmitir suas informações de uma forma fácil de ler. Todavia, essa solução pode ser a necessária quando a exibição horizontal não é possível.

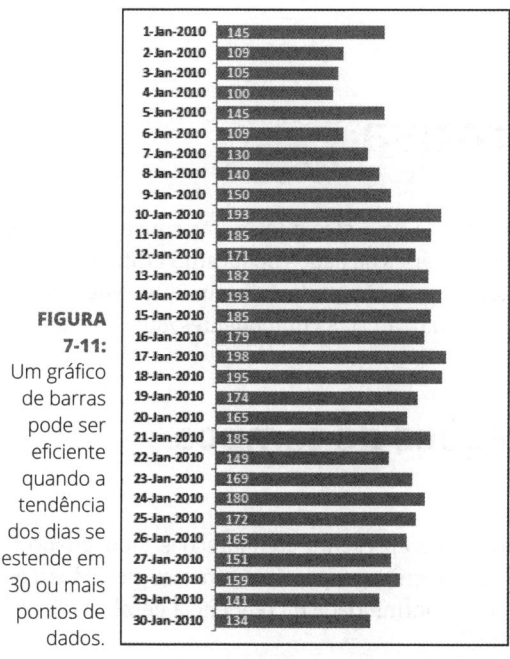

FIGURA 7-11: Um gráfico de barras pode ser eficiente quando a tendência dos dias se estende em 30 ou mais pontos de dados.

Aninhando as legendas para ter clareza

Com frequência, os dados que você está tentando representar graficamente têm várias dimensões do tempo. Nesses casos, você pode ativar essas dimensões aninhando suas legendas A Figura 7-12 demonstra que incluir uma coluna do ano ao lado das legendas do mês particiona claramente os dados de cada ano. Você simplesmente incluiria a coluna do ano ao identificar a fonte dos dados para seu gráfico.

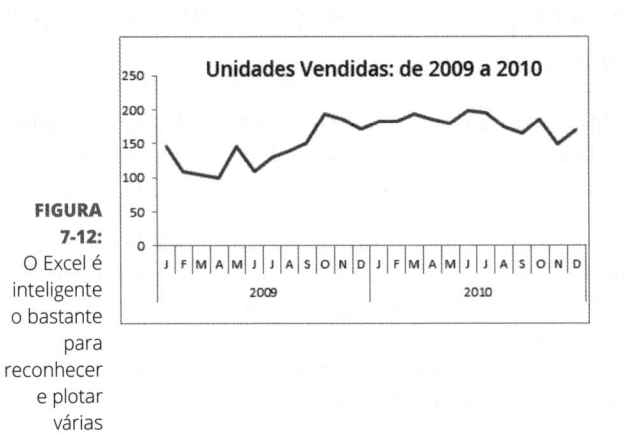

FIGURA 7-12: O Excel é inteligente o bastante para reconhecer e plotar várias camadas de legendas.

		Unid Vendidas
2009	J	145
	F	109
	M	105
	A	100
	M	145
	J	109
	J	130
	A	140
	S	150
	O	193
	N	185
	D	171
2010	J	182
	F	182
	M	193
	A	185
	M	179
	J	198
	J	195
	A	174
	S	165
	O	185
	N	149
	D	169

Tendência Comparativa

Embora o nome *tendência comparativa* seja elegante, é um conceito simples. Você faz os gráficos de duas ou mais séries de dados no mesmo gráfico para que as tendências dessas séries possam ser comparadas visualmente. Nesta seção, veremos algumas técnicas para ajudar a criar componentes que apresentam uma tendência comparativa.

Criando comparações de tempos lado a lado

A Figura 7-13 mostra um gráfico que apresenta comparações lado a lado de três períodos de tempo. Com essa técnica, é possível mostrar períodos com cores diferentes sem interromper a continuidade da tendência geral.

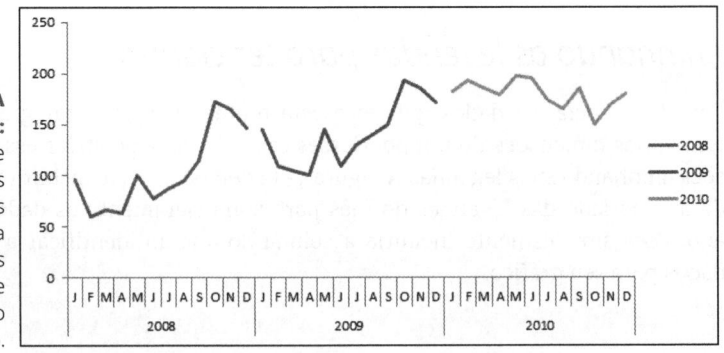

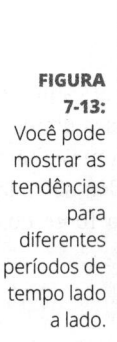

FIGURA 7-13: Você pode mostrar as tendências para diferentes períodos de tempo lado a lado.

Eis como criar esse tipo de gráfico:

1. **Estruture seus dados de origem de modo parecido com a estrutura mostrada na Figura 7-14.**

   Note que, em vez de colocar todos os dados em uma coluna, você está coordenando os dados em anos respectivos. Isso informa ao gráfico para criar três linhas separadas, permitindo três cores.

		2008	2009	2010
2008	J	96		
	F	60		
	M	67		
	A	63		
	M	101		
	J	78		
	J	88		
	A	95		
	S	115		
	O	172		
	N	165		
	D	146		
2009	J		145	
	F		109	
	M		105	
	A		100	
	M		145	
	J		109	
	J		130	
	A		140	
	S		150	
	O		193	
	N		185	
	D		171	
2010	J			182
	F			193
	M			185
	A			179
	M			198
	J			195
	J			174
	A			165
	S			185
	O			149
	N			169
	D			180

FIGURA 7-14: Os dados de origem necessários para exibir as tendências lado a lado.

2. **Selecione a tabela inteira e crie um gráfico de linhas.**

   Esta etapa cria o gráfico mostrado anteriormente na Figura 7-13.

3. **Se você quiser ter elegância, clique no gráfico para selecioná-lo, então, clique com o botão direito e selecione Alterar Tipo de Gráfico no menu contextual que se abre.**

4. **Quando a caixa de diálogo Alterar Tipo de Gráfico abrir, selecione Gráfico de Colunas Empilhadas.**

   Como você pode ver na Figura 7-15, agora, o gráfico mostra a tendência de cada ano em colunas.

FIGURA 7-15: Mude o tipo de gráfico para Gráfico de Colunas Empilhadas para apresentar colunas, em vez de linhas.

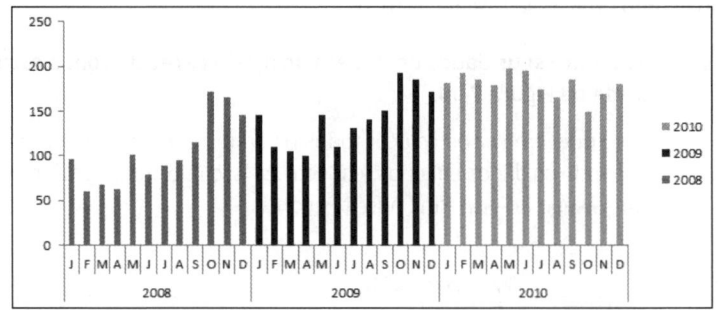

Gostaria de um espaço entre os anos? Adicionar um espaço aos dados de origem (entre cada sequência de 12 meses) acrescenta um espaço no gráfico, como mostra a Figura 7-16.

FIGURA 7-16: Se você quiser separar cada ano com um espaço, basta adicionar um espaço aos dados de origem.

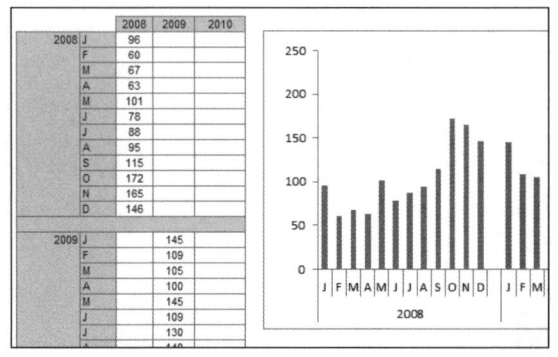

Criando comparações de tempos empilhadas

A comparação de tempos empilhados coloca duas séries uma sobre a outra, em vez de lado a lado. Embora isso acabe com o benefício de ter uma tendência geral contínua, tem a vantagem de uma comparação imediata em um espaço compacto. A Figura 7-17 ilustra uma comparação de tempos empilhados comum.

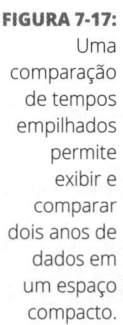

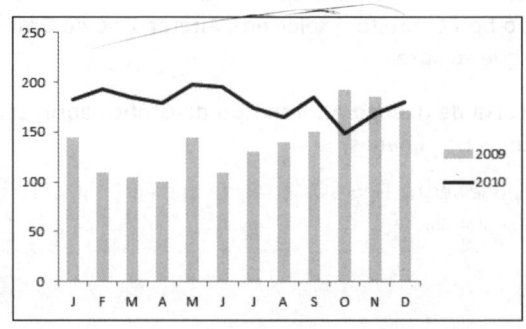

FIGURA 7-17: Uma comparação de tempos empilhados permite exibir e comparar dois anos de dados em um espaço compacto.

Para criar uma comparação de tempos empilhados, siga estas etapas;

1. Crie uma nova estrutura e adicione dados a ela, como mostra a Figura 7-18.

	A	B	C
1		2009	2010
2	J	145	182
3	F	109	193
4	M	105	185
5	A	100	179
6	M	145	198
7	J	109	195
8	J	130	174
9	A	140	165
10	S	150	185
11	O	193	149
12	N	185	169
13	D	171	180

FIGURA 7-18: Comece com uma estrutura contendo os dados de dois períodos de tempo.

2. Destaque a estrutura inteira e crie um gráfico de colunas.

3. Selecione e clique com o botão direito em qualquer barra da série de dados de 2010, então, escolha Alterar Tipo de Gráfico da Série no menu que aparece.

   A caixa de diálogo Alterar Tipo de Gráfico aparece.

4. Na caixa de diálogo Alterar Tipo de Gráfico, selecione o tipo de linha na seção Linhas.

DICA A técnica funciona bem com duas séries de tempo. Em geral, você deseja evitar empilhar mais que isso. Empilhar mais de suas séries geralmente confunde a exibição e faz com que os usuários consultem continuamente a legenda para acompanhar a série que eles estão avaliando.

Tendência com um eixo secundário

Em alguns componentes de tendência, há séries com a tendência de duas unidades diferentes de medida. Por exemplo, a tabela na Figura 7-19 mostra uma tendência para a Contagem de Pessoas e uma tendência para % do Custo da Mão de Obra.

FIGURA 7-19:
Em geral, você precisa de uma tendência com duas unidades diferentes de medida, como contagens e porcentagens.

A	B	C
	Contagem de Pessoas	% do Custo da Mão de Obra
J	145	20%
F	109	21%
M	105	23%
A	100	23%
M	145	24%
J	109	25%
J	130	24%
A	140	25%
S	150	24%
O	193	26%
N	185	28%
D	171	29%

Existem duas unidades diferentes de medida que, quando representadas graficamente, produzem o gráfico sem graça visto na Figura 7-20. Como o Excel cria o eixo vertical para aceitar o número maior, a tendência da porcentagem do custo da mão de obra fica perdida na parte inferior do gráfico. Mesmo uma escala logarítmica não ajuda neste cenário.

Como o eixo vertical padrão (ou eixo *primário*) não funciona para ambas as séries, a solução é criar outro eixo para aceitar a série que não cabe no eixo primário. Esse outro eixo é o eixo *secundário*.

FIGURA 7-20:
A tendência da porcentagem do custo da mão de obra fica perdida na parte inferior do gráfico.

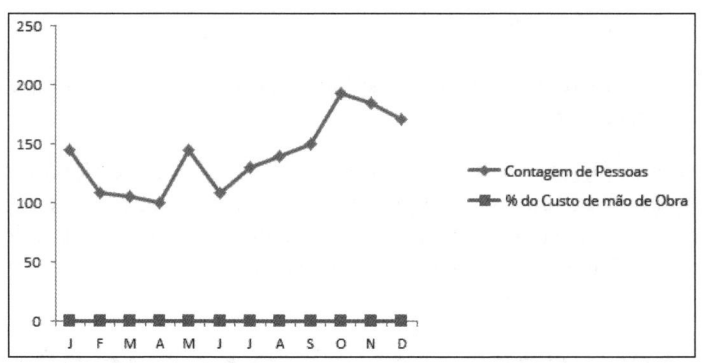

Para colocar uma série de dados no eixo secundário, siga estas etapas:

1. Clique com o botão direito na série de dados e selecione Formatar Série de Dados no menu que aparece.

Fazer isso abre a caixa de diálogo Formatar Série de Dados.

2. Na caixa de diálogo Formatar Série de Dados, expanda a seção Opções da Série (veja a Figura 7-21) e clique no botão de rádio Eixo Secundário.

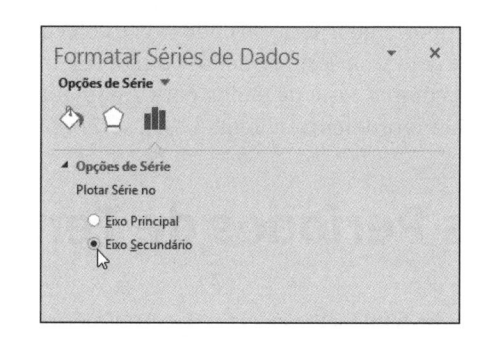

FIGURA 7-21: Colocando uma série de dados no eixo secundário.

A Figura 7-22 ilustra o eixo recém-adicionado ao lado direito do gráfico. Qualquer série de dados no eixo secundário terá as legendas do eixo vertical mostradas à direita.

Novamente, mudar o tipo de gráfico de qualquer uma das séries de dados poderá ajudar ao comparar as duas tendências. Na Figura 7-23, o tipo de gráfico para a tendência Contagem de Pessoas foi alterado para uma coluna. Agora, você pode ver facilmente que, embora o número de pessoas tenha diminuído em novembro e dezembro, a porcentagem do custo da mão de obra continua a aumentar.

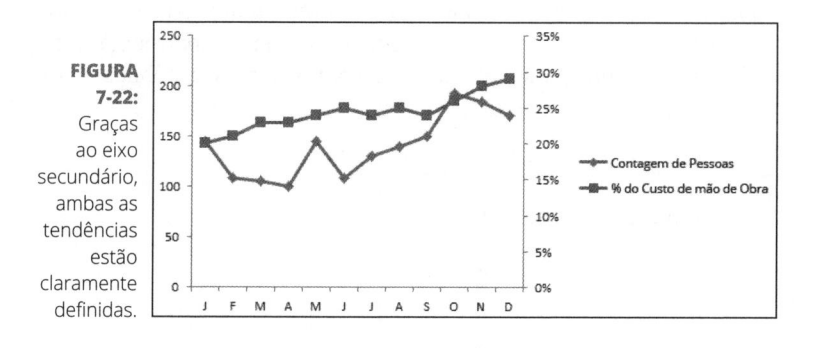

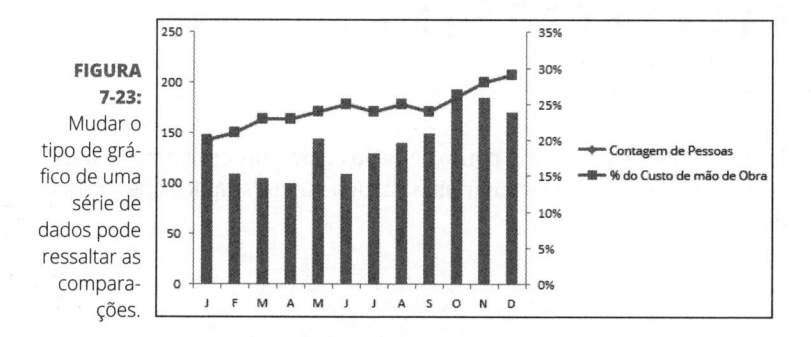

FIGURA 7-22: Graças ao eixo secundário, ambas as tendências estão claramente definidas.

FIGURA 7-23: Mudar o tipo de gráfico de uma série de dados pode ressaltar as comparações.

CAPÍTULO 7 **Gráficos que Mostram Tendência** 171

> **DICA** Tecnicamente, não importa qual série de dados você coloca no eixo secundário. Uma regra geral é colocar a série de dados com problemas no eixo secundário. Nesse cenário, como a série de dados para a porcentagem do custo da mão de obra parece ser o problema, coloquei essa série no eixo secundário.

Enfatizando os Períodos de Tempo

Alguns componentes da tendência podem ter certos períodos nos quais um evento especial ocorreu, causando uma anormalidade no padrão da tendência. Por exemplo, você pode ter um aumento ou queda grande incomum na tendência causada por alguma ocorrência em sua organização. Ou talvez você precise misturar os dados reais com previsões em seu componente de gráfico. Em tais casos, poderá ser útil enfatizar os períodos específicos de sua tendência com uma formatação especial.

Formatando períodos específicos

Imagine que você acabou de criar o componente do gráfico ilustrado na Figura 7-24 e deseja explicar o aumento em outubro. Você poderia, claro, usar uma nota de rodapé em algum lugar, mas isso forçaria seu público a procurar uma explicação em outro lugar em seu painel. Chamar a atenção para uma anormalidade diretamente no gráfico ajuda a dar contexto ao seu público sem a necessidade de desviar o olhar do gráfico.

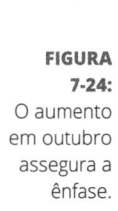

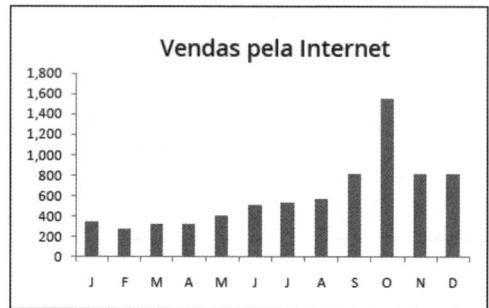

FIGURA 7-24: O aumento em outubro assegura a ênfase.

Uma solução simples é formatar o ponto de dados para outubro para ele aparecer com uma cor diferente e adicionar uma caixa de texto simples que explique o aumento.

Para formatar um ponto de dados simples:

1. **Clique no ponto de dados uma vez.**

   Esta etapa coloca pontos em todos os pontos de dados na série.

2. **Clique no ponto de dados novamente para assegurar que o Excel saiba que você está formatando apenas esse único ponto de dados.**

   Os pontos desaparecem, exceto o ponto de dados da meta.

3. **Clique com o botão direito e selecione Formatar Ponto de Dados no menu que aparece.**

   A etapa abre a caixa de diálogo Formatar Ponto de Dados, mostrada na Figura 7-25. A ideia é ajustar as propriedades de formatação do ponto de dados como você achar adequado.

   A caixa de diálogo Formatar Ponto de Dados é para um gráfico de colunas. Os diferentes tipos de gráfico têm diferentes opções na caixa de diálogo Formatar Ponto de Dados. Contudo, a ideia é a mesma no sentido de que você pode ajustar as propriedades na caixa de diálogo para mudar a formatação de um único ponto de dados.

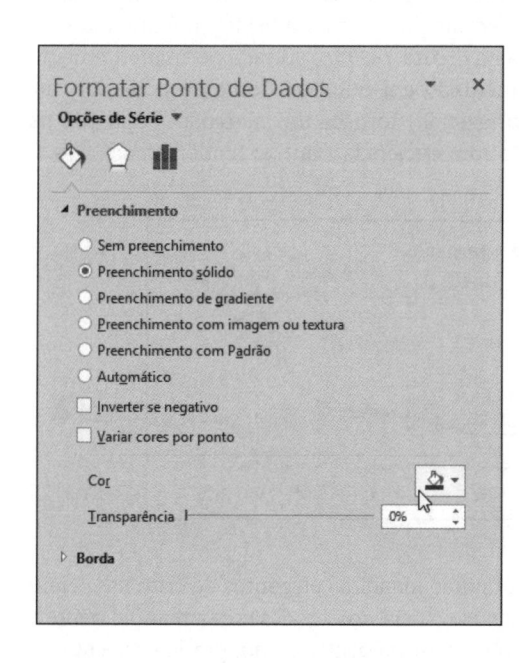

FIGURA 7-25: A caixa de diálogo Formatar Ponto de Dados fornece opções de formatação para um único ponto de dados.

Depois de mudar a cor de preenchimento do ponto de dados de outubro e adicionar uma caixa de texto com algum contexto, o gráfico explicará bem o aumento, como mostra a Figura 7-26.

FIGURA 7-26: Agora, o gráfico chama atenção para o aumento em outubro e fornece contexto instantâneo por meio da caixa de texto.

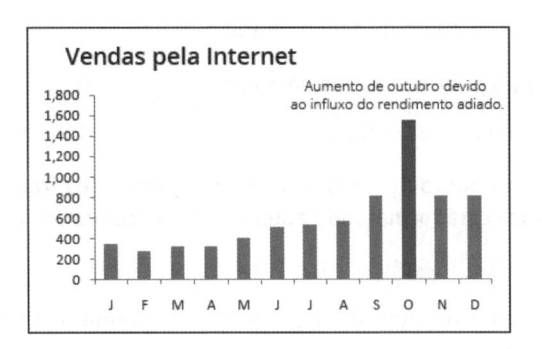

DICA: Para adicionar uma caixa de texto a um gráfico, clique na guia Inserir na Faixa e selecione o ícone Texto. Então, clique dentro do gráfico para criar uma caixa de texto vazia, que você poderá preencher com suas palavras.

Usando divisores para marcar eventos importantes

De vez em quando, determinado evento muda o paradigma inteiro de seus dados de modo permanente. Um bom exemplo é um aumento de preço. A tendência mostrada na Figura 7-27 foi afetada permanentemente por um aumento de preço implementado em outubro. Como se pode ver, uma linha divisória (junto com uma legenda) fornece um marcador separado para o aumento do preço, separando com eficiência a antiga tendência da nova.

FIGURA 7-27: Use uma linha simples para marcar determinados eventos em uma tendência.

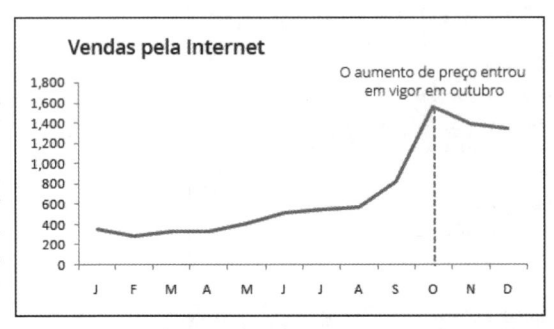

Embora existam muitas maneiras elegantes de criar esse efeito, raramente você precisará ter mais elegância do que desenhar manualmente você mesmo. Para desenhar uma linha divisória dentro de um gráfico, execute as seguintes etapas:

1. Clique no gráfico para selecioná-lo.

2. Clique na guia Inserir na Faixa e clique no botão Formas.

3. Selecione a forma da linha desejada, vá para o gráfico e desenhe a linha onde deseja.

4. Clique com o botão direito em sua linha recém-desenhada e selecione Formatar Objeto no menu que aparece.

5. Use a caixa de diálogo Formatar Forma para formatar a cor, espessura e estilo de sua linha.

Representando previsões em seus componentes de tendência

É comum haver a necessidade de mostrar os dados reais e os dados de previsão como um único componente da tendência. Ao mostrar os dois juntos, deverá assegurar que seu público possa distinguir claramente onde terminam os dados reais e onde começa a previsão. Veja a Figura 7-28.

O melhor modo de conseguir esse efeito é iniciar com uma estrutura de dados parecida com a mostrada na Figura 7-29. Como se pode ver, as vendas e as previsões estão em colunas separadas para que, quando representadas em gráfico, você possa ter duas séries de dados distintas. E mais, note que o valor na célula B14 é, na verdade, uma fórmula referenciando C14. Esse valor serve para garantir uma linha de tendência contínua (sem lacunas) quando as duas séries de dados são representadas juntas graficamente.

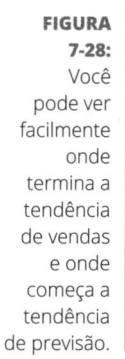

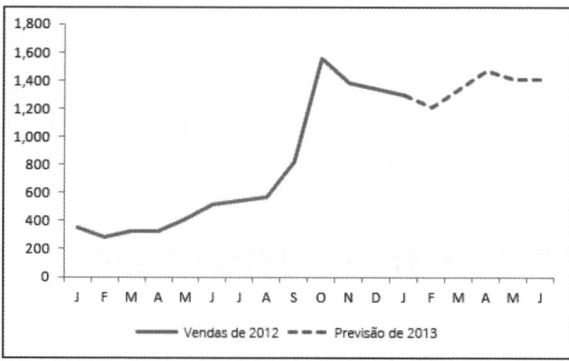

FIGURA 7-28: Você pode ver facilmente onde termina a tendência de vendas e onde começa a tendência de previsão.

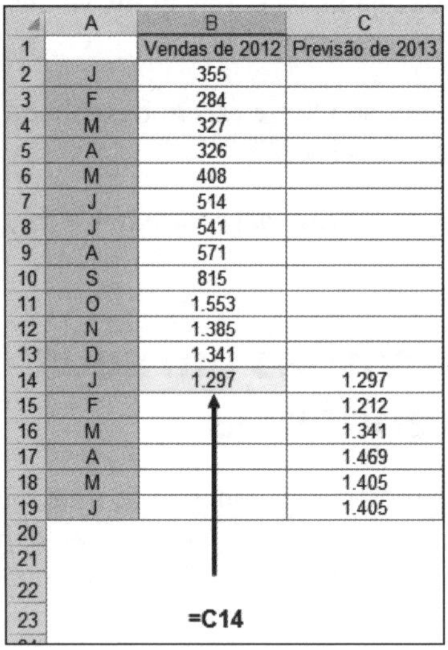

FIGURA 7-29: Comece com uma tabela que coloca seus dados reais e previsões em colunas separadas.

	A	B	C
1		Vendas de 2012	Previsão de 2013
2	J	355	
3	F	284	
4	M	327	
5	A	326	
6	M	408	
7	J	514	
8	J	541	
9	A	571	
10	S	815	
11	O	1.553	
12	N	1.385	
13	D	1.341	
14	J	1.297	1.297
15	F		1.212
16	M		1.341
17	A		1.469
18	M		1.405
19	J		1.405
20			
21			
22			
23		=C14	

Quando você tiver o conjunto de dados corretamente estruturado, poderá criar um gráfico de linhas. Nesse ponto, você pode aplicar uma formatação especial na série de dados Previsão de 2013. Siga estas etapas:

1. Clique na série de dados que representa a Previsão de 2013.

Esta etapa coloca pontos em todos os pontos de dados na série.

2. Clique com o botão direito e selecione Formatar Série de Dados no menu que aparece.

Esta etapa abra a caixa de diálogo Formatar Série de Dados.

3. Na caixa de diálogo, você poderá ajustar as propriedades para formatar a cor, espessura e estilo da série.

Outras Técnicas para mostrar Tendência

Nesta seção, ajudo você a explorar algumas técnicas que vão além dos conceitos básicos tratados neste capítulo até o momento.

Evitando a sobrecarga com a tendência direcional

Você trabalha com um gerente que é louco por dados? Tem dores de cabeça ao tentar espremer os dados mensais de três anos em um único gráfico? Embora seja compreensível querer uma tendência de três anos, colocar tanta informação em um único gráfico pode contribuir para um componente de tendência complicado que não informa quase nada.

Quando você precisar exibir quantidades impossíveis de dados, recue e pense sobre a verdadeira finalidade da análise. Quando seu gerente solicita uma "tendência de três anos de venda por mês", o que ele está procurando? Pode ser que ele esteja perguntando se as vendas mensais atuais estão diminuindo versus o histórico. Você realmente precisa mostrar cada mês ou pode mostrar a tendência direcional?

Uma *tendência direcional* é aquela que usa uma análise simples para indicar uma direção relativa do desempenho. O principal atributo de uma tendência direcional é que os dados usados geralmente são um conjunto de valores calculados em oposição aos valores de dados reais. Por exemplo, em vez de representar graficamente as vendas de cada mês para um único ano, você poderia representar as vendas médias para T1, T2 T3 e T4. Com tal gráfico, você teria uma ideia direcional das vendas mensais, sem precisar examinar dados detalhados.

Veja a Figura 7-30, que mostra dois gráficos. O gráfico inferior tem a tendência dos dados mensais de cada ano em um único gráfico. Você pode ver como é difícil discernir muita coisa nesse gráfico. Parece que as vendas mensais estão caindo nos três anos. O gráfico superior mostra os mesmos dados em uma tendência direcional, mostrando as vendas médias dos principais períodos. A tendência salta, mostrando que as vendas ficaram uniformes depois do crescimento saudável em 2011 e 2012.

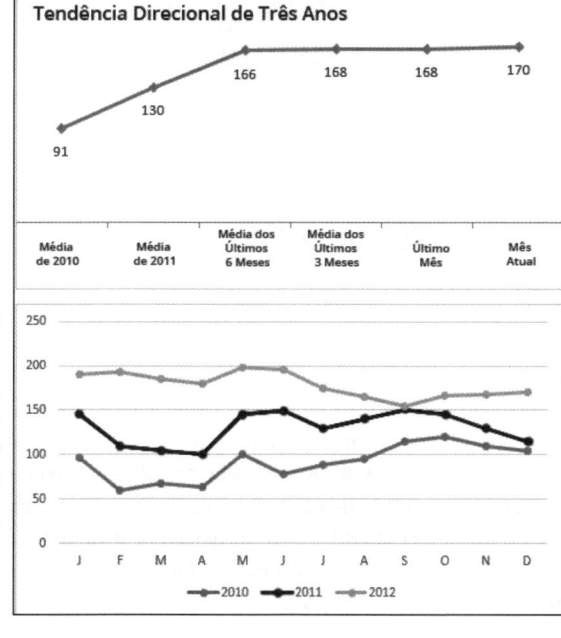

FIGURA 7-30: A tendência direcional (superior) pode ajudar a mostrar as tendências que podem estar ocultas nos gráficos mais complexos.

Suavizando os dados

Certas linhas de negócios contribuem para grandes flutuações nos dados mês a mês. Por exemplo, uma prática de consultoria pode seguir por meses sem um fluxo de rendimento estável antes de um grande contrato surgir e aumentar os dados de vendas por alguns meses. Algumas pessoas chamam esses altos e baixos de *sazonalidade* ou *ciclos de negócio*.

Independentemente do nome, as flutuações bruscas nos dados podem impedi-lo de analisar e apresentar efetivamente as tendências. A Figura 7-31 demostra a altura que os dados voláteis podem ocultar nas tendências subjacentes.

É onde entra o conceito da suavização. *Suavizar* é exatamente o que parece ser — forçar um intervalo entre os valores mais altos e mais baixos em um conjunto de dados a se suavizar em um intervalo previsível, sem prejudicar as proporções do conjunto de dados.

Você pode usar muitas técnicas diferentes para suavizar um conjunto de dados. Reserve um momento para ver duas das maneiras mais fáceis para aplicar a suavização.

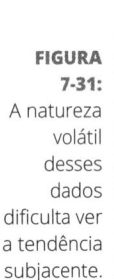

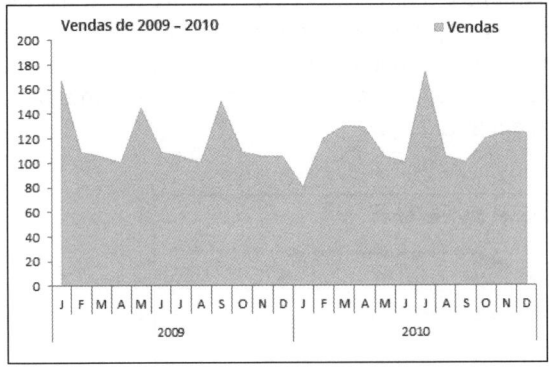

FIGURA 7-31: A natureza volátil desses dados dificulta ver a tendência subjacente.

Suavizando com a funcionalidade da média móvel do Excel

O Excel tem um mecanismo de suavização incorporado, na forma de uma linha de tendência da média móvel — ou seja, uma linha de tendência que calcula e plota a média móvel de cada ponto de dados. Uma *média móvel* é uma operação estatística usada para controlar padrões diários, semanais ou mensais. Uma média móvel típica começa calculando a média de um número fixo de pontos de dados, então, com os números de cada novo dia (semana ou mês), o número mais antigo é descartado e o mais recente é incluído na média. Esse cálculo é repetido no conjunto de dados inteiro, criando uma tendência que representa a média em pontos específicos no tempo.

A Figura 7-32 mostra como a linha de tendência da média móvel do Excel pode ajudar a suavizar os dados voláteis, destacando um intervalo previsível.

FIGURA 7-32: Uma linha de tendência da média móvel de quatro meses foi adicionada para suavizar a natureza volátil dos dados originais.

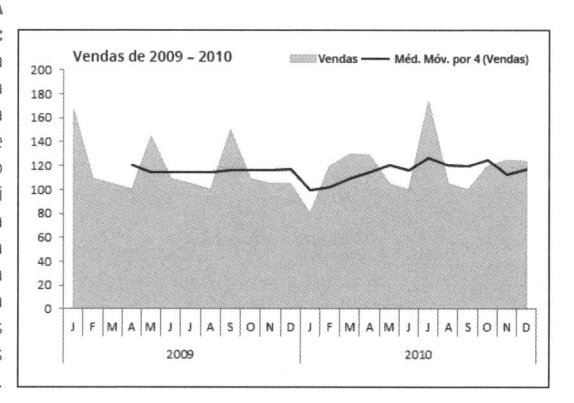

Neste exemplo, uma média móvel de quatro meses foi aplicada.

Para adicionar uma linha de tendência da média móvel, siga estas etapas:

1. **Clique com o botão direito na série que representa os dados voláteis e selecione Adicionar Linha de Tendência no menu que aparece.**

   A caixa de diálogo Formatar Linha de Tendência aparece, mostrada na Figura 7-33.

2. **Na caixa de diálogo Formatar Linha de Tendência, selecione Média Móvel e especifique o número de períodos.**

   Neste caso, o Excel terá a média da linha de tendência móvel de quatro meses.

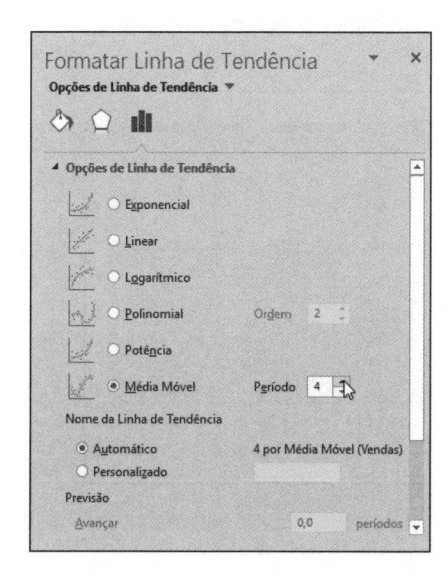

FIGURA 7-33: Aplicando uma linha de tendência da média móvel de quatro meses.

Criando seu próprio cálculo de suavização

Como uma alternativa para as linhas de tendência incorporadas do Excel, você pode criar seu próprio cálculo de suavização e simplesmente incluí-lo como uma série de dados em seu gráfico. Na Figura 7-34, uma coluna calculada (devidamente nomeada como Suavização) fornece os pontos de dados necessários para criar uma série de dados suavizada.

FIGURA 7-34: Uma coluna de suavização calculada alimenta uma nova série para seu gráfico.

Nesse exemplo, a segunda linha da coluna Suavização contém uma fórmula simples da média que faz a média do primeiro e segundo pontos de dados. Observe que a referência para o primeiro ponto de dados (célula D2) está bloqueada como um valor absoluto com sinais de cifrão ($). Isso assegura que, quando a fórmula for copiada, o intervalo aumentará para incluir todos os pontos de dados anteriores.

Depois da fórmula ser copiada para preencher a coluna de suavização inteira, ela poderá ser incluída simplesmente na fonte de dados do gráfico. A Figura 7-35 mostra os dados suavizados plotados como um gráfico de linhas.

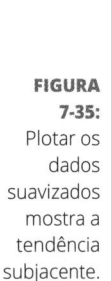

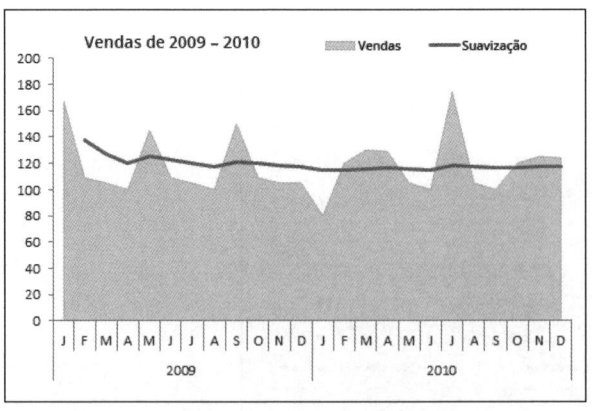

FIGURA 7-35: Plotar os dados suavizados mostra a tendência subjacente.

> **NESTE CAPÍTULO**
>
> Fazendo exibições dos primeiros e últimos
>
> Usando histogramas para localizar os grupos
>
> Criando histogramas com tabelas dinâmicas
>
> Destacando os primeiros e últimos valores nos gráficos

Capítulo 8
Agrupando e Movendo os Dados

Geralmente, é útil organizar suas análises em grupos lógicos de dados. O agrupamento permite focar nos conjuntos gerenciáveis que têm atributos-chave. Por exemplo, em vez de ver todos os clientes em uma exibição enorme, você pode analisar os clientes que compram apenas um produto. Então, pode focar a atenção e recursos nesses clientes que têm o potencial de comprar mais produtos.

A vantagem de agrupar os dados é que você pode selecionar mais facilmente os grupos que estão fora do padrão de seu negócio.

Neste capítulo, ajudo a explorar algumas técnicas que você pode usar para criar componentes que agrupam e movem os dados.

Criando Exibições dos Primeiros e Últimos

Quando você vê a lista das empresas Fortune 500, normalmente procura as 20 primeiras empresas. Então, talvez veja quem conseguiu ficar nos 20 últimos lugares. É improvável que você verifique para saber qual empresa ficou no número 251. Não necessariamente porque não se importa com o número 251, mas você não pode gastar seu tempo ou energia para processar todas as 500 empresas. Portanto, processa o início e o fim da lista.

Este conceito é o mesmo por trás da criação das exibições dos primeiros e últimos. Seu público tem apenas certa quantidade de tempo e recursos para se dedicar a resolver qualquer problema que você pode enfatizar em seu painel. Mostrar-lhe os primeiros e últimos valores em seus dados pode ajudar a indicar onde e como ele pode ter o maior impacto com o tempo e recursos disponíveis.

Incorporando exibições dos primeiros e últimos nos painéis

Criar exibições dos primeiros e últimos pode ser tão simples quanto os dados de origem que você incorpora em seu painel. Em geral, colocados à direita de um painel, esses dados podem enfatizar os detalhes que um gerente pode usar para tomar uma ação em uma métrica. Por exemplo, o painel simples mostrado na Figura 8-1 exibe as informações de vendas com os primeiros e últimos representantes de vendas.

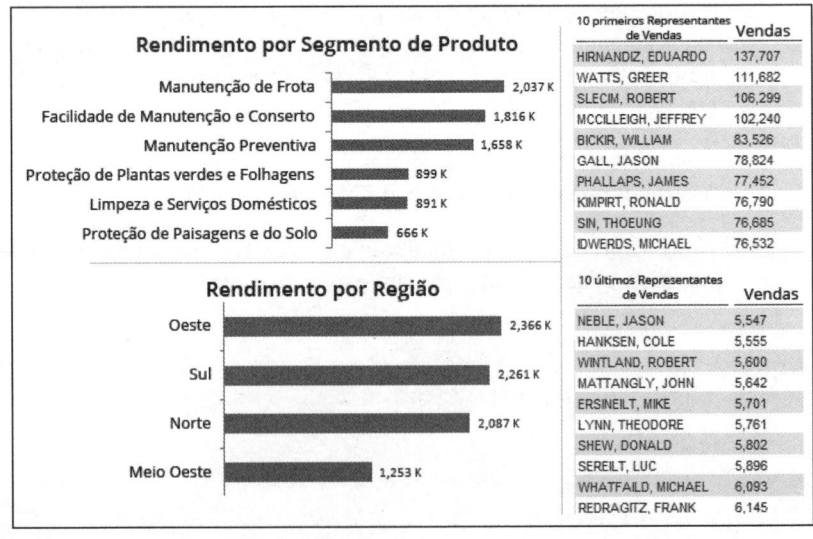

FIGURA 8-1: As exibições dos primeiros e últimos que enfatizam certas métricas.

Para ter um pouco mais de elegância, você pode complementar as exibições dos primeiros e últimos com algumas informações de classificação, alguns gráficos de barras na célula ou alguma formatação condicional; veja a Figura 8-2.

Você pode criar gráficos de barras na célula com a função de formatação condicional Barras de Dados, tratada no Capítulo 5. As setas também são regras simples de formatação condicional avaliadas em relação à variação nas classificações dos meses atual e anterior.

FIGURA 8-2: Você pode usar a formatação condicional para adicionar componentes visuais às suas exibições dos primeiros e últimos.

10 Primeiros Vendedores	Vendas	Posição	Mês Anterior	vs Mês Anterior
HIRNANDIZ, EDUARDO	$137.707	1	1	0
WATTS, GREER	$111.682	2	3	1
SLECIM, ROBERT	$106.299	3	5	2
MCCILLEIGH, JEFFREY	$102.240	4	2	-2
BICKIR, WILLIAM	$83.526	5	3	-2
GALL, JASON	$78.824	6	12	6
PHALLAPS, JAMES	$77.452	7	7	0
KIMPIRT, RONALD	$76.790	8	9	1
SIN, THOEUNG	$76.685	9	8	-1
DWERDS, MICHAEL	$76.532	10	4	-6

10 Últimos Vendedores	Vendas	Posição	Mês Anterior	vs Mês Anterior
NEBLE, JASON	$5.547	244	244	0
CELIMAN, WILLIAM	$9.779	243	241	-2
KRIZILL, ADAM	$11.454	242	235	-7
MIDANA, FRANK	$15.044	241	221	-20
GRANGIR, DAVID	$16.129	240	240	0
DALLEARE, ANDRE	$16.265	239	239	0
HICKLIBIRRY, JERRY	$16.670	238	225	-13
VAN HUILE, KENNETH	$18.821	237	242	5
RACHERDSEN, KENNETH	$19.675	236	237	1
STIGALL, DAVID	$20.092	235	243	8

Usando tabelas dinâmicas para obter exibições dos primeiros e últimos

Se você leu o Capítulo 6, sabe que a tabela dinâmica é uma ferramenta surpreendente que pode ajudar a criar um relatório interativo. Agora, reserve um momento para examinar um exemplo de como as tabelas dinâmicas podem ajudar a criar exibições interativas dos primeiros e últimos.

DICA Abra o arquivo `Cap.8Exemplos`, encontrado no website complementar deste livro, para acompanhar.

Siga estas etapas para exibir os filtros Primeiro e Último com uma tabela dinâmica.

1. **Inicie com uma tabela dinâmica que apresenta os dados que você deseja mostrar com as exibições dos primeiros e últimos.**

    Neste caso, a tabela dinâmica mostra Vendedor e Total_Vendas; veja a Figura 8-3.

2. Clique com o botão direito no campo que você deseja usar para determinar os primeiros valores — neste exemplo, use o campo Vendedor —, então, escolha Filtro ➪ 10 Primeiros no menu que aparece, como mostra a Figura 8-4.

A caixa de diálogo Filtrar 10 Primeiros (Vendedor) aparece, como mostra a Figura 8-5.

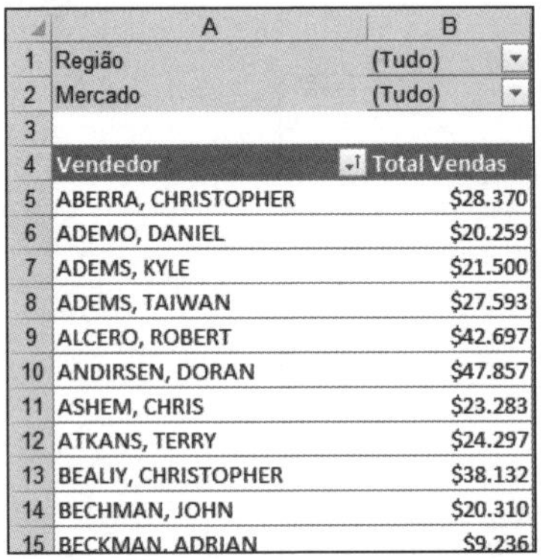

FIGURA 8-3: Inicie com uma tabela dinâmica que contém os dados que você deseja filtrar.

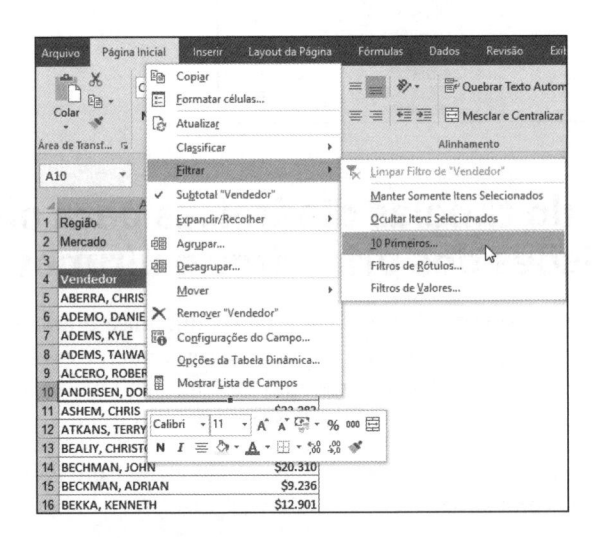

FIGURA 8-4: Selecione a opção de filtro 10 Primeiros.

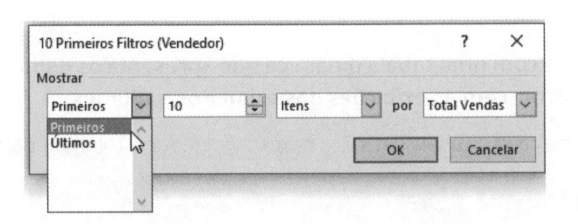

FIGURA 8-5: Especifique o filtro que você deseja aplicar.

184 PARTE 3 **Criando os Componentes Avançados do Painel**

3. **Na caixa de diálogo Filtrar 10 Primeiros (Vendedor), defina a exibição que você está procurando.**

   Neste exemplo, você deseja os 10 Primeiros Itens (Vendedor) como definidos pelo campo Total_Vendas.

4. **Clique em OK para aplicar o filtro.**

   Neste ponto, a tabela dinâmica é filtrada para mostrar os 10 primeiros vendedores para a região selecionada e mercado. Você pode mudar o filtro Mercado para Charlotte e obter os 10 primeiros vendedores para Charlotte apenas; veja a Figura 8-6.

FIGURA 8-6: Você pode filtrar interativamente o relatório da tabela dinâmica para mostrar instantaneamente os 10 primeiros representantes de vendas para qualquer região e mercado.

	A	B
1	Região	(Tudo)
2	Mercado	CHARLOTTE
3		
4	Vendedor	Total Vendas
5	MCCILLEIGH, JEFFREY	$98.090
6	CERDWILL, TIMOTHY	$54.883
7	BRADFERD, JAMES	$49.435
8	DIDLIY, CHARLES	$47.220
9	SWANGIR, ADAM	$46.608
10	SKILTEN, JAMES	$43.569
11	PIORSEN, HEYWARD	$41.005
12	CRIOMIR, TIMOTHY	$34.169
13	PERSENS, GREGORY	$33.026
14	BIOCH, RONALD	$30.168
15	Total Geral	$478.172

5. **Para exibir a lista dos 10 últimos vendedores, copie a tabela dinâmica inteira e cole-a ao lado da existente.**

6. **Repita as Etapas de 2 a 4 na tabela dinâmica recém-copiada — exceto por esta vez, escolha filtrar os 10 últimos itens, como definido pelo campo Total_Vendas.**

   Se tudo correr bem, agora você terá duas tabelas dinâmicas parecidas com as da Figura 8-7: uma que mostra os 10 primeiros vendedores e outra que mostra os 10 últimos. Usando fórmulas, você pode vincular essas tabelas de volta com as duas tabelas dinâmicas na camada de análise de seu modelo de dados. Assim, quando você atualizar os dados, os primeiros e últimos valores exibirão as novas informações.

LEMBRE-SE Se houver um empate para qualquer classificação nos primeiros ou últimos valores, o Excel mostrará todos os registros empatados para que você possa obter mais do que o número pelo qual filtrou. Se você filtrou para obter os 10 primeiros vendedores e houver um empate para a classificação de número 5, o Excel mostrará 11 representantes de vendas. (Ambos os representantes classificados no número 5 serão mostrados.)

FIGURA 8-7:
Agora, você tem duas tabelas dinâmicas que mostram as exibições dos primeiros e últimos.

A	B		D	E
Região	(Tudo)		Região	(Tudo)
Mercado	CHARLOTTE		Mercado	CHARLOTTE
Vendedor	Total Vendas		Vendedor	Total Vendas
MCCILLEIGH, JEFFREY	$98.090		MEERE, TERRY	$27.149
CERDWILL, TIMOTHY	$54.883		BRAGHT, THOMAS	$25.005
BRADFERD, JAMES	$49.435		CRAVIY, ANTHONY	$22.761
DIDLIY, CHARLES	$47.220		WALLAEMS, SHAUN	$15.477
SWANGIR, ADAM	$46.608		HERVIY, CHRISTOPHER	$15.260
SKILTEN, JAMES	$43.569		HELT, CHRISTOPHER	$15.147
PIORSEN, HEYWARD	$41.005		REBIRTS, ADAMS	$13.237
CRIOMIR, TIMOTHY	$34.169		BECKMAN, ADRIAN	$9.236
PERSENS, GREGORY	$33.026		GERRUIS, ROBERT	$7.786
BIOCH, RONALD	$30.168		MEERE, RUSSELL	$6.635
Total Geral	$478.172		Total Geral	$157.693

Primeiros Valores nos Gráficos

Algumas vezes, um gráfico é, de fato, o melhor modo de exibir um conjunto de dados, mas você ainda deseja chamar a atenção para os primeiros valores nele. Nesses casos, é possível usar uma técnica que destaca os primeiros valores em seus gráficos. Ou seja, você pode usar o Excel para descobrir quais valores em sua série de dados estão nos *n* primeiros valores e, depois, aplicar uma formatação especial neles. A Figura 8-8 mostra um exemplo onde os cinco primeiros trimestres são destacados e recebem uma legenda.

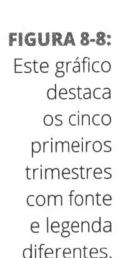

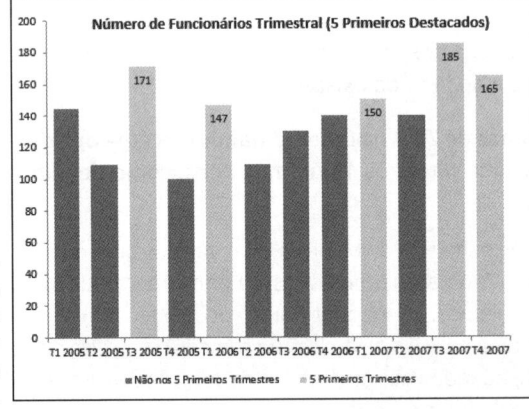

FIGURA 8-8:
Este gráfico destaca os cinco primeiros trimestres com fonte e legenda diferentes.

O segredo desta técnica é a função MAIOR desconhecida do Excel. A função MAIOR retorna o *n* maior número de um conjunto de dados. Em outras palavras, você informará onde procurar e a classificação do número desejada.

Para encontrar o maior número no conjunto de dados, você digita a fórmula MAIOR(Matriz 1). Para encontrar o quinto maior número no conjunto de dados, use `MAIOR(Matriz 5)`. A Figura 8-9 mostra como a função `MAIOR` funciona.

FIGURA 8-9: Usar a função MAIOR retorna o *n* maior número de um conjunto de dados.

	A	B	C	D	E	F
1			Contagem Pessoas			
2		J	145			
3		F	109			
4		M	171			
5		A	100			
6		M	147			
7		J	109			
8		J	130			
9		A	140			
10		S	150			
11		O	140			
12		N	185			
13		D	165			
14						
15		Maior Valor	185	←	=MAIOR(C2:C13;1)	
16						
17		5o Maior Valor	147	←	=MAIOR(C2:C13;5)	

A ideia é bem simples: para identificar os cinco primeiros valores em um conjunto de dados, primeiro você precisa identificar o quinto maior número (a função `MAIOR` vem ao seu resgate) e, depois, testar cada valor no conjunto para ver se ele é maior que o quinto maior número. Eis o que fazer:

1. **Crie um alimentador de gráfico que consiste em fórmulas que se vinculam com seus dados brutos.**

O alimentador deve ter duas colunas: uma para manter os dados que não estão nos cinco primeiros e outra para manter os dados que estão; veja a Figura 8-10.

FIGURA 8-10: Crie um novo alimentador de gráfico que consiste em fórmulas que plotam os valores em uma das duas colunas.

	A	B	C	D	E	F	G	H
1								
2						=SE(C4<MAIOR($C$4:$C$15;5);C4;"NA")	=SE(C4<MAIOR($C$4:$C$15;5);"NA";C4)	
3			Número de Funcionários			Não nos 5 Primeiros Trimestres	5 Primeiros Trimestres	
4		T1 2005	145		T1 2005	145	NA	
5		T2 2005	109		T2 2005	109	NA	
6		T3 2005	171		T3 2005	NA	171	
7		T4 2005	100		T4 2005	100	NA	
8		T1 2006	147		T1 2006	NA	147	
9		T2 2006	109		T2 2006	109	NA	
10		T3 2006	130		T3 2006	130	NA	
11		T4 2006	140		T4 2006	140	NA	
12		T1 2007	150		T1 2007	NA	150	
13		T2 2007	140		T2 2007	140	NA	
14		T3 2007	185		T3 2007	NA	185	
15		T4 2007	165		T4 2007	NA	165	

CAPÍTULO 8 **Agrupando e Movendo os Dados**

2. **Na primeira linha do alimentador de gráfico, digite as fórmulas mostradas na Figura 8-10.**

    A fórmula para a primeira coluna (F4) verifica se o valor na célula C4 é menor que o número retornado pela fórmula MAIOR (o quinto maior valor). Se for, o valor na célula C4 será retornado. Do contrário, NA será usado. A fórmula para a segunda coluna funciona do mesmo modo, exceto que a instrução SE é invertida. Se o valor na célula C4 for maior ou igual ao número retornado pela fórmula MAIOR, o valor será retornado; do contrário, NA será usado.

3. **Copie as fórmulas para preencher a tabela.**

4. **Use a tabela do alimentador de gráfico para plotar os dados em um gráfico de colunas empilhadas.**

    Imediatamente, você verá um gráfico que mostra duas séries de dados: uma para os pontos de dados não nos cinco primeiros e outra para os pontos de dados nos cinco primeiros; veja a Figura 8-11.

    Observe que o gráfico na Figura 8-11 mostra alguns zeros intrusos. Você pode completar as etapas a seguir para corrigir o gráfico para que os zeros não apareçam.

FIGURA 8-11: Depois de adicionar as legendas dos dados à série dos cinco primeiros dados e fazer um pouco de formatação, seu gráfico deverá parecer com o mostrado aqui.

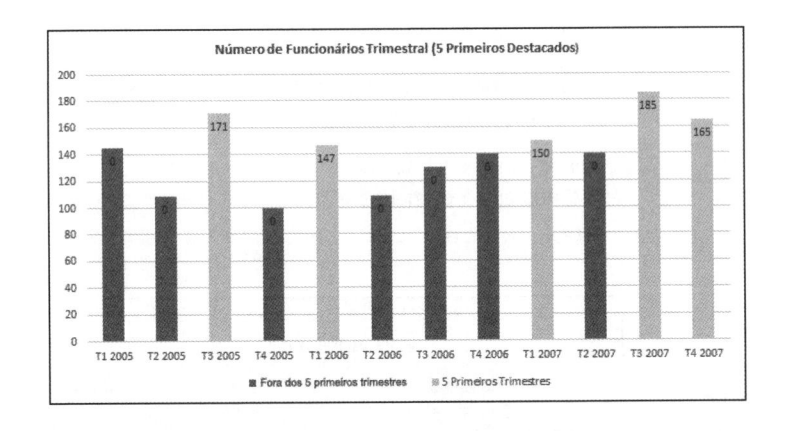

5. **Clique com o botão direito em qualquer legenda dos dados para a série "não nos 5 primeiros" e escolha Formatar Rótulos de Dados no menu que aparece.**

    A caixa de diálogo Formatar Legendas dos Dados aparece.

6. **Nesta caixa de diálogo, expanda a seção Números e selecione Personalizar na lista Categoria.**

7. Insira #.##0;; como o formato do número personalizado, como mostra a Figura 8-12.

8. Clique em Adicionar e Fechar.

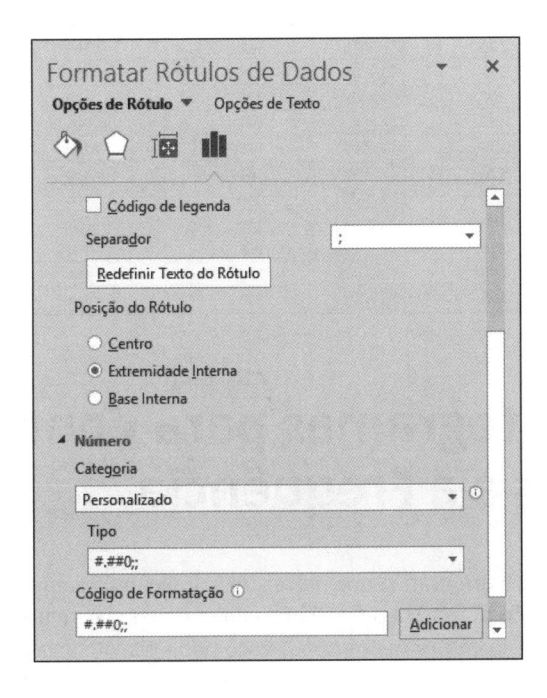

FIGURA 8-12: Inserir #,##0;; como o formato personalizado para uma legenda de dados oculta todos os zeros nessa série de dados.

Quando você voltar para o gráfico, verá que, agora, os zeros intrusos estão ocultos e o gráfico está pronto para as cores, legendas e outras formatações que você desejar aplicar.

Você pode aplicar a mesma técnica para destacar os cinco últimos valores em seu conjunto de dados. A única diferença é que, em vez de usar a função MAIOR, você usa a função MENOR. Enquanto a função MAIOR retorna o *n* valor maior de uma faixa, a função MENOR retorna o *n* menor valor.

A Figura 8-13 mostra as fórmulas usadas para aplicar a mesma técnica descrita aqui para os cinco últimos valores.

A fórmula para a primeira coluna (F22) verifica para saber se o valor na célula C22 é maior que o número retornado pela fórmula MENOR (o quinto menor valor). Se for, o valor na célula C22 será retornado. Do contrário, NA será usado. A fórmula para a segunda coluna funciona do mesmo modo, exceto que a instrução SE é invertida: Se o valor na célula C22 for maior que o número retornado pela fórmula MENOR, NA será usado; do contrário, o valor será retornado.

FIGURA 8-13: Use a função MENOR para destacar os últimos valores em um gráfico.

	A	B	C	D	E	F	G	H
19						=SE(C22>MENOR($C$22:$C$33;5);C22;"NA")	=SE(C22>MENOR($C$22:$C$33;5);"NA";C22)	
20								
21			Número de Funcionários			Fora dos 5 primeiros trimestres	5 Últimos Trimestres	
22		T1 2005	145		T1 2005	145	NA	
23		T2 2005	109		T2 2005	NA	109	
24		T3 2005	171		T3 2005	171	NA	
25		T4 2005	100		T4 2005	NA	100	
26		T1 2006	147		T1 2006	147	NA	
27		T2 2006	109		T2 2006	NA	109	
28		T3 2006	130		T3 2006	NA	130	
29		T4 2006	140		T4 2006	140	NA	
30		T1 2007	150		T1 2007	150	NA	
31		T2 2007	132		T2 2007	NA	132	
32		T3 2007	185		T3 2007	185	NA	
33		T4 2007	165		T4 2007	165	NA	

Usando Histogramas para Controlar as Relações e a Frequência

Um *histograma* é um gráfico que plota a distribuição da frequência. Uma *distribuição de frequência* mostra a frequência com a qual ocorre um evento ou categoria de dados. Com um histograma, você pode visualizar a distribuição geral de determinado atributo.

Veja o histograma mostrado na Figura 8-14. Ele representa a distribuição das unidades vendidas em um mês entre seus vendedores. Como se pode ver, a maioria dos vendedores vende entre 5 e 25 unidades por mês. Como gerente, você deseja que a elevação no gráfico vá para a direita — mais pessoas vendendo um número maior de unidades por mês. Portanto, defina um objetivo para uma maioria dos vendedores para vender entre 15 e 25 unidades nos próximos três meses. Com esse histograma, você pode controlar visualmente o progresso em direção a esse objetivo.

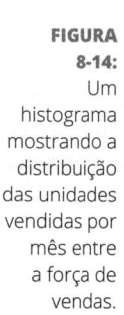

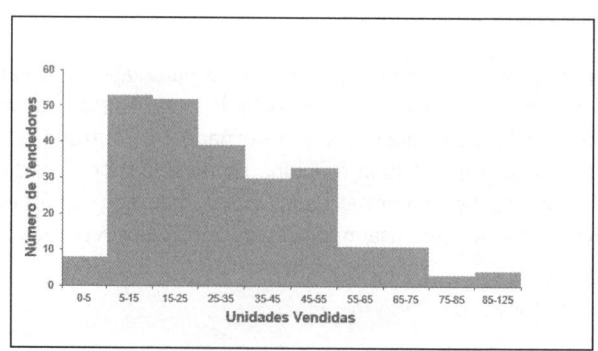

FIGURA 8-14: Um histograma mostrando a distribuição das unidades vendidas por mês entre a força de vendas.

Esta seção analisa como criar um histograma usando os vários métodos disponíveis. Essas técnicas permitem um nível de automação e interatividade, que é útil ao atualizar os painéis a cada mês.

LEMBRE-SE

Veja como desenvolver um modelo de dados no Capítulo 2.

Criando um histograma baseado em fórmulas

Se você não tem o Excel 2016 ou se deseja um pouco mais de envolvimento ao criar seus gráficos de histograma, poderá criar um histograma baseado em fórmulas. Esta técnica é bem adequada para os modelos de dados nos quais você separa as informações de dados, análise e apresentação.

Siga estas etapas para criar um histograma baseado em fórmulas:

1. **Antes de criar o histograma, você precisa de uma tabela que contenha seus dados brutos e precisa criar uma tabela de compartimento; veja a Figura 8-15.**

   O ideal é que os dados brutos consistam em registros que representam as contagens únicas dos dados que você deseja agrupar. Por exemplo, a tabela de dados brutos na Figura 8-15 contém os vendedores individuais e o número de unidades que cada um vendeu.

	A	B	C	D
1	Dados Brutos			Fórmul
2	Vendedor	Unidades Vendidas		Faixas
3	ERSINEILT, MIKE	5		0
4	HANKSEN, COLE	5		5
5	LYNN, THEODORE	5		15
6	MATTANGLY, JOHN	5		25
7	NEBLE, JASON	5		35
8	SEREILT, LUC	5		45
9	SHEW, DONALD	5		55
10	WINTLAND, ROBERT	5		65
11	BLANCHIT, DANNY	6		75
12	BLEKE JR, SAMUEL	6		85
13	ETEVAC, ROBERT	6		125
14	KNEIR, ANTHONY	6		

FIGURA 8-15: Comece com sua tabela de dados brutos e uma tabela de compartimento.

   A tabela de compartimento impõe os parâmetros do agrupamento usados para dividir seus dados brutos em grupos de frequência. A tabela de compartimento informa ao Excel para agrupar todos os vendedores que vendem menos de 5 unidades no primeiro grupo de frequência, qualquer vendedor que vende de 5 a 14 unidades no segundo grupo de frequência etc.

> **DICA**
>
> Você pode definir livremente seus próprios parâmetros de agrupamento quando cria a tabela de compartimento. Contudo, em geral, deve manter os parâmetros o mais igualmente espaçados possível. Normalmente, você deseja terminar suas tabelas de compartimento com o maior número no conjunto de dados. Isso fornecerá agrupamentos claros que terminam em um número finito — não em uma designação 'maior que' aberta no final.

2. **Crie uma nova coluna na tabela de compartimento para manter as fórmulas FREQUÊNCIA, então, nomeie a nova coluna como Fórmulas de Frequência, como mostra a Figura 8-16.**

   A função FREQUÊNCIA do Excel conta com que frequência os valores ocorrem nos intervalos especificados em uma tabela de compartimento.

FIGURA 8-16: Digite a fórmula FREQUÊNCIA vista aqui e pressione as teclas Ctrl+Shift+Enter em seu teclado.

	A	B	C	D	E	F
1	Dados Brutos			Fórmulas de Frequência		
2	Vendedor	Unidades Vendidas		Faixas	Fórmulas de Frequência	
3	ERSINEILT, MIKE	5		0		=FREQUÊNCIA(B3:B246;D3:D13)
4	HANKSEN, COLE	5		5		
5	LYNN, THEODORE	5		15		
6	MATTANGLY, JOHN	5		25		
7	NEBLE, JASON	5		35		
8	SEREILT, LUC	5		45		
9	SHEW, DONALD	5		55		
10	WINTLAND, ROBERT	5		65		
11	BLANCHIT, DANNY	6		75		
12	BLEKE JR, SAMUEL	6		85		
13	ETEVAC, ROBERT	6		125		

3. **Selecione as células na coluna recém-criada.**

4. **Digite a fórmula FREQUÊNCIA vista na Figura 8-16 e pressione Ctrl+Shift+Enter no teclado.**

   > **LEMBRE-SE**
   >
   > A função FREQUÊNCIA tem uma peculiaridade que geralmente confunde os usuários iniciantes. Ela é uma fórmula de *Matriz* — uma fórmula que retorna muitos valores de uma só vez. Para funcionar corretamente, você tem que pressionar Ctrl+Shift+Enter no teclado depois de digitá-la. Se você pressionar apenas a tecla Enter, não obterá os resultados necessários.

   Neste ponto, você deve ter uma tabela que mostra o número de representantes de vendas que ficam em cada um dos compartimentos. Você poderia representar graficamente essa tabela, mas as legendas dos dados ficariam pouco precisos. Para ter os melhores resultados, crie uma tabela alimentadora de gráficos simples que cria as devidas legendas para cada compartimento. Você fará isto na próxima etapa.

5. **Crie uma nova tabela que alimenta os gráficos um pouco mais claramente; veja a Figura 8-17.**

Use uma fórmula simples para concatenar os compartimentos nas devidas legendas. Use outra fórmula para produzir os resultados de seus cálculos FREQUÊNCIA.

Na Figura 8-17, as fórmulas no primeiro registro da tabela alimentadora de gráficos estão visíveis. Essas fórmulas são basicamente copiadas para criar uma tabela adequada para o gráfico.

FIGURA 8-17: Crie uma tabela alimentadora de gráficos simples que cria as devidas legendas para cada compartimento.

	C	D	E	F	G	H	I
1		Fórmulas de Frequência			Alimentador do Gráfico		
2		Faixas	Fórmulas de Frequência		Unidades Vendidas	Contagem de Vendedores	=D3& "-" &D4
3		0	0		0-5	8	=E4
4		5	8		5-15	53	
5		15	53		15-25	52	
6		25	52		25-35	39	
7		35	39		35-45	30	
8		45	30		45-55	33	
9		55	33		55-65	11	
10		65	11		65-75	11	
11		75	11		75-85	3	
12		85	3		85-125	4	
13		125	4				

6. **Use a tabela alimentadora de gráficos recém-criada para plotar os dados em um gráfico de colunas.**

   A Figura 8-18 mostra o gráfico resultante. Você pode muito bem usar o gráfico de colunas inicial como seu histograma.

   Se quiser que seus histogramas tenham espaços entre os pontos de dados, você terminou. Se quiser a aparência com blocos contínuos obtida sem nenhuma lacuna entre os pontos de dados, siga as próximas etapas.

7. **Clique com o botão direito em qualquer coluna no gráfico e escolha Formatar Série de Dados no menu que aparece.**

   A caixa de diálogo Formatar Série de Dados aparece.

8. **Ajuste a propriedade Largura da Lacuna para 0%, como mostra a Figura 8-19.**

Adicionando uma porcentagem cumulativa

Um belo recurso para adicionar em seus histogramas é uma série de porcentagem cumulativa. Com tal série, você pode mostrar a distribuição de porcentagem dos pontos de dados à esquerda do ponto de interesse.

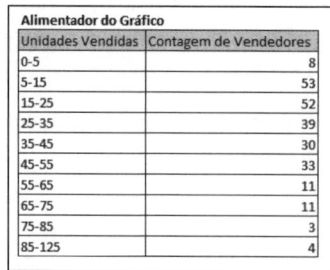

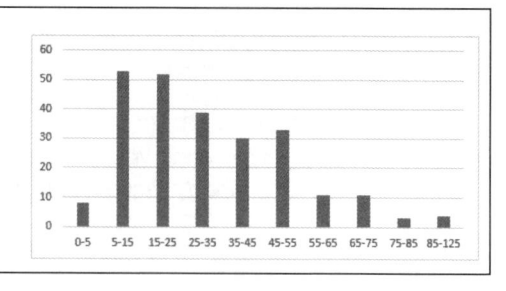

FIGURA 8-18: Plote os dados de seu histograma em um gráfico de colunas.

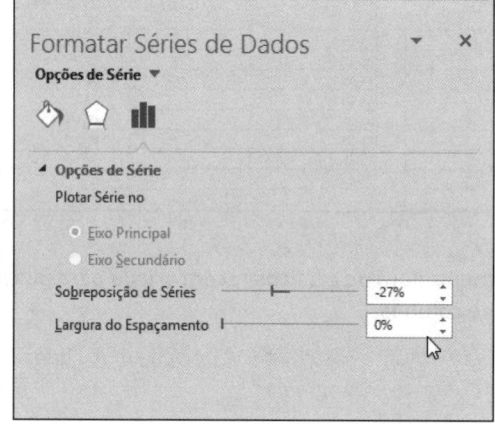

Alimentador do Gráfico	
Unidades Vendidas	Contagem de Vendedores
0-5	8
5-15	53
15-25	52
25-35	39
35-45	30
45-55	33
55-65	11
65-75	11
75-85	3
85-125	4

FIGURA 8-19: Para eliminar os espaços entre as colunas, defina a Largura da Lacuna para 0%.

A Figura 8-20 mostra um exemplo de uma série de porcentagem cumulativa. Em cada ponto de dados no histograma, a série de porcentagem cumulativa informa a porcentagem da população que preenche todos os compartimentos até esse ponto. Por exemplo, você pode ver que 25% dos vendedores venderam 15 unidades ou menos. Em outras palavras, 75% dos vendedores venderam mais de 15 unidades.

Veja outra vez o gráfico na Figura 8-20 e encontre o ponto onde você vê 75% na série cumulativa. Em 75%, veja a legenda desse intervalo de compartimentos (você vê 35-45). A marca de 75% informa que 75% dos vendedores venderam entre 0 e 45 unidades. Isto significa que apenas 25% deles venderam mais de 45 unidades.

FIGURA 8-20: A série de porcentagem cumulativa mostra a porcentagem da população que preenche todos os compartimentos até cada ponto no histograma.

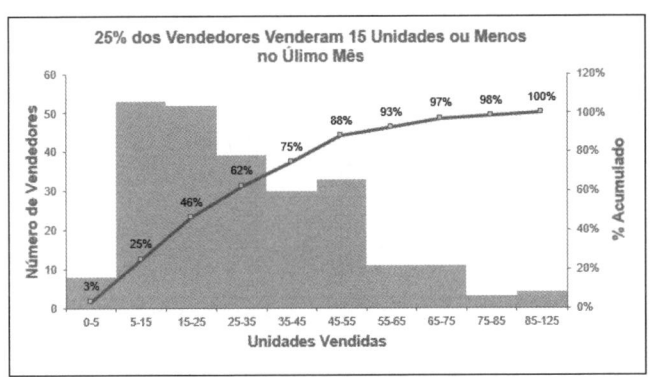

Para criar uma série de porcentagem cumulativa para o histograma, siga estas etapas:

1. Execute as Etapas de 1 a 5 para criar um histograma (na seção "Criando um histograma baseado em fórmulas"), então, adicione uma coluna à sua tabela alimentadora de gráficos que calcula a porcentagem dos representantes de vendas totais do primeiro compartimento; veja a Figura 8-21.

Note os símbolos do cifrão ($) usados nas fórmulas para bloquear as referências enquanto você copia a fórmula.

FIGURA 8-21: Em uma nova coluna, crie uma fórmula que calcula a porcentagem dos representantes de vendas totais para o primeiro compartimento.

Alimentador do Gráfico

Unidades Vendidas	Contagem de Vendedores	% Acumulado
0-5	8	3%
5-15	53	25%
15-25	52	46%
25-35	39	62%
35-45	30	75%
45-55	33	88%
55-65	11	93%
65-75	11	97%
75-85	3	98%
85-125	4	100%

=SOMA($H$3:H3)/SOMA($H$3:$H$12)

2. Copie as fórmulas para todas as faixas na tabela.

3. Use a tabela alimentadora de gráficos para plotar os dados em um gráfico de linhas.

Como se pode ver na Figura 8-22, o gráfico resultante precisa de alguma formatação extra.

Unidades	Contagem de Vendedores	% Acumulado
0-5	8	3%
5-15	53	25%
15-25	52	46%
25-35	39	62%
35-45	30	75%
45-55	33	88%
55-65	11	93%
65-75	11	97%
75-85	3	98%
85-125	4	100%

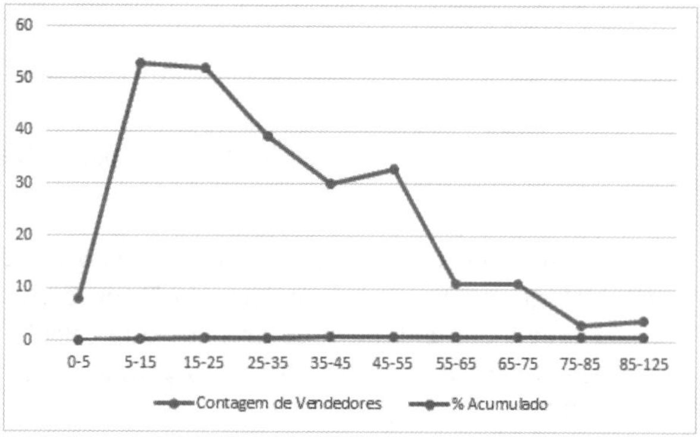

FIGURA 8-22: O gráfico inicial precisará de alguma formatação para fazer com que pareça um histograma.

4. Clique com o botão direito na série que compõe seu histograma (Contagem de Vendedores), selecione Alterar Tipo de Gráfico no menu que aparece e altere o tipo de gráfico para um gráfico de colunas.

5. Clique com o botão direito em qualquer coluna no gráfico e escolha Formatar Série de Dados.

6. Ajuste a propriedade Largura da Lacuna para 0%, como demonstrado anteriormente na Figura 8-19.

7. Clique com o botão direito na série % Acumulado no gráfico e escolha Formatar Série de Dados.

8. Na caixa de diálogo Formatar Série de Dados, mude a opção Plotar Série Em para Eixo Secundário.

9. Clique com o botão direito na série % Acumulado no gráfico e escolha Adicionar Legendas de Dados.

   Neste ponto, seu gráfico de base está completo. Ele deve parecer com o mostrado no início desta seção, na Figura 8-20. Quando você chegar a este ponto, poderá ajustar as cores, legendas e outra formatação.

Usando uma tabela dinâmica para criar um histograma

Você sabia que pode usar uma tabela dinâmica como a fonte para um histograma? Isso mesmo. Com um truque pouco conhecido, você pode criar um histograma que é tão interativo quanto uma tabela dinâmica!

Como no histograma baseado em fórmulas, a primeira etapa ao criar um histograma com uma tabela dinâmica é criar uma distribuição de frequência. Basta seguir estas etapas:

1. **Crie uma tabela dinâmica e plote os valores de dados na área da linha (não na área dos dados).**

    Como se pode ver na Figura 8-23, o campo SomadeTotaldeVendas é colocado na zona LINHAS. Coloque o vendedor na zona VALORES.

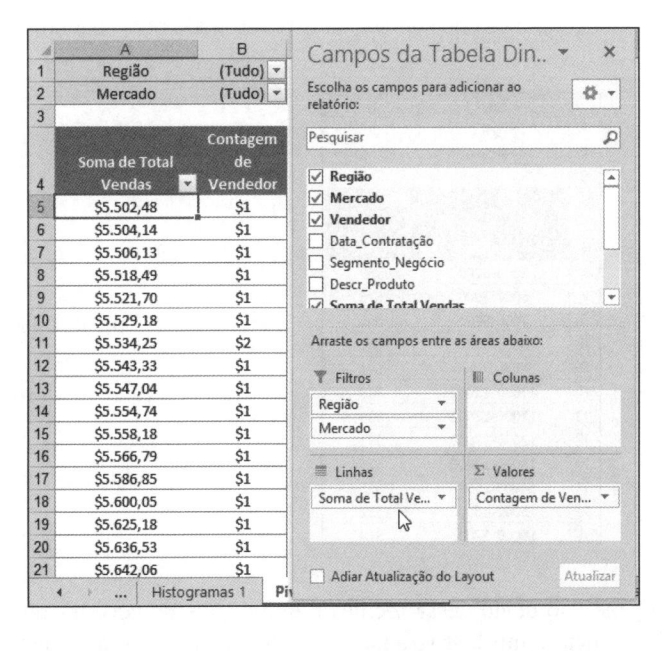

FIGURA 8-23: Coloque seus valores de dados na zona LINHAS e o campo Rep. Vendas na zona VALORES como uma Contagem.

2. **Clique com o botão direito em alguma célula da coluna Soma Total de Valores e escolha Agrupar no menu que aparece.**

    A caixa de diálogo Agrupamento aparece, como mostra a Figura 8-24.

3. **Nessa caixa de diálogo, defina os valores Iniciar Em e Terminar Em, então, defina o intervalo.**

    Esta etapa cria uma distribuição de frequência. Na Figura 8-24, a distribuição é definida para iniciar em 5.000 e criar grupos em aumentos de 1.000 até terminar em 100.000.

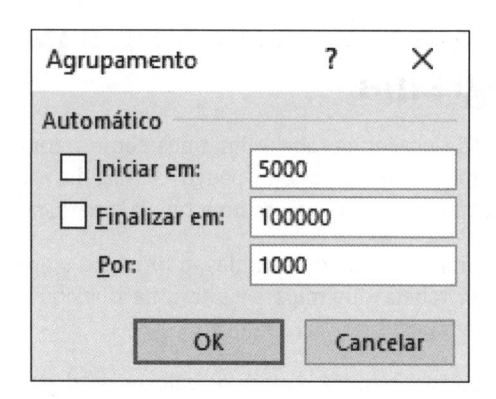

FIGURA 8-24:
A caixa de diálogo Agrupamento.

[Caixa de diálogo Agrupamento com Automático: Iniciar em: 5000, Finalizar em: 100000, Por: 1000, botões OK e Cancelar]

4. **Clique em OK para confirmar suas definições.**

   A tabela dinâmica calcula o número de vendedores para cada aumento definido, exatamente como na distribuição de frequência; veja a Figura 8-25. Agora, você pode aproveitar este resultado para criar um histograma!

FIGURA 8-25:
O resultado de agrupar os valores na área da linha é uma distribuição de frequência que pode ser representada graficamente em um histograma.

	A	B
1	Região	(Tudo)
2	Mercado	(Tudo)
3		
4	Soma de Total Vendas	Contagem de Vendedor
5	5000-6000	$69
6	6000-7000	$78
7	7000-8000	$58
8	8000-9000	$66
9	9000-10000	$41
10	10000-11000	$45
11	11000-12000	$39
12	12000-13000	$33
13	13000-14000	$25
14	14000-15000	$25
15	15000-16000	$22
16	16000-17000	$18

O benefício óbvio dessa técnica é que depois de você ter uma distribuição de frequência e um histograma, é possível filtrar interativamente os dados com base em outras dimensões, como região e mercado. Por exemplo, você pode ver o histograma para o mercado do Canadá, então, mudar rapidamente para ver o histograma para o mercado da Califórnia.

DICA

Note que você não pode adicionar porcentagens cumulativas a um histograma baseado em uma tabela dinâmica.

Usando o gráfico estatístico Histograma do Excel

Se você estiver usando o Excel 2016, terá o luxo de usar seus novos gráficos estatísticos. Os *gráficos estatísticos* ajudam a calcular e visualizar as análises estatísticas comuns sem precisar quebrar a cabeça fazendo cálculos. Esse novo tipo de gráfico permite, basicamente, apontar e clicar seu caminho em um gráfico de histograma, deixando todo o peso matemático com o Excel.

Para criar um gráfico de histograma com o novo tipo de gráfico estatístico, siga estas etapas:

1. **Comece com um conjunto de dados que contenha valores para um grupo único que você deseja mover e contar.**

   Por exemplo, a tabela de dados brutos na Figura 8-26 contém os vendedores individuais e o número de unidades que cada um vendeu.

FIGURA 8-26: Comece com uma tabela de dados brutos.

2. **Selecione seus dados, clique no ícone Gráficos Estatísticos encontrado na guia Inserir, então, selecione o gráfico Histograma no menu suspenso que aparece. (Veja a Figura 8-27).**

DICA Note que, na Figura 8-27, você também pode fazer com que o Excel crie um histograma com uma porcentagem cumulativa. Isso produziria um histograma com uma linha complementar mostrando a distribuição dos valores, parecido com o gráfico mostrado anteriormente, na Figura 8-20.

FIGURA 8-27:
Criando um gráfico de histograma.

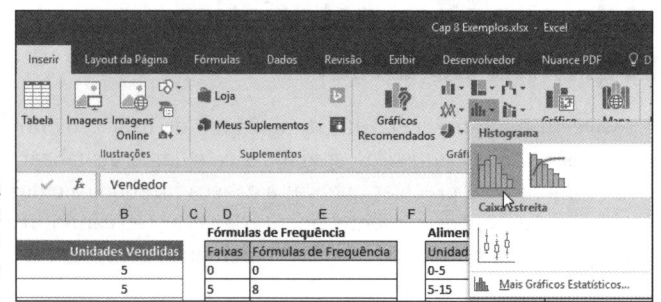

O Excel produz um gráfico de histograma baseado nos valores em seu conjunto de dados de origem. Como se pode ver na Figura 8-28, o Excel tenta derivar a melhor configuração de compartimentos com base em seus dados.

FIGURA 8-28:
O Excel gera automaticamente um histograma com base em seus próprios compartimentos derivados.

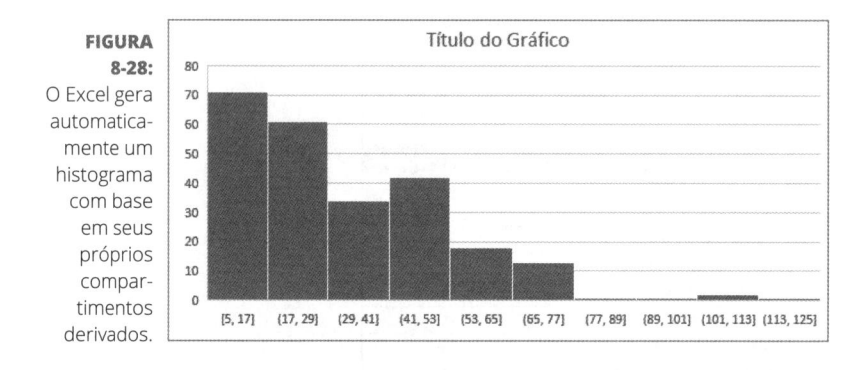

Sempre será possível mudar a configuração dos compartimentos se você não estiver contente com o que o Excel propôs. Basta clicar com o botão direito no eixo x e selecionar Formatar Eixo no menu que aparece. Na seção Opções do Eixo (veja Figura 8-29), você verá algumas definições que permitem anular os compartimentos automáticos do Excel:

» **Largura do compartimento:** Selecione esta opção para especificar qual deve ser o tamanho do intervalo de cada compartimentos. Por exemplo, se você fosse definir a largura do compartimentos para 12, cada compartimento representaria um intervalo de 12 números. Então, o Excel plotaria quantos compartimentos de 12 números fossem necessários para registrar todos os valores em seus dados de origem.

» **Números de compartimento:** Selecione esta opção para especificar o número de compartimentos a mostrar no gráfico. Então, todos os dados serão distribuídos nos compartimentos para que cada compartimento tenha aproximadamente a mesma população.

» **Compartimento de estouro:** Use esta configuração para definir um início para criar os compartimentos. Qualquer valor acima do número definido aqui será colocado em um tipo de compartimento "todos os outros".

» **Compartimento de estouro negativo:** Use esta configuração para definir um início para criar os compartimentos. Qualquer valor abaixo do número definido aqui será colocado em um tipo de compartimento "todos os outros".

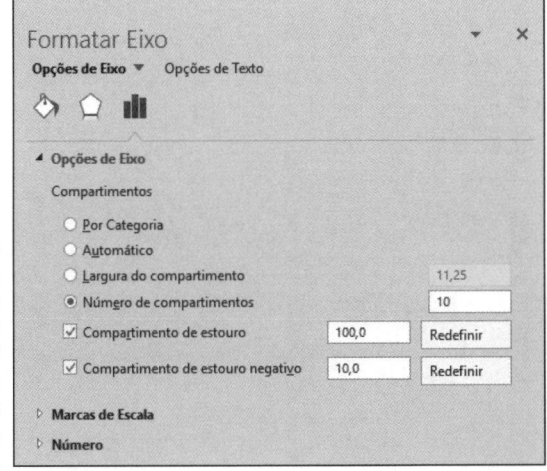

FIGURA 8-29: Configure o eixo x para anular os compartimentos padrão do Excel.

A Figura 8-30 mostra como o histograma mudaria quando as seguintes definições fossem aplicadas:

Número de compartimentos: 10

Compartimento de estouro: 100

Compartimento de estouro negativo: 10

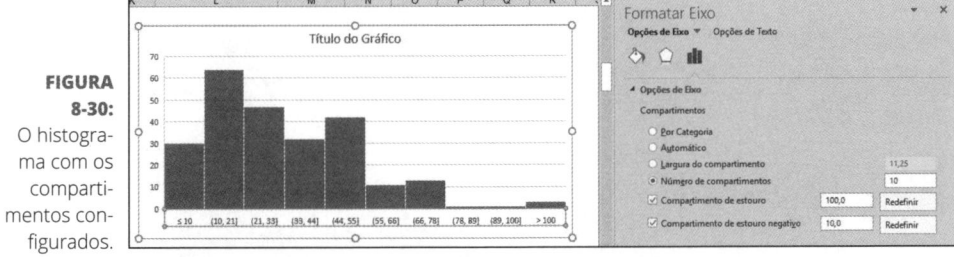

FIGURA 8-30: O histograma com os compartimentos configurados.

CAPÍTULO 8 **Agrupando e Movendo os Dados** 201

> **NESTE CAPÍTULO**
>
> Usando exibições de variação
>
> Usando barras de progresso
>
> Criando gráficos com marcas
>
> Mostrando o desempenho em relação a um intervalo

Capítulo 9
Exibindo o Desempenho em Relação a uma Meta

Felizmente, isto é fácil de entender. Alguém define uma meta que outra pessoa tentará atingir. A meta pode ser qualquer coisa, desde certa quantidade de rendimento até o número de caixas enviadas ou ligações feitas por telefone. O mundo dos negócios está repleto de alvos e objetivos. Seu trabalho é encontrar modos eficientes de representar o desempenho em relação a esses alvos.

O que quero dizer com desempenho em relação a uma meta? Imagine que seu objetivo seja quebrar o recorde de velocidade por terra, que agora está em 1.228 km/h. Isso cria a meta de 1.229 km/h, que quebrará o recorde. Depois de entrar em seu carro e seguir o mais rápido que puder, você terá uma velocidade final. Esse número é seu desempenho em relação à meta.

Neste capítulo, exploro algumas maneiras novas e interessantes de criar componentes que mostram o desempenho em relação a uma meta.

Mostrando o Desempenho com Variação

O modo padrão de exibir o desempenho em relação a uma meta é plotar a meta e, depois, o desempenho. Isso geralmente é feito com um gráfico de linhas ou um gráfico de combinação, como mostra a Figura 9-1.

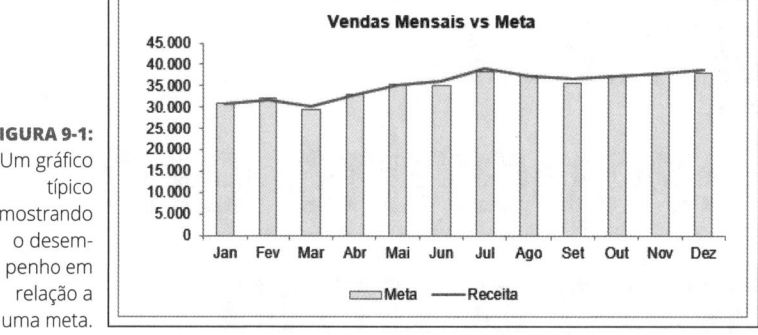

FIGURA 9-1: Um gráfico típico mostrando o desempenho em relação a uma meta.

Embora esse gráfico permita selecionar visualmente os pontos nos quais o desempenho excedeu ou ficou abaixo das metas, ele fornece uma exibição unidimensional e informações mínimas. Mesmo que esse gráfico tenha oferecido legendas que mostraram a porcentagem real do rendimento das vendas versus meta, você ainda terá uma exibição com informações apenas moderada.

Um modo mais eficiente e informativo de exibir o desempenho em relação a uma meta é plotar as diferenças entre a meta e o desempenho. A Figura 9-2 mostra os mesmos dados de desempenho vistos na Figura 9-1, mas inclui as diferenças (receitas versus meta) sob a legenda mensal. Assim, você vê onde o desempenho excedeu ou ficou abaixo das metas, mas também tem uma camada extra de informações mostrando o impacto em dinheiro de cada aumento e queda.

FIGURA 9-2: Considere usar diferenças para plotar o desempenho em relação a uma meta.

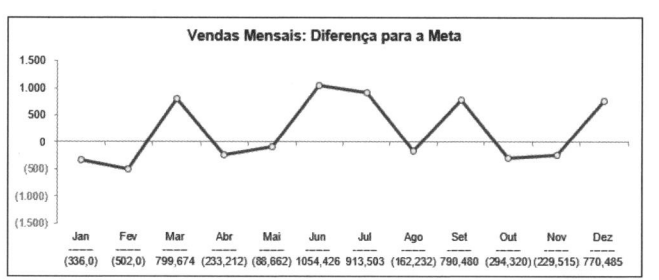

Mostrando o Desempenho em Relação às Tendências Organizacionais

A meta usada para medir o desempenho não tem que ser necessariamente definida pela política do gerenciamento ou organizacional. Na verdade, algumas coisas que você mede podem não ter nunca uma meta formal nem objetivo definido. Nas situações em que você não tem uma meta em relação à qual medir, geralmente é útil medir o desempenho em relação a alguma estatística organizacional.

Por exemplo, o componente na Figura 9-3 mede o desempenho de vendas para cada divisão em relação às medianas de vendas de todas as divisões. Você pode ver que as divisões 1, 3 e 6 ficam bem abaixo da mediana do grupo.

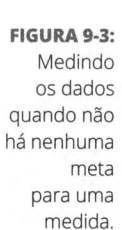

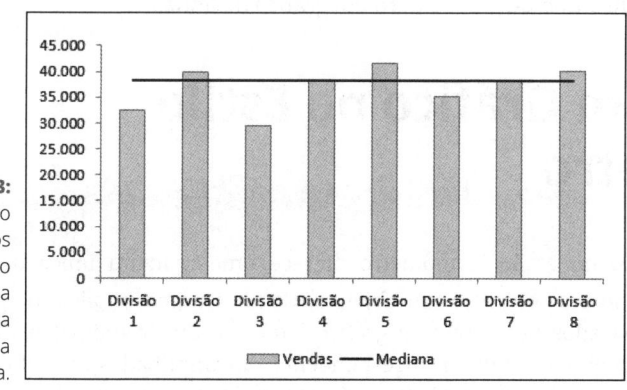

FIGURA 9-3: Medindo os dados quando não há nenhuma meta para uma medida.

Eis como você criaria uma linha média parecida com a vista na Figura 9-3:

1. Inicie uma nova coluna ao lado de seus dados e digite uma fórmula MED simples, como mostra a Figura 9-4.

CAPÍTULO 9 **Exibindo o Desempenho em Relação a uma Meta** 205

Note que essa fórmula pode ser qualquer operação matemática ou estatística que funcione para os dados que você está representando. Basta garantir que os valores retornados sejam iguais para a coluna inteira. Isso fornecerá uma linha reta.

	A	B	C	D	E
1		Vendas	Mediana		
2	Divisão 1	32.526	38.291	←	=MED($B$2:$B$9)
3	Divisão 2	39.939	38.291		
4	Divisão 3	29.542	38.291		
5	Divisão 4	38.312	38.291		
6	Divisão 5	41.595	38.291		
7	Divisão 6	35.089	38.291		
8	Divisão 7	38.270	38.291		
9	Divisão 8	40.022	38.291		

FIGURA 9-4: Inicie uma nova coluna e insira uma fórmula.

2. Copie a fórmula para preencher a tabela.

   Novamente, todos os números na coluna recém-criada devem ser iguais.

3. Plote a tabela em um gráfico de colunas.

4. Clique com o botão direito na série de dados Média e escolha Alterar Tipo de Gráfico da Série no menu que aparece.

5. Mude o tipo de gráfico para um gráfico de linhas.

Usando um Gráfico no Estilo Termômetro

Um gráfico no estilo termômetro oferece uma maneira única de exibir o desempenho em relação a um objetivo. Como o nome implica, os pontos de dados mostrados nesse tipo de gráfico lembram um termômetro. Cada valor do desempenho e sua meta correspondente são empilhados um sobre o outro, dando uma aparência semelhante à do mercúrio que sobe em um termômetro. Na Figura 9-5, você vê um exemplo de gráfico no estilo termômetro.

FIGURA 9-5: Os gráficos no estilo termômetro oferecem um modo único de mostrar o desempenho em relação a um objetivo.

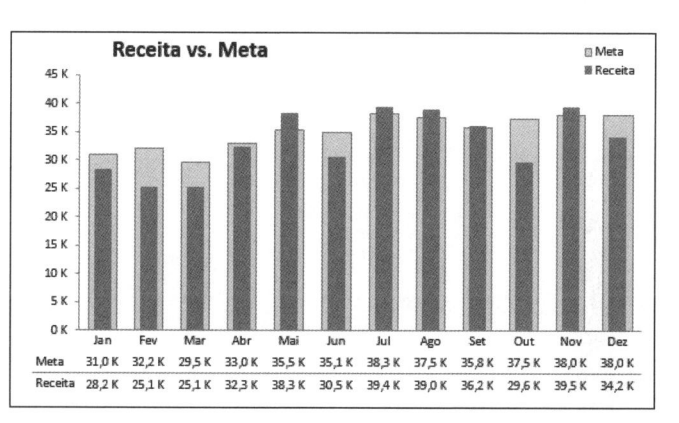

	Jan	Fev	Mar	Abr	Mai	Jun	Jul	Ago	Set	Out	Nov	Dez
Meta	31,0 K	32,2 K	29,5 K	33,0 K	35,5 K	35,1 K	38,3 K	37,5 K	35,8 K	37,5 K	38,0 K	38,0 K
Receita	28,2 K	25,1 K	25,1 K	32,3 K	38,3 K	30,5 K	39,4 K	39,0 K	36,2 K	29,6 K	39,5 K	34,2 K

Para criar esse tipo de gráfico, siga estas etapas:

1. Começando com uma tabela que contém dados de rendimento e meta, plote os dados em um novo gráfico de colunas.

2. Clique com o botão direito na série de dados Receita e escolha Formatar Série de Dados no menu que aparece.

3. Na caixa de diálogo Formatar Série de Dados, selecione Eixo Secundário.

4. Volte para o gráfico e apague o novo eixo vertical que foi adicionado.

   É o eixo vertical à direita do gráfico.

5. Clique com o botão direito na série Meta e escolha Formatar Série de Dados.

6. Na caixa de diálogo, ajuste a propriedade Largura do Espaçamento para que a série Meta fique um pouco mais larga que a série Rendimento — entre 45% e 55% geralmente é bom.

Usando um Gráfico com Marcas

Um *gráfico com marcas* é um tipo de gráfico com colunas/barras desenvolvido pelo especialista em visualização Stephen Few para servir como uma substituição para os medidores e métricas do painel. Ele desenvolveu os gráficos com marcas para permitir que você exiba claramente várias camadas de informações sem ocupar muito espaço em um painel. Um gráfico com marcas, como mostra a Figura 9-6, contém uma única medida de desempenho (como o rendimento acumulado do ano [YTD]), compara essa medida com uma meta e exibe-a no contexto de intervalos qualitativos, como Ruim, Normal, Bom e Muito Bom.

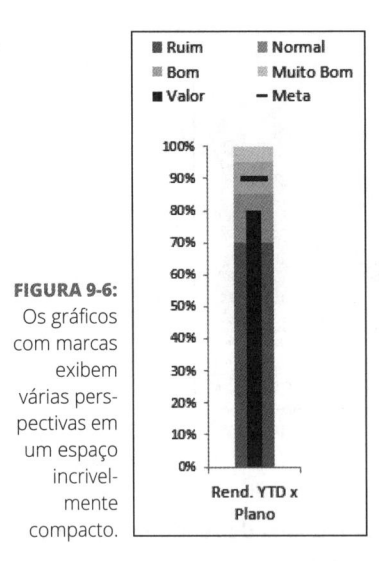

FIGURA 9-6: Os gráficos com marcas exibem várias perspectivas em um espaço incrivelmente compacto.

A Figura 9-7 divide as três partes principais de um gráfico com marcas. A única barra representa a medida do desempenho. O marcador horizontal representa a medida comparativa. A faixa colorida no fundo representa os intervalos qualitativos.

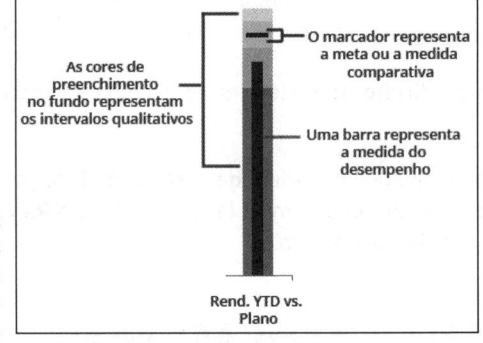

FIGURA 9-7: As partes de um gráfico com marcas.

Criando um gráfico com marcas

Criar gráfico com marcas no Excel envolve algumas etapas, mas o processo não é necessariamente difícil. Siga estas etapas para criar seu primeiro gráfico com marcas:

1. Inicie com uma tabela de dados que forneça todos os pontos de dados necessários para criar as três partes principais do gráfico com marcas.

A Figura 9-8 mostra como fica essa tabela de dados. Os quatro primeiros valores no conjunto de dados (Ruim, Normal, Bom e Muito Bom) compõem o intervalo qualitativo. Você não precisa ter quatro valores — pode ter quantos precisar. Neste cenário, você deseja que o intervalo qualitativo vá de 0 a 100%. Portanto, as porcentagens (70%, 15%, 10% e 5%) devem somar 100%. Novamente, isso pode ser ajustado para se adequar às suas necessidades. O quinto valor na Figura 9-8 (Valor) cria a barra de desempenho. O sexto valor (Meta) cria o marcador de meta.

FIGURA 9-8: Inicie com os dados que contêm os principais pontos de dados do gráfico com marcas.

	A	B
1		Rend. YTD x Plano
2	Ruim	70%
3	Normal	15%
4	Bom	10%
5	Muito Bom	5%
6	Valor	80%
7	Meta	90%

2. **Selecione a tabela inteira e plote os dados em um gráfico de colunas empilhadas.**

   O gráfico criado é inicialmente plotado na direção errada.

3. **Para corrigir a direção, clique no gráfico e selecione o botão Alternar Linha/Coluna na Faixa, como mostra a Figura 9-9.**

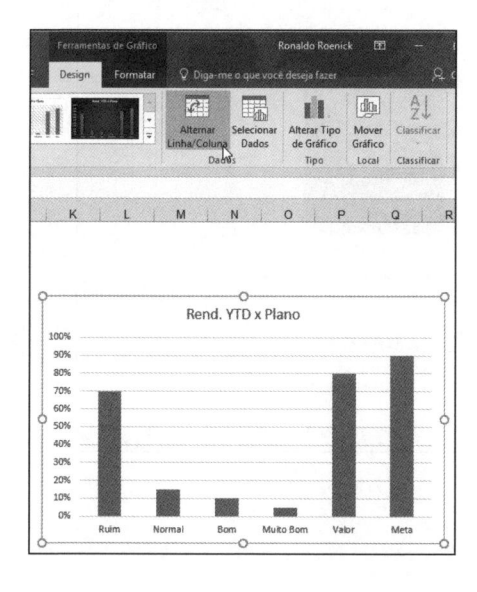

FIGURA 9-9: Alterne a orientação do gráfico para ler a partir de colunas.

CAPÍTULO 9 **Exibindo o Desempenho em Relação a uma Meta** 209

4. Clique com o botão direito na série Meta e escolha Alterar Tipo de Gráfico da Série no menu que aparece.

   Fazer isso ativa a caixa de diálogo Alterar Tipo de Gráfico.

5. Use a caixa de diálogo Alterar Tipo de Gráfico para mudar a série Meta para Linha com Marcadores e coloque no eixo secundário; veja a Figura 9-10.

   Depois de a alteração ser confirmada, a série Meta aparecerá no gráfico como um único ponto.

6. Clique novamente com o botão direito na série Meta e escolha Formatar Série de Dados para abrir essa caixa de diálogo.

7. Clique no Marcador para expandir as opções do Marcador e ajuste o marcador para ele parecer um traço, como mostra a Figura 9-11.

8. Ainda na caixa de diálogo Formatar Série de Dados, expanda a seção Preenchimento e, na propriedade Preenchimento Sólido, defina a cor do marcador para uma cor visível, como vermelho.

9. Ainda na caixa de diálogo Formatar Série de Dados, expanda a seção Borda e defina a Borda para Sem Linha.

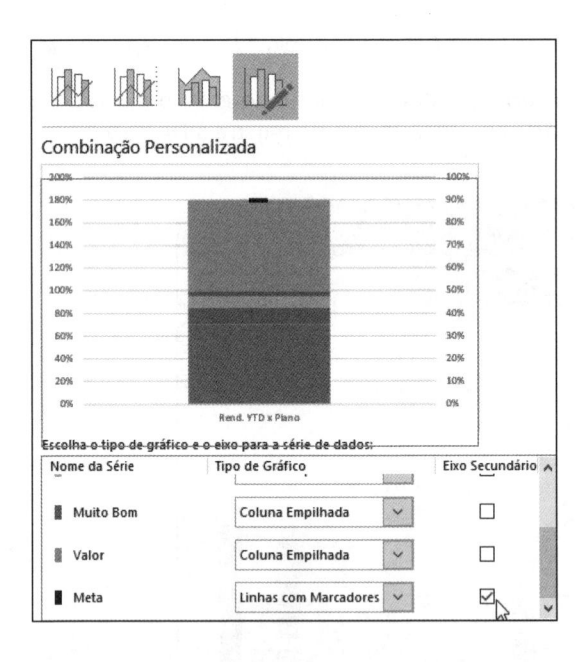

FIGURA 9-10: Use a caixa de diálogo Alterar Tipo de Gráfico para mudar a série de Meta para Linha com Marcador e coloque no eixo secundário.

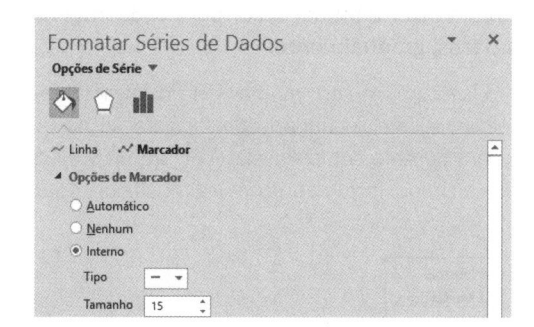

FIGURA 9-11: Ajuste o marcador para um traço.

10. Volte para seu gráfico e apague o novo eixo secundário que foi adicionado à direita do gráfico; veja a Figura 9-12.

    Esta é uma etapa importante para assegurar que a escala do gráfico esteja correta para todos os pontos de dados.

11. Clique com o botão direito na série Valor e escolha Formatar Série de Dados no menu que aparece.

12. Na caixa de diálogo Formatar Série de Dados, clique no Eixo Secundário.

13. Ainda na caixa de diálogo Formatar Série de Dados, em Opções da Série, ajuste a propriedade Largura do Espaçamento para que a série Valor fique um pouco mais estreita que as outras colunas no gráfico — entre 205% e 225% geralmente é bom.

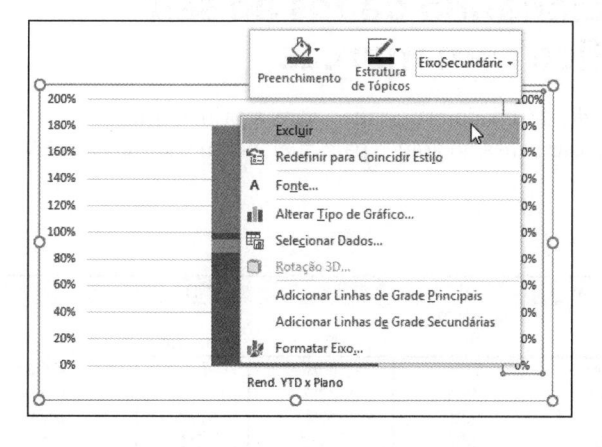

FIGURA 9-12: Apague o eixo vertical secundário recém-criado.

14. Ainda na caixa de diálogo Formatar Série de Dados, clique no ícone Preenchimento (a lata de tinta), expanda a seção Preenchimento e selecione a opção Preenchimento Sólido para definir a cor da série Valor para preto.

CAPÍTULO 9 **Exibindo o Desempenho em Relação a uma Meta**

15. Tudo que resta fazer é mudar a cor para cada intervalo qualitativo com tons mais claros, gradualmente.

Neste ponto, seu gráfico com marcas está praticamente pronto! Você pode aplicar qualquer ajuste secundário de formatação no tamanho e na forma do gráfico para deixá-lo como deseja. A Figura 9-13 mostra seu gráfico com marcas, recém-criado, formatado com legendas horizontais.

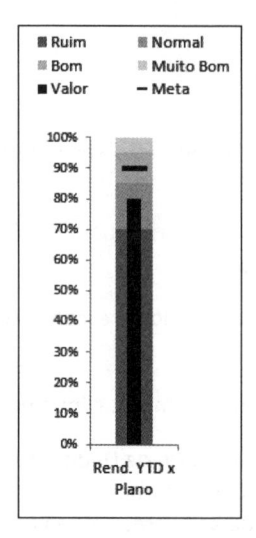

FIGURA 9-13: Seu gráfico com marcas formatado.

Adicionando dados ao seu gráfico com marcas

Depois de ter criado seu gráfico para a primeira medida de desempenho, você poderá usar o mesmo gráfico para qualquer medida adicional. Veja a Figura 9-14.

FIGURA 9-14: Para adicionar mais dados ao seu gráfico, expanda manualmente o intervalo de origem dos dados do gráfico.

	A	B	C	D	E	F	G
1		Rend. YTD x Plano	% a Codificar	% no prazo			
2	Ruim	70%	65%	75%			
3	Normal	15%	20%	10%			
4	Bom	10%	10%	10%			
5	Muito Bom	5%	5%	5%			
6	Valor	80%	105%	92%			
7	Meta	90%	95%	95%			
8							

Como se pode ver na Figura 9-14, você já criou seu gráfico com marcas com a primeira medida de desempenho. Imagine que você adicionou mais duas medidas e deseja representá-las graficamente. Eis como:

1. Clique no gráfico para que o contorno azul apareça em volta dos dados de origem iniciais.

2. Passe o ponteiro do mouse sobre o ponto azul no canto inferior direito da caixa azul.

    O cursor se transforma em uma seta, como mostra a Figura 9-14.

3. Clique e arraste o ponto azul para a última coluna em seu conjunto de dados expandido.

    A Figura 9-15 mostra como os novos pontos de dados são adicionados sem nenhum trabalho extra!

Considerações finais sobre a formatação dos gráficos com marcas

Antes de fechar esta introdução dos gráficos com marcas, analiso duas considerações finais sobre a formatação:

» Criar faixas qualitativas

» Criar gráficos com marcas horizontais

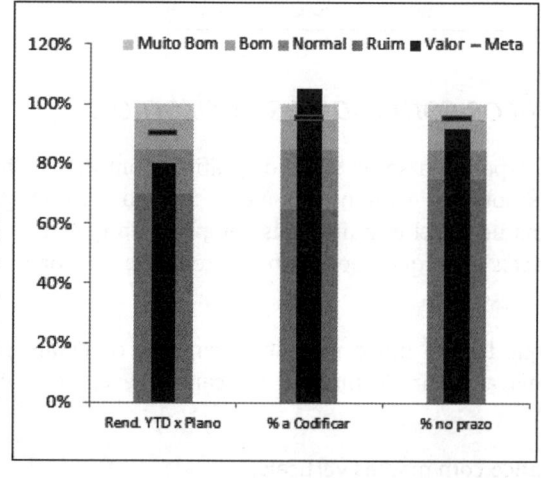

FIGURA 9-15: Expandir automaticamente a origem dos dados, cria novos gráficos com marcas.

Criando faixas qualitativas

Primeiro, se os intervalos qualitativos forem iguais para todas as medidas de desempenho em seus gráficos com marcas, você poderá formatar a série de intervalos qualitativos para não ter lacunas entre eles. Por exemplo, a Figura 9-16 mostra um conjunto de gráficos com marcas onde os intervalos qualitativos foram definidos para 0% de Largura da Lacuna. Isso cria um efeito inteligente de faixas qualitativas.

Eis como fazer:

1. Clique com o botão direito em qualquer série qualitativa e escolha Formatar Série de Dados no menu que aparece.

2. Na caixa de diálogo Formatar Série, ajuste a propriedade Largura da Lacuna para 0%.

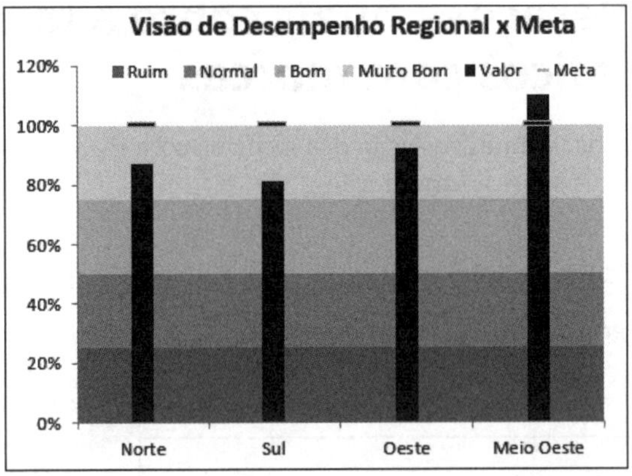

FIGURA 9-16: Tente definir as larguras da lacuna para zero, para criar faixas qualitativas claras.

Criando gráficos com marcas horizontais

Para aqueles que esperam a seção sobre os gráficos com marcas horizontais, tenho boas e más notícias. A má notícia é que criar do zero um gráfico com marcas horizontais no Excel é muito mais complexo do que criar um gráfico com marcas verticais — o que não justifica o tempo e o esforço necessários para criá-lo.

A boa notícia é que há um modo mais inteligente de obter um gráfico com marcas horizontais a partir de marcas verticais — e em três etapas, não menos. Eis como:

1. Crie um gráfico com marcas verticais.

   Para saber como fazer isso, veja a seção "Criando um gráfico com marcas", anteriormente neste capítulo.

2. Para mudar o alinhamento para o eixo e outras legendas no gráfico com marcas para que ele seja girado em 270 graus, clique com o botão direito nas legendas do eixo, selecione Formatar Eixo, vá para as configurações Alinhamento e ajuste a propriedade Direção do Texto para girar as legendas do eixo, como visto na Figura 9-17.

FIGURA 9-17: Gire todas as legendas para que fiquem de lado.

3. Use a ferramenta Câmera do Excel para tirar uma foto do gráfico com marcas.

   Depois de ter uma imagem, você poderá girá-la na horizontal. A Figura 9-18 mostra um gráfico com marcas horizontais.

   O bom desse truque é que, como a imagem é feita com a ferramenta Câmera, a imagem se atualiza automaticamente quando a tabela de origem muda.

   DICA Verifique o Capítulo 5 para descobrir como encontrar e usar a ferramenta Câmera.

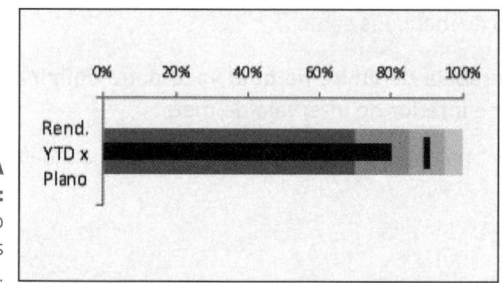

FIGURA 9-18: Um gráfico com marcas horizontais.

Mostrando o Desempenho em Relação a um Intervalo de Meta

Em alguns negócios, uma meta não é um valor — é um intervalo de valores. Ou seja, o objetivo é ficar dentro de um intervalo de meta definido. Imagine que você gerencia um pequeno negócio que vende caixas de carne. Parte do seu trabalho é manter o inventário com estoque entre 25 e 35 caixas por mês. Se você tiver caixas de carne demais, ela estragará. Se tiver caixas de menos, perderá dinheiro.

Para controlar como manter o inventário de carne entre 25 e 35 caixas, você precisará de um componente de desempenho que exiba as caixas existentes em relação a um intervalo de meta. A Figura 9-19 mostra um componente que você pode criar para controlar o desempenho em relação a um intervalo de meta. A faixa cinza representa o intervalo de meta dentro do qual você deve ficar em cada mês. A linha representa a tendência da carne existente.

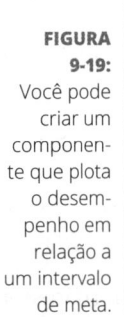

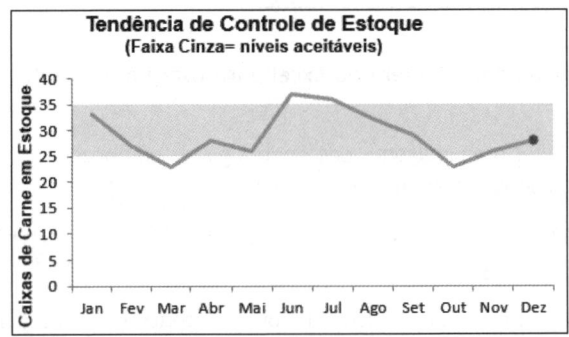

FIGURA 9-19: Você pode criar um componente que plota o desempenho em relação a um intervalo de meta.

Obviamente, o truque para esse tipo de componente é configurar a faixa que representa o intervalo de meta. Eis como:

1. Configure uma tabela de limite na qual você pode definir e ajustar os limites superior e inferior do intervalo de meta.

As células B2 e B3, na Figura 9-20, servem como o lugar para definir os limites do intervalo.

FIGURA 9-20: Crie um alimentador de gráficos que contenha as fórmulas que definem os pontos de dados para o intervalo de meta.

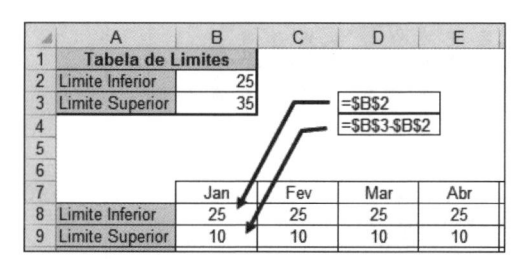

	A	B	C	D	E
1	**Tabela de Limites**				
2	Limite Inferior	25		=$B$2	
3	Limite Superior	35		=$B$3-$B$2	
4					
5					
6					
7		Jan	Fev	Mar	Abr
8	Limite Inferior	25	25	25	25
9	Limite Superior	10	10	10	10

2. **Crie um alimentador de gráficos que seja usado para plotar os pontos de dados para o intervalo de meta.**

Esse alimentador consiste nas fórmulas mostradas nas células B8 e B9, na Figura 9-20. A ideia é copiar essas fórmulas em todos os dados. Os valores vistos nas colunas Fev, Mar e Abr são os resultados dessas fórmulas.

3. **Adicione uma linha para os valores reais do desempenho, como mostra a Figura 9-21.**

Esses pontos de dados criam a linha de tendência do desempenho.

FIGURA 9-21: Adicione uma linha para os valores do desempenho.

	A	B	C	D	E	F
1	**Tabela de Limites**					
2	Limite Inferior	25				
3	Limite Superior	35				
4						
5						
6						
7		Jan	Fev	Mar	Abr	Mai
8	Limite Inferior	25	25	25	25	25
9	Limite Superior	10	10	10	10	10
10	Valores	33	27	23	28	26

4. **Selecione a tabela inteira do alimentador de gráficos e plote os dados em um gráfico de área empilhada.**

5. **Clique com o botão direito na série Valores e escolha Alterar Tipo de Gráfico da Série no menu que aparece.**

Fazer isso ativa a caixa de diálogo Alterar Tipo de Gráfico.

6. **Usando a caixa de diálogo Alterar Tipo de Gráfico da Série, mude a série Valores para um gráfico de linhas e coloque-o no eixo secundário, como mostra a Figura 9-22.**

Depois de sua alteração ser confirmada, a série Valores aparecerá no gráfico como uma linha.

FIGURA 9-22: Use a caixa de diálogo Alterar Tipo de Gráfico para mudar a série Valores para um gráfico de linhas e colocá-lo no eixo secundário.

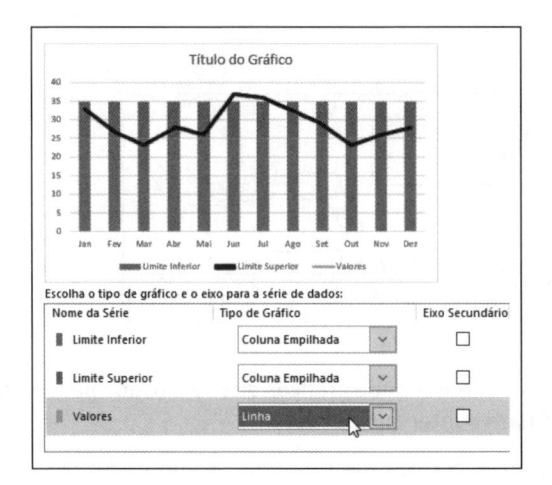

7. Volte para seu gráfico e apague o novo eixo vertical que foi adicionado.

   É o eixo vertical à direita do gráfico.

8. Clique com o botão direito na série de dados Limite Inferior e escolha Formatar Série de Dados no menu que aparece.

9. Na caixa de diálogo Formatar Série de Dados, clique no ícone Preenchimento e escolha a opção Sem Preenchimento em Preenchimento e a opção Sem Linha em Borda; veja a Figura 9-23.

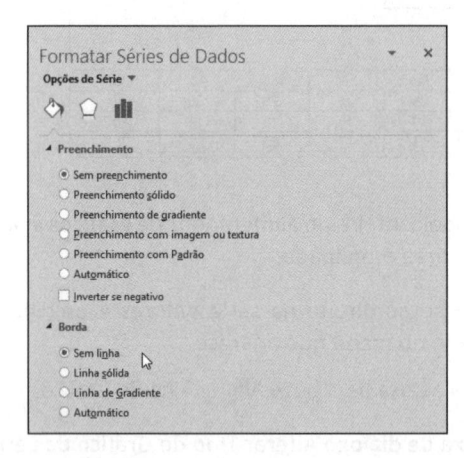

FIGURA 9-23: Formate a série Limite Inferior para que fique oculta.

10. Clique com o botão direito na série Limite Superior e selecione Formatar Série de Dados.

11. Na caixa de diálogo, Formatar Série, ajuste a propriedade Largura do Espaçamento para 0%.

    É isso. Tudo que resta fazer é aplicar ajustes menores nas cores, legendas e outra formatação.

4 Técnicas Avançadas de Relatório

NESTA PARTE . . .

Veja com muita atenção alguns dos principais conceitos do painel que você pode aproveitar para criar apresentações modernas.

Tenha uma compreensão clara de como você pode aproveitar as macros para automatizar seus sistemas de relatório.

Descubra como os controles interativos podem fornecer interfaces simples a seus clientes, permitindo que eles naveguem facilmente e interajam com seu painel ou relatório.

Explore os separadores dinâmicos e veja como usá-los para adicionar capacidades de filtragem interativas ao seu relatório dinâmico.

> **NESTE CAPÍTULO**
>
> Introduzindo macros
>
> Gravando macros
>
> Configurando locais confiáveis para suas macros
>
> Adicionando macros aos seus painéis e relatórios

Capítulo 10
Painel Carregado com Macros

Uma *macro* é, basicamente, um conjunto de instruções ou código que você cria para pedir ao Excel para executar um determinado número de ações. No Excel, as macros podem ser escritas ou gravadas. A palavra-chave aqui é *gravada*.

Gravar uma macro é como programar um número de telefone em seu celular. Primeiro, você digita manualmente e salva um número. Então, quando deseja, pode redigitar os números com o toque de um botão. Exatamente como em um celular, você pode gravar suas ações no Excel enquanto as executa. Enquanto você grava, o Excel fica ocupado em segundo plano, convertendo suas teclas e cliques do mouse em código escrito, também conhecido como VBA (Visual Basic for Applications). Depois de gravar uma macro, você poderá aplicar essas ações sempre que quiser.

Neste capítulo, você explora as macros e vê como pode usá-las para automatizar os processos recorrentes para simplificar sua vida.

Por que Usar uma Macro?

O primeiro passo ao usar as macros é admitir que você tem um problema. Na verdade, você pode ter vários problemas:

Tarefas repetitivas: Quando chega cada mês, você tem que começar a trabalhar — ou seja, produzir aqueles relatórios. Você tem que importar os dados. Tem que atualizar as tabelas dinâmicas. Tem que apagar as colunas, etc. Não seria ótimo se pudesse inicializar uma macro e ter essas partes mais redundantes dos processos do painel feitas automaticamente?

Você está cometendo erros: Quando você entra em combate corpo a corpo com o Excel, fica fadado a cometer erros. Quando você está aplicando repetidamente fórmulas, classificando e movendo as coisas manualmente, sempre corre o risco de uma catástrofe. Adicione a isso os prazos que se aproximam e as solicitações infinitas de alterações, e sua taxa de erros aumenta. Por que não gravar calmamente uma macro, assegurar que tudo esteja andando corretamente e esquecer? A macro realiza cada ação do mesmo modo sempre que você a executa, reduzindo a chance de erros.

Navegação estranha: Lembre-se de que você está criando painéis e relatórios para um público que provavelmente tem um conhecimento limitado do Excel. Se seus relatórios forem um pouco difíceis de usar e navegar, descobrirá que perde lentamente o apoio para sua causa. Sempre é útil fazer um painel mais fácil de usar.

Eis algumas ideias para as macros que facilitam as coisas para todos:

» Uma macro que formata e imprime uma planilha ou intervalo de planilhas com o toque de um botão.

» Macros que navegam uma planilha com várias folhas com uma página de navegação ou com um botão 'ir para' para cada planilha em uma pasta de trabalho.

» Uma macro que salva o documento aberto em um local especificado e, depois, fecha o aplicativo com o toque de um botão.

Obviamente, você pode realizar cada um desses exemplos no Excel sem a ajuda de uma macro. Contudo, seu público gostará desses pequenos toques que ajudam a tornar a leitura cuidadosa de seu painel um pouco mais agradável.

Gravando sua Primeira Macro

Se você for iniciante na automação do painel, é pouco provável que consiga escrever o código VBA à mão. Sem conhecimento total do modelo de objetos e da sintaxe do Excel, escrever o código necessário seria impossível para a maioria dos usuários iniciantes. É aí que a gravação de uma macro é útil. A ideia é que você grave uma ação e então rode a macro sempre que quiser executar essa ação.

LEMBRE-SE

Para começar a criar sua primeira macro, abra o arquivo `Capítulo 10 Samples` encontrado no website complementar deste livro. Depois de abrir o arquivo, selecione a guia Gravando Sua Primeira Macro.

Para começar, primeiro você precisa exibir a guia Desenvolvedor, pois é nela que você pode encontrar o conjunto de ferramentas completo de macros no Excel, que inicialmente fica oculta. Para ativar a guia, siga estas etapas:

1. Vá para a Faixa e clique no botão Arquivo.
2. Abra a caixa de diálogo Opções do Excel clicando no botão Opções.
3. Clique no botão Personalizar Faixa de Opções.

   Na caixa de lista à direita, você verá todas as guias disponíveis.

4. Selecione a guia Desenvolvedor, como mostra a Figura 10-1.
5. Clique em OK.

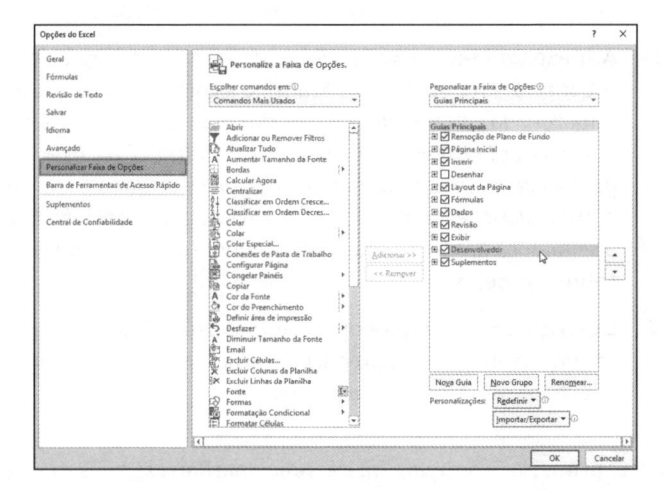

FIGURA 10-1: Ativando a guia Desenvolvedor.

Agora que você tem a guia Desenvolvedor visível na Faixa, selecione-a e clique no comando Gravar Macro. Isso abrirá a caixa de diálogo Gravar Macro, como mostra a Figura 10-2.

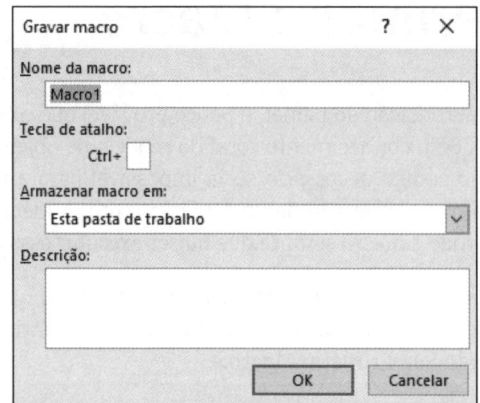

FIGURA 10-2:
A caixa de diálogo Gravar Macro.

Estes são os quatro campos na caixa de diálogo Gravar Macro:

» **Nome da Macro:** O Excel fornece um nome padrão à sua macro, como Macro1, mas é melhor dar à sua macro um nome que descreva o que ela realmente faz. Por exemplo, você pode nomear uma macro que formata uma tabela genérica como AdicionarBarrasDados.

» **Tecla de Atalho:** Este campo é opcional. Toda macro precisa de um evento, ou algo para acontecer, para ser executada. Esse evento pode ser um clique do botão, uma pasta de trabalho que abre, ou neste caso, uma combinação de teclas. Quando você atribui uma tecla de atalho à sua macro, digitar essa combinação de teclas inicializará a execução da macro. Você não precisa inserir uma tecla de atalho para executar a macro.

» **Armazenar Macro Em:** Esta Pasta de Trabalho é a opção padrão. Armazenar sua macro em Esta Pasta de Trabalho significa apenas que a macro está armazenada juntamente com o arquivo do Excel ativo. Na próxima vez em que você abrir determinada pasta de trabalho, a macro estará disponível para a execução. Do mesmo modo, se você enviar a pasta de trabalho para outro usuário, esse usuário poderá executar a macro também, contanto que a segurança da macro esteja devidamente definida por seu usuário — mais sobre isso depois.

» **Descrição:** Este campo é opcional, mas será útil se você tiver várias macros em uma planilha ou se precisar dar a um usuário uma descrição mais detalhada sobre o que a macro faz.

Neste primeiro exemplo, insira AdicionarBarrasDados no campo Nome da Macro e selecione Esta Pasta de Trabalho no menu suspenso Armazenar Macro Em; veja a Figura 10-3. Clique em OK.

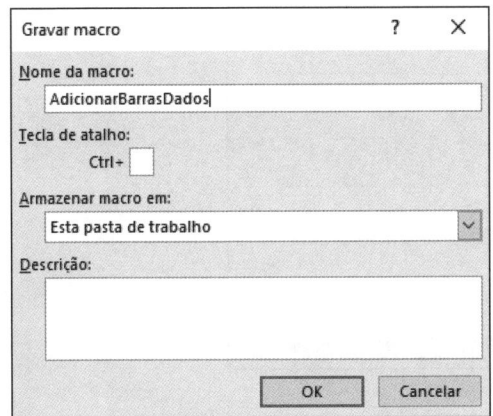

FIGURA 10-3: Comece a gravar uma nova macro chamada Adicionar-BarrasDados.

Agora, o Excel está gravando suas ações. Enquanto o Excel estiver gravando, você poderá realizar qualquer ação desejada. Neste cenário, você grava uma macro para adicionar Barras de Dados a uma coluna de números.

Siga usando estas etapas:

1. Destaque as células C1:C21.

2. Vá para a guia Página Inicial e selecione Formatação Condicional ⇨ Nova Regra.

3. Na caixa de diálogo Nova Regra de Formatação, selecione Barra de Dados no menu suspenso Estilo de Formatação.

4. Na nova caixa de diálogo que aparece, marque a caixa de seleção Mostrar Barra Somente.

5. Clique em OK para aplicar a alteração.

6. Vá para a guia Desenvolvedor e clique no comando Parar Gravação.

   Neste ponto, o Excel para de gravar. Agora, você tem uma macro que substitui os dados em C1:C21 pelas Barras de Dados. Agora, você grava uma nova macro para remover as Barras de Dados.

7. Vá para a guia Desenvolvedor e clique no comando Gravar Macro.

8. Insira **BarrasDadosRemovidas** no campo Nome da Macro e selecione a opção Esta Pasta de Trabalho no menu suspenso Armazenar Macro Em; veja a Figura 10-4.

FIGURA 10-4: Comece a gravar uma nova Macro chamada Remover-BarrasDados.

9. Clique em OK.

10. Destaque as células C1:C21.

11. Vá para a guia Início e selecione Formatação Condicional ⇨ Limpar Regras ⇨ Limpar Regras das Células Selecionadas.

12. Vá para a guia Desenvolvedor e clique no botão Parar Gravação.

Novamente, o Excel para de gravar. Agora, você tem uma nova macro que remove as regras de formatação condicional das células C1:C21.

Executando Suas Macros

Para ver suas macros em ação, selecione o comando Macros na guia Desenvolvedor. A caixa de diálogo na Figura 10-5 aparecerá, permitindo que você selecione a macro que deseja executar. Selecione a macro AdicionarBarrasDados e clique no botão Executar.

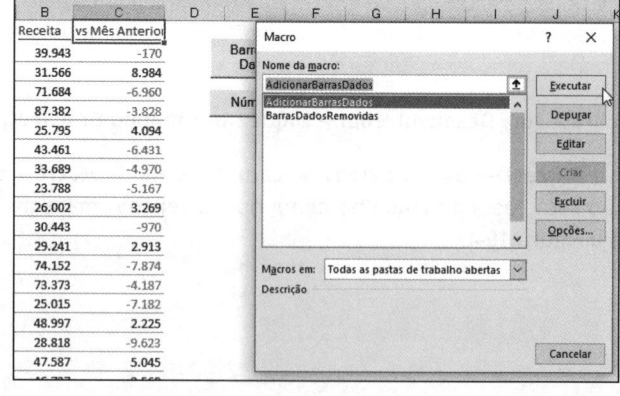

FIGURA 10-5: Use a caixa de diálogo Macro para selecionar uma macro e executá-la.

226 PARTE 4 Técnicas Avançadas de Relatório

Se tudo correr bem, a macro reproduzirá suas ações como um T e aplicará as Barras de Dados conforme planejado; veja a Figura 10-6.

Agora, você pode ativar a caixa de diálogo Macro novamente e testar a macro RemoverBarrasDados mostrada na Figura 10-7.

Quando você criar as macros, desejará dar ao seu público uma maneira clara e fácil de executar cada uma. Um botão, usado diretamente no painel ou no relatório, pode fornecer uma interface do usuário simples, porém eficiente.

Os controles de Formulário do Excel permitem criar interfaces do usuário diretamente em suas planilhas, simplificando o trabalho para os usuários. Os controles de Formulário variam desde botões (o controle mais usado) até barras de paginação e caixas de seleção.

Para uma macro, você pode colocar um controle de Formulário em uma planilha e atribuir-lhe a macro — isto é, uma macro que você já gravou. Quando uma macro é atribuída ao controle, ela é executada, ou reproduzida, sempre que o controle é clicado.

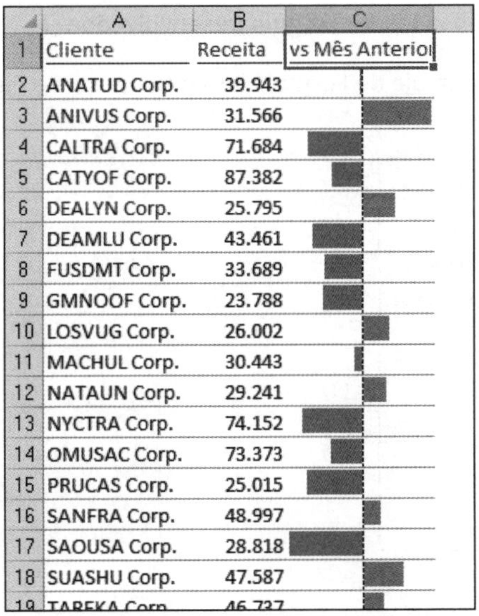

	A	B	C
1	Cliente	Receita	vs Mês Anterior
2	ANATUD Corp.	39.943	
3	ANIVUS Corp.	31.566	
4	CALTRA Corp.	71.684	
5	CATYOF Corp.	87.382	
6	DEALYN Corp.	25.795	
7	DEAMLU Corp.	43.461	
8	FUSDMT Corp.	33.689	
9	GMNOOF Corp.	23.788	
10	LOSVUG Corp.	26.002	
11	MACHUL Corp.	30.443	
12	NATAUN Corp.	29.241	
13	NYCTRA Corp.	74.152	
14	OMUSAC Corp.	73.373	
15	PRUCAS Corp.	25.015	
16	SANFRA Corp.	48.997	
17	SAOUSA Corp.	28.818	
18	SUASHU Corp.	47.587	

FIGURA 10-6: Sua macro aplica as Barras de Dados automaticamente!

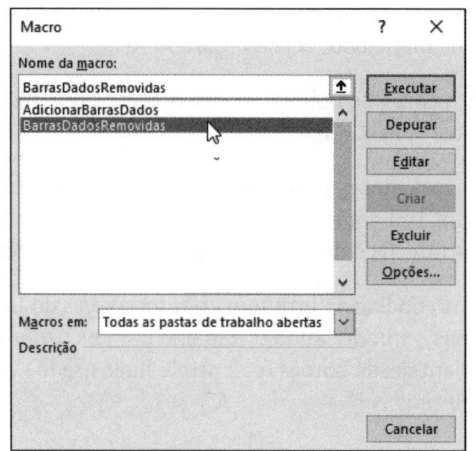

FIGURA 10-7:
A macro Remover-BarrasDados remove as Barras de Dados aplicadas.

Reserve um momento para criar botões para as duas macros (AdicionarBarrasDados e RemoverBarrasDados) que você criou anteriormente neste capítulo. Eis como:

1. Clique na lista suspensa Inserir na guia Desenvolvedor.

2. Selecione o Botão Controle de Formulário, como mostra a Figura 10-8.

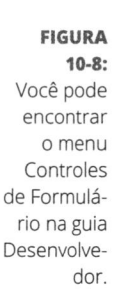

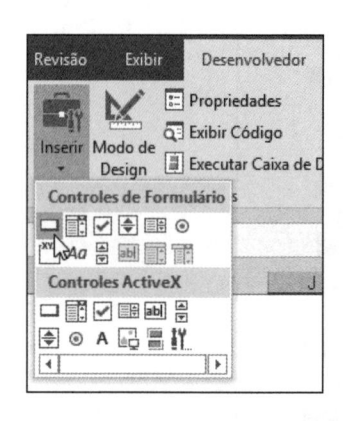

FIGURA 10-8:
Você pode encontrar o menu Controles de Formulário na guia Desenvolvedor.

3. Clique no local onde você deseja colocar o botão.

Quando você soltar o controle Botão na planilha, a caixa de diálogo Atribuir Macro, como mostra a Figura 10-9, será aberta e solicitará que você atribua uma macro a esse botão.

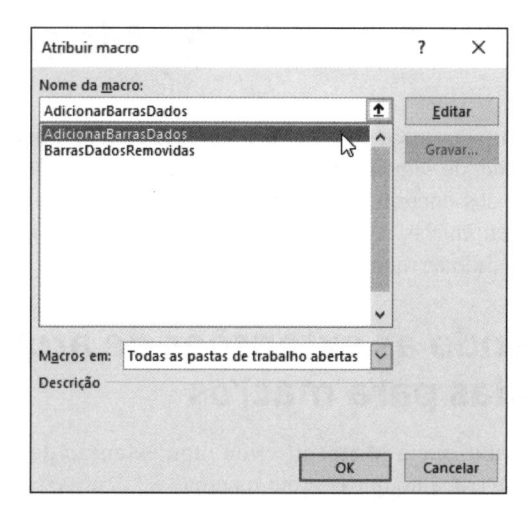

FIGURA 10-9: Atribua uma macro ao botão recém-adicionado.

4. Selecione a macro que você deseja atribuir.

Neste caso, selecione a macro AdicionarBarrasDados e clique em OK.

5. Repita as Etapas de 1 a 4 para a macro RemoverBarrasDados.

DICA

Os botões criados vêm com um nome padrão, como Botão3. Para renomear um botão, clique com o botão direito nele e clique no nome existente. Então, você poderá apagar o nome existente e substituí-lo por um nome escolhido.

Lembre que todos os controles no menu Controles de Formulário funcionam como o botão de comando, com isso, você atribui uma macro para executar quando o controle é selecionado.

LEMBRE-SE

Note os Controles de Formulário e os Controles ActiveX mostrados anteriormente, na Figura 10-8. Embora eles sejam parecidos, são bem diferentes. Os controles de Formulário são designados especificamente para serem usados em uma planilha e os controles ActiveX são normalmente usados nos Formulários do Usuário Excel. Como regra geral, você sempre deve usar os controles de Formulário ao trabalhar em uma planilha. Por quê? Os controles de Formulário precisam de menos informações complementares, portanto, são mais bem executados, e configurar os controles de Formulário é muito mais fácil do que configurar seus correspondentes ActiveX.

Ativando e Confiando nas Macros

Com o lançamento do Office 2007, a Microsoft introduziu mudanças significativas em seu modelo de segurança do Office. Uma das alterações mais importantes é o conceito dos documentos confiáveis. Sem entrar nos detalhes técnicos, um *documento confiável* é, basicamente, uma pasta de trabalho que você considera segura ativando as macros.

Entendendo as extensões de arquivo habilitadas para macros

É importante notar que a Microsoft criou uma extensão de arquivo separada para as pastas de trabalho que contêm macros.

As pastas de trabalho criadas no Excel 2010 e versões posteriores têm a extensão de arquivo padrão .xlsx. Os arquivos com a extensão .xlsx não podem conter macros. Se sua pasta de trabalho contiver macros e você salvar essa pasta como um arquivo .xlsx, suas macros serão removidas automaticamente. Claro, o Excel avisará que o conteúdo da macro será desabilitado ao salvar uma pasta de trabalho com macros como um arquivo .xlsx.

Se quiser manter as macros, deverá salvar seu arquivo como uma pasta de trabalho habilitada para macros do Excel. Isso dará a seu arquivo uma extensão .xlsm. Todas as pastas de trabalho com uma extensão de arquivo .xlsx serão automaticamente conhecidas como sendo seguras, ao passo que você poderá reconhecer os arquivos .xlsm como uma ameaça em potencial.

Ativando o conteúdo da macro

No Excel, quando você abre uma pasta de trabalho que contém macros, recebe uma mensagem na forma de barra amarela sob a Faixa informando que as macros (conteúdo ativo) foram desativadas.

Se você clicar em Ativar Conteúdo, ele se tornará automaticamente um documento confiável. Então, você não será mais solicitado a ativar o conteúdo quando abrir esse arquivo em seu computador. Se você informou ao Excel que confia em determinada pasta de trabalho ativando as macros, será muito provável que você ativará as macros sempre que o abrir. Assim, o Excel lembrará que você ativou as macros antes e impedirá qualquer outra mensagem sobre as macros para essa pasta de trabalho.

Isso é uma ótima notícia para você e seus clientes. Após ativar suas macros apenas uma vez, os clientes não serão perturbados com mensagens constantes sobre as macros e você não terá que se preocupar com seu painel habilitado para macros tendo problemas porque as macros foram desativadas.

Configurando locais confiáveis

Se o pensamento de qualquer mensagem de macro aparecendo (até mesmo uma única vez) o desanima, você poderá configurar um local confiável para seus arquivos. Um *local confiável* é um diretório considerado uma zona segura onde apenas as pastas de trabalho confiáveis são colocadas. Um local confiável permite que você e seus clientes executem uma pasta de trabalho habilitada para macros sem nenhuma restrição de segurança, contanto que a pasta de trabalho esteja nele.

Para configurar um local confiável, siga estas etapas:

1. **Selecione o botão Segurança de Macro na guia Desenvolvedor.**

2. **Clique no botão Locais Confiáveis.**

   Esta etapa abre o menu Locais Confiáveis mostrado na Figura 10-10. Nele, você verá todos os diretórios que o Excel considera confiáveis.

3. **Clique no botão Adicionar Novo Local.**

4. **Clique em Procurar para encontrar e especificar o diretório que será considerado um local confiável.**

   Depois de especificar um local confiável, qualquer arquivo do Excel aberto a partir desse local terá as macros ativadas automaticamente. Faça com que seus clientes especifiquem um local confiável e use seus arquivos Excel a partir dele.

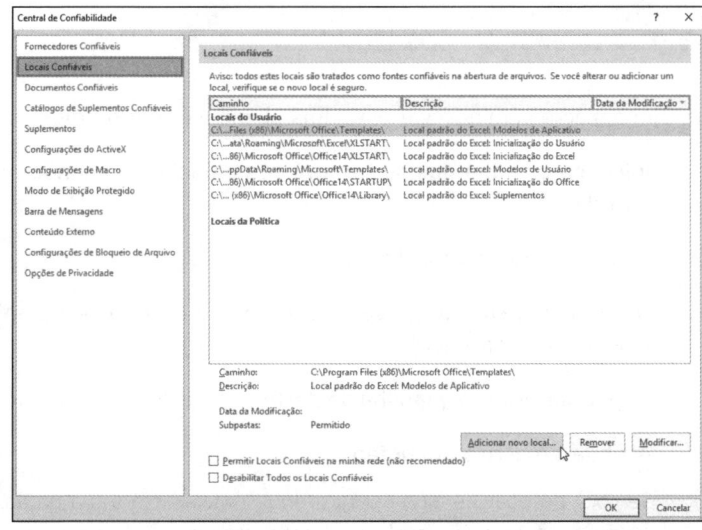

FIGURA 10-10: O menu Locais Confiáveis permite adicionar diretórios que são considerados confiáveis.

Examinado Alguns Exemplos de Macros

Cobrir os fundamentos da criação e uso das macros é uma coisa. Propor boas maneiras de incorporá-las em seus processos de relatório é outra. Reserve um momento para rever alguns exemplos de como você pode implementar as macros em seus painéis e relatórios.

LEMBRE-SE

Abra o arquivo Cap 10 Exemplos.xslm, encontrado no website complementar deste livro para acompanhar a próxima seção.

Criando botões de navegação

O uso mais comum das macros é a navegação. Pode ser frustrante navegar nas pastas de trabalho que têm muitas planilhas ou guias. Para ajudar seu público, você pode criar um tipo de painel de comando, como mostra a Figura 10-11. Quando os usuários clicam no botão Exemplo 1, vão para a planilha Exemplo 1.

FIGURA 10-11: Use macros para criar botões que ajudam os usuários a navegar em seus relatórios.

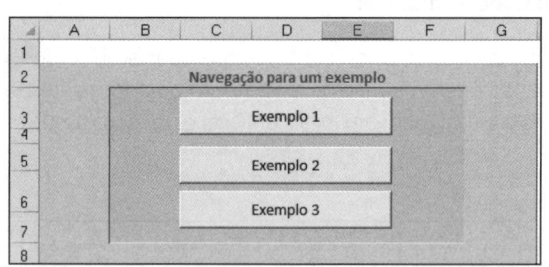

Criar uma macro para navegar para uma planilha é bem simples:

1. Inicie na planilha que se tornará seu painel de comando ou ponto de partida

2. Comece a gravar a macro.

3. Durante a gravação, clique na planilha de destino — a planilha para a qual a macro navegará.

4. Depois de clicar na planilha de destino, pare de gravar a macro.

5. Atribua a macro a um botão.

   Se você precisar de ajuda para atribuir uma macro a um botão, verifique a seção "Executando Suas Macros", anteriormente neste capítulo.

DICA O Excel tem um recurso de hiperlink incorporado, permitindo converter o conteúdo de uma célula em um hiperlink que se vincula a outro local. Esse local pode ser uma pasta de trabalho separada do Excel, um website ou até outra guia na pasta de trabalho atual. Embora usar um hiperlink possa ser mais fácil do que configurar uma macro, não é possível aplicar um hiperlink aos controles de Formulário (como botões). Em vez de um botão, você usará o texto para permitir que os usuários saibam para onde irão quando clicarem no link.

Reorganizando dinamicamente os dados da tabela dinâmica

No exemplo mostrado na Figura 10-12, as macros permitem que um usuário mude a perspectiva do gráfico simplesmente selecionando qualquer um dos botões mostrados.

A Figura 10-13 mostra que o gráfico é, na verdade, um gráfico dinâmico ligado a uma tabela dinâmica. As macros gravadas atribuídas a cada botão estão apenas reorganizando a tabela dinâmica para fatiar os dados usando vários campos dinâmicos.

Veja as etapas de alto nível necessárias para criar esse tipo de configuração:

1. Crie a tabela dinâmica e adicione um gráfico dinâmico clicando dentro da tabela dinâmica e selecionando Inserir ⇨ Gráficos ⇨ Barra.

2. Comece a gravar uma macro.

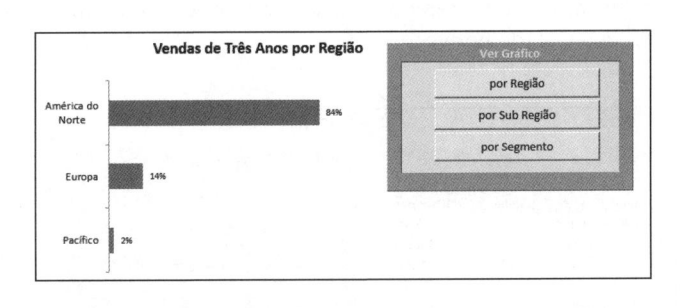

FIGURA 10-12: Este relatório permite que os usuários escolham sua perspectiva.

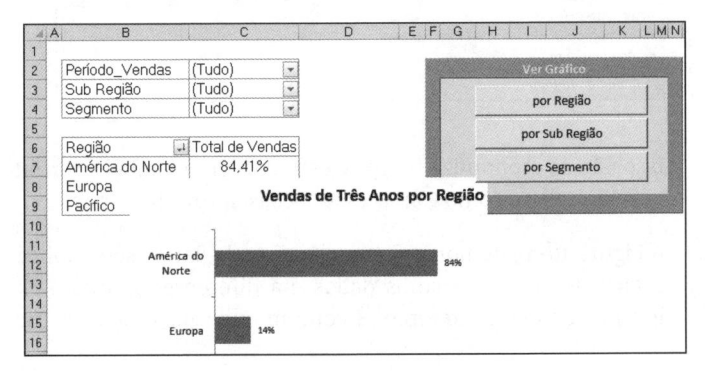

FIGURA 10-13: As macros por trás destes botões reorganizam os campos de dados em uma tabela dinâmica.

3. Durante a gravação, mova o campo dinâmico de uma área da tabela dinâmica para outra. Quando terminar, pare de gravar a macro.

4. Grave outra macro para mover o campo de dados de volta para sua posição original.

5. Depois de ambas as macros estarem configuradas, atribua cada uma a um botão separado.

Você pode inicializar suas novas macros sucessivamente para ver o campo dinâmico mover-se dinamicamente.

Oferecendo opções de relatório com um toque

Os dois exemplos de macro anteriores demonstram que você pode gravar qualquer ação que achar necessária. Ou seja, se você achar que os usuários gostariam de certo recurso automatizado, por que não gravar uma macro para isso?

Na Figura 10-14, observe que você pode filtrar a tabela dinâmica para os 20 primeiros ou últimos clientes. Como as etapas para filtrar uma tabela dinâmica para os 20 primeiros e últimos foram gravadas, qualquer pessoa poderá aproveitar essa funcionalidade sem saber como fazer por si mesma. E mais, gravar ações específicas permite gerenciar um pouco o risco. Isto é, você saberá que seus usuários irão interagir com seus relatórios em um método que foi desenvolvido e testado por você.

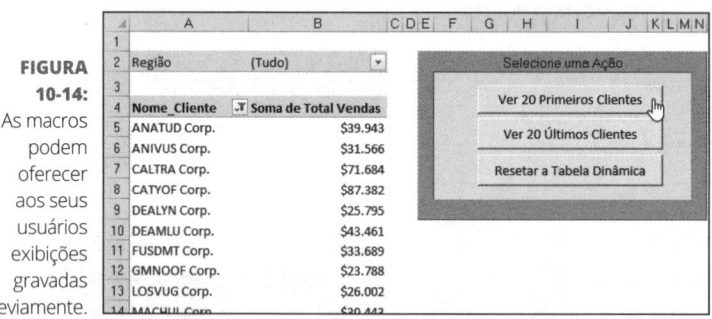

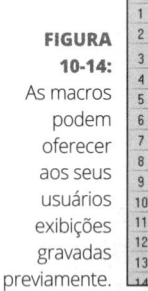

FIGURA 10-14: As macros podem oferecer aos seus usuários exibições gravadas previamente.

Isso não só economiza tempo e esforço, como também permite que os usuários que não sabem como tomar essas ações aproveitem-nas.

A Figura 10-15 demonstra como você pode dar ao seu público um modo rápido e fácil de ver os mesmos dados em diferentes gráficos. Não ria de cara da inutilidade deste exemplo. É comum que seja solicitado mostrar os mesmos dados de modos diferentes. Em vez de ocupar espaço, basta gravar uma macro que muda o tipo de gráfico. Seus clientes poderão trocar as exibições como quiserem.

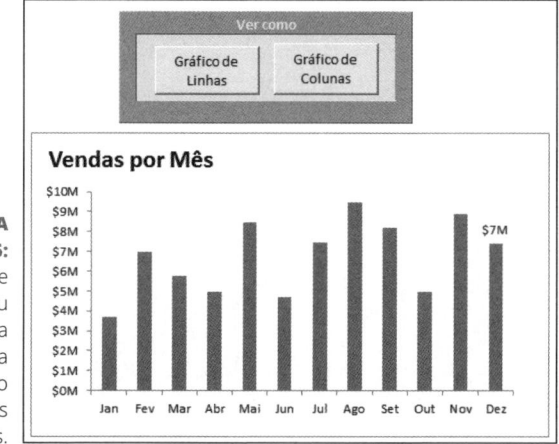

FIGURA 10-15: Você pode dar ao seu público uma escolha sobre como exibir os dados.

NESTE CAPÍTULO
Introdução aos controles de Formulário
Usando um controle Botão
Usando um controle Caixa de Seleção para alternar uma série de gráficos
Usando um controle Botão de Opção para filtrar suas exibições
Usando uma caixa de combinação para controlar várias tabelas dinâmicas
Usando uma caixa de listagem para controlar vários gráficos

Capítulo 11
Dando aos Usuários uma Interface Interativa

Hoje, os profissionais de negócios querem cada vez mais ter o poder de trocar de uma exibição de dados para outra com uma simples lista de opções. Para as pessoas que criam painéis e relatórios, esse poder vem com um novo conjunto de problemas. A pergunta universal é: como você lida com um usuário que deseja ver várias exibições de diversas regiões ou mercados?

Felizmente, o Excel oferece muitas ferramentas que permitem adicionar interatividade às suas apresentações. Com essas ferramentas e um pouco de modelagem criativa dos dados, você pode atingir esses objetivos com certa facilidade. Neste capítulo, você descobrirá como incorporar vários controles, tais como botões, caixas de seleção e barras de rolagem, em seus painéis e relatórios. E mais, apresento diversas soluções que você poderá implementar.

Introdução aos Controles de Formulário

O Excel oferece um conjunto de controles chamados controles de Formulário, projetados especificamente para adicionar os elementos da interface do usuário diretamente a uma planilha. Depois de colocar um controle de Formulário em uma planilha, você pode configurá-lo para executar uma tarefa específica. Mais tarde neste capítulo, demonstrarei como aplicar os controles mais úteis para uma apresentação.

Encontrando os controles de Formulário

Você pode encontrar os controles de Formulário do Excel na guia Desenvolvedor, que inicialmente está oculta no Excel. Para ativar a guia Desenvolvedor, siga estas etapas:

1. Vá para a Faixa e clique no botão Arquivo.

2. No menu que aparece, clique no botão Opções.

3. Na caixa de diálogo Opções do Excel que aparece, clique no botão Personalizar Faixa de Opções.

    Na caixa de listagem à direita, você verá todas as guias disponíveis.

4. Marque a caixa de seleção ao lado da guia Desenvolvedor; veja a Figura 11-1.

5. Clique em OK.

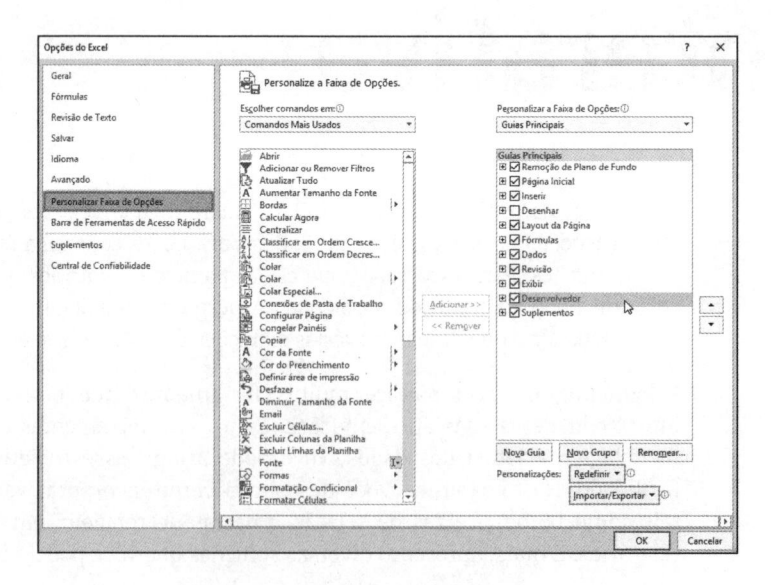

FIGURA 11-1: Ativando a guia Desenvolvedor.

Agora, clique na guia Desenvolvedor e escolha o comando Inserir, como mostra a Figura 11-2. Neste ponto, você encontrará dois conjuntos de controles: controles de Formulário e controles ActiveX. Os controles de Formulário são projetados especificamente para serem usados em uma planilha, ao passo que os controles ActiveX são normalmente usados nos Formulários do Usuário do Excel. Como os controles de Formulário podem ser configurados bem mais facilmente que seus correspondentes do ActiveX, em geral você deverá usar os controles de Formulário.

Eis os nove controles de Formulário que você pode adicionar diretamente a uma planilha, como mostra a Figura 11-3:

- » **Botão:** Executa uma macro atribuída quando um usuário clica no botão.
- » **Caixa de Combinação:** Fornece ao usuário uma lista expandida de opções para escolher.

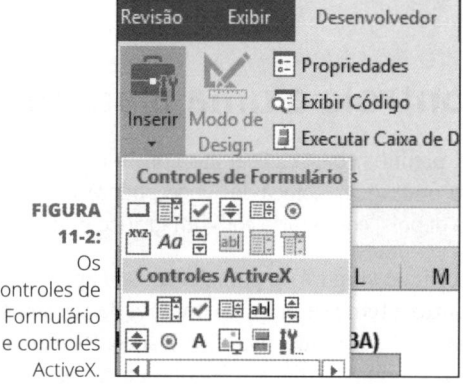

FIGURA 11-2: Os controles de Formulário e controles ActiveX.

- » **Caixa de Seleção:** Fornece um mecanismo para um cenário do tipo selecionar/cancelar seleção. Quando selecionada, retorna um valor VERDADEIRO. Do contrário, retorna FALSO.
- » **Botão de Rotação:** Permite que um usuário aumente ou diminua facilmente um valor clicando nas setas para cima ou para baixo.
- » **Caixa de Listagem:** Fornece a um usuário uma lista de opções para escolher.
- » **Botão de Opção:** Permite que um usuário alterne duas ou mais opções por vez. Selecionar uma opção cancela automaticamente as outras.
- » **Barra de Rolagem:** Permite que um usuário pagine para um valor ou posição usando uma escala que desliza, podendo ser movida clicando e arrastando o mouse.

» **Rótulo:** Permite que você adicione legendas de texto à sua planilha. Você também pode atribuir uma macro à legenda, usando-a efetivamente como um tipo de botão.

» **Caixa de Grupo:** Em geral usado para a estética, esse controle serve como um contêiner para os grupos de outros controles.

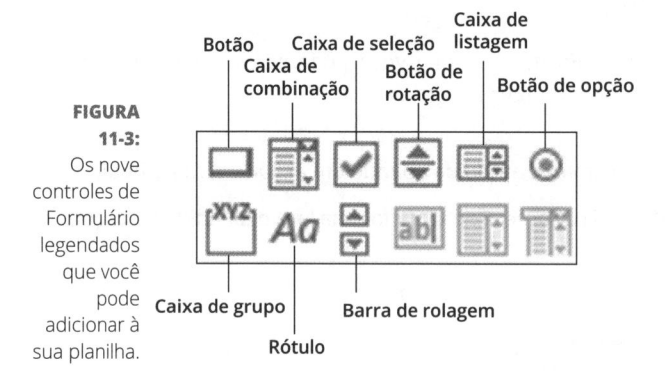

FIGURA 11-3: Os nove controles de Formulário legendados que você pode adicionar à sua planilha.

Adicionando um controle a uma planilha

Para adicionar um controle a uma planilha, basta clicar no controle que você deseja e clicar no local aproximado onde quer colocá-lo. Você poderá mover e redimensionar facilmente o controle depois, como faria com um gráfico ou forma.

Depois de adicionar um controle, você irá configurá-lo para definir sua aparência, comportamento e utilidade. Cada controle tem seu próprio conjunto de opções de configuração que permitem personalizá-lo segundo suas finalidades. Para obter essas opções, clique com o botão direito no controle e selecione Formatar Controle no menu que aparece. Isso abrirá a caixa de diálogo Formatar Controle, mostrada na Figura 11-4, com todas as opções de configuração desse controle.

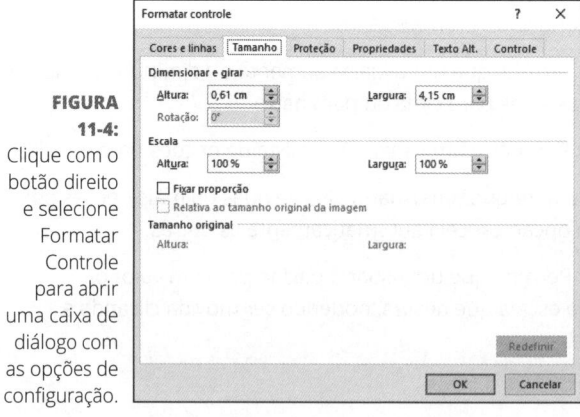

FIGURA 11-4: Clique com o botão direito e selecione Formatar Controle para abrir uma caixa de diálogo com as opções de configuração.

Cada controle tem seu próprio conjunto de guias que permitem personalizar tudo, desde a formatação até a segurança e os argumentos da configuração. Você verá guias diferenciadas com base em qual controle está usando, mas a maioria dos controles de Formulário tem a guia Controle, na qual está a parte principal da configuração. Nela, você encontra as variáveis e as definições que precisam ser feitas para o controle funcionar.

LEMBRE-SE Os controles Botão e Legenda não têm a guia Controle. Eles não precisam dela. O botão simplesmente inicializa qualquer macro atribuída a ele. Como na legenda, ela não foi designada para executar os eventos de macro.

No restante deste capítulo, você verá alguns exercícios que demonstram como usar os controles mais úteis em um ambiente de relatório. No final do capítulo, terá uma sólida compreensão dos controles de Formulário e como eles podem melhorar seus painéis e relatórios.

Usando o Controle Botão

O controle Botão fornece a seu público um modo fácil e claro de executar as macros gravadas. Para inserir e configurar um controle Botão, siga estas etapas:

1. Clique na lista suspensa Inserir na guia Desenvolvedor.

2. Selecione o controle de Formulário Botão.

3. Clique no local em sua planilha onde você deseja colocar o botão.

A caixa de diálogo Atribuir Macro aparece e pede que você atribua uma macro ao botão, como mostra a Figura 11-5.

4. Edite o texto mostrado no botão clicando nele com o botão direito, destacando o texto existente e substituindo-o por um próprio.

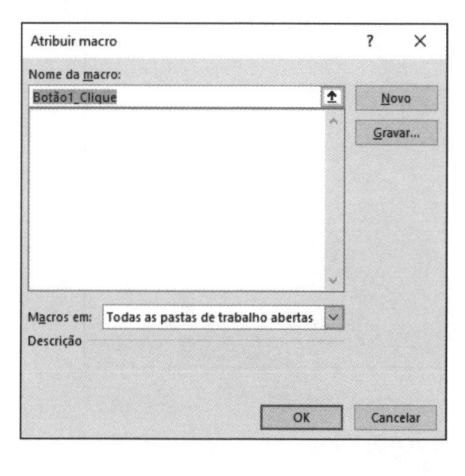

FIGURA 11-5: Atribua uma macro ao botão recém-adicionado.

DICA Para atribuir uma macro diferente ao botão, basta clicar com o botão direito e selecionar Atribuir Macro no menu que aparece, para reativar a caixa de diálogo Atribuir Macro. (Consulte a Figura 11-5).

Quando você adiciona macros a uma pasta de trabalho, tem que salvar essa pasta como um arquivo .xlsm para compartilhar suas macros com outras pessoas. Se você salvar a pasta de trabalho como um arquivo .xlsx padrão, o Excel retirará suas macros da pasta.

Usando o Controle Caixa de Seleção

O controle Caixa de Seleção fornece um mecanismo para selecionar e cancelar a seleção das opções. Quando uma caixa de seleção está marcada, ela retorna um valor VERDADEIRO. Quando não está marcada, FALSO é retornado. Para adicionar e configurar um controle Caixa de Seleção, siga estas etapas:

1. Clique na lista suspensa Inserir na guia Desenvolvedor.

2. Selecione o controle de Formulário Caixa de Seleção.

3. Clique no local em sua planilha onde você deseja colocar a caixa de seleção.

4. Depois de soltar o controle Caixa de Seleção na planilha, clique com o botão direito nele e selecione Formatar Controle no menu que aparece.

5. Clique na guia Controle para ver as opções de configuração mostradas na Figura 11-6.

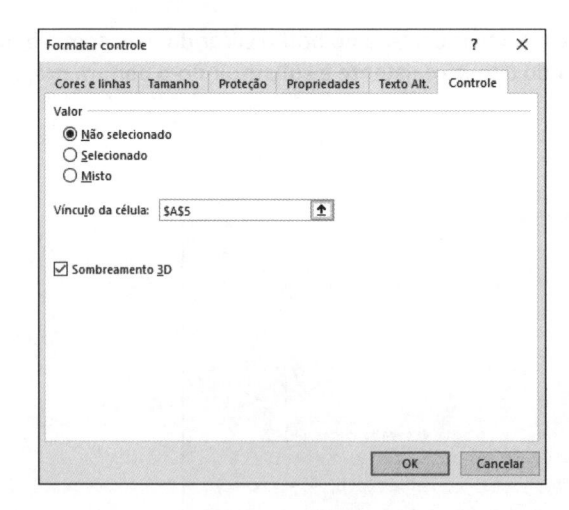

FIGURA 11-6: Formatando o controle Caixa de Seleção.

6. Selecione o estado no qual a caixa de seleção deve ser aberto.

A seleção padrão (Desmarcada) geralmente funciona para a maioria dos cenários, portanto, é raro que você tenha que mudar essa seleção.

7. Na caixa Vínculo da Célula, insira a célula para a qual você deseja que a caixa de seleção envie seu valor.

Por padrão, um controle Caixa de Seleção envia VERDADEIRO ou FALSO, dependendo de estar marcada. Observe na Figura 11-6 que essa determinada caixa de seleção envia para a célula A5.

8. (Opcional) Você pode marcar a caixa de seleção Sombreamento 3D se quiser que o controle tenha uma aparência tridimensional.

9. Clique em OK para aplicar suas alterações.

> **DICA**
> Para renomear o controle Caixa de Seleção, clique com o botão direito no controle, selecione Editar Texto no menu que aparece e, depois, substitua o texto existente pelo seu.

Como a Figura 11-7 mostra, a caixa de seleção envia seu valor para a célula especificada. Se a caixa de seleção estiver marcada, um valor VERDADEIRO será enviado. Se não estiver marcada, um valor FALSO será enviado.

FIGURA 11-7: Os dois estados da caixa de seleção.

| VERDADEIRO | ☑ CheckBox ligada à célula A5 |
| FALSO | ☐ CheckBox ligada à célula A5 |

Se você tiver problemas para descobrir como isso poderia ser útil, tente o exercício na próxima seção, que mostra como você pode usar uma caixa de seleção para ativar e desativar uma série de gráficos.

Ativando e Desativando uma Série de Gráficos

A Figura 11-8 mostra o mesmo gráfico duas vezes. Observe que o gráfico superior contém apenas uma série, com uma caixa de seleção oferecendo-se para mostrar os dados de vendas de 2011. O gráfico inferior mostra a mesma coisa, com a caixa de seleção marcada. A natureza ativado/desativado do controle Caixa de Seleção é ideal para a interatividade que requer um estado visível/invisível.

CAPÍTULO 11 **Dando aos Usuários uma Interface Interativa**

LEMBRE-SE

Para baixar o arquivo Cap 11Exemplos.xlsx, vá para o website complementar deste livro.

Você inicia com os dados brutos (em Cap 11Exemplos.xlsx) que contêm os dados de 2011 e 2012; veja a Figura 11-9. A primeira coluna contém uma célula na qual o controle Caixa de Seleção produzirá seu valor (célula A12 neste exemplo).

Essa célula conterá VERDADEIRO ou FALSO.

Em seguida, crie a camada de análise (tabela de preparação) que consiste em todas as fórmulas, como mostra a Figura 11-10. Na verdade, o gráfico lê esses dados, não os dados brutos. Assim, você pode controlar o que o gráfico vê.

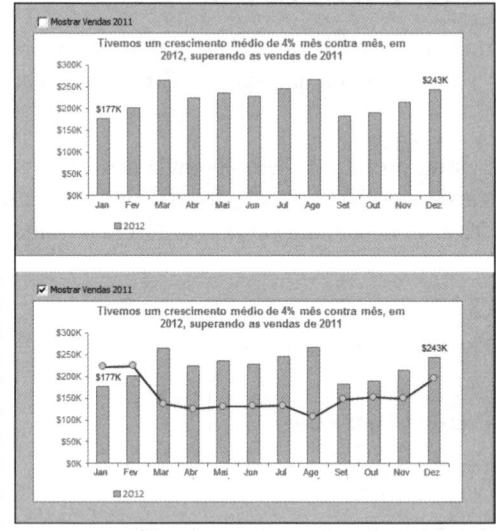

FIGURA 11-8: Uma caixa de seleção pode ajudar a criar o efeito da série de dados que desaparece.

FIGURA 11-9: Comece com os dados brutos e uma célula onde um controle Caixa de Seleção pode produzir seu valor.

A	B	C	D	E	F	G
		Dados Brutos				
Chave para dados de 2011		Jan	Fev	Mar	Abr	Mai
VERDADEIRO	2011	$222.389	$224.524	$136.104	$125.260	$130.791
	2012	$176.648	$201.000	$265.720	$225.461	$235.494

FIGURA 11-10: Crie uma tabela de preparação que alimentará o gráfico. Os valores desses dados são todas as fórmulas.

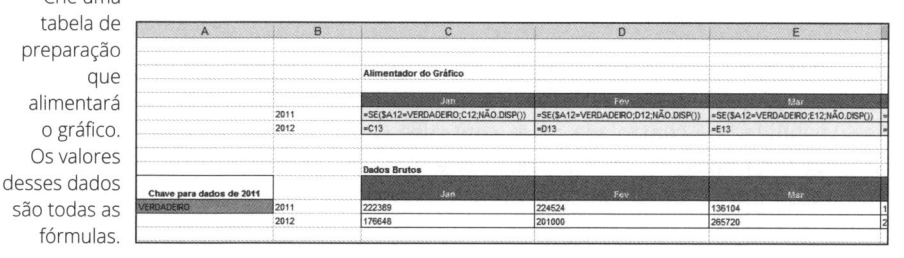

A	B	C	D	E
		Alimentador do Gráfico		
		Jan	Fev	Mar
	2011	=SE($A12=VERDADEIRO;C12;NÃO.DISP())	=SE($A12=VERDADEIRO;D12;NÃO.DISP())	=SE($A12=VERDADEIRO;E12;NÃO.DISP())
	2012	=C13	=D13	=E13
		Dados Brutos		
Chave para dados de 2011		Jan	Fev	Mar
VERDADEIRO	2011	222389	224524	136104
	2012	176648	201000	265720

Como se pode ver na Figura 11-10, as fórmulas para a linha 2012 simplesmente se referem às células nos dados brutos de cada respectivo mês. Você faz isso porque deseja que os dados de 2012 apareçam todas as vezes.

Para a linha de 2011, teste o valor da célula A12 (a célula que contém a saída da caixa de seleção). Se A12 informar VERDADEIRO, você referenciará a respectiva célula 2011 nos dados brutos. Se A12 não informar VERDADEIRO, a fórmula usará a função NÃO.DISP.( ) do Excel para retornar um erro #N/D. Os gráficos do Excel não leem uma célula com o erro #N/D. Portanto, simplesmente não mostram a série de dados para nenhuma célula que contém #N/D. Isso é ideal quando você não deseja que uma série de dados seja mostrada.

DICA Note que a fórmula mostrada na Figura 11-10 usa uma referência absoluta com a célula A12 — ou seja, a referência para a célula A12 na fórmula é prefixada com um cifrão $ ($A12). Isso assegura que as referências da coluna nas fórmulas não mudarão quando elas forem copiadas.

A Figura 11-11 mostra os dois cenários em ação nas tabelas de preparação. No cenário mostrado na parte inferior da Figura 11-11, a célula A12 é VERDADEIRO, portanto, a tabela de preparação realmente produz os dados de 2011. No cenário mostrado na parte superior da Figura 11-11, a célula A12 é FALSO, assim, a tabela de preparação retorna #N/D para 2011.

FIGURA 11-11: Quando a célula A12 informa VERDADEIRO, os dados de 2011 são exibidos; quando informa FALSO, a linha de 2011 mostra apenas os erros #N/D.

	A	B	C	D	E	F	G
4							
5			Jan	Fev	Mar	Abr	Mai
6		2011	#N/D	#N/D	#N/D	#N/D	#N/D
7		2012	$176.648	$201.000	$265.720	$225.461	$235.494
8							
9							
10			Dados Brutos				
11	Chave para dados de 2011		Jan	Fev	Mar	Abr	Mai
12	FALSO	2011	$222.389	$224.524	$136.104	$125.260	$130.791
13		2012	$176.648	$201.000	$265.720	$225.461	$235.494

	A	B	C	D	E	F	G
4							
5			Jan	Fev	Mar	Abr	Mai
6		2011	$222.389	$224.524	$136.104	$125.260	$130.791
7		2012	$176.648	$201.000	$265.720	$225.461	$235.494
8							
9							
10			Dados Brutos				
11	Chave para dados de 2011		Jan	Fev	Mar	Abr	Mai
12	VERDADEIRO	2011	$222.389	$224.524	$136.104	$125.260	$130.791
13		2012	$176.648	$201.000	$265.720	$225.461	$235.494

Por fim, crie o gráfico visto anteriormente nesta seção (consulte a Figura 11-8) usando a tabela de preparação. Lembre que você pode dimensionar isso com tantas séries quanto quiser.

Você pode aplicar essa técnica em quantas caixas de seleção precisar. Por exemplo, a Figura 11-12 mostra um gráfico que contém várias séries cuja visibilidade é controlada pelos controles Caixa de Seleção. Isso permite tornar tudo invisível, exceto duas séries, para que você possa compará-las sem impedimento. Então, poderá tornar visíveis outras duas, comparando-as.

FIGURA 11-12:
Você pode usar caixas de seleção para controlar quantos dados são mostrados em seu gráfico de uma só vez.

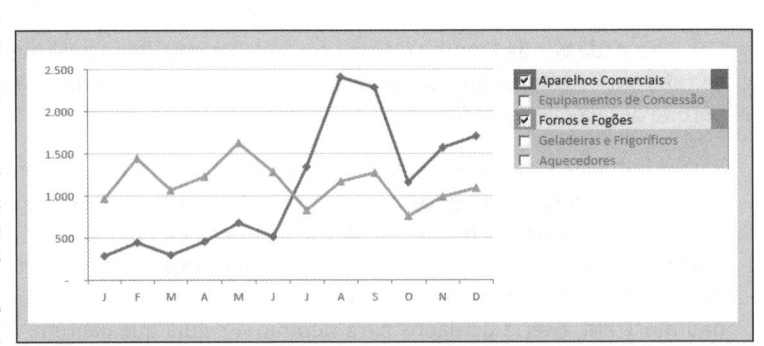

Usando o Controle Botão de Opção

Os botões de opção permitem que os usuários alternem várias opções, uma de cada vez. A ideia é ter dois ou mais botões de opção em um grupo. Então, selecionar um botão de opção cancela automaticamente a seleção dos outros. Para adicionar botões de opção à sua planilha, siga estas etapas:

1. Clique na lista suspensa Inserir na guia Desenvolvedor.
2. Selecione o controle de Formulário Botão de Opção.
3. Clique no local em sua planilha onde você deseja colocar o botão de opção.
4. Depois de soltar o controle na planilha, clique nele com o botão direito e selecione Formatar Controle no menu que aparece.
5. Clique na guia Controle para ver as opções de configuração mostradas na Figura 11-13.
6. Selecione o estado no qual o botão de opção deve abrir.

   A seleção padrão (Desmarcado) geralmente funciona para a maioria dos cenários, portanto, é raro que você tenha que mudar a seleção.

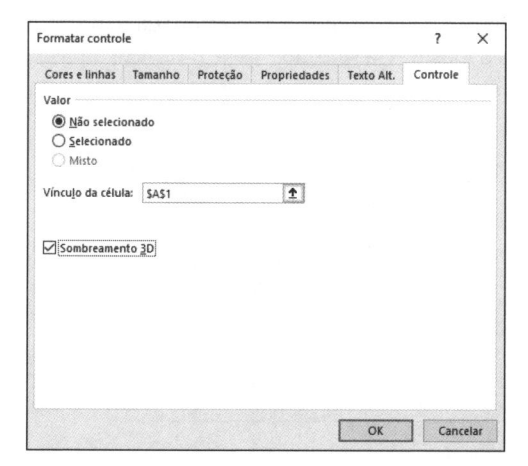

FIGURA 11-13: Formatando o controle Botão de Opção.

7. **Na caixa Vínculo da Célula, insira a célula para a qual você deseja que o botão de opção envie seu valor.**

   Por padrão, um controle Botão de Opção produz um número que corresponde à ordem em que foi colocado na planilha. Por exemplo, o primeiro botão de opção colocado na planilha produz um número 1, o segundo produz um número 2, o terceiro produz um número 3, etc. Observe na Figura 11-13 que esse controle em particular envia para a célula A1.

8. **(Opcional) Você pode marcar a caixa de seleção Sombreamento 3D se quiser que o controle tenha uma aparência tridimensional.**

9. **Clique em OK para aplicar essas alterações.**

10. **Para adicionar outro botão de opção, basta copiar o botão criado e colar quantos botões de opção precisar.**

    O bom de copiar e colar é que todas as configurações feitas no original permanecem em todas as cópias.

    Para dar ao botão de opção uma legenda significativa, clique com o botão direito no controle, selecione Editar Texto no menu que aparece e substitua o texto existente por seu próprio.

Mostrando muitas Exibições por Meio de Um Gráfico

Um dos modos de poder usar os botões de opção é alimentar um único gráfico com diferentes dados, com base na opção selecionada. A Figura 11-14 mostra um exemplo. Quando cada categoria é selecionada, o único gráfico é atualizado para mostrar os dados dessa seleção.

FIGURA 11-14: Este gráfico é alimentado dinamicamente com dados diferentes baseados no botão de opção selecionado.

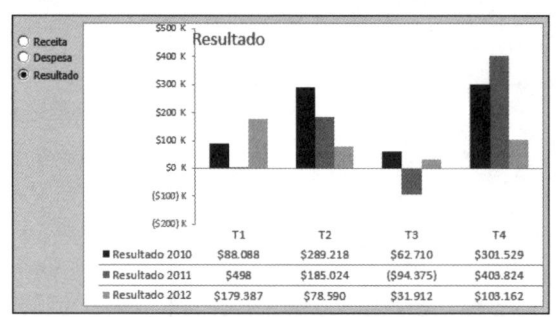

Agora, você pode criar três gráficos diferentes e mostrá-los em seu painel ao mesmo tempo. Contudo, usar os botões de opção como alternativa economiza um espaço valioso por não ter que mostrar três gráficos separados. E mais, é muito mais fácil resolver os problemas, formatar e manter um gráfico que três.

Para criar este exemplo, comece com três conjuntos de dados brutos — como mostra a Figura 11-15 — que contenham três categorias de dados: Receita, Despesa e Resultado. Ao lado dos dados brutos, reserve uma célula onde os botões de opção colocarão seus valores (célula A8, neste exemplo). Essa célula contém a ID da opção selecionada: 1, 2 ou 3.

FIGURA 11-15: Comece com conjuntos de dados brutos e uma célula onde os botões de opção podem colocar seus valores.

Depois, você criará a camada de análise (a tabela de preparação) que consiste em todas as fórmulas, como mostra a Figura 11-16. O gráfico lê a partir dessa tabela de preparação, permitindo que você controle o que o gráfico vê. A primeira célula da tabela de preparação contém a seguinte fórmula:

```
=SE($A$8=1,B9,SE($A$8=2,B13,B17))
```

FIGURA 11-16: Crie uma tabela de preparação e insira esta fórmula na primeira célula.

	A	B
1		
2		
3		=SE($A$8=1;B9;SE($A$8=2;B13;B17))
4		
5		
6		
7	Chave do botão de	
8	3	
9		Receita 2012
10		Receita 2011
11		Receita 2010
12		
13		Despesa 2012
14		Despesa 2011
15		Despesa 2010
16		
17		Resultado 2012
18		Resultado 2011
19		Resultado 2010

A fórmula informa ao Excel para verificar o valor da célula A8 (a célula onde os botões de opção colocam seus valores). Se o valor da célula A8 for 1, que representa o valor da opção Rendimento, a fórmula retornará o valor no conjunto de dados Rendimento (célula B9). Se o valor da célula A8 for 2, que representa o valor da opção Despesa, a fórmula retornará o valor no conjunto de dados Despesa (célula B13). Se o valor da célula A8 não for 1 nem 2, o valor na célula B17 será retornado.

DICA

Observe que a fórmula mostrada na Figura 11-16 usa referências absolutas com a célula A8. Ou seja, a referência para a célula A8 na fórmula é prefixada com sinais de cifrão ($) (`$A$8`). Isso assegura que as referências da célula nas fórmulas não mudarão quando copiadas.

Para testar se a fórmula está funcionando bem, você poderia mudar o valor da célula A8 manualmente de 1 para 3. Quando a fórmula funcionar, bastará copiar a fórmula para preencher o resto da tabela de preparação.

Quando a configuração é criada, tudo que resta a fazer é criar o gráfico usando a tabela de preparação. Novamente, as maiores vantagens desse tipo de configuração são que você pode

» Fazer qualquer alteração de formatação em um gráfico e adicionar facilmente outro conjunto de dados, acrescentando outro botão de opção.

» Editar suas fórmulas com facilidade.

Usando o Controle Caixa de Combinação

O controle Caixa de Combinação permite que os usuários selecionem em uma lista suspensa de opções predefinidas. Quando um item do controle Caixa de Combinação é selecionado, uma ação é tomada com essa seleção. Para adicionar uma caixa de combinação à sua planilha, siga estas etapas:

1. Clique na lista suspensa Inserir na guia Desenvolvedor.
2. Selecione o controle de Formulário Caixa de Combinação.
3. Clique no local em sua planilha onde você deseja colocar a caixa de combinação.
4. Depois de soltar o controle na planilha, clique com o botão direito nele e selecione Formatar Controle no menu que aparece.
5. Clique na guia Controle para ver as opções de configuração mostradas na Figura 11-17.

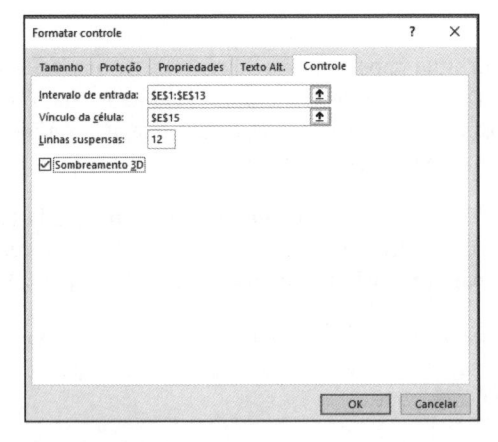

FIGURA 11-17: Formatando o controle Caixa de Combinação.

6. Na definição Intervalo de Entrada, identifique o intervalo que mantém os itens predefinidos que você deseja apresentar como as opções na caixa de combinação.
7. Na caixa Vínculo da Célula, insira a célula onde você deseja que a caixa de combinação coloque seu valor.

Um controle Caixa de Combinação produz o número de índice do item selecionado. Isso significa que, se o segundo item na lista for selecionado, o número 2 será enviado. Se o quinto item na lista for selecionado, o número 5 será enviado. Note na Figura 11-17 que esse determinado controle envia para a célula E15.

8. Na caixa Linhas Suspensas, insira o número de itens que você deseja mostrar de uma só vez.

    Você vê na Figura 11-17 que esse controle é formatado para mostrar 12 itens por vez. Quando os usuários expandirem a caixa de combinação, eles verão 12 itens.

9. (Opcional) Você pode marcar a caixa de seleção Sombreamento 3D se você quiser que o controle tenha uma aparência tridimensional.

10. Clique em OK para aplicar suas alterações.

Alterando os Dados do Gráfico com um Seletor Suspenso

Você pode usar os controles Caixa de Combinação para dar a seus usuários um modo claro de selecionar os dados via seletor suspenso. A Figura 11-18 mostra um gráfico de termômetro controlado pela caixa de combinação acima. Quando um usuário seleciona a região Sudoeste, o gráfico responde plotando os dados da região selecionada.

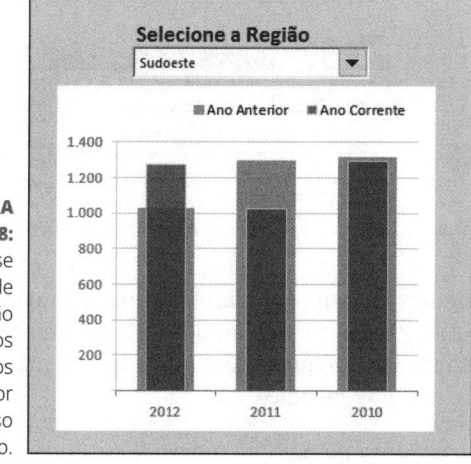

FIGURA 11-18: Use caixas de combinação para dar aos usuários um seletor suspenso claro.

Para criar este exemplo, inicie com o conjunto de dados brutos mostrado na Figura 11-19. Esse conjunto contém os dados de cada região. Perto dos dados brutos, reserve uma célula onde a caixa de combinação colocará seu valor (célula M7, neste exemplo). Essa célula obterá o número do índice da entrada da caixa de combinação selecionada.

FIGURA 11-19: Inicie com o novo conjunto de dados brutos e uma célula onde a caixa de combinação pode colocar seu valor.

	L	M	N	O	P	Q	R	S
5				**Dados Brutos**				
6		Chave		Mercado	2012	2011	2010	2009
7		7		Canadá	730	854	1911	1608
8				Meio Oeste	952	1389	1113	1603
9				Norte	443	543	541	386
10				Nordeste	1536	1760	1088	1737
11				Sul	1500	1600	1588	1000
12				Sudeste	1257	1280	1734	1007
13				Sudoeste	1275	1024	1298	1312
14				Oeste	1402	1045	1759	1075

Depois, você criará a camada de análise (a tabela de preparação) que consiste de todas as fórmulas, como mostra a Figura 11-20. O gráfico lê nessa tabela de preparação, permitindo que você controle o que ele vê. A primeira célula da tabela de preparação contém a seguinte fórmula ÍNDICE:

```
=ÍNDICE(P7:P14,$M$7)
```

FIGURA 11-20: Crie uma tabela de preparação que usa a função ÍNDICE para extrair os devidos dados do conjunto de dados brutos.

	L	M	N	O	P	Q
1					2012	2011
2				Ano Corrente	=ÍNDICE(P7:P14;$M$7)	=ÍNDICE(Q7:Q14;$M$7)
3				Ano Anterior	=Q2	=R2
4						
5				**Dados Brutos**		
6		Chave		Mercado	2012	2011
7		7		Canadá	730	854
8				Meio Oeste	952	1389
9				Norte	443	543
10				Nordeste	1536	1760
11				Sul	1500	1600
12				Sudeste	1257	1280
13				Sudoeste	1275	1024
14				Oeste	1402	1045

A função ÍNDICE converte um número do índice em um valor que pode ser reconhecido. Uma função ÍNDICE requer dois argumentos para funcionar corretamente. O primeiro argumento é o intervalo da lista com a qual você está trabalhando. O segundo é o número do índice.

Neste exemplo, você está usando o número do índice da caixa de combinação (na célula M7) e extraindo o valor do devido intervalo (os dados de 2012 em P7:P14). Novamente, observe o uso dos sinais de cifrão absolutos ($). Isso assegura que as referências da célula nas fórmulas não mudarão quando copiadas.

Dê outra olhada na Figura 11-20 para ver o que está acontecendo. A fórmula ÍNDICE na célula P2 aponta para o intervalo que contém os dados de 2012. Então, captura o número do índice na célula M7 (que obtém o valor de saída da caixa de combinação). O número do índice é 7. Portanto, a fórmula na célula P2 extrairá o sétimo valor do intervalo de dados de 2012 (neste caso, Sudoeste).

Quando você copiar a fórmula, o Excel irá ajustá-la para extrair o sétimo valor do intervalo de dados de cada ano.

Depois de suas fórmulas ÍNDICE estarem no lugar, você terá uma tabela de preparação clara que poderá usar para criar seu gráfico; veja a Figura 11-21.

	L	M	N	O	P	Q	R	S
1					2012	2011	2010	2009
2				Ano Corrente	1.275	1.024	1.298	1.312
3				Ano Anterior	1.024	1.298	1.312	
4								
5				**Dados Brutos**				
6		Chave		Mercado	2012	2011	2010	2009
7		7		Canadá	730	854	1911	1608
8				Meio Oeste	952	1389	1113	1603
9				Norte	443	543	541	386
10				Nordeste	1536	1760	1088	1737
11				Sul	1500	1600	1588	1000
12				Sudeste	1257	1280	1734	1007
13				Sudoeste	1275	1024	1298	1312
14				Oeste	1402	1045	1759	1075

FIGURA 11-21: Crie um gráfico usando esta tabela de preparação clara.

Usando um Controle Caixa de Listagem

O controle Caixa de Listagem permite que os usuários selecionem em uma lista de opções predefinidas. Quando um item do controle Caixa de Listagem é selecionado, uma ação é tomada nessa seleção. Para adicionar uma caixa de listagem à sua planilha, siga estas etapas:

1. Selecione a lista suspensa Inserir na guia Desenvolvedor.

2. Selecione o controle de Formulário Caixa de Listagem.

3. Clique no local em sua planilha onde você deseja colocar a caixa de listagem.

4. Depois de soltar o controle na planilha, clique nele com o botão direito e selecione Formatar Controle no menu que aparece.

5. Clique na guia Controle para ver as opções de configuração mostradas na Figura 11-22.

6. Na definição Intervalo de Entrada, identifique o intervalo que mantém os itens predefinidos que você deseja apresentar como opções na caixa de listagem.

   Como se pode ver na Figura 11-22, esta caixa de listagem é preenchida com as seleções da região.

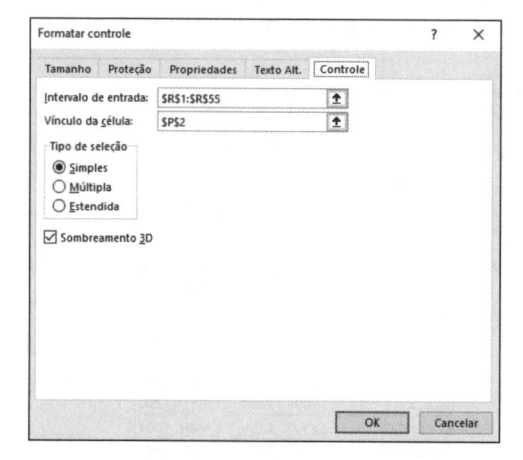

FIGURA 11-22: Formatando o controle Caixa de Listagem.

7. Na caixa Vínculo da Célula, digite a célula onde você deseja que a caixa de listagem coloque seu valor.

   Por padrão, um controle Caixa de Listagem produz o número do índice do item selecionado. Isso significa que, se o segundo item na lista for selecionado, o número 2 será produzido. Se o quinto item na lista for selecionado, o número 5 será produzido. Observe na Figura 11-22 que este controle em particular fica na célula P2. A definição Tipo de Seleção permite que os usuários escolham mais de uma seleção na caixa de listagem. As opções são Simples, Múltipla e Estendida.

   LEMBRE-SE Sempre deixe esta definição em Simples porque Múltipla e Estendida funcionam apenas no ambiente VBA.

8. (Opcional) Você pode marcar a caixa de seleção Sombreamento 3D se quiser que o controle tenha uma aparência tridimensional.

9. Clique em OK para aplicar suas alterações.

Controlando Vários Gráficos com Um Seletor

Um dos modos mais úteis de usar uma caixa de listagem é controlar vários gráficos com um seletor. A Figura 11-23 mostra um exemplo. Quando uma seleção de região é feita na caixa de listagem, todos os três gráficos são alimentados com os dados dessa região, ajustando-os para corresponder à seleção feita. Felizmente, tudo isso é realizado sem o código VBA; são necessárias apenas algumas fórmulas e uma caixa de listagem.

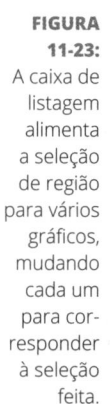

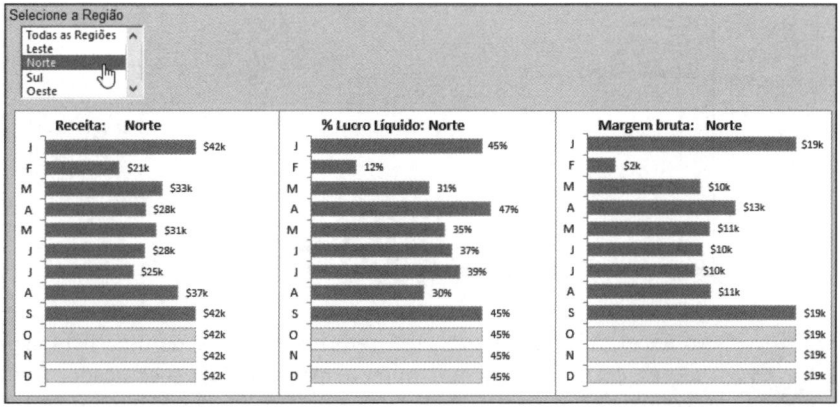

FIGURA 11-23: A caixa de listagem alimenta a seleção de região para vários gráficos, mudando cada um para corresponder à seleção feita.

Para criar este exemplo, comece com três conjuntos de dados brutos — como mostra a Figura 11-24 — que contêm três categorias de dados: Receitas, % Lucro Líquido e Margem Bruta. Cada conjunto de dados contém uma linha separada de cada região, inclusive uma para Todas as Regiões.

FIGURA 11-24: Inicie com os conjuntos de dados brutos que contêm uma linha por região.

	A	B	C	D	E	F	G	H	I	J	K	L	M
6	Receitas	Jan	Fev	Mar	Abr	Mai	Jun	Jul	Ago	Set	Out	Nov	Dez
7	Todas as Regiões	98.741	54.621	96.555	109.625	87.936	84.637	81.339	97.281	98.741	98.741	98.741	98.741
8	Leste	27.474	22.674	35.472	36.292	31.491	27.672	23.853	25.284	27.474	27.474	27.474	27.474
9	Norte	41.767	20.806	32.633	28.023	31.090	27.873	24.656	36.984	41.767	41.767	41.767	41.767
10	Sul	18.911	1.125	17.020	34.196	12.989	18.368	23.747	22.087	18.911	18.911	18.911	18.911
11	Oeste	10.590	10.016	11.430	11.115	12.367	10.724	9.082	12.926	10.590	10.590	10.590	10.590
12													
13	% Lucro Líquido	Jan	Fev	Mar	Abr	Mai	Jun	Jul	Ago	Set	Out	Nov	Dez
14	Todas as Regiões	49,9%	50,6%	48,7%	47,8%	41,4%	47%	52,8%	48,7%	49,9%	49,9%	49,9%	49,9%
15	Leste	63,1%	53,6%	55,8%	47,4%	41,5%	42%	42,5%	31,7%	63,1%	63,1%	63,1%	63,1%
16	Norte	45,3%	11,8%	31,0%	47,5%	35,2%	37%	29,8%	45,3%	45,3%	45,3%	45,3%	45,3%
17	Sul	31,2%	61,7%	41,8%	30,9%	9,0%	33%	56,9%	71,5%	31,2%	31,2%	31,2%	31,2%
18	Oeste	60,1%	75,4%	66,1%	65,2%	79,8%	76%	72,7%	61,9%	60,1%	60,1%	60,1%	60,1%
19													
20	Margem Bruta	Jan	Fev	Mar	Abr	Mai	Jun	Jul	Ago	Set	Out	Nov	Dez
21	Todas as Regiões	48.508	22.850	44.586	48.340	35.056	37.469	39.881	42.849	48.508	48.508	48.508	48.508
22	Leste	17.326	12.154	19.799	17.206	13.079	11.605	10.131	8.020	17.326	17.326	17.326	17.326
23	Norte	18.914	2.455	10.115	13.299	10.938	10.290	9.641	11.019	18.914	18.914	18.914	18.914
24	Sul	5.904	694	7.115	10.582	1.171	7.339	13.506	15.803	5.904	5.904	5.904	5.904
25	Oeste	6.364	7.547	7.557	7.253	9.867	8.235	6.604	8.005	6.364	6.364	6.364	6.364

Depois, você adiciona uma caixa de listagem que coloca o número do índice do item selecionado na célula P2; veja a Figura 11-25.

Em seguida, crie uma tabela de preparação que consiste de todas as fórmulas. Nessa tabela, você usará a função ESCOLHER do Excel para selecionar o valor correto nas tabelas de dados brutos baseadas na região selecionada.

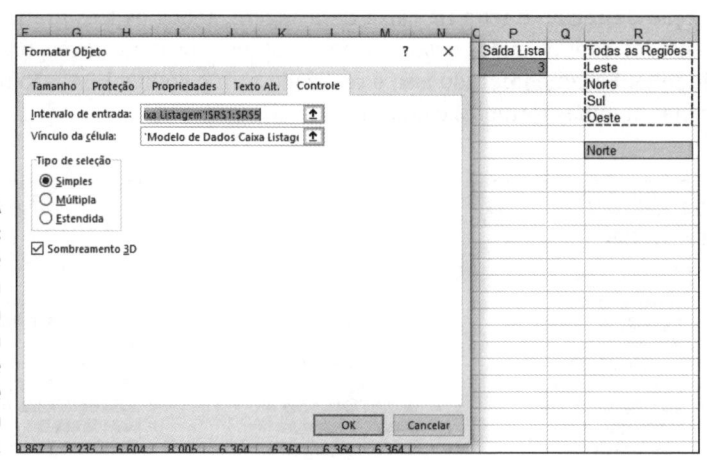

FIGURA 11-25: Adicione uma caixa de listagem e note a célula onde o valor de saída será colocado.

No Excel, a função ESCOLHER retorna um valor de uma lista especificada de valores com base em um número da posição especificado. Por exemplo, a fórmula ESCOLHER(3, "Red", "Yellow", "Green", "Blue") retorna Green porque Green é o terceiro item na lista de valores. A fórmula Escolher(1, "Red", "Yellow", "Green", "Blue") retorna Red. Veja o Capítulo 2 para ter uma ideia detalhada da função ESCOLHER.

Como se pode ver na Figura 11-26, a fórmula ESCOLHER recupera o número da posição de destino na célula P2 (a célula na qual a caixa de listagem coloca o número de índice do item selecionado), então, corresponde esse número da posição com a lista de referências da célula dadas. As referências da célula vêm diretamente da tabela de dados brutos.

FIGURA 11-26: Use a função ESCOLHER para capturar os dados corretos que correspondem à região selecionada.

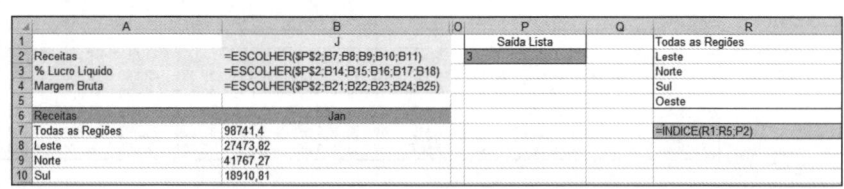

No exemplo mostrado na Figura 11-26, o dado que será retornado pela fórmula ESCOLHER é 41767. Por quê? Porque a célula P2 contém o número 3 e a terceira referência da célula na fórmula ESCOLHER é a célula B9 — a célula que contém os rendimentos de janeiro para a região Norte.

Você digita o mesmo tipo de fórmula ESCOLHER na coluna Jan, então, copia; veja a Figura 11-27.

FIGURA 11-27:
Crie fórmulas ESCOLHER parecidas para cada linha/categoria de dados, então, copie as fórmulas ESCOLHER nos meses.

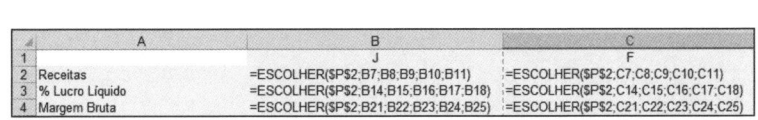

	A	B	C
1		J	F
2	Receitas	=ESCOLHER($P$2;B7;B8;B9;B10;B11)	=ESCOLHER($P$2;C7;C8;C9;C10;C11)
3	% Lucro Líquido	=ESCOLHER($P$2;B14;B15;B16;B17;B18)	=ESCOLHER($P$2;C14;C15;C16;C17;C18)
4	Margem Bruta	=ESCOLHER($P$2;B21;B22;B23;B24;B25)	=ESCOLHER($P$2;C21;C22;C23;C24;C25)

Para testar se suas fórmulas estão funcionando, mude o valor da célula P2 manualmente digitando 1, 2, 3, 4 ou 5. Quando as fórmulas funcionarem, tudo que resta a fazer é criar os gráficos usando a tabela de preparação.

LEMBRE-SE

Se as funções do Excel, como ESCOLHER ou ÍNDICE, forem um pouco assustadoras para você, não se preocupe. Você pode usar várias combinações de controles de Formulário e funções do Excel literalmente de centenas de modos para conseguir um relatório interativo. Os exemplos dados neste capítulo são designados para dar uma noção de como você pode incorporar os controles de Formulário em seus painéis e relatórios. Não há regras para quais controles de Formulário ou funções do Excel você precisa usar em seu modelo.

Comece com melhorias básicas para seu painel, usando os controles e as fórmulas com os quais se sente confortável. Depois, introduza gradualmente alguns controles e funções mais complexos. Com um pouco de imaginação e criatividade, você poderá pegar as noções básicas deste capítulo e personalizar seus próprios painéis dinâmicos.

> **NESTE CAPÍTULO**
>
> Compreendendo os separadores
>
> Criando e formatando separadores padrão
>
> Usando separadores da Linha do Tempo
>
> Usando separadores como botões de comando

Capítulo 12
Adicionando Interatividade com Separadores Dinâmicos

Os separadores permitem que você filtre sua tabela dinâmica de um modo parecido como os campos Filtro filtram a tabela. A diferença é que os separadores oferecem uma interface fácil de usar, permitindo que você gerencie melhor o estado do filtro de seus relatórios da tabela dinâmica. Felizmente, a Microsoft adicionou outra dimensão aos separadores com a introdução dos separadores da Linha do Tempo. Os separadores da Linha do Tempo são designados para funcionarem especificamente com a filtragem baseada em datas.

Neste capítulo, você explora os separadores e seu potencial para adicionar uma interface do usuário atraente *e interativa* a seus painéis e relatórios.

Entendendo os Separadores

Se você acompanhou o Capítulo 6, sabe que as tabelas dinâmicas permitem uma filtragem interativa usando os campos Filtro. Os *campos Filtro* são listas suspensas as quais você pode incluir no topo de uma tabela dinâmica, permitindo que os usuários filtrem interativamente itens de dados específicos. Por mais úteis que os campos Filtro sejam, eles sempre tiveram algumas desvantagens.

Em primeiro lugar, os campos Filtro não são filtros em cascata — os filtros não funcionam juntos para limitar as seleções quando necessário. Veja, por exemplo, a Figura 12-1. Você pode ver que o filtro Região está definido para a região Norte. Contudo, o filtro Mercado ainda permite que você selecione os mercados que não estão claramente na região Norte (Califórnia, por exemplo). Como o filtro Mercado não está limitado com base no campo Filtro da Região, você terá a possibilidade chata de selecionar um mercado que poderia não produzir dados porque não está na região Norte.

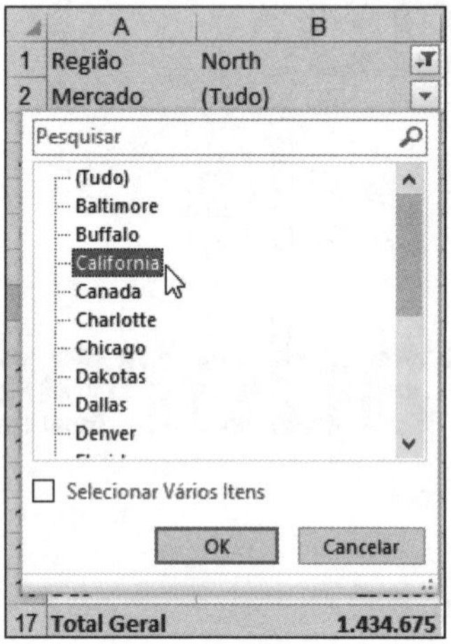

FIGURA 12-1: Os campos Filtro da tabela dinâmica padrão não funcionam juntos para limitar as seleções do filtro.

Outra desvantagem é que os campos Filtro não fornecem um modo fácil de informar o que exatamente está sendo filtrado quando você seleciona vários itens. Na Figura 12-2, é possível ver um exemplo. O filtro Região foi limitado a três regiões: Centro-Oeste, Norte e Nordeste. Contudo, observe que o valor do filtro Região mostra (Vários itens). Por padrão, os campos Filtro mostram (Vários itens) quando você seleciona mais de um item. O único modo de informar o que foi selecionado é clicar no menu suspenso. Você pode imaginar a confusão em uma versão impressa desse relatório, na qual não é possível clicar para ver quais itens de dados constituem os números na página.

Por outro lado, os separadores não têm esses problemas. Eles respondem uns aos outros. Como se pode ver na Figura 12-3, o separador Mercado destaca visualmente os mercados relevantes quando a região Norte é selecionada. O resto dos mercados fica oculto, sinalizando que não fazem parte da região Norte.

Ao selecionar vários itens em um separador, você pode ver facilmente que vários itens foram escolhidos. Na Figura 12-4, é possível ver que a tabela dinâmica está sendo filtrada pelas regiões Centro-Oeste, Norte e Nordeste. Nada mais de (Vários itens).

FIGURA 12-2: Os campos Filtro mostram o texto (*Vários Itens*) quando várias seleções são feitas.

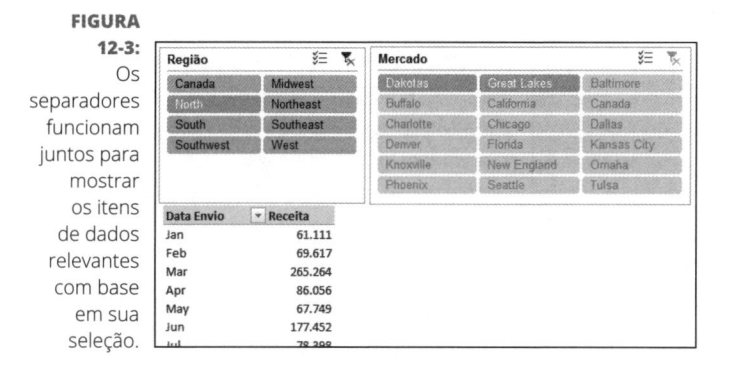

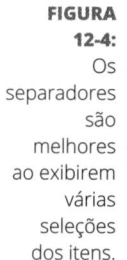

FIGURA 12-3: Os separadores funcionam juntos para mostrar os itens de dados relevantes com base em sua seleção.

FIGURA 12-4: Os separadores são melhores ao exibirem várias seleções dos itens.

CAPÍTULO 12 **Adicionando Interatividade com Separadores Dinâmicos**   261

Criando um Separador Padrão

Chega de explicar. É hora de criar seu primeiro separador. Basta seguir estas etapas:

1. **Coloque o cursor em qualquer lugar dentro da tabela dinâmica.**

   Fazer isso ativa as guias contextuais das Ferramentas da Tabela Dinâmica na Faixa.

2. **Clique na guia Analisar e no ícone Inserir Segmentação de Dados, como mostra a Figura 12-5.**

FIGURA 12-5: Inserindo um separador.

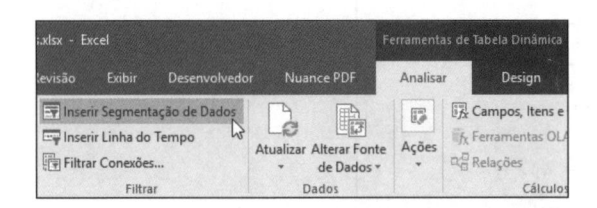

Esta etapa ativa a caixa de diálogo Inserir Separadores, mostrada na Figura 12-6.

FIGURA 12-6: Selecione as dimensões para as quais deseja criar separadores.

3. **Usando a caixa de diálogo Inserir Segmentação de Dados, selecione as dimensões que você deseja filtrar.**

   Neste exemplo, os separadores Região e Mercado são criados.

4. **Depois de os separadores serem criados, simplesmente clique nos valores do filtro para filtrar a tabela dinâmica.**

   Como se pode ver na Figura 12-7, clicar em Centro-Oeste no separador Região não só filtra sua tabela dinâmica, como também o separador Mercado responde destacando os mercados que pertencem à região Centro-Oeste.

FIGURA 12-7: Selecione as dimensões que você deseja filtradas usando os separadores.

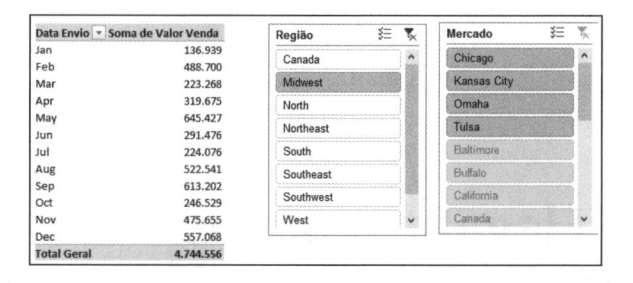

Data Envio	Soma de Valor Venda
Jan	136.939
Feb	488.700
Mar	223.268
Apr	319.675
May	645.427
Jun	291.476
Jul	224.076
Aug	522.541
Sep	613.202
Oct	246.529
Nov	475.655
Dec	557.068
Total Geral	**4.744.556**

Região: Canada, Midwest, North, Northeast, South, Southeast, Southwest, West

Mercado: Chicago, Kansas City, Omaha, Tulsa, Baltimore, Buffalo, California, Canada

Você pode selecionar diversos valores pressionando a tecla Ctrl no teclado enquanto seleciona os filtros necessários. Na Figura 12-8, pressionei a tecla Ctrl enquanto selecionava Baltimore, Califórnia, Charlotte e Chicago. Isso destaca não apenas os mercados selecionados no separador Mercado, como também suas regiões associadas no separador Região.

FIGURA 12-8: O fato de que você pode ver o estado do filtro atual dá aos separadores uma vantagem única sobre os campos Filtro.

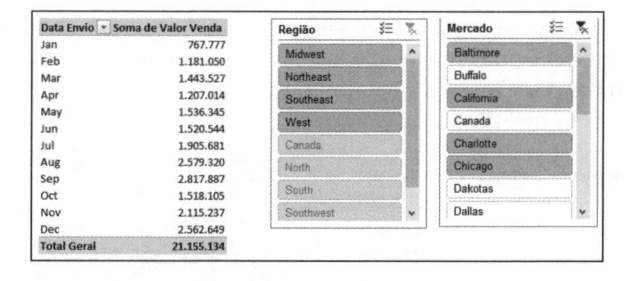

Data Envio	Soma de Valor Venda
Jan	767.777
Feb	1.181.050
Mar	1.443.527
Apr	1.207.014
May	1.536.345
Jun	1.520.544
Jul	1.905.681
Aug	2.579.320
Sep	2.817.887
Oct	1.518.105
Nov	2.115.237
Dec	2.562.649
Total Geral	**21.155.134**

Região: Midwest, Northeast, Southeast, West, Canada, North, South, Southwest

Mercado: Baltimore, Buffalo, California, Canada, Charlotte, Chicago, Dakotas, Dallas

DICA

Para limpar o filtro em um separador, basta clicar no ícone Limpar Filtro no separador de destino, como mostra a Figura 12-9.

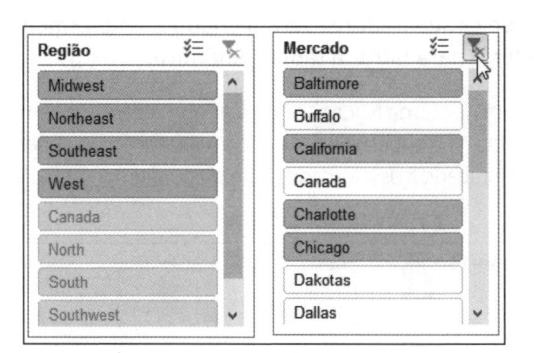

FIGURA 12-9: Limpando os filtros em um separador.

Ficando Elegante com as Personalizações dos Separadores

Se você for usar os separadores em um painel, deverá fazer um pouco de formatação para que eles correspondam ao tema e ao layout de seu painel. As seções a seguir cobrem alguns ajustes da formatação que você pode fazer em seus separadores.

Tamanho e colocação

Um separador se comporta como um objeto de forma padrão do Excel no sentido que você pode movê-lo e ajustar seu tamanho clicando e arrastando seus pontos de posição; veja a Figura 12-10.

FIGURA 12-10: Ajuste o tamanho e a colocação do separador arrastando seus pontos de posição.

Você também pode clicar com o botão direito no separador e selecionar Tamanho e Propriedades no menu que aparece. Isso ativa o painel Formatar Slide, mostrado na Figura 12-11, permitindo que você ajuste o tamanho do separador, como ele deve comportar-se quando as células são movidas e se ele deve aparecer em uma cópia impressa de seu painel.

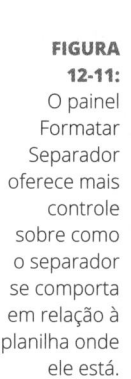

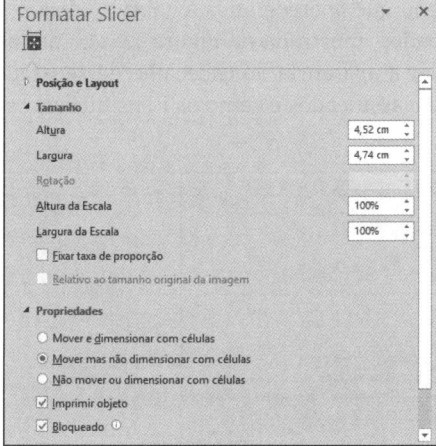

FIGURA 12-11: O painel Formatar Separador oferece mais controle sobre como o separador se comporta em relação à planilha onde ele está.

Colunas dos itens de dados

Por padrão, todos os separadores são criados com uma coluna de itens de dados. Você pode mudar isso clicando com o botão direito no separador e selecionando Tamanho e Propriedades no menu que aparece. Isso ativa o painel Formatar Slide. Na seção Posição e Layout, você pode especificar o número de colunas no separador. Ajustar o número para 2, como demonstrado na Figura 12-12, faz com que os itens de dados sejam exibidos em duas colunas, ajustar o número para 3 faz com que os itens de dados sejam exibidos em três colunas, etc.

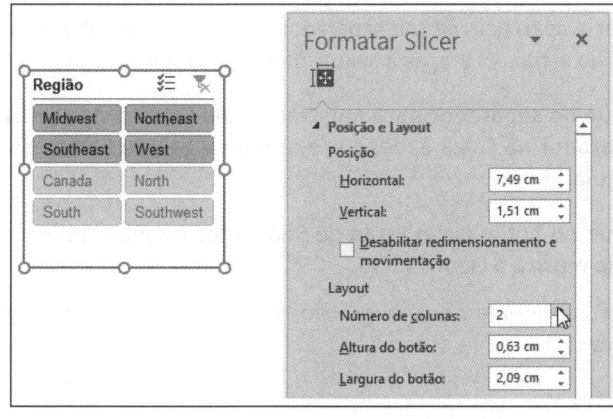

FIGURA 12-12: Ajuste a propriedade Número de Colunas para exibir os itens de dados do separador em mais de uma coluna.

Outras definições do separador

Clicar com o botão direito no separador e selecionar Configurações da Segmentação de Dados no menu que aparece ativa a caixa de diálogo Configurações da Segmentação de Dados, mostrada na Figura 12-13. Com essa caixa de diálogo, é possível controlar a aparência do cabeçalho do separador, como os itens em seu separador são classificados e como os itens filtrados são lidados.

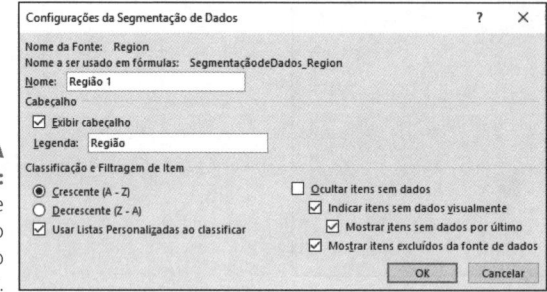

FIGURA 12-13: A caixa de diálogo Definições do Separador.

Criando seu próprio estilo de separador

Os estilos padrão do separador são, sejamos realistas, um pouco desinteressantes. Muitas vezes, a aparência dos separadores não combina com a estética de seu painel. Felizmente, o Excel oferece um modo de personalizar seus separadores para que se ajustem a qualquer tema do relatório. Com um esforço mínimo, seus separadores podem ser bem integrados ao layout do painel.

A Figura 12-14 mostra alguns exemplos de como os separadores podem ser personalizados para quase todo estilo imaginado.

Para mudar a aparência de seu separador, você terá que fazer algumas personalizações do estilo. As etapas a seguir mostram como:

1. Clique no separador para mostrar a guia Opções das Ferramentas do Separador na Faixa e, depois, expanda a galeria Estilos do Separador da guia.

2. Clique no botão Novo Estilo de Separador na parte inferior da galeria, como mostra a Figura 12-15.

    Fazer isso ativa a caixa de diálogo Novo Estilo de Separador, mostrada na Figura 12-16.

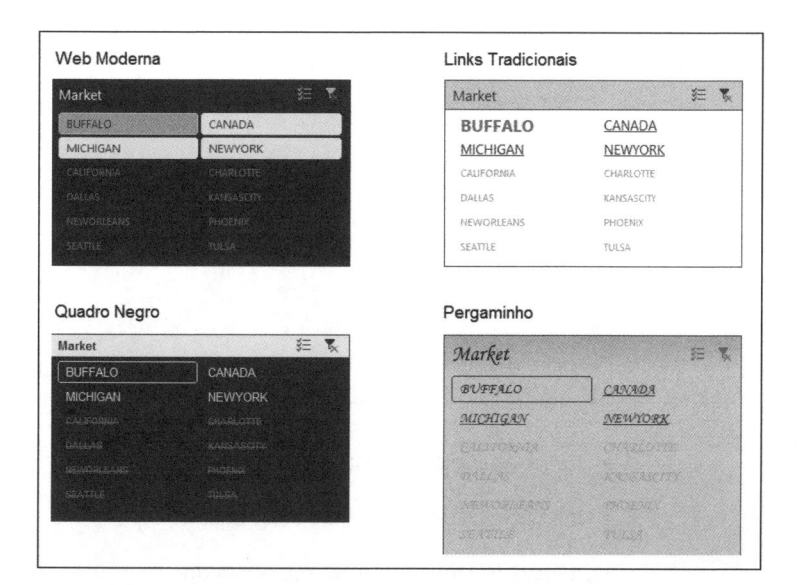

FIGURA 12-14: Exemplos da diferença drástica que você pode fazer na aparência dos separadores.

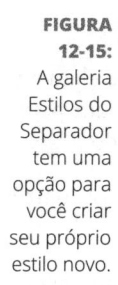

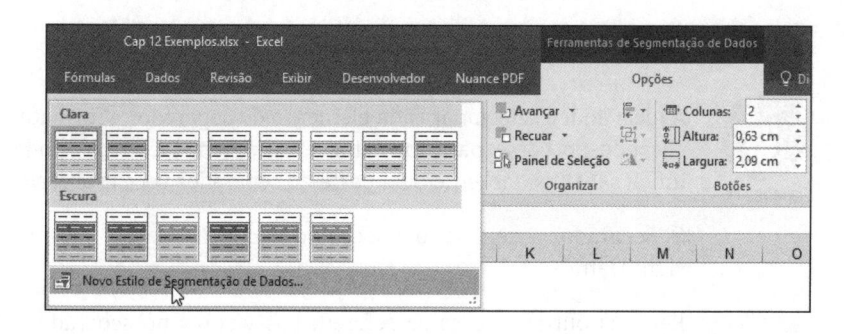

FIGURA 12-15: A galeria Estilos do Separador tem uma opção para você criar seu próprio estilo novo.

3. Usando a caixa de diálogo Novo Estilo de Separador, personalize quaisquer (ou todos) elementos do separador a seguir:

- Segmentação de dados inteira
- Cabeçalho
- Item com Dados Selecionados
- Item sem Dados Selecionados
- Cancelada Seleção de Item com Dados

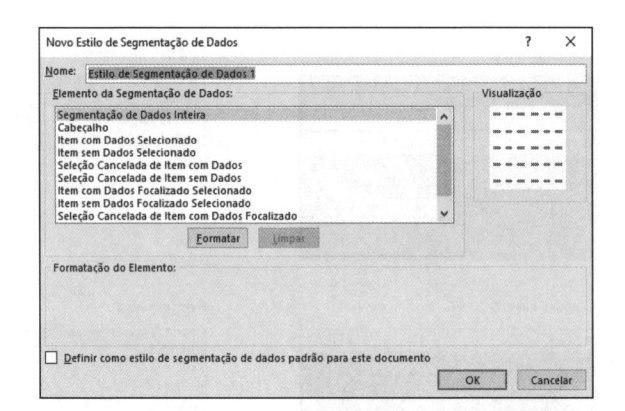

FIGURA 12-16: A caixa de diálogo Novo Estilo de Separador.

- Cancelada Seleção de Item sem Dados
- Item com Dados Focalizado Selecionado
- Item sem Dados Focalizado Selecionado
- Seleção cancelada de item com dados Focalizado
- Seleção Cancelada de item sem Dados Focalizado

LEMBRE-SE

A ideia aqui é selecionar cada elemento do separador e formatar esse elemento clicando no botão para formatar. Parece bem fácil, mas pode ser um pouco difícil saber exatamente qual parte do separador você está formatando.

O Separador Inteiro e o Cabeçalho são bem claros, mas o que os outros significam?

Bem, as outras opções se referem aos valores no separador. Alguns valores têm dados associados e outros não. Os elementos listados permitem que você defina como cada valor (valores "com Dados" e valores "sem Dados") fica quando selecionado, tem a seleção cancelada e focaliza. A Figura 12-17 oferece um mapa visual para ajudar a entender como cada tipo de valor geralmente é representado no separador.

Depois de terminar de fazer as personalizações necessárias em todos os elementos, você poderá aplicar seu estilo recém-criado clicando no separador e selecionando seu estilo personalizado na Galeria dos Estilos de Separador.

Você também pode clicar com o botão direito em seu estilo personalizado para modificá-lo, duplicá-lo e apagá-lo (veja a Figura 12-18), usando o menu contextual que aparece.

FIGURA 12-17: Os separadores permitem formatar cada elemento separadamente.

Item Não Selecionado com Dados
Item Selecionado com Dados
Item Não Selecionado sem Dados
Item Selecionado sem Dados

FIGURA 12-18: Você pode modificar, duplicar ou apagar qualquer estilo personalizado.

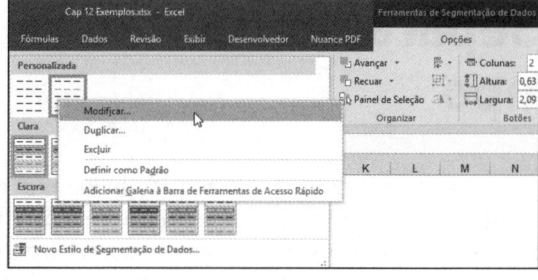

LEMBRE-SE Os estilos personalizados são gravados no nível da pasta de trabalho, portanto, seu estilo personalizado é gravado e pertence à sua pasta de trabalho. Contudo, as outras pastas de trabalho não terão seus estilos incluídos.

Controlando Várias Tabelas Dinâmicas com Um Separador

Outra vantagem que você tem com os separadores é que cada um pode ser ligado a mais de uma tabela dinâmica; ou seja, qualquer filtro aplicado em seu separador poderá ser aplicado em várias tabelas dinâmicas.

Para conectar seu separador a mais de uma tabela dinâmica, basta clicar com o botão direito nele e selecionar Conexões de Relatório no menu que aparece.

Isso ativa a caixa de diálogo Conexões do Relatório, mostrada na Figura 12-19. Coloque uma marca de verificação ao lado de qualquer tabela dinâmica que você deseja filtrar usando o separador atual.

FIGURA 12-19: Escolha as tabelas dinâmicas que serão filtradas por este separador.

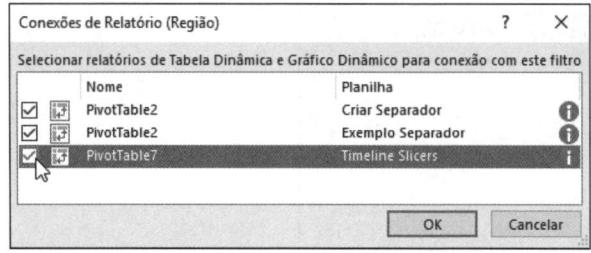

Neste ponto, qualquer filtro aplicado em seu separador será aplicado em todas as tabelas dinâmicas conectadas. Controlar o estado do filtro de várias tabelas dinâmicas é um recurso poderoso, especialmente nos painéis executados em várias tabelas dinâmicas.

Criando um Separador da Linha do Tempo

O separador da Linha do Tempo funciona do mesmo modo que o separador padrão, no sentido de que permite filtrar uma tabela dinâmica usando um mecanismo de seleção visual, em vez dos antigos campos Filtro. A diferença é que o separador da Linha do Tempo é designado para trabalhar exclusivamente com os campos de data, fornecendo um excelente método visual para filtrar e agrupar as datas em sua tabela dinâmica.

Para criar um separador da Linha do Tempo, sua tabela dinâmica deve conter um campo onde *todos* os dados são formatados como uma data. Não é suficiente ter uma coluna de dados que contém algumas datas. Todos os valores no campo de data devem ser uma data válida e formatados como tal.

Para criar um separador da Linha do Tempo, siga estas etapas:

1. **Coloque o cursor em qualquer lugar dentro da tabela dinâmica, então, clique na guia Analisar na Faixa.**

2. **Clique no comando Inserir Linha do Tempo da guia, mostrado na Figura 12-20.**

    A caixa de diálogo Inserir Linhas do Tempo mostrada na Figura 12-21 aparece, mostrando todos os campos de data disponíveis na tabela dinâmica escolhida.

3. Na caixa de diálogo Inserir Linhas do Tempo, selecione os campos de data para os quais você deseja criar a linha do tempo.

FIGURA 12-20: Inserindo um separador da Linha do Tempo.

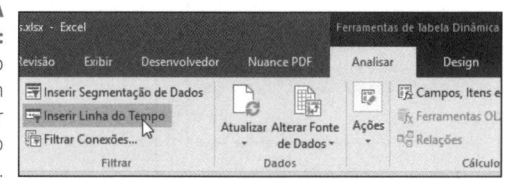

FIGURA 12-21: Selecione os campos de data para os quais você deseja os separadores criados.

Depois de criar o separador, você poderá filtrar os dados na tabela dinâmica e no gráfico dinâmico usando esse mecanismo dinâmico de seleção de dados. A Figura 12-22 demonstra que selecionar Mar, Abr e Mai no separador da Linha do Tempo automaticamente filtra o gráfico dinâmico.

A Figura 12-23 mostra como você pode expandir o intervalo de separadores com o mouse para incluir um intervalo maior de datas em seus números filtrados.

Deseja filtrar rapidamente sua tabela dinâmica por trimestres? Bem, é fácil com um separador da Linha do Tempo. Basta clicar no menu suspenso do período de tempo e selecionar Trimestres. Como se pode ver na Figura 12-24, é possível também trocar para Anos ou Dias, se necessário.

LEMBRE-SE Os separadores da Linha do Tempo não são *compatíveis com as versões anteriores*. Eles são úteis apenas no Excel 2013 e 2016. Se você abrir uma pasta de trabalho com separadores da Linha do Tempo no Excel 2010 ou nas versões anteriores, os separadores serão desativados.

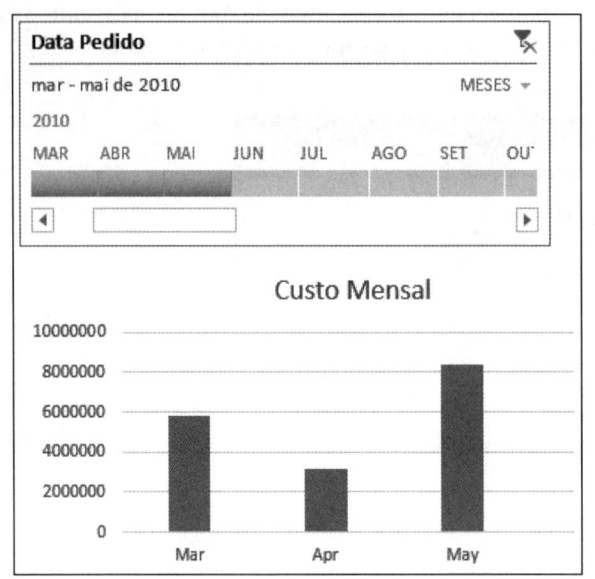

FIGURA 12-22: Clique em uma seleção de data para filtrar sua tabela ou gráfico dinâmico.

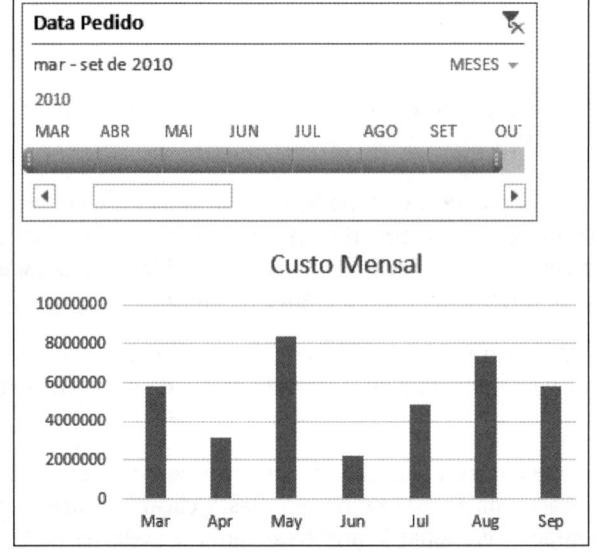

FIGURA 12-23: Você pode expandir o intervalo no separador da Linha do Tempo para incluir mais dados nos números filtrados.

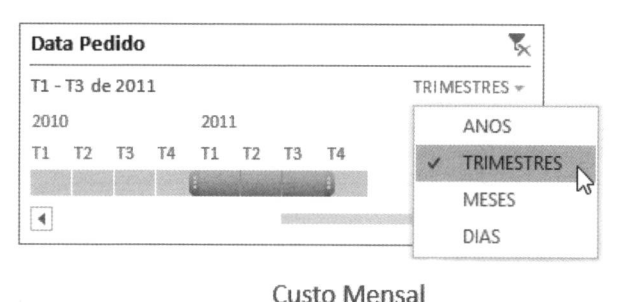

FIGURA 12-24: Troque rapidamente entre trimestres, anos, meses e dias.

Usando Separadores como Controles de Formulário

No Capítulo 11, você viu como adicionar interatividade a um painel usando técnicas de modelagem de dados e controles de Formulário. Embora as técnicas nesse capítulo sejam poderosas, a única desvantagem é que os controles de Formulário do Excel estão começando a parecer um pouco antigos, especialmente quando comparados com os gráficos modernos que vêm com o Excel 2016.

Um modo inteligente de amenizar esse problema é apoderar-se do recurso Separador para usar como um tipo de controle de Formulário substituto. A Figura 12-25 demonstra isso com um gráfico que responde ao separador à esquerda. Quando você clica na seleção Receita, o gráfico preenche os dados do rendimento. Quando clica em Despesa, o gráfico preenche os dados da despesa. Lembre-se de que o gráfico em si não está conectado a uma tabela dinâmica.

FIGURA 12-25: Você pode apoderar-se dos separadores dinâmicos e usá-los como controles de Formulários mais atraentes para os modelos não baseados em tabelas dinâmicas.

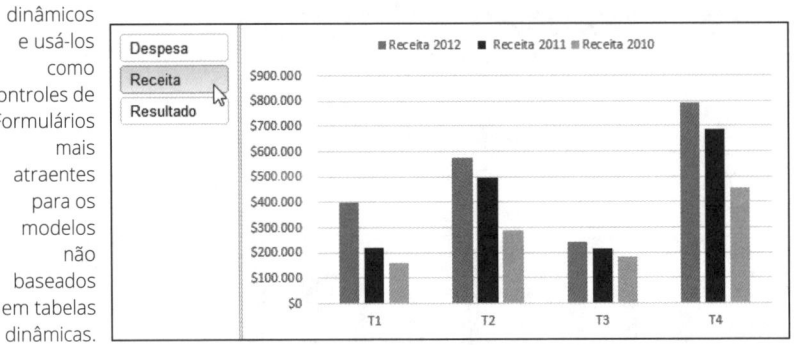

Para criar esse modelo básico, siga estas etapas:

1. **Crie uma tabela simples que tenha os nomes desejados para seus controles, juntamente com uma numeração do índice.**

   Neste caso, a tabela deve conter três linhas em um campo chamado Métrica. Cada linha deve conter um nome da métrica e um número de índice para cada métrica (Rendimento, Despesa e Lucro Líquido).

2. **Crie uma tabela dinâmica usando essa tabela simples, como mostra a Figura 12-26.**

FIGURA 12-26: Crie uma tabela simples que tenha os nomes que você deseja para seus controles, juntamente com uma numeração do índice. Depois de fazer isso, crie uma tabela dinâmica a partir dela.

M	N
Métrica	Key
Receita	1
Despesa	2
Resultado	3

Rótulos de Linha	Sum of Key
Despesa	2
Receita	1
Resultado	3
Total Geral	**6**

3. Coloque o cursor em qualquer lugar dentro de sua tabela dinâmica recém-criada, clique na guia Analisar, então, clique no ícone Inserir Segmentação de Dados.

4. Na caixa de diálogo Inserir Separadores que aparece, crie um separador para o campo Métrica.

   Neste ponto, você tem um separador com três nomes da métrica.

5. Clique com o botão direito no separador e escolha Configurações da Segmentação de Dados no menu que aparece para ativar a caixa de diálogo Configurações da Segmentação de Dados.

6. Na caixa de diálogo Configurações da Segmentação de Dados, desmarque a caixa de seleção Exibir Cabeçalho, mostrada na Figura 12-27.

FIGURA 12-27: Crie um separador para o campo Métrica e remova o cabeçalho.

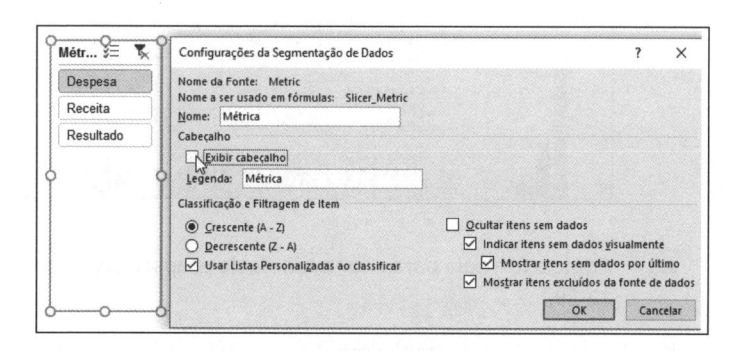

Sempre que você clicar no separador Métrica, a tabela dinâmica associada será filtrada para mostrar apenas a métrica selecionada. A Figura 12-28 demonstra que isso também filtra o número do índice dessa métrica. O número do índice filtrado sempre aparecerá na mesma célula (N8, neste caso). Portanto, essa célula agora pode ser usada como uma célula de inicialização para as fórmulas PROCV, fórmulas de índice, instruções SE etc.

FIGURA 12-28: Clicar em um item no separador filtra o número do índice correto para a métrica selecionada.

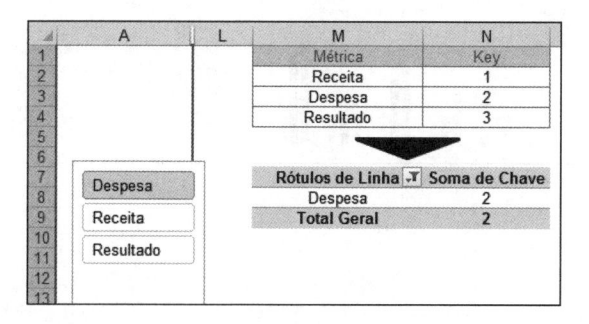

7. **Use a célula de inicialização alimentada pelo separador (N8) para guiar as fórmulas em sua área de preparação, como mostra a Figura 12-29.**

   Esta fórmula informa ao Excel para verificar o valor da célula N8. Se o valor da célula N8 for 1, que representa o valor da opção Receita, a fórmula retornará o valor no conjunto de dados Receita (célula G9). Se o valor da célula N8 for 2, que representa o valor da opção Despesa, a fórmula retornará o valor no conjunto de dados Despesa (célula G13). Se o valor da célula N8 não for 1 nem 2, o valor na célula G17 será retornado.

   FIGURA 12-29: Use a célula de inicialização filtrada para guiar as fórmulas na área de preparação.

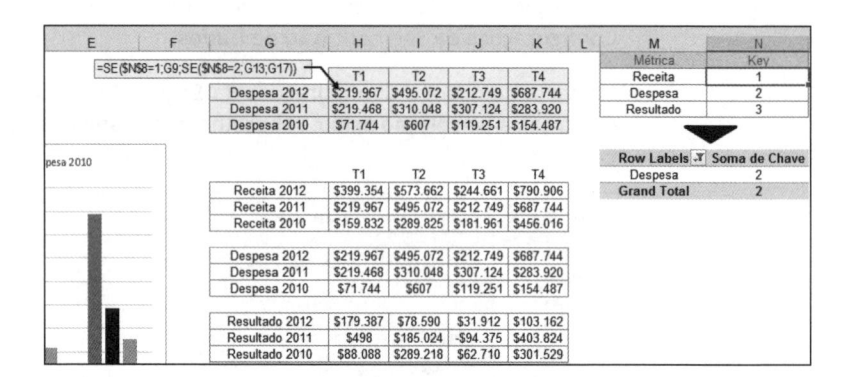

8. **Copie a fórmula para criar a tabela de preparação completa; veja a Figura 12-30.**

9. **A etapa final é simplesmente criar um gráfico usando a tabela de preparação como a fonte.**

   Com esta técnica simples, você pode fornecer a seus clientes um menu interativo atraente que respeita com mais eficiência a aparência de seus painéis.

   FIGURA 12-30: A tabela de preparação final alimentada por meio do separador.

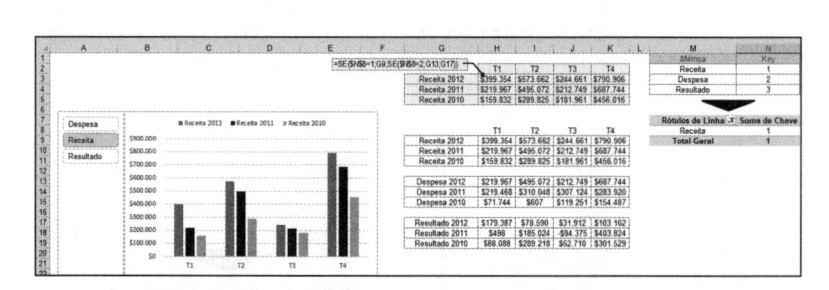

5 Trabalhando com o Mundo Externo

NESTA PARTE . . .

Compreenda algumas maneiras de incorporar dados que não se originam no Excel.

Descubra como importar os dados de fontes externas, como o Microsoft Access e o SQL Server.

Aprofunde na Consulta Avançada para automatizar os processos de transformação de dados.

Entenda os vários métodos para proteger seus painéis e relatórios antes de distribuir.

Explore os diferentes modos de distribuir e apresentar seu trabalho de uma maneira segura e eficiente.

> **NESTE CAPÍTULO**
>
> Importando do Microsoft Access
>
> Importando do SQL Server
>
> Aproveitando a Consulta Avançada para obter dados externos

Capítulo 13
Usando Dados Externos para Seus Painéis e Relatórios

Não seria maravilhoso se todos os dados encontrados pudessem ser colocados de modo organizado em uma tabela do Excel fácil de usar? A realidade é que, algumas vezes, os dados necessários vêm de fontes de dados externas. Os *dados externos* são exatamente isso: dados que não estão localizados na pasta de trabalho do Excel na qual você está operando. Alguns exemplos de fontes de dados externas são arquivos de texto, tabelas do Access, tabelas do SQL Server e até outras pastas de trabalho do Excel.

Este capítulo explora algumas maneiras eficientes de colocar os dados externos em seus modelos de dados do Excel. Porém, antes de começar, este humilde autor deseja fazer uma ressalva: há vários modos de colocar dados no Excel. Na verdade, entre a funcionalidade encontrada na interface do usuário e as técnicas de VBA/código, o Excel tem técnicas demais para focar em um único capítulo. Então, neste capítulo, foco em algumas técnicas que podem ser implementadas e não têm muitas armadilhas e pegadinhas.

Importando Dados do Microsoft Access

O Microsoft Access é usado em muitas organizações para gerenciar uma série de tabelas que interagem entre si, como uma tabela Clientes, tabela Pedidos e tabela Faturas. O gerenciamento de dados no Access tem a vantagem de um banco de dados relacional no qual você pode assegurar a integridade dos dados, evitar a redundância e gerar facilmente conjuntos de dados via consultas.

O Excel oferece vários métodos para colocar os dados do Access em seu modelo de dados do Excel.

Método de arrastar e soltar

Para simplificar, você não pode apenas usar o método arrastar e soltar. Você pode abrir simultaneamente uma pasta de trabalho vazia do Excel e um banco de dados do Access, a partir do qual deseja importar uma tabela ou consulta. Com ambos abertos, redimensione a janela de cada aplicativo para que eles fiquem totalmente visíveis na tela.

Passe o ponteiro do mouse sobre a tabela ou consulta do Access que você deseja copiar para o Excel. Agora, clique na tabela e arraste-a para a planilha em branco no Excel, como mostra a Figura 13-1.

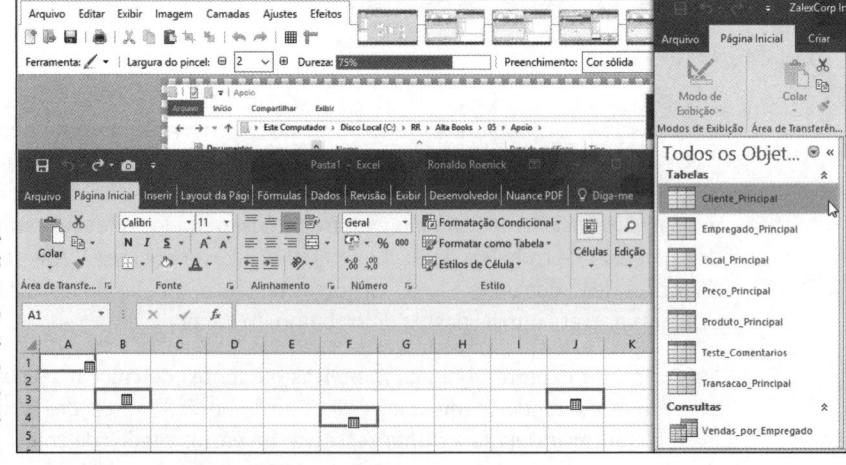

FIGURA 13-1: Copie uma tabela do Access usando o método de arrastar e soltar.

PARTE 5 **Trabalhando com o Mundo Externo**

O método de arrastar e soltar é útil quando você está fazendo uma análise única e rápida na qual precisa de um conjunto específico de dados no Excel. Contudo, o método não é tão útil nas seguintes condições:

» Você espera que esta etapa ocorra continuamente, como parte de uma análise ou relatório repetido.

» Espera que os usuários da apresentação do Excel obtenham ou atualizem os dados com esse método.

» Não é possível nem conveniente para você simplesmente abrir o Access sempre que precisa de informações.

Nestes cenários, é muito melhor usar outra técnica.

Assistente de Exportação do Microsoft Access

O Access tem um assistente de Exportação e usá-lo é relativamente fácil. Basta seguir estas etapas:

1. **Com seu banco de dados do Access aberto, clique em sua tabela ou consulta de destino para selecioná-la.**

2. **Na guia Dados Externos na Faixa, selecione o ícone Excel no grupo Exportar.**

    O assistente que você vê na Figura 13-2 é aberto.

    Como se pode ver na Figura 13-2, você pode especificar determinadas opções no assistente de Exportação do Excel. Pode especificar o local do arquivo, tipo de arquivo e algumas opções de preservação do formato.

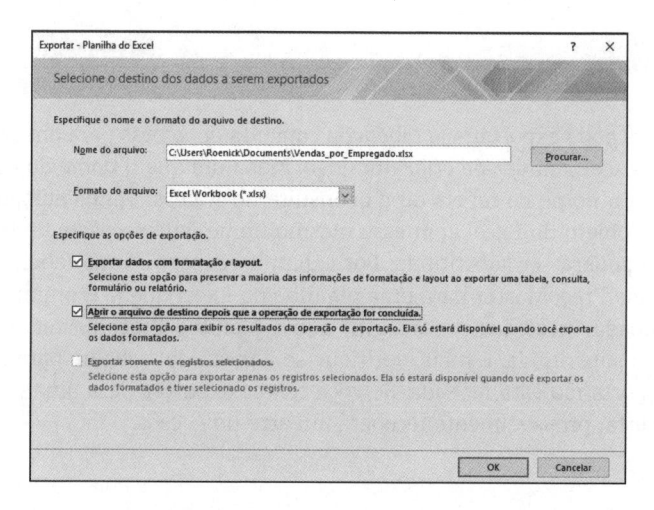

FIGURA 13-2: Exporte os dados para o Excel usando o Assistente de Exportação do Excel.

3. No Assistente de Exportação do Excel, selecione Exportar Dados com Formatação e Layout, então, selecione Abrir Arquivo de Destino Depois da Operação Terminar.

4. Clique em OK.

    O Excel é aberto para mostrar os dados exportados.

LEMBRE-SE

No Access, a última página no assistente de Exportação, mostrada na Figura 13-3, pergunta se você deseja salvar suas etapas de exportação. Salvar as etapas de exportação poderá ser útil se você espera enviar essa determinada consulta ou tabela para o Excel com frequência. A vantagem desse método é que, diferentemente de arrastar e soltar, a capacidade de salvar as etapas de exportação permite que você automatize suas exportações usando as macros do Access.

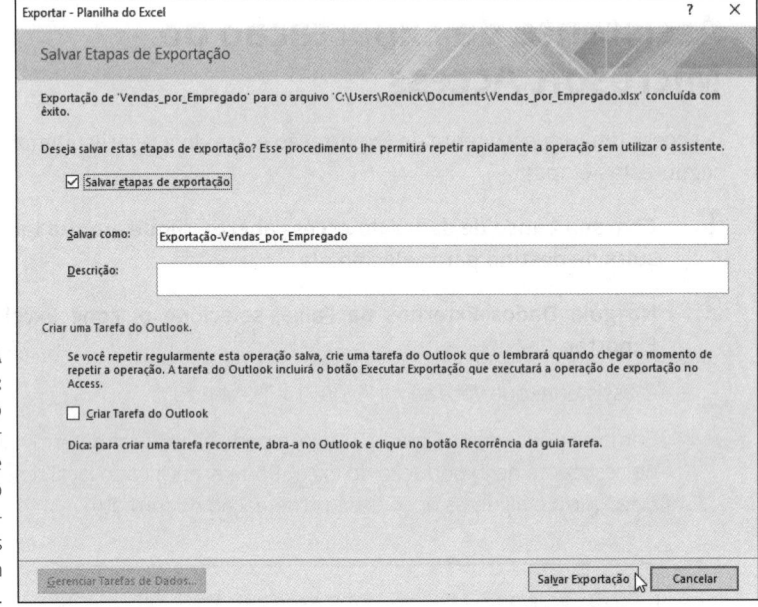

FIGURA 13-3: Use a opção Salvar Etapas de Exportação se você exporta seus dados com frequência.

CUIDADO

Você pode exportar sua tabela ou consulta do Access para um arquivo existente do Excel, em vez de criar um novo. Mas note que o nome do objeto exportado será o nome da tabela ou da consulta no Access. Tenha cuidado se você tiver um objeto do Excel com esse mesmo nome em sua pasta de trabalho, porque ele poderá ser substituído. Por exemplo, exportar uma tabela do Access chamada PreçoMaster para uma planilha do Excel que já tem uma planilha denominada PreçoMaster fará com que a planilha PreçoMaster original do Excel seja substituída. E mais, verifique se a pasta de trabalho para a qual você está exportando está fechada. Se você tentar exportar para uma pasta de trabalho aberta, provavelmente receberá um erro no Access.

Ícone Obter Dados Externos

A opção para obter os dados do Access está disponível no Excel por muitas versões; apenas ficou oculta sob várias camadas em alguns títulos enigmáticos do menu. Isso fez com que colocar dados do Access no Excel parecesse uma proposta misteriosa e sem importância para muitos analistas do Excel. Com a introdução da Faixa no Excel 2007, a Microsoft colocou o grupo de comandos Obter Dados Externos nela, na guia Dados, facilitando importar os dados do Access e outras fontes de dados externas.

O Excel permite que você estabeleça uma conexão de dados atualizados entre o Excel e o Access. Para ver o poder da técnica, examine estas etapas:

1. **Abra uma nova pasta de trabalho do Excel e clique na guia Dados na Faixa.**

2. **No grupo Obter Dados Externos, selecione o ícone Do Access.**

   A caixa de diálogo Selecionar Fonte de Dados é aberta. Se o banco de dados a partir do qual você deseja importar os dados for local, navegue para o local do arquivo e selecione-o. Se seu banco de dados de destino do Access residir em uma unidade de rede em outro local, você precisará da devida autorização para selecioná-lo.

3. **Navegue para o banco de dados de amostra e clique em Abrir, como mostra a Figura 13-4.**

   Em alguns ambientes, uma série de caixas de diálogo Propriedades de associação de dados é aberta, solicitando as credenciais (ou seja, nome de usuário e senha). A maioria dos bancos de dados do Access não requer credenciais de logon, mas se seu banco de dados requerer um nome de usuário e senha, digite-os na caixa de diálogo Propriedades do Vínculo de Dados.

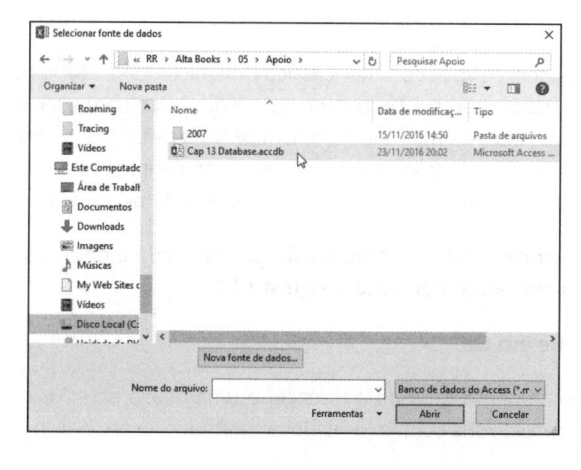

FIGURA 13-4: Escolha seu banco de dados de origem.

4. **Clique em OK.**

   A caixa de diálogo Selecionar Tabela, mostrada na Figura 13-5, é aberta. Essa caixa lista todas as tabelas e consultas disponíveis no banco de dados selecionado.

   > **DICA**
   >
   > A caixa de diálogo Selecionar Tabela contém uma coluna chamada Tipo. Há dois tipos de objetos do Access com os quais você trabalha: exibições e tabelas. VIEW indica que o conjunto de dados listado é uma consulta do Access e TABLE indica que o conjunto de dados é uma tabela do Access. Neste exemplo, `Vendas_por_Empregado` é, na verdade, uma consulta do Access. Isso significa que você importa os resultados da consulta. Esta é a verdadeira interação em ação; o Access faz todo o gerenciamento e agregação dos dados em um plano de fundo e o Excel lida com a análise e a apresentação!

   FIGURA 13-5: Selecione o objeto do Access que você deseja importar.

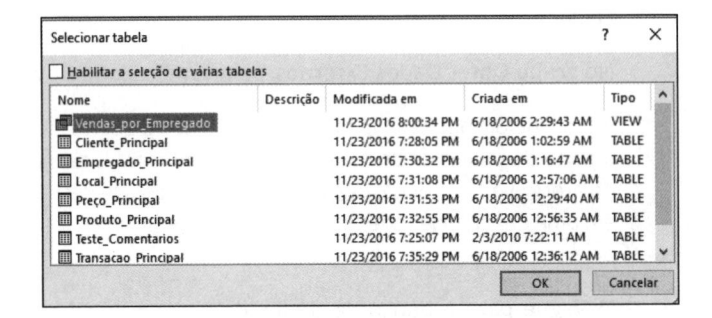

Nome	Descrição	Modificada em	Criada em	Tipo
Vendas_por_Empregado		11/23/2016 8:00:34 PM	6/18/2006 2:29:43 AM	VIEW
Cliente_Principal		11/23/2016 7:28:05 PM	6/18/2006 1:02:59 AM	TABLE
Empregado_Principal		11/23/2016 7:30:32 PM	6/18/2006 1:16:47 AM	TABLE
Local_Principal		11/23/2016 7:31:08 PM	6/18/2006 12:57:06 AM	TABLE
Preço_Principal		11/23/2016 7:31:53 PM	6/18/2006 12:29:40 AM	TABLE
Produto_Principal		11/23/2016 7:32:55 PM	6/18/2006 12:56:35 AM	TABLE
Teste_Comentarios		11/23/2016 7:25:07 PM	2/3/2010 7:22:11 AM	TABLE
Transacao_Principal		11/23/2016 7:35:29 PM	6/18/2006 12:36:12 AM	TABLE

5. **Usando a caixa de diálogo Selecionar Tabela, selecione sua tabela ou consulta de destino, então, clique em OK.**

   A caixa de diálogo Importar Dados mostrada na Figura 13-6 abre. Nela, você define onde e como importar a tabela. Você tem a opção de importar os dados para uma Tabela, Relatório da Tabela Dinâmica, Gráfico Dinâmico ou Relatório de Exibição Avançada. Também tem a opção de criar apenas a conexão, tornando-a disponível para um futuro uso.

   Note que, se você escolher Gráfico Dinâmico ou Relatório da Tabela Dinâmica, os dados serão salvos em um cache dinâmico sem escrever os dados reais na planilha. Assim, a tabela dinâmica poderá funcionar normalmente, sem a necessidade de importar potencialmente centenas de milhares de linhas de dados duas vezes (uma vez para o cache dinâmico e outra para a planilha).

6. **Selecione a Tabela como a exibição de saída e defina a célula A1 como o local de saída. Consulte a Figura 13-6.**

7. **Clique em OK.**

   A recompensa de todo o trabalho é uma tabela parecida com a mostrada na Figura 13-7, que contém os dados importados de seu banco de dados do Access.

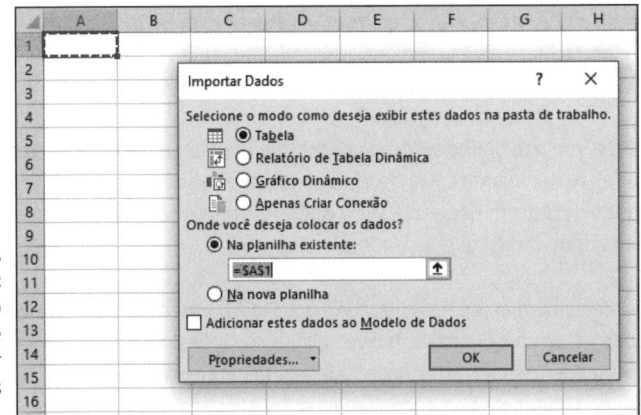

FIGURA 13-6: Escolhendo como e onde exibir seus dados do Access.

FIGURA 13-7: Seus dados importados do Access.

O incrível na importação de dados desta forma é que eles podem ser atualizados. Isso mesmo: se você importar os dados do Access usando essa técnica, o Excel criará uma tabela a qual você pode atualizar clicando com o botão direito e selecionando Atualizar no menu suspenso, como mostra a Figura 13-8. Quando você atualiza seus dados importados, o Excel reconecta seu banco de dados do Access e importa os dados novamente. Contanto que uma conexão com seu banco de dados esteja disponível, você poderá atualizar com um simples clique do mouse.

Novamente, uma vantagem maior de usar o grupo Obter Dados Externos é que você pode estabelecer uma conexão de dados atualizada entre o Excel e o Access. Na maioria dos casos, você pode configurar a conexão uma vez e apenas atualizar a conexão de dados quando precisar. Você pode até gravar uma macro do Excel para atualizar os dados em alguma inicialização ou evento, o que é o ideal para automatizar a transferência dos dados a partir do Access.

GERENCIANDO AS PROPRIEDADES DOS DADOS EXTERNOS

Quando você importa dados externos para uma tabela, pode controlar algumas propriedades ajustáveis via caixa de diálogo Propriedades. Você pode obter as propriedades de determinada tabela de dados externos clicando na tabela de destino e no ícone Propriedades na guia Dados.

Isso ativa a caixa de diálogo Propriedades dos Dados Externos. As propriedades encontradas nessa caixa permitem que você personalize mais suas tabelas de consulta para adequá-la às suas necessidades. Reserve um momento para se familiarizar com algumas das opções mais úteis nessa caixa.

- **Incluir Números de Linha:** Esta propriedade não está selecionada por padrão. Selecioná-la cria uma coluna fictícia que contém os números da linha. A primeira coluna de seu conjunto de dados será essa coluna de números da linha na atualização.

- **Ajustar Largura da Coluna:** Esta propriedade é selecionada por padrão, informando ao Excel para ajustar as larguras da coluna sempre que os dados são atualizados. Cancelar a seleção dessa opção faz com que as larguras da coluna fiquem iguais.

- **Preservar a Classificação/Filtro/Layout de Coluna:** Se essa propriedade for selecionada, a ordem das colunas e linhas do intervalo do Excel permanecerá inalterada. Assim, você pode reorganizar e classificar as colunas e linhas dos dados externos em sua planilha sem se preocupar em atrapalhar sua formatação sempre que atualizar. Cancelar a seleção dessa propriedade faz com que o intervalo do Excel pareça uma consulta.

- **Preservar Formatação de Célula:** Esta propriedade é selecionada por padrão, informando ao Excel para manter a formatação da célula aplicada quando você atualizar.

- **Insira Células para Novos Dados, Exclua Células Não Usadas:** Esta é a configuração padrão para as alterações do intervalo de dados. Essa opção insere células (não linhas) quando a tabela importada aumenta e exclui células (não linhas) quando ela diminui.

- **Insira Linhas Inteiras para Novos Dados, Limpe Células Não Usadas:** Esta opção insere linhas inteiras quando a tabela importada aumenta e limpa as células (não exclui as linhas) quando ela diminui.

- **Sobrescreva Células Existentes com Novos Dados, Limpar Células Não Usadas:** Esta opção substitui as células quando a tabela importada aumenta e limpa as células (não exclui as linhas) quando ela diminui.

FIGURA 13-8: Contanto que uma conexão com seu banco de dados esteja disponível, você poderá atualizar sua tabela com os dados mais recentes.

Importando Dados do SQL Server

No clima da colaboração, o Excel melhora muito sua capacidade de conectar os bancos de dados transacionais, como o SQL Server. Com a funcionalidade de conexão encontrada no Excel, criar uma tabela conectada ou tabela dinâmica a partir dos dados do SQL Server ficou mais fácil do que nunca.

Inicie na guia Dados e siga estas etapas:

1. Clique no ícone De Outras Fontes para ver o menu suspenso mostrado na Figura 13-9; depois, selecione Do SQL Server.

Selecionar esta opção ativa o Assistente para Conexão de Dados, como mostra a Figura 13-10. Nele, você configura as definições da conexão para que o Excel possa estabelecer um vínculo com o servidor.

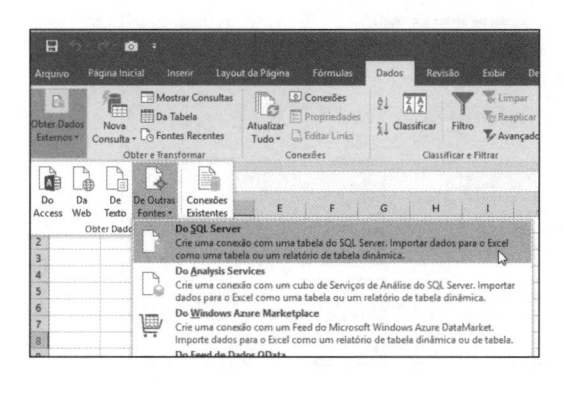

FIGURA 13-9: Selecione a opção Do SQL Server no menu suspenso.

CAPÍTULO 13 **Usando Dados Externos para Seus Painéis e Relatórios**   287

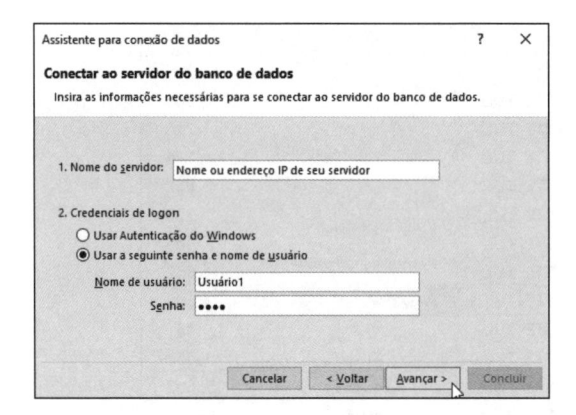

FIGURA 13-10: Insira suas informações de autenticação e clique em Avançar.

2. **Forneça ao Excel alguma informação de autenticação.**

   Insira o nome de seu servidor, assim como seu nome de usuário e senha; veja a Figura 13-10. Se você geralmente é autenticado via autenticação do Windows, basta selecionar a opção Usar Autenticação do Windows.

3. **Selecione o banco de dados com o qual você está trabalhando em um menu suspenso contendo todos os bancos de dados disponíveis no servidor especificado.**

   Como se pode ver na Figura 13-11, um banco de dados chamado AdventureWorks2012 é selecionado na caixa suspensa. Todas as tabelas e exibições nesse banco de dados são mostradas na lista de objetos abaixo do menu suspenso.

4. **Escolha a tabela ou a exibição que você deseja analisar e clique em Avançar.**

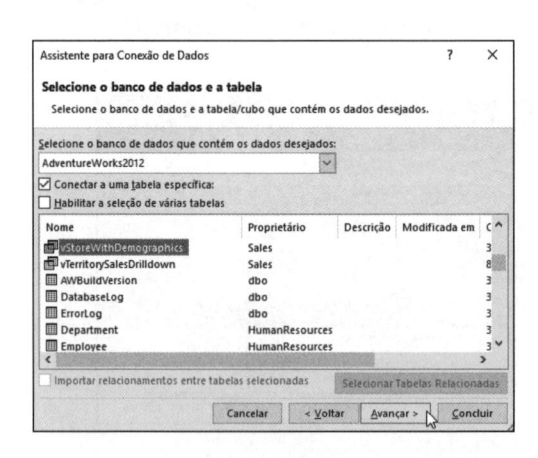

FIGURA 13-11: Especifique seu banco de dados e escolha a tabela ou exibição que você deseja analisar.

5. Na tela que aparece no assistente, insira informações descritivas sobre a conexão que você acabou de criar. (Veja a Figura 13-12 para ter um exemplo.)

   Estas informações são opcionais. Se você pular essa tela sem editar nada, sua conexão funcionará bem.

   Os campos que você usa com mais frequência nessa tela em particular são

   - *Nome de Arquivo:* Na caixa de entrada Nome de Arquivo, você pode mudar o nome de arquivo do arquivo ODC (Conexão de Dados do Office) gerado para armazenar as informações de configuração para o vínculo que acabou de criar.

   - *Salvar Senha no Arquivo:* Na caixa de entrada Nome de Arquivo, você tem a opção de salvar a senha de seus dados externos no próprio arquivo (via caixa de seleção Salvar Senha no Arquivo). Marcar essa caixa de seleção insere sua senha no arquivo. Essa senha não é criptografada, portanto, qualquer pessoa interessada poderia obter a senha para sua fonte de dados apenas exibindo o arquivo com um editor de texto.

   - *Descrição:* No campo descrição, você pode inserir uma descrição simples do que faz essa determinada conexão de dados.

   - *Nome Amistoso:* O campo Nome Amistoso permite especificar um nome de sua escolha para a fonte externa. Em geral, você insere um nome que é descritivo e fácil de ler.

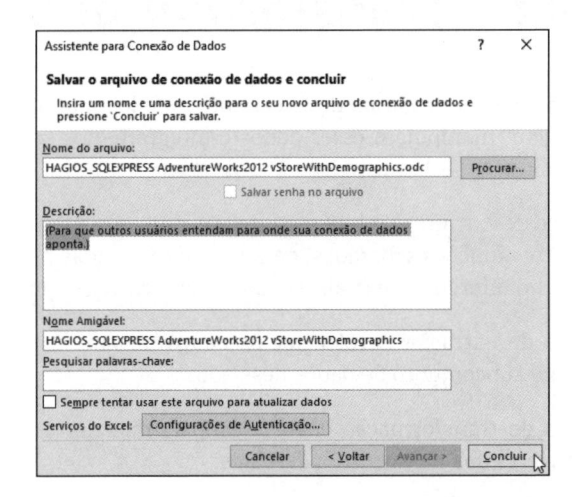

FIGURA 13-12: Insira informações descritivas para sua conexão.

6. Quando você estiver satisfeito com suas edições descritivas, clique em Terminar para finalizar as configurações da conexão.

Imediatamente, você verá a caixa de diálogo Importar Dados, onde poderá escolher como importar os dados. Como se pode ver na Figura 13-13, esses dados serão mostrados em uma tabela dinâmica.

Quando a conexão for finalizada, você poderá começar a criar sua tabela dinâmica.

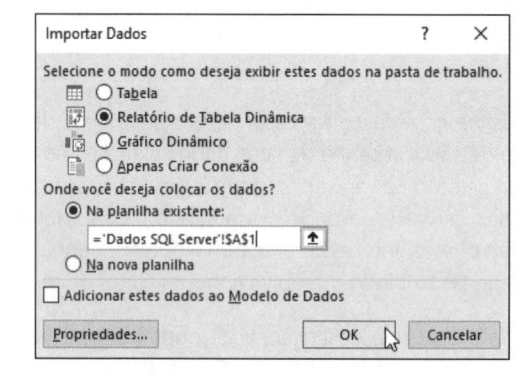

FIGURA 13-13: Escolhendo como e onde exibir seus dados do SQL Server.

Aproveitando a Consulta Avançada para Extrair e Transformar os Dados

Todo dia, milhões de usuários do Excel obtêm dados manualmente de algum local de origem, manipulam esses dados e integram-nos em seu relatório da tabela dinâmica.

Este processo de extrair, manipular e integrar os dados é chamado de ETL. ETL se refere às três funções separadas, geralmente requeridas para integrar fontes de dados muito diferentes: extrair, transformar e carregar (load).

A função de extração envolve ler os dados de uma fonte especificada e extrair um subconjunto de dados desejado.

A função de transformação envolve limpar, modelar e agregar os dados para convertê-los na estrutura desejada.

A função de carregamento envolve, de fato, importar ou usar os dados resultantes.

> ## A CONSULTA AVANÇADA É UMA PARTE LEGÍTIMA DO EXCEL 2016
>
> Anteriormente, você pode ter instalado a Consulta Avançada como um complemento quando estava trabalhando com o Excel 2010 ou 2013. Contudo, ela não é um complemento no Excel 2016. A Consulta Avançada é um recurso nativo dele, exatamente como os gráficos e as tabelas dinâmicas.
>
> A Microsoft ainda oferece o complemento Consulta Dinâmica para as versões anteriores do Excel. Basta inserir o termo de pesquisa *Complemento da Consulta Dinâmica do Excel* em seu mecanismo de busca favorito para encontrar os pacotes de instalação gratuitos do Excel 2010 e 2013. Mas, novamente, não espere encontrar uma versão Excel 2016 do complemento Consulta Dinâmica, porque ele já está incorporado ao Excel.

Em uma tentativa de dar poder aos analistas do Excel para desenvolver processos ETL robustos e reutilizáveis, a Microsoft criou a Consulta Avançada. A *Consulta Avançada* melhora a experiência ETL oferecendo um mecanismo claro para extrair os dados de uma grande variedade de fontes, executar transformações complexas nesses dados e carregar os dados em uma pasta de trabalho ou Modelo de Dados interno.

Nesta seção, você verá como funciona a Consulta Avançada e como pode usá-la para ajudar a economizar tempo e automatizar as etapas para importar os dados para seus modelos de relatório.

Revisando o básico da Consulta Avançada

Embora a Consulta Avançada seja relativamente intuitiva, vale a pena reservar um tempo para ver um cenário básico e entender seus recursos de alto nível. Para iniciar a visita básica da Consulta Avançada, imagine que seu trabalho requer criar relatórios que mostram a tendência para os preços das ações da Microsoft. Como parte de seu trabalho, frequentemente, você precisa obter dados de ações na Web.

Siga estas etapas para iniciar uma consulta para obter os dados necessários de ações no Yahoo! Finanças:

1. Selecione o comando Nova Consulta na guia Dados, então, selecione Outras Fontes → Da Web, como mostra a Figura 13-14.

FIGURA 13-14: Iniciando uma consulta Web da Consulta Avançada.

CUIDADO

O Excel tem outro botão de comando Da Web na guia Dados no grupo Obter Dados Externos. Esse comando duplicado infeliz é, na verdade, a capacidade de herança de extração da Web encontrada em todas as versões do Excel, até o Excel 2000. A versão da Consulta Avançada do comando Da Web (encontrado em Nova Consulta → De Outras Fontes → Da Web) vai além da simples extração da Web. A Consulta Avançada é capaz de obter os dados de páginas Web avançadas e consegue manipular os dados. Verifique se você está usando o recurso correto ao obter os dados na Web.

2. **Na caixa de diálogo que aparece (veja a Figura 13-15), insira a URL dos dados necessários (neste caso, http://finance.yahoo.com/q/hp?s=MSFT).**

   Depois de rodar um pouco, o painel Navegador mostrado na Figura 13-16 aparece.

3. **Usando o painel Navegador, selecione a fonte de dados que você deseja extrair.**

   Você pode clicar em cada tabela para ter uma visualização dos dados. Neste caso, a Tabela 4 tem os dados históricos das ações que você precisa, portanto, clique na Tabela 4 e no botão Editar.

FIGURA 13-15: Insira a URL de destino contendo os dados necessários.

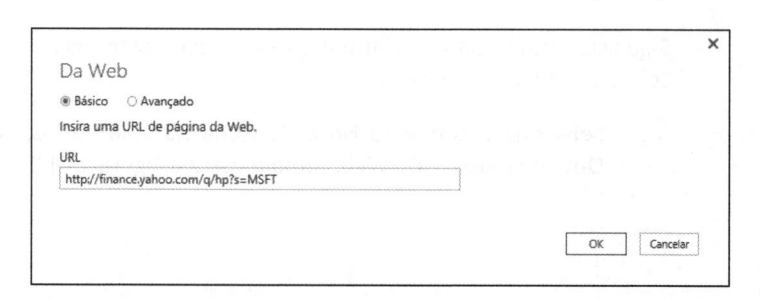

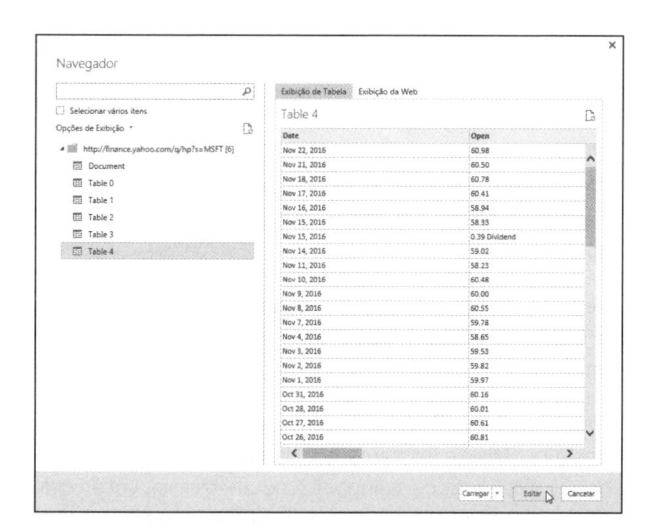

FIGURA 13-16: Selecione a fonte de dados correta e clique no botão Editar.

Quando você clica no botão Editar, a Consulta Avançada ativa a nova janela Editor de Consulta, que contém sua própria Faixa e um painel de visualização que mostra uma visualização dos dados. (Veja a Figura 13-17). Nela, você pode aplicar certas ações para modelar, limpar e transformar os dados antes da importação.

A ideia é trabalhar com cada coluna mostrada no Editor de Consulta, aplicando as ações necessárias que fornecerão os dados e a estrutura necessários. Você se aprofundará mais nas ações da coluna mais adiante, neste capítulo. Agora, precisa continuar com o objetivo de obter os últimos 30 dias dos preços das ações da Microsoft Corporation.

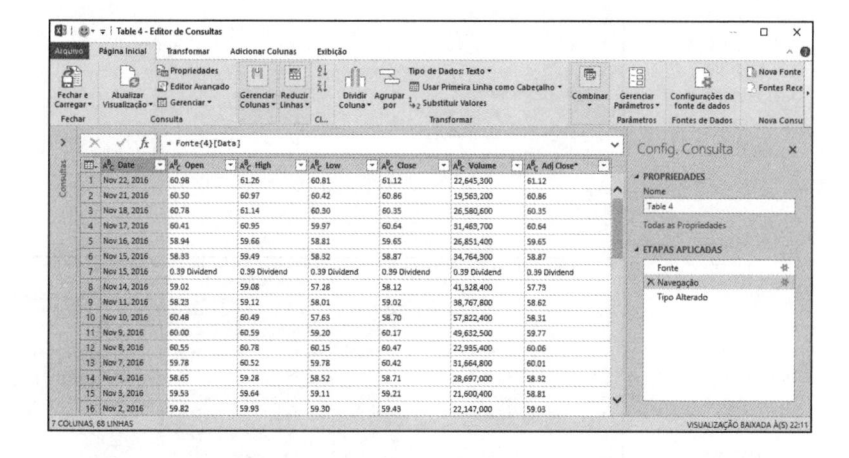

FIGURA 13-17: A janela Editor de Consulta permite modelar, limpar e transformar os dados.

DICA

Você pode ter notado que o painel Navegador mostrado na Figura 13-16 oferece um botão Carregar (ao lado do botão Editar). O botão Carregar permite pular qualquer edição e importar seus dados de destino como estão. Se você

CAPÍTULO 13 **Usando Dados Externos para Seus Painéis e Relatórios** 293 estiver certo que não precisará transformar nem modelar seus dados, poderá optar por clicar no botão Carregar para importar os dados diretamente para o Modelo de Dados ou uma planilha em sua pasta de trabalho.

4. Clique com o botão direito no campo Data para ver as ações da coluna disponíveis, como mostra a Figura 13-18, então, escolha Alterar Tipo → Data para assegurar que o campo Data seja formatado como uma data correta.

5. Remova todas as colunas das quais você não precisa clicando com o botão direito em cada uma e selecionando Remover no menu que aparece.

Além do campo Data, as únicas colunas das quais você precisa são os campos Alta, Baixa e Fechamento. Use a opção Renomear ao clicar com o botão direito do menu da coluna. Como alternativa, você pode pressionar a tecla Ctrl no teclado, selecionar as colunas que deseja manter, clicar com o botão direito em qualquer coluna selecionada e escolher Remover Outras Colunas no menu que aparece. (Veja a Figura 13-19).

FIGURA 13-18: Clique com o botão direito na coluna Data e escolha mudar o tipo de dados para um formato de data.

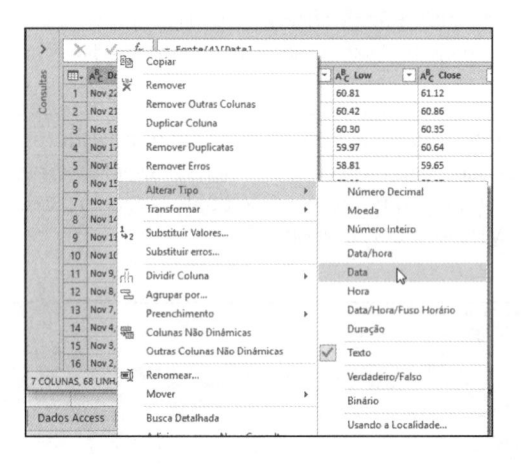

FIGURA 13-19: Selecione as colunas que você não deseja manter e escolha Remover Outras Colunas para se livrar delas.

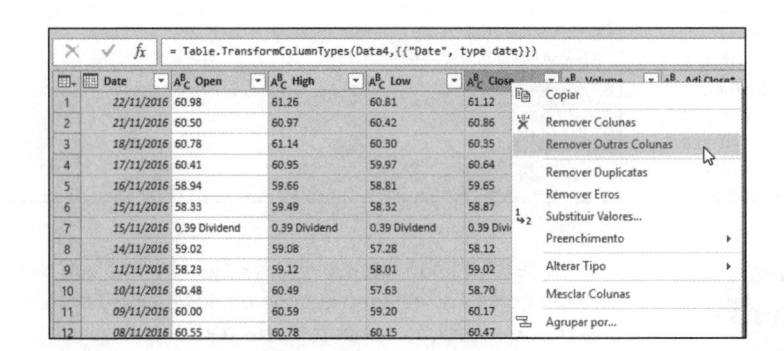

6. Verifique se os campos Alto, Baixo e Fechar estão formatados com os números corretos. Para tanto, pressione a tecla Ctrl no teclado, selecione as três colunas, clique com o botão direito e escolha Alterar Tipo → Número Decimal no menu que aparece.

   Depois de fazer isso, você pode notar que algumas linhas mostram a palavra *Erro*. Essas são as linhas que continham os valores de texto que puderam não ser convertidos.

7. Remova as linhas Erro selecionando Remover Erros na lista Ações da Tabela (ao lado do campo Data), como mostra a Figura 13-20.

8. Depois de remover todos os erros, adicione um campo Semana De que exibe a semana à qual pertence cada data na tabela. Para tanto, clique com o botão direito no campo Data e selecione a opção Duplicar Coluna.

   Fazer isso adiciona uma nova coluna à visualização.

FIGURA 13-20: Você pode clicar no ícone Ações da Tabela para selecionar as ações (como Remover Erros) que deseja aplicar na tabela de dados inteira.

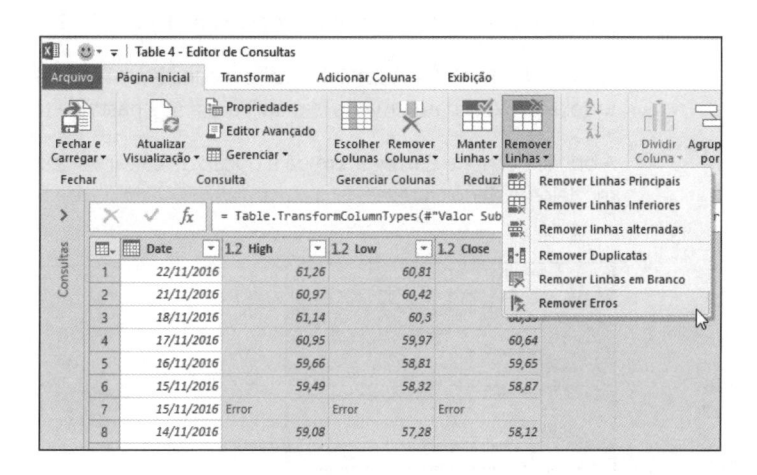

9. Clique com o botão direito na coluna recém-adicionada, selecione a opção Renomear no menu que aparece e renomeie a coluna Semana De.

10. Selecione a guia Transformar na faixa Consulta Avançada e escolha Data → Semana → Início da Semana, como mostra a Figura 13-21.

    O Excel transforma a data para exibir o início da semana de determinada data.

FIGURA 13-21: A faixa Consulta Avançada pode ser usada para aplicar ações de transformação, como exibir o início da semana para determinada data.

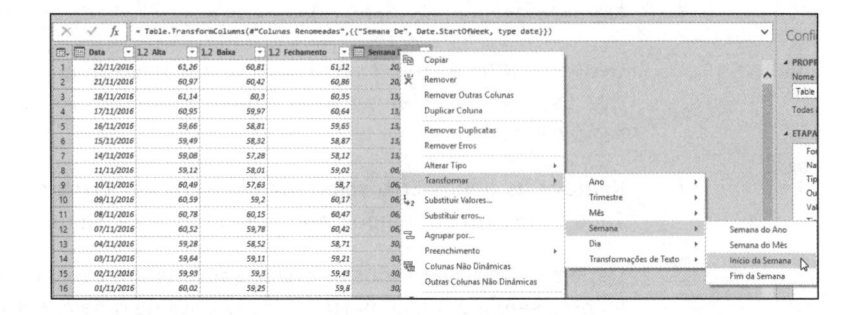

11. Quando você terminar de configurar sua alimentação da Consulta Avançada, salve e envie os resultados. Para tanto, clique na opção suspensa Fechar e Carregar encontrada na guia Início da faixa Consulta Avançada para mostrar as duas opções exibidas na Figura 13-22.

    A opção Fechar e Carregar salva sua consulta e envia os resultados como uma tabela do Excel para uma nova planilha em sua pasta de trabalho.

    A opção Fechar e Carregar Em dá a opção de salvar os resultados da saída no modelo de dados interno.

FIGURA 13-22: Selecione a opção Fechar e Carregar para enviar seus resultados como uma tabela em uma nova planilha.

Neste ponto, você deve ter uma tabela parecida com a mostrada na Figura 13-23, que pode ser usada para produzir a tabela dinâmica necessária.

Reserve um momento para examinar o que a Consulta Avançada permitiu fazer agora. Com alguns cliques, você pesquisou na Internet, encontrou alguns dados básicos, modelou os dados para manter apenas as colunas necessárias e até manipulou esses dados para adicionar uma dimensão Semana De extra a eles. A Consulta Avançada é isso: permitir que você extraia, filtre e remodele facilmente os dados sem precisar de nenhuma habilidade de codificação da programação.

Entendendo as etapas da consulta

A Consulta Avançada usa sua própria linguagem de fórmula (conhecida como linguagem "M") para codificar suas consultas. Como na gravação de macros, cada ação tomada ao trabalhar com a Consulta Avançada resulta em uma linha de código sendo escrita em uma etapa da consulta. As *etapas da consulta* são o código M incorporado que permite que suas ações sejam repetidas sempre que você atualiza os dados da Consulta Avançada.

	A	B	C	D	E
1	Data	Alta	Baixa	Fechamento	Semana De
2	22/11/2016	61,26	60,81	61,12	20/11/2016
3	21/11/2016	60,97	60,42	60,86	20/11/2016
4	18/11/2016	61,14	60,3	60,35	13/11/2016
5	17/11/2016	60,95	59,97	60,64	13/11/2016
6	16/11/2016	59,66	58,81	59,65	13/11/2016
7	15/11/2016	59,49	58,32	58,87	13/11/2016
8	14/11/2016	59,08	57,28	58,12	13/11/2016
9	11/11/2016	59,12	58,01	59,02	06/11/2016
10	10/11/2016	60,49	57,63	58,7	06/11/2016
11	09/11/2016	60,59	59,2	60,17	06/11/2016
12	08/11/2016	60,78	60,15	60,47	06/11/2016
13	07/11/2016	60,52	59,78	60,42	06/11/2016
14	04/11/2016	59,28	58,52	58,71	30/10/2016
15	03/11/2016	59,64	59,11	59,21	30/10/2016

FIGURA 13-23: Sua consulta final extraída da Internet, transformada e carregada em uma tabela do Excel.

É possível ver as etapas da consulta para suas consultas ativando o painel Configurações da Consulta. Basta clicar no comando Config. Consulta na guia Exibição da faixa Editor de Consultas. Você também pode colocar uma marca de verificação na opção Barra da Fórmulas para melhorar a análise de cada etapa com uma barra de fórmulas que exibe a sintaxe de determinada etapa.

O painel Configurações da Consulta aparece à direita do painel Visualização, como mostrado na Figura 13-24. A barra de fórmulas está localizada diretamente acima do painel Visualização dos Dados.

Cada etapa da consulta representa uma ação tomada para chegar a uma tabela de dados. Você pode clicar em qualquer etapa para ver o código M subjacente na barra de fórmulas da Consulta Avançada. Por exemplo, clicar na etapa chamada Erros Removidos mostra o código dessa etapa na barra de fórmulas.

DICA

Quando você clica em uma etapa da consulta, os dados mostrados no painel de exibição são uma visualização de como estão os dados até a etapa clicada. Por exemplo, na Figura 13-24, clicar na etapa antes de Remover Outras Colunas permite ver como estavam os dados antes de você ter removido as colunas desnecessárias.

FIGURA 13-24: As etapas da consulta podem ser exibidas e gerenciadas na seção Etapas Aplicadas do painel Configurações da Consulta.

Você pode clicar com o botão direito em qualquer etapa para ver um menu de opções para gerenciar as etapas da consulta. A Figura 13-25 mostra as seguintes opções:

» **Editar Configurações:** Edita os argumentos ou parâmetros que definem a etapa selecionada.

» **Renomear:** Dá à etapa selecionada um nome significativo.

» **Excluir:** Remove a etapa selecionada. Saiba que remover uma etapa poderá causar erros se as etapas subsequentes dependerem da etapa excluída.

» **Excluir Até o Fim:** Remove a etapa selecionada e todas as etapas seguintes.

» **Mover para Cima:** Move a etapa selecionada para cima na ordem das etapas.

» **Mover para Baixo:** Move a etapa selecionada para baixo na ordem das etapas.

Atualizando os dados da Consulta Avançada

É importante notar que os dados da Consulta Avançada não estão conectados aos dados de origem usados para extraí-los. Uma tabela de dados da Consulta Avançada é apenas um instantâneo. Em outras palavras, quando os dados de origem mudam, a Consulta Avançada não acompanha automaticamente as alterações; você precisa atualizar intencionalmente sua consulta.

FIGURA 13-25: Clique com o botão direito em qualquer etapa da consulta para editar, renomear, excluir ou mover a etapa.

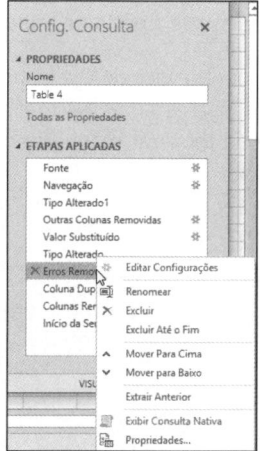

Se você escolher carregar os resultados da Consulta Avançada em uma tabela do Excel na pasta de trabalho existente, poderá atualizar manualmente clicando com o botão direito na tabela e selecionando a opção Atualizar no menu que aparece.

Se escolher carregar os dados da Consulta Avançada no Modelo de Dados interno, precisará abrir a janela Dinâmica Avançada, selecionar os dados da Consulta Avançada e clicar no comando Atualizar na guia Início da janela Consulta Avançada.

Para automatizar um pouco mais a atualização de suas consultas, você pode configurar suas fontes de dados para atualizar automaticamente seus dados da Consulta Avançada. Para tanto, siga estas etapas:

1. **Vá para a guia Dados na faixa do Excel e selecione o comando Conexões.**

   A caixa de diálogo Conexões da Pasta de Trabalho aparece.

2. **Selecione a conexão de dados Consulta Avançada que você deseja atualizar e clique no botão Propriedades.**

3. **Com a caixa de diálogo Propriedades da Conexão aberta, selecione a guia Uso.**

4. **Defina as seguintes opções para atualizar a conexão de dados escolhida. (Veja a Figura 13-26):**

   - *Atualizar a Cada X Minutos:* Colocar uma marca de verificação ao lado dessa opção informa ao Excel para atualizar automaticamente os dados escolhidos a cada número de minutos especificado. Note que o Excel atualiza todas as tabelas associadas a essa conexão.

   - *Atualizar Dados Ao Abrir o Arquivo:* Colocar uma marca de verificação ao lado desta opção informa ao Excel para atualizar automaticamente a conexão de dados escolhida ao abrir a pasta de trabalho. O Excel atualiza todas as tabelas associadas a essa conexão assim que a pasta de trabalho é aberta.

   Essas opções de atualização são úteis quando você deseja garantir que seus clientes estão trabalhando com os dados mais recentes. Naturalmente, definir essas opções não exclui a capacidade de atualizar manualmente os dados usando o comando Atualizar na guia Início.

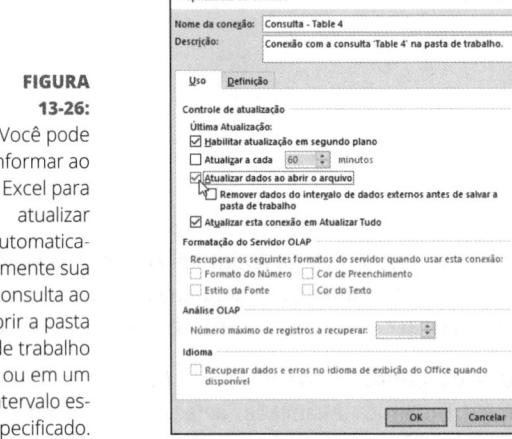

FIGURA 13-26: Você pode informar ao Excel para atualizar automaticamente sua consulta ao abrir a pasta de trabalho ou em um intervalo especificado.

Gerenciando as consultas existentes

Conforme você adiciona várias consultas a uma pasta de trabalho, precisa de um modo de gerenciá-las. O Excel lida com essa necessidade oferecendo o painel Consultas de Pasta de Trabalho, que permite editar, duplicar, atualizar e, geralmente, gerenciar todas as consultas existentes na pasta de trabalho. Ative o painel Consultas de Pasta de Trabalho selecionando o comando Mostrar Consultas na guia Dados da faixa do Excel.

A ideia é encontrar a consulta com a qual você deseja trabalhar e clicar com o botão direito nela para realizar qualquer uma das ações mostradas na Figura 13-27.

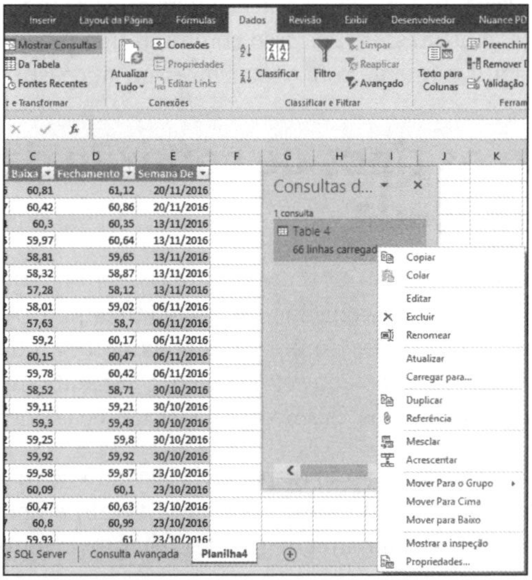

FIGURA 13-27: Clique com o botão direito em qualquer consulta no painel Consultas da Pasta de Trabalho para ver as opções de gerenciamento disponíveis.

> » **Editar:** Abre o Editor de Consultas, no qual você pode modificar as etapas da consulta.
>
> » **Excluir:** Exclui a consulta selecionada.
>
> » **Atualizar:** Atualiza os dados na consulta selecionada.
>
> » **Carregar Para:** Ativa a caixa de diálogo Carregar Para, em que você pode redefinir onde os resultados da consulta selecionada serão usados.
>
> » **Duplicar:** Cria uma cópia da consulta.
>
> » **Referência:** Cria uma nova consulta que referencia a saída da consulta original.
>
> » **Mesclar:** Mescla a consulta selecionada com outra consulta na pasta de trabalho combinando as colunas especificadas.
>
> » **Acrescentar:** Anexa os resultados de outra consulta na pasta de trabalho à consulta selecionada.
>
> » **Mover para Grupo:** Move a consulta selecionada para um grupo lógico que você cria para ter uma melhor organização.
>
> » **Mover para Cima:** Move a consulta selecionada para cima no painel Consultas da Pasta de Trabalho.
>
> » **Mover para Baixo:** Move a consulta selecionada para baixo no painel Consultas da Pasta de Trabalho.
>
> » **Mostrar a Inspeção:** Mostra uma visualização dos resultados da consulta para a consulta selecionada.
>
> » **Propriedades:** Renomeia a consulta e adiciona uma descrição amistosa.

O painel Consultas da Pasta de Trabalho é especialmente útil quando sua pasta de trabalho contém várias consultas. Pense nisso como um tipo de índice que permite encontrar e interagir facilmente com as consultas em sua pasta de trabalho.

Examinando os tipos de conexão da Consulta Avançada

A Microsoft investiu muito tempo e recursos para assegurar que a Consulta Avançada tenha a capacidade de conectar um grande conjunto de fontes de dados. Se você precisa extrair dados de um website externo, arquivo de texto, sistema do banco de dados, Facebook ou serviço Web, a Consulta Avançada pode lidar com grande parte, se não todas, das necessidades de seus dados de origem.

Você pode ver todos os tipos de conexão disponíveis clicando no menu suspenso Nova Consulta na guia Dados. Como mostra a Figura 13-28, a Consulta Avançada oferece a capacidade de extrair em um grande conjunto de fontes de dados.

Clicar em qualquer tipo de conexão ativa um conjunto de caixas de diálogo para a conexão selecionada. Essas caixas de diálogo solicitam os parâmetros básicos que a Consulta Avançada precisa para conectar a fonte de dados, parâmetros como o caminho do arquivo, URL, nome do servidor e credenciais.

Cada tipo de conexão requer seu próprio conjunto único de parâmetros, portanto, cada uma de suas caixas de diálogo será diferente. Felizmente, a Consulta Avançada raramente precisa de mais do que alguns parâmetros para conectar qualquer fonte de dados, assim, as caixas de diálogo são relativamente claras e descomplicadas.

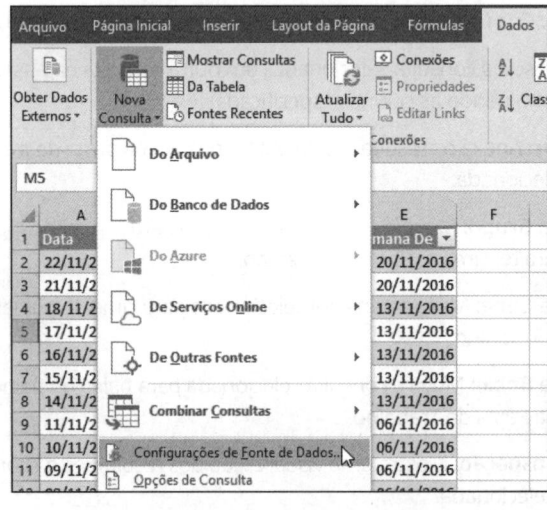

FIGURA 13-28: Clique no comando Configurações da Fonte de Dados para editar ou excluir as conexões de suas consultas.

A Consulta Avançada salva todos os parâmetros da conexão e autenticação (como o nome de usuário e senha) para cada conexão da fonte de dados que você usou. Você pode exibir, editar ou excluir qualquer conexão da fonte de dados selecionando o comando Configurações da Fonte de Dados encontrado na parte inferior do menu suspenso Nova Consulta (consulte a Figura 13-28). Clique em qualquer conexão na caixa de diálogo Configurações da Fonte de Dados para editar ou excluir a conexão selecionada.

> **NESTE CAPÍTULO**
>
> Controlando o acesso aos seus painéis e relatórios
>
> Exibindo seus painéis do Excel no PowerPoint
>
> Gravando seus painéis e relatórios em um arquivo PDF
>
> Publicando seus painéis na Web

Capítulo 14

Compartilhando Sua Pasta de Trabalho com o Mundo Externo

S ejamos práticos: você não está criando painéis e relatórios para seu bem-estar. Em algum momento, desejará compartilhar seu trabalho manual com outras pessoas. O foco deste capítulo está na preparação de seus painéis para a vida fora de seu PC. Aqui, ajudo você a explorar os vários métodos para proteger seu trabalho da intromissão acidental ou intencional, e mostro como é possível distribuir seus painéis via PowerPoint, PDF e Web.

Protegendo Seus Painéis e Relatórios

Você dedicou centenas de horas para fazer com que seu painel e relatórios funcionassem como queria. A última coisa que precisa é ter um cliente desajeitado ou um usuário avançado fanático arruinando seu arquivo Excel.

Antes de distribuir qualquer trabalho baseado no Excel, você deve sempre considerar proteger seu arquivo usando as capacidades de proteção nativas do Excel. Embora nenhum método de proteção do Excel seja à prova de hacker, ele serve para impedir uma corrupção acidental e proteger as informações confidenciais dos usuários não autorizados.

Protegendo o acesso à pasta de trabalho inteira

Talvez a melhor maneira de proteger seu arquivo Excel seja usar as opções de proteção dele para o compartilhamento de arquivos. Essas opções permitem aplicar a segurança no nível da pasta de trabalho, requerendo uma senha para exibir ou fazer alterações no arquivo. Esse método é de longe o mais fácil de aplicar e gerenciar porque não há necessidade de proteger cada planilha por vez. Você pode aplicar uma proteção geral para se defender do acesso e edições não autorizados. Reserve um momento para examinar as opções de compartilhamento de arquivos listadas aqui:

» Defina o acesso de somente leitura para um arquivo até uma senha ser dada.
» Exija uma senha para abrir um arquivo do Excel.
» Remova a proteção no nível da pasta de trabalho.

As próximas seções analisam em detalhes essas opções.

Permitindo o acesso de somente leitura, a menos que uma senha seja dada

Você pode definir sua pasta de trabalho para o modo de somente leitura até que o usuário digite uma senha. Assim, pode manter seu arquivo seguro contra as alterações não autorizadas e ainda permitir que os usuários autorizados editem o arquivo.

Veja as etapas para forçar o modo de somente leitura:

1. Com o arquivo aberto, clique no botão Arquivo.

2. Para abrir a caixa de diálogo Salvar Como, clique em Salvar Como e clique duas vezes no ícone Este PC.

3. Na caixa de diálogo Salvar Como, clique no botão Ferramentas e selecione Opções Gerais, como mostra a Figura 14-1.

   A caixa de diálogo Opções Gerais aparece.

FIGURA 14-1: As opções de compartilhamento de arquivos ficam ocultas na caixa de diálogo Salvar Como em Opções Gerais.

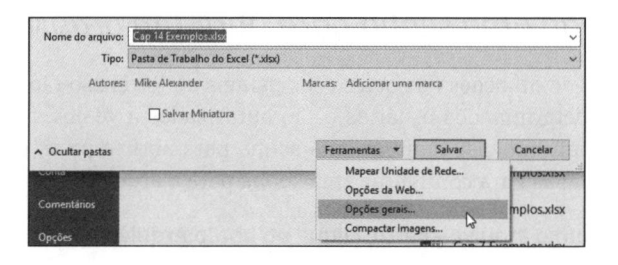

4. Digite uma senha adequada na caixa de entrada Senha para Modificar, mostrada na Figura 14-2 e clique em OK.

FIGURA 14-2: Digite a senha necessária para modificar o arquivo.

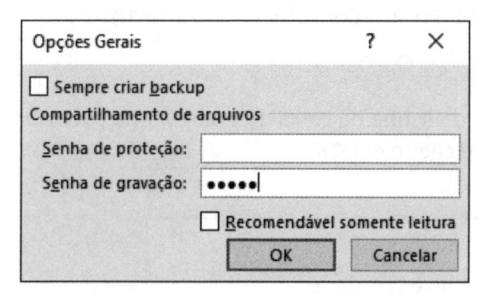

5. O Excel pede para você redigitar sua senha, portanto, reinsira sua senha escolhida.

6. Salve o arquivo com um novo nome.

   Neste ponto, o arquivo é protegido por senha das alterações não autorizadas. Se você fosse abri-lo, veria algo parecido com a Figura 14-3. Não digitar a senha correta faz com que o arquivo entre no modo de somente leitura.

   DICA Note que as senhas do Excel levam em conta as letras maiúsculas e minúsculas, portanto, verifique se a tecla Caps Lock no teclado está desativada ao inserir sua senha.

FIGURA 14-3: Agora, uma senha é necessária para fazer alterações no arquivo.

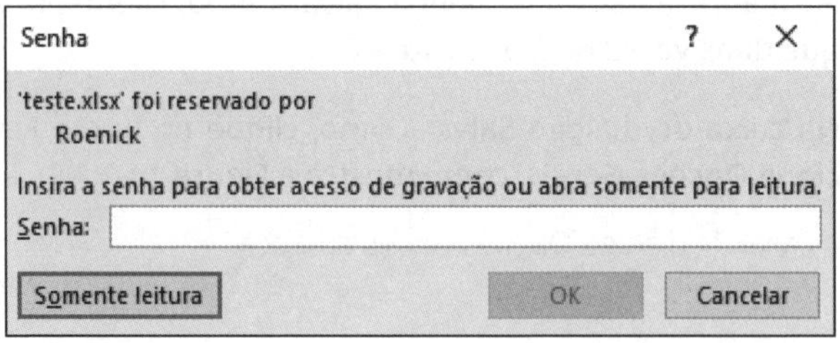

Exigindo uma senha para abrir um arquivo do Excel

Pode haver situações nas quais seus painéis do Excel são tão confidenciais que apenas determinados usuários estão autorizados a vê-los. Nesses casos, você pode exigir que eles digitem uma senha para abrir a pasta de trabalho. Estas são as etapas para configurar uma senha para o arquivo:

1. Com o arquivo aberto, clique no botão Arquivo.

2. Para abrir a caixa de diálogo Salvar Como, clique em Salvar Como e clique duas vezes no ícone Este PC.

3. Na caixa de diálogo Salvar Como, clique no botão Ferramentas e selecione Opções Gerais. (Consulte a Figura 14-1.)

    A caixa de diálogo Opções Gerais abre.

4. Digite a devida senha na caixa de texto Senha para Abrir, como mostra a Figura 14-4 e clique em OK.

FIGURA 14-4: Digite a senha necessária para abrir o arquivo.

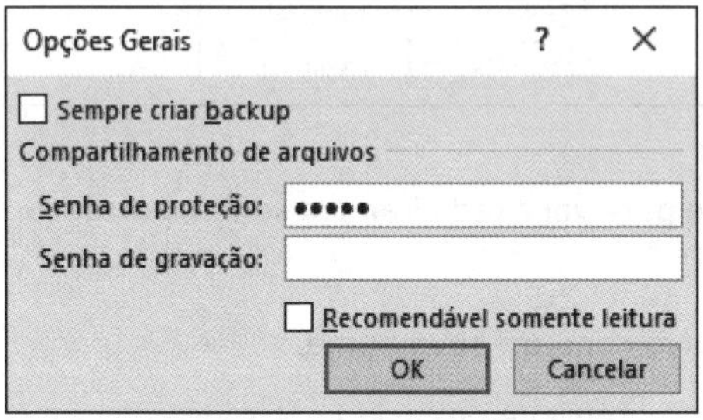

O Excel pede para você reinserir a senha.

5. Salve seu arquivo com um novo nome.

    Neste ponto, seu arquivo está protegido por senha contra a exibição não autorizada.

Removendo a proteção no nível da pasta de trabalho

Remover a proteção no nível da pasta de trabalho é tão fácil quanto limpar as senhas na caixa de diálogo Opções Gerais. Eis como fazer:

1. Com o arquivo aberto, clique no botão Arquivo.

2. Para abrir a caixa de diálogo Salvar Como, clique em Salvar Como.

3. Na caixa de diálogo Salvar Como, clique no botão Ferramentas e selecione Opções Gerais. (Consulte a Figura 14-1.)

   A caixa de diálogo Opções Gerais abre.

4. Limpe a caixa de entrada Senha para Abrir assim como a caixa de entrada Senha para Modificar, então, clique em OK.

5. Salve o arquivo.

   Quando você marca a caixa de seleção Recomendável Somente Leitura, na caixa de diálogo Opções Gerais (consulte a Figura 14-4), recebe uma mensagem simpática, porém inútil, recomendando o acesso de somente leitura ao abrir o arquivo. Essa mensagem é apenas uma recomendação e não impede ninguém de abrir o arquivo como leitura/gravação.

Limitando o acesso a intervalos específicos de planilhas

Você pode achar que precisa bloquear intervalos específicos de planilhas, impedindo que os usuários tomem certas ações. Por exemplo, você pode não querer que os usuários violem seu modelo de dados inserindo ou excluindo colunas e linhas. Você pode evitar isso bloqueando essas colunas e linhas.

Desbloqueando intervalos editáveis

Por padrão, todas as células em uma planilha são definidas para o bloqueio quando você aplica uma proteção no nível da planilha. As células nessa planilha não podem ser alteradas de modo algum. Dito isso, você pode achar que precisa que certas células ou intervalos sejam editáveis mesmo em um estado bloqueado, como o exemplo mostrado na Figura 14-5.

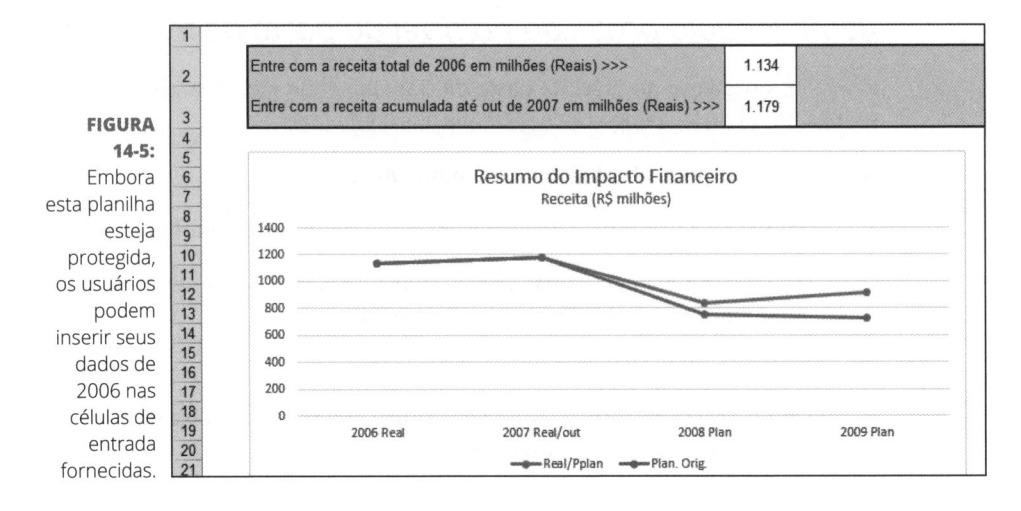

FIGURA 14-5: Embora esta planilha esteja protegida, os usuários podem inserir seus dados de 2006 nas células de entrada fornecidas.

Antes de proteger sua planilha, você pode desbloquear a célula ou o intervalo de células que deseja que os usuários consigam editar. (A próxima seção mostra como proteger sua planilha inteira.) Eis como:

1. Selecione as células que você precisa desbloquear.
2. Clique com o botão direito e selecione Formatar Células.
3. Na guia Proteção, como mostra a Figura 14-6, desmarque a caixa de seleção Bloqueadas.
4. Clique em OK para aplicar a alteração.

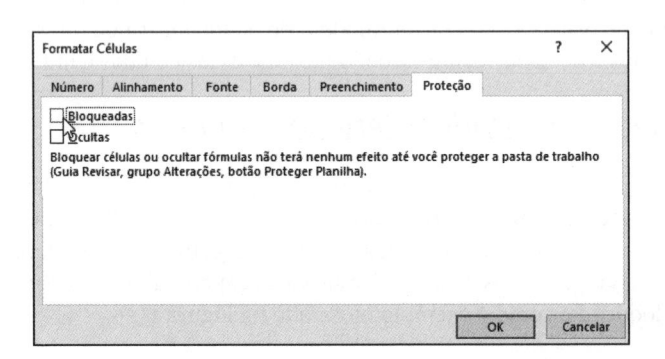

FIGURA 14-6: Para garantir que uma célula fique desbloqueada quando a planilha é protegida, desmarque a caixa de seleção Bloqueadas.

Aplicando a proteção da planilha

Depois de ter desbloqueado seletivamente as células necessárias, você pode começar a aplicar a proteção da planilha. Basta seguir estes passos:

1. Para abrir a caixa de diálogo Proteger Planilha, clique no ícone Proteger Planilha na guia Revisão da faixa; veja a Figura 14-7.

FIGURA 14-7: Clique em Proteger Planilha na Guia Revisão.

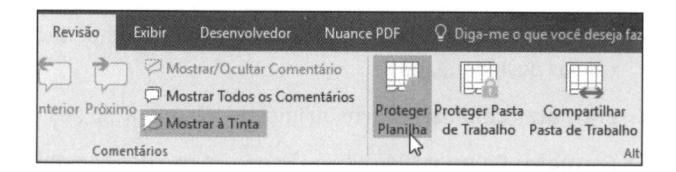

2. Digite uma senha na caixa de texto mostrada na Figura 14-8, então, clique em OK.

Esta é a senha que remove a proteção da planilha. Note que, como você pode aplicar e remover a proteção da planilha sem uma senha, especificar uma é opcional.

3. Na caixa de listagem mostrada na Figura 14-8, selecione quais elementos os usuários podem mudar depois de você proteger a planilha.

Quando uma caixa de seleção é desmarcada para determinada ação, o Excel impede que os usuários tomem essa ação.

4. Se você forneceu uma senha, reinsira-a.

5. Clique em OK para aplicar a proteção da planilha.

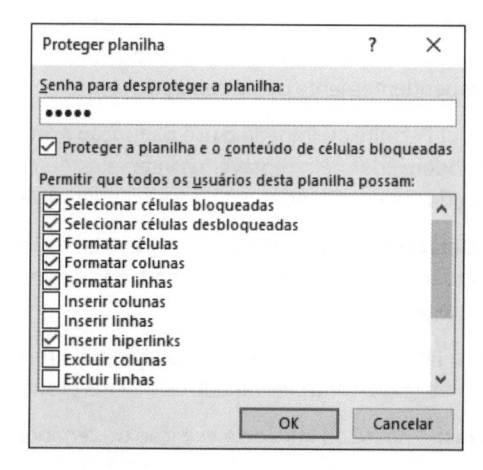

FIGURA 14-8: Especifique uma senha que remova a proteção da planilha.

Protegendo os elementos e as ações da planilha

Reserve um momento para se familiarizar com outras ações que você pode limitar ao proteger uma planilha. (Consulte a Figura 14-8). Elas estão descritas nesta lista:

- **Selecionar Células Bloqueadas:** Permite ou impede a seleção das células bloqueadas.
- **Selecionar Células Desbloqueadas:** Permite ou impede a seleção das células desbloqueadas.
- **Formatar Células:** Permite ou impede a formatação das células.
- **Formatar Colunas:** Permite ou impede o uso dos comandos de formatação da coluna, inclusive alterar a largura da coluna ou ocultar as colunas.
- **Formatar Linhas:** Permite ou impede o uso dos comandos de formatação da linha, inclusive alterar a altura da linha ou ocultar as linhas.
- **Inserir Colunas:** Permite ou impede a inserção de colunas.
- **Inserir Linhas:** Permite ou impede a inserção de linhas
- **Inserir Hiperlinks:** Permite ou impede a inserção de hiperlinks.
- **Excluir Colunas:** Permite ou impede a exclusão de colunas. Note que, se Excluir Colunas estiver protegido e Inserir Colunas não estiver, tecnicamente você poderá inserir colunas que, então, não poderá excluir.
- **Excluir Linhas:** Permite ou impede a exclusão de linhas. Note que, se Excluir Linhas estiver protegido e Inserir Linhas não estiver, tecnicamente você poderá inserir linhas que, então, não poderá excluir.
- **Classificar:** Permite ou impede o uso dos comandos Classificar. Note que isto não se aplica aos intervalos bloqueados. Os usuários não podem classificar os intervalos que contêm células bloqueadas em uma planilha protegida, independentemente dessa configuração.
- **Usar AutoFiltro:** Permite ou impede o uso da função AutoFiltro do Excel. Os usuários não podem criar nem remover os intervalos AutoFiltrados em uma planilha protegida, independentemente dessa configuração.
- **Usar Tabela Dinâmica e Gráfico Dinâmico:** Permite ou impede a modificação, atualização ou formatação das tabelas dinâmicas encontradas na planilha protegida.
- **Editar Objetos:** Permite ou impede a formatação e a alteração das formas, gráficos, caixas de texto, controles ou outros objetos gráficos.
- **Editar Cenários:** Permite ou impede a exibição de cenários.

Removendo a proteção da planilha

Basta seguir estas etapas para remover qualquer proteção da planilha que você pode ter aplicado em suas planilhas:

1. Clique no ícone Desproteger Planilha na guia Revisão.

2. Se você especificou uma senha ao proteger a planilha, o Excel irá solicitá-la; consulte a Figura 14-9. Digite a senha e clique em OK para remover imediatamente a proteção.

FIGURA 14-9: O ícone Desproteger Planilha remove a proteção da planilha.

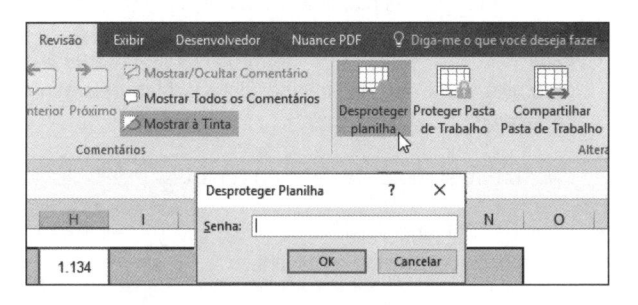

Protegendo a estrutura da pasta de trabalho

Se você observar a guia Revisão na Faixa, verá o ícone Proteger Pasta de Trabalho ao lado do ícone Proteger Planilha. *Proteger* a pasta de trabalho permite que você impeça os usuários de tomarem qualquer ação que afete a estrutura da pasta, como adicionar ou excluir as planilhas, ocultar ou exibir as planilhas e nomear ou mover as planilhas. Basta seguir estas etapas para proteger uma pasta de trabalho:

1. Para abrir a caixa de diálogo Proteger Estrutura e Janelas, mostrada na Figura 14-10, clique no ícone Proteger Pasta de Trabalho na guia Revisão da Faixa.

FIGURA 14-10: A caixa de diálogo Proteger Estrutura e Janelas.

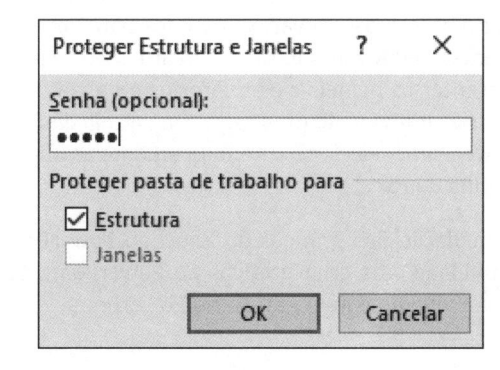

2. Escolha quais elementos você deseja proteger: estrutura da pasta de trabalho, janelas ou ambas. Quando uma marca de verificação é retirada de determinada ação, o Excel impede que os usuários executem essa ação.

   Selecionar a opção Estrutura impede os usuários de fazer o seguinte:

   - Exibir as planilhas ocultas.
   - Mover, excluir, ocultar ou alterar os nomes das planilhas.
   - Inserir novas planilhas ou gráficos.
   - Mover ou copiar as planilhas para outra pasta de trabalho.
   - Exibir os dados de origem para uma célula em uma área Valores da tabela dinâmica ou exibir as páginas Filtro da tabela dinâmica em planilhas separadas.
   - Criar um relatório de resumo do cenário.
   - Usar um utilitário Analysis ToolPak que requer que os resultados sejam colocados em uma nova planilha.
   - Gravar novas macros.

   Escolher a opção Janelas impede que os usuários alterem, movam ou dimensionem as janelas da pasta de trabalho enquanto a pasta está aberta.

3. Se você forneceu uma senha, reinsira-a.
4. Clique em OK para aplicar a proteção da planilha.

Vinculando Seus Painéis do Excel ao PowerPoint

Pode ser que sua organização goste muito das apresentações PowerPoint para as atualizações periódicas. Existem vários métodos para vincular os painéis do Excel a uma apresentação PowerPoint. No momento, foco no método que é mais propício para apresentar os painéis e os relatórios atualizados com frequência no PowerPoint — criar um vínculo dinâmico. Um *vínculo dinâmico* permite que a apresentação PowerPoint selecione automaticamente as alterações feitas nos dados em sua planilha do Excel.

DICA Esta técnica de vinculação dos gráficos do Excel ao PowerPoint será ideal se você não tiver habilidade para criar gráficos no PowerPoint. Crie o gráfico no Excel, então, crie um vínculo para o gráfico no PowerPoint.

Criando um vínculo entre o Excel e o PowerPoint

Quando você cria um vínculo com um intervalo no Excel, o PowerPoint armazena as informações do local no campo de origem e exibe uma representação dos dados vinculados. O efeito final é que, quando os dados no arquivo de origem mudam, o PowerPoint atualiza sua representação dos dados para refletir as alterações.

Você pode encontrar o exemplo de arquivo `Cap 14Exemplos.xlsx` deste capítulo no website complementar do livro.

Para testar o conceito de vincular um intervalo do Excel, siga estas etapas:

1. Abra o arquivo `Cap 14Exemplos.xlsx`.

2. Clique no gráfico para selecioná-lo e pressione Ctrl+C no teclado para copiar o gráfico.

3. Abra uma nova apresentação PowerPoint e coloque o cursor no local onde você deseja exibir a tabela vinculada.

4. Na guia Início no PowerPoint, escolha Colar → Colar Especial, como mostra a Figura 14-11.

   A caixa de diálogo Colar Especial aparece, mostrada na Figura 14-12.

5. Selecione o botão de rádio Colar Vínculo e escolha Objeto de Gráfico do Microsoft Excel na lista de tipos de documento.

6. Clique em OK para aplicar o vínculo.

   O gráfico em sua apresentação PowerPoint agora se vincula à planilha do Excel. Veja a Figura 14-13 para ter um exemplo.

   Se você estiver copiando vários gráficos, selecione o intervalo de células que contém os gráficos e pressione Ctrl+C para copiar. Assim, você estará copiando tudo nesse intervalo — gráficos e tudo.

FIGURA 14-11: Selecione Colar Especial na guia Início no PowerPoint.

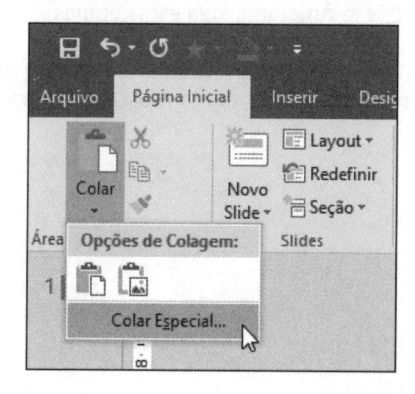

FIGURA 14-12: Selecione Colar Vínculo e defina o vínculo como um Objeto de Gráfico do Excel.

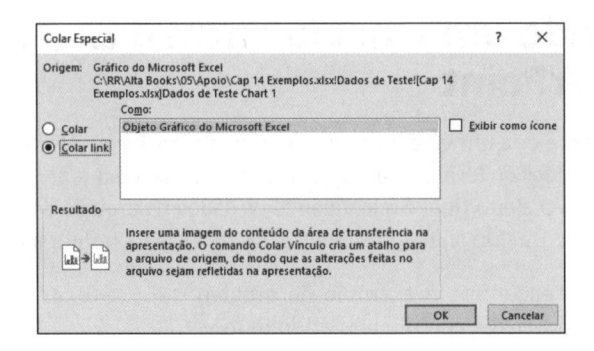

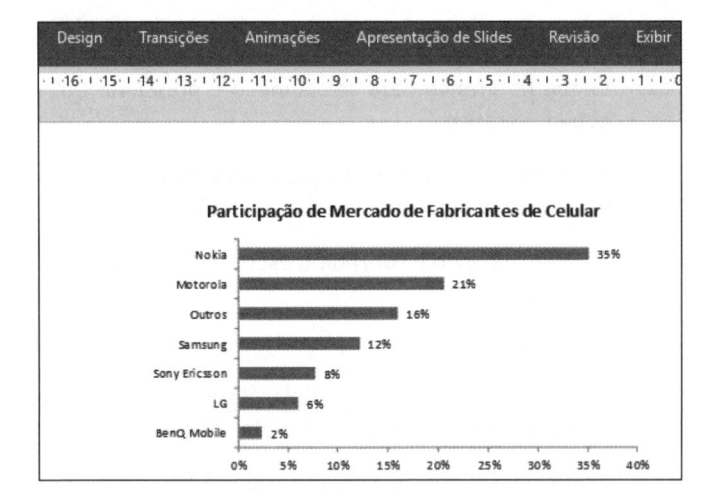

FIGURA 14-13: Agora, seu gráfico do Excel está vinculado à nova apresentação PowerPoint.

Atualizando manualmente os vínculos para capturar as atualizações

O bom dos vínculos dinâmicos é que eles podem ser atualizados, permitindo que você capture qualquer dado novo em suas planilhas do Excel sem recriar os vínculos. Para ver como isso funciona, siga estas etapas:

1. Volte para seu arquivo do Excel (do exemplo na seção anterior) e mude os valores para Samsung e Nokia, como mostra a Figura 14-14.

    Note que o gráfico mudou.

FIGURA 14-14:
Com um gráfico vinculado, você pode fazer alterações nos dados brutos sem se preocupar em exportar de novo os dados para o PowerPoint.

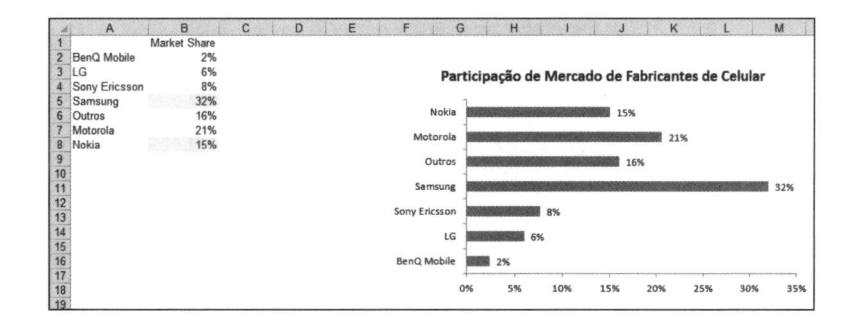

2. **Volte para o PowerPoint, clique com o botão direito no vínculo em sua apresentação e escolha Atualizar Vínculo no menu que aparece, como demonstrado na Figura 14-15.**

   Você vê que seu gráfico vinculado captura automaticamente as alterações.

3. **Salve e feche seu arquivo do Excel e sua apresentação PowerPoint, então, abra apenas a apresentação PowerPoint recém-criada.**

   Agora, você vê a mensagem mostrada na Figura 14-16. Clicar no botão Atualizar Vínculos atualiza todos os vínculos na apresentação PowerPoint. Sempre que você abrir qualquer apresentação PowerPoint com vínculos, ele perguntará se você deseja atualizá-los.

   LEMBRE-SE

   Note a linguagem assustadora avisando-o sobre os potenciais cuidados com a segurança. (Veja a Figura 14-16.) Isto é apenas um lembrete de que abrir documentos não confiáveis pode abrir a porta para vírus maliciosos. Use seu bom senso e abra apenas documentos de fontes confiáveis.

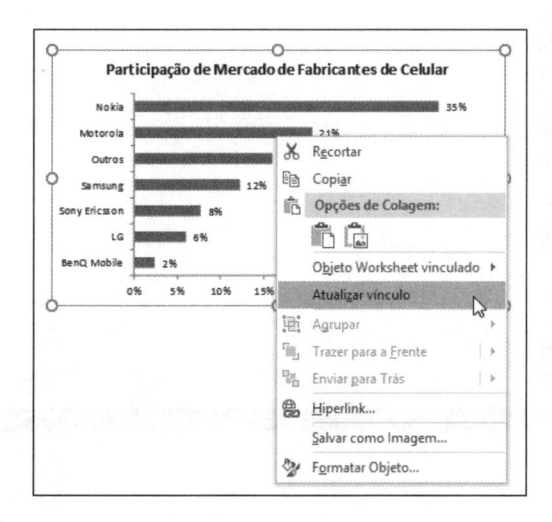

FIGURA 14-15:
Você pode atualizar os vínculos manualmente.

CAPÍTULO 14 **Compartilhando Sua Pasta de Trabalho com o Mundo Externo** 317

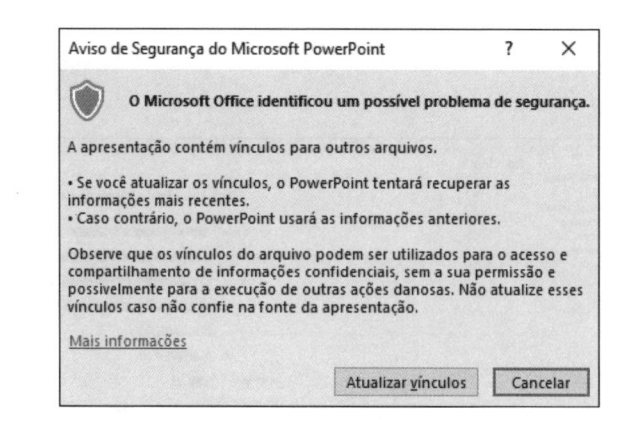

FIGURA 14-16: O PowerPoint, por padrão, pergunta se você deseja atualizar todos os vínculos na apresentação.

Atualizando automaticamente os vínculos

É chato se o PowerPoint perguntar se você deseja atualizar os vínculos sempre que você abrir sua apresentação. Você pode evitar essa mensagem informando o PowerPoint para atualizar automaticamente seus vínculos dinâmicos ao abrir o arquivo de apresentação. Eis como:

1. No PowerPoint, clique no botão Arquivo para ver as opções disponíveis Exibir em Segundo Plano.

2. No Painel de Informações, vá para o canto inferior direito da tela e selecione Editar Vínculos com Arquivos, como mostra a Figura 14-17.

    A caixa de diálogo Vínculos é aberta, como mostra a Figura 14-18.

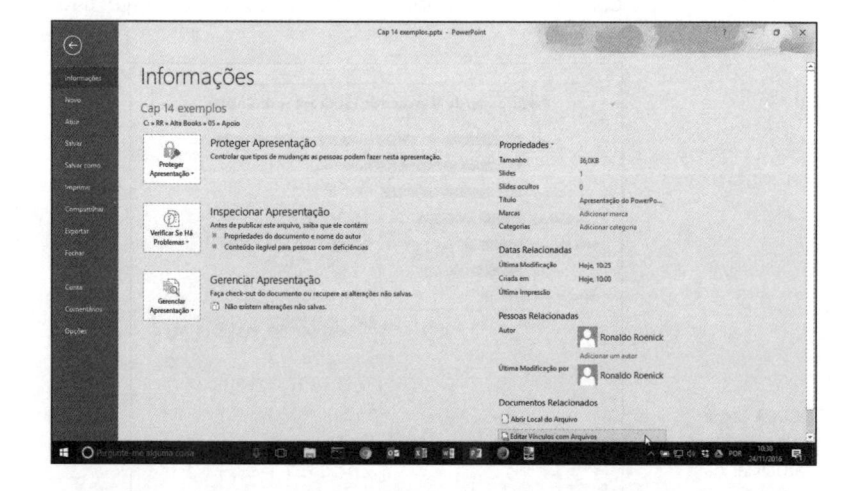

FIGURA 14-17: Abra a caixa de diálogo para gerenciar seus vínculos.

FIGURA 14-18: Definindo os vínculos selecionados para atualizar automaticamente.

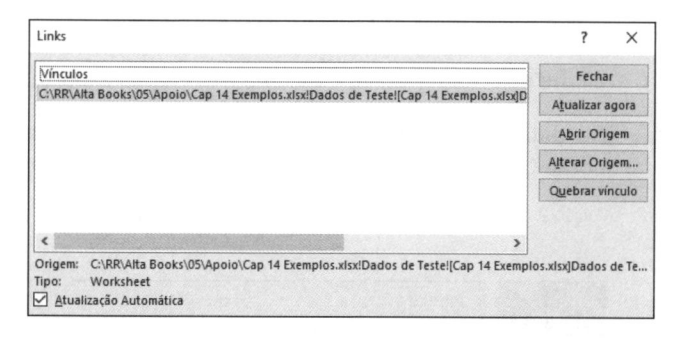

3. **Clique em cada um de seus vínculos e selecione o botão de rádio Automático na parte inferior da caixa de diálogo.**

   Quando seus vínculos estiverem definidos para se atualizarem automaticamente, o PowerPoint se sincronizará com o arquivo da planilha do Excel e assegurará que todas as suas atualizações sejam exibidas.

   > **DICA** Para selecionar vários vínculos na caixa de diálogo Vínculos, pressione a tecla Ctrl no teclado enquanto você seleciona os vínculos.

Distribuindo Seus Painéis via PDF

Iniciando com o Excel 2010, a Microsoft possibilitou converter as planilhas do Excel em um PDF (formato de documento portátil). Um PDF é o formato de compartilhamento de documentos padrão desenvolvido pela Adobe.

Embora possa não parecer simples distribuir painéis com arquivos PDF, algumas vantagens marcantes tornam o PDF uma ferramenta de distribuição atraente:

» Distribuir seus relatórios e painéis como arquivos PDF permite compartilhar seu produto final sem compartilhar todas as fórmulas e back-end que vem com a pasta de trabalho.

» Os painéis aparecem nos arquivos PDF com *fidelidade* total, significando que eles aparecem com consistência em qualquer computador e resolução de tela.

» Os arquivos PDF podem ser usados para produzir impressões de alta qualidade.

» Qualquer pessoa que usa o Adobe Reader gratuito pode enviar comentários e notas nos arquivos PDF distribuídos.

» Diferentemente da segurança do Excel, a segurança em um PDF costuma ser melhor, permitindo diversos níveis, inclusive a criptografia da chave pública e certificados.

Para converter sua pasta de trabalho em um PDF, siga estas etapas simples:

1. Clique no botão Arquivo e escolha o comando Exportar.
2. No painel Exportar, selecione Criar Documento PDF/XPS e clique no botão Criar PDF/XPS, como mostra a Figura 14-19.

   A caixa de diálogo Publicar como PDF ou XPS aparece.

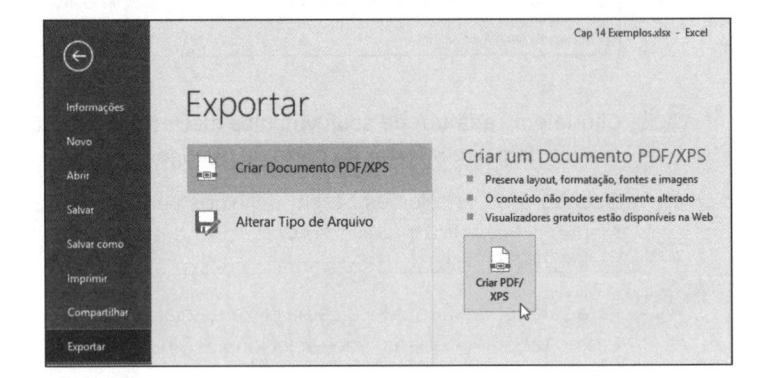

FIGURA 14-19: Você pode salvar sua pasta de trabalho do Excel como um PDF.

3. Clique no botão Opções, como mostra a Figura 14-20.

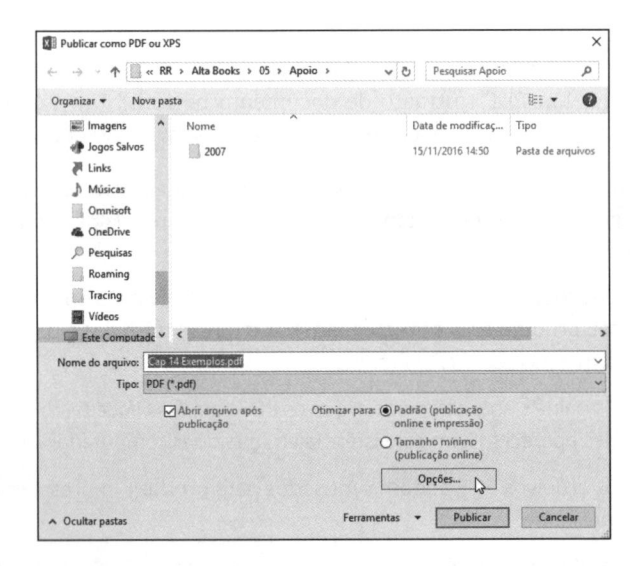

FIGURA 14-20: Selecione um local para seu PDF, então, clique no botão Opções.

4. Na caixa de diálogo Opções, mostrada na Figura 14-21, você pode especificar o que deseja publicar.

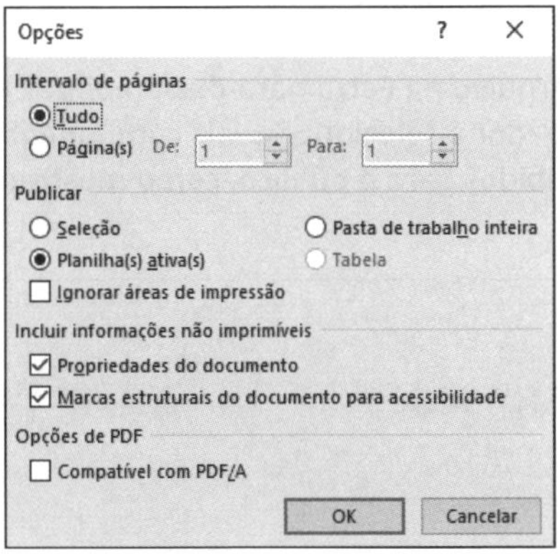

FIGURA 14-21: O Excel permite que você defina o que é enviado para o PDF.

Você tem a opção de publicar a pasta de trabalho inteira, páginas específicas ou um intervalo selecionado.

5. Clique em OK para configurar suas seleções.
6. Clique em Publicar.

Distribuindo Seus Painéis para o OneDrive

O *OneDrive* é a resposta da Microsoft para o Google Docs. Você pode considerá-lo como uma plataforma do Microsoft Office na nuvem, permitindo salvar, exibir e editar seus documentos do Office na Web.

Quando você publica seus painéis ou relatórios do Excel para o OneDrive, pode:

» Exibir e editar suas pastas de trabalho em qualquer navegador, mesmo que o computador usado não tenha o Excel instalado.

» Fornecer uma plataforma na qual duas ou mais pessoas podem colaborar e editar o mesmo arquivo do Excel ao mesmo tempo.

» Compartilhar apenas planilhas específicas de sua pasta de trabalho, ocultando as planilhas que você não deseja que o público veja. Quando uma planilha em uma pasta de trabalho publicada é ocultada, o navegador nem mesmo reconhece sua existência, portanto, não há nenhum modo de a planilha ser exibida ou acessada por hackers.

» Oferecer relatórios e painéis interativos baseados na Web que podem ser classificados e filtrados.

Para publicar uma pasta de trabalho para o OneDrive, siga estas etapas:

1. Clique no botão Arquivo na Faixa para disponibilizar o botão Opções de Exibição do Navegador e selecionar quais componentes de sua pasta de trabalho serão exibidos para o público, como mostrado na figura 14-22.

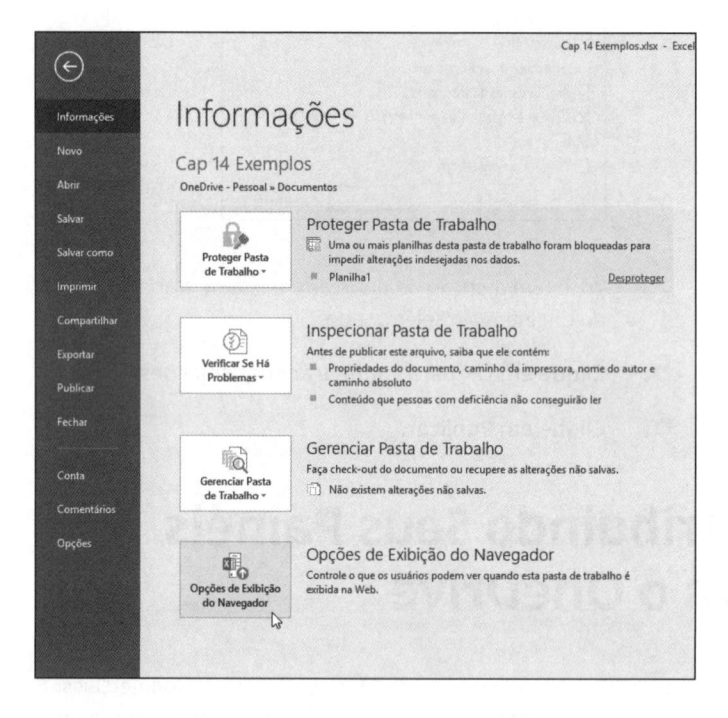

FIGURA 14-22: Selecione quais componentes de sua pasta de trabalho serão exibidos para o público.

2. Clique no botão Opções de Exibição do Navegador.

   A caixa de diálogo Opções de Exibição do Navegador permite controlar o que o público consegue ver e manipular em sua pasta de trabalho, como mostrado na figura 14-23.

   Nela, você pode selecionar e cancelar a seleção das planilhas e outros objetos do Excel. Remover a marca de verificação de qualquer planilha ou objeto impede que ele seja exibido no navegador. Novamente, é um modo fantástico de compartilhar suas interfaces do painel sem expor os cálculos de back-end e os modelos de dados.

   Clique no botão OK para concluir sua definição.

FIGURA 14-23: Você tem total controle sobre quais planilhas e objetos estão disponíveis para o público ao publicar na Web.

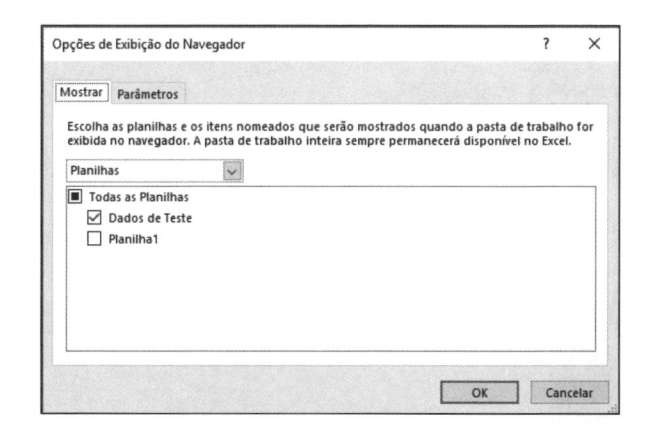

3. **Clique no botão Arquivo na Faixa, clique no comando Salvar Como e escolha OneDrive pessoal, como demonstrado na Figura 14-24.**

   O painel OneDrive permite acessar sua conta do OneDrive.

   DICA

   Se você não tiver uma conta do OneDrive, poderá assinar uma usando o link Assinar.

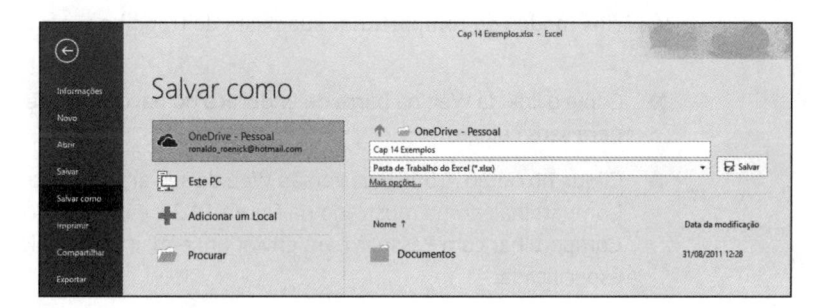

FIGURA 14-24: Vá para o painel OneDrive.

4. **Acesse sua conta do OneDrive.**

   Depois de acessar, a caixa de diálogo Salvar Como mostrada na Figura 14-25 aparece e permite que você defina o diretório em que deseja armazenar sua pasta de trabalho.

   Clique no botão OK para concluir a operação..

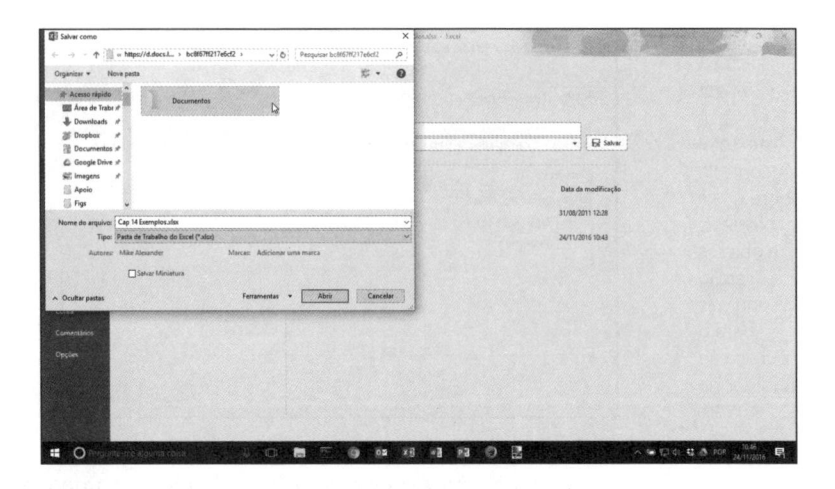

FIGURA 14-25:
Clique no local em que deseja disponibilizar o arquivo na caixa de diálogo Salvar Como.

5. **Depois de confirmar suas opções para Exibir Navegador, salve o arquivo em sua pasta Documentos.**

   Neste ponto, você pode acessar o OneDrive e navegar para seus documentos para ver seu arquivo recém-publicado.

Há vários modos de compartilhar sua pasta de trabalho recém-publicada:

» Copie o link da Web na barra de endereço do navegador e envie-o por e-mail para seus colegas.

» Clique no botão Arquivo na versão Web de seu arquivo, escolha Compartilhar, como mostrado na Figura 14-26, e clique no comando Compartilhar com Pessoas para enviar um e-mail para qualquer pessoa especificada.

» Use o comando Incorporar no mesmo painel Compartilhar para gerar o código HTML para incorporar sua pasta de trabalho em uma página Web ou blog.

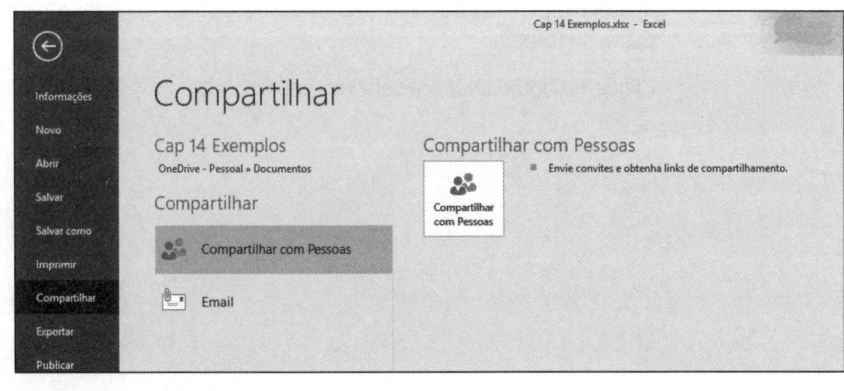

FIGURA 14-26:
Compartilhando opções em um documento Web do Excel.

324 PARTE 5 **Trabalhando com o Mundo Externo**

Limitações ao Publicar na Web

É importante entender que as pastas de trabalho executadas na Web estão sendo executadas em um Excel Web App, que é bem diferente do aplicativo cliente do Excel que você tem em seu PC. O Excel Web App tem limites nos recursos que ele pode apresentar no navegador Web. Alguns limites existem por causa da segurança, ao passo que outros existem simplesmente porque a Microsoft não teve tempo para desenvolver o Excel Web App para incluir o grande conjunto de recursos que vem com o Excel padrão.

Em qualquer caso, o Excel Web App tem alguns limites:

» **A Validação dos Dados não funciona na Web.** Este recurso é simplesmente ignorado quando você publica sua pasta de trabalho na Web.

» **Nenhuma forma de VBA, inclusive macros, será executada no Excel Web App.** Seus procedimentos VBA simplesmente não serão transferidos com a pasta de trabalho.

» **A proteção da planilha não funcionará na Web.** Você precisa planejar e usar as Opções de Exibição do Navegador demonstradas antes, nas Figuras 14-23 e 14-24.

» **Os vínculos com pastas de trabalho externas não funcionarão mais depois de publicar na Web.**

» **As fórmulas do Matriz funcionam na Web, mas não é possível criar fórmulas do Matriz ao editar uma pasta de trabalho online.** Você precisa criar as fórmulas do Matriz antes de publicar na Web.

» **Você pode usar qualquer tabela dinâmica com total fidelidade na Web, mas não pode criar nenhuma tabela dinâmica nova enquanto sua pasta de trabalho está na Web.** Você precisa criar tabelas dinâmicas no cliente Excel em seu PC antes de publicar na Web.

» **É possível criar gráficos simples no Excel Web App, mas nem todas as opções de personalização e formatação estão disponíveis na Web.** Embora haja um conjunto limitado de opções de formatação de gráfico na Web, qualquer gráfico criado antes de publicar manterá toda sua aparência.

6 A Parte dos Dez

NESTA PARTE . . .

Dê uma olhada em algumas práticas recomendadas de criação de gráficos que podem ajudar a construir gráficos mais eficientes.

Descubra como evitar os erros mais comuns dos gráficos.

Tenha uma compreensão dos dez tipos de gráficos mais comuns do Excel e quando usá-los.

Capítulo 15

Dez Princípios do Design Gráfico

Sou o primeiro a admitir que criei minha parcela de gráficos mal projetados — gráficos de barras cheio de cores, gráficos de linhas com 10 ou mais linhas colocadas uma sobre a outra e gráficos de pizza com fatias tão finas que se misturavam em uma bolha de tinta preta. Quando vejo esses desastres iniciais, sinto a vergonha de uma criança vendo suas fotos usando jeans boca de sino.

O Excel torna o gráfico tão simples que geralmente é uma tentação aceitar os gráficos criados, não importando quão ruins são as cores padrão ou as configurações. Mas estou aqui para implorar que você se afaste desse brilho das configurações padrão. Você pode evitar com facilidade os fiascos gráficos seguindo alguns princípios de design básicos.

Neste capítulo, compartilho alguns desses princípios e ajudo a evitar alguns erros que eu cometi no passado. (Não precisa agradecer.)

Evite uma Formatação Extravagante

O Excel facilita aplicar efeitos que tornam tudo brilhante, reluzente e muito bonito. Agora, não me entenda mal: esses novos gráficos são bem aceitos para apresentações de vendas e marketing. Contudo, para os painéis, você definitivamente desejará ficar longe deles.

Um *painel* é uma plataforma para apresentar seu julgamento dos dados. Por que enfeitar seus dados com uma formatação supérflua quando os dados em si são a única coisa que você deseja comunicar? É como fazer um discurso usando o uniforme de um general romano. Como você comunica bem suas ideias quando seu público está pensando em "Qual a relação com Tibério?".

Veja a Figura 15-1, por exemplo —, criei este gráfico (formatação e tudo) com apenas alguns cliques. O Excel torna superfácil conseguir esses tipos de efeitos com seus recursos Layout e Estilo. O problema é que esses efeitos suavizam os dados que você está tentando apresentar. E mais, se você incluir esse gráfico em uma página com cinco a dez outros gráficos com a mesma formatação, criará uma confusão difícil de ver, o que dirá ler.

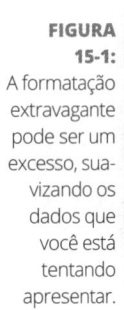

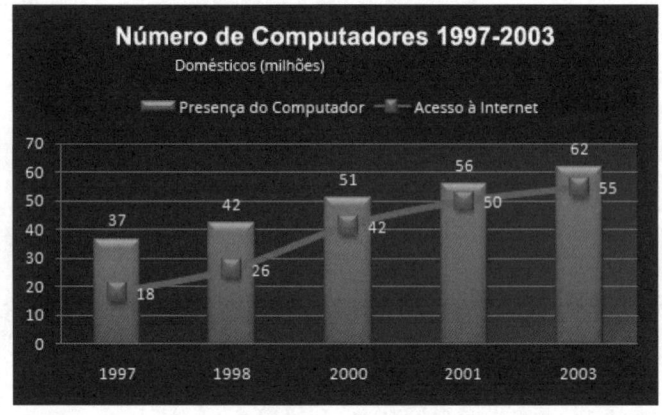

FIGURA 15-1: A formatação extravagante pode ser um excesso, suavizando os dados que você está tentando apresentar.

O segredo para se comunicar com eficiência usando gráficos é apresentar os dados o mais simplesmente possível. Prometo: seus dados são interessantes por si só. Não é necessário envolvê-los em coisas agradáveis para torná-los interessantes.

A Figura 15-2 mostra os mesmos dados sem a formatação extravagante. Acho que você descobrirá que o gráfico não é apenas mais fácil de ler, como também pode processar os dados com mais eficiência.

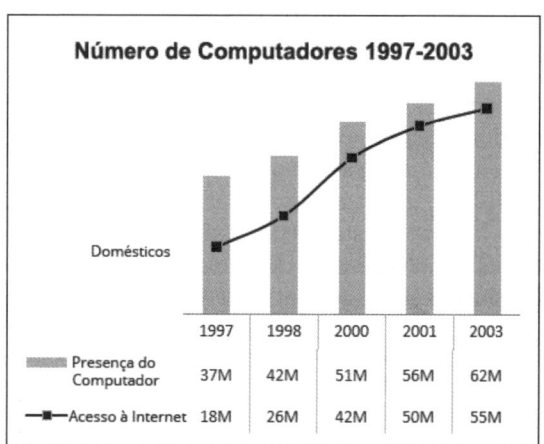

FIGURA 15-2: Os gráficos devem apresentar os dados do modo mais simples possível.

Número de Computadores 1997-2003

	1997	1998	2000	2001	2003
Presença do Computador	37M	42M	51M	56M	62M
Acesso à Internet	18M	26M	42M	50M	55M

Eis algumas "proibições" simples para impedi-lo de exagerar no fator extravagância:

» **Não aplique cores de fundo na área do Gráfico ou de Plotagem.** Em geral, as cores devem ser reservadas para os pontos de dados principais em seu gráfico.

» **Não use gráficos ou efeito em 3D.** Ninguém lhe dará um Oscar por efeitos especiais. Nada em 3D pertence a um painel.

» **Não aplique efeitos extravagantes, como graduações, preenchimentos padrão, sombras, brilho, bordas suaves e outra formação.** Novamente, a palavra do dia é *foco*, como em "Foque nos dados, não nos gráficos brilhantes e alegres."

» **Não tente melhorar seus gráficos com clipart nem imagens.** Eles não contribuem com nada na apresentação dos dados e geralmente são cafonas.

Tire o Lixo Desnecessário do Gráfico

O pioneiro na visualização de dados Edward Tufte introduziu a noção de *proporção entre dados e tinta*. A ideia básica de Tufte é que uma grande porcentagem de tinta em um gráfico ou painel deve ser dedicada aos dados. Muito pouca tinta deve ser usada para apresentar o que ele chama de *lixo do gráfico*: bordas, linhas de grade, linhas de tendência, legendas, segundos planos e outros elementos.

A Figura 15-3 mostra o impacto que o lixo do gráfico pode ter em sua capacidade de comunicar seus dados. À primeira vista, o gráfico superior na Figura 15-3 pode parecer exagerado em sua ambição de mostrar muitos elementos gráficos ao mesmo tempo, mas acredite, outros gráficos por aí também são assim. Observe como os dados parecem imbricados e sem espaço.

O gráfico inferior apresenta as mesmas informações do gráfico superior. Contudo, o gráfico inferior apresenta com mais eficiência a mensagem central que os registros dos motoristas no Texas subiram de mais de 10 milhões em 1980 para quase 17 milhões em 2004 (uma mensagem que ficou diluída no gráfico superior). Você pode ver, com este exemplo simples, como um gráfico pode ser drasticamente melhorado apenas removendo os elementos que não contribuem diretamente com a mensagem central dele.

Eis algumas maneiras de evitar o lixo do gráfico e assegurar que seus gráficos apresentarão os dados com clareza:

» **Remova as linhas de grade.** As linhas de grade (verticais e horizontais) são quase sempre desnecessárias. O motivo implícito para as linhas de grade é que elas ajudam a medir visualmente o valor representado por cada ponto de dados. Porém, a verdade é que você geralmente mede o valor de um ponto de dado comparando sua posição com os outros pontos de dados no gráfico. Portanto, as linhas de grade se tornam pontos de referência secundários que simplesmente gastam tinta.

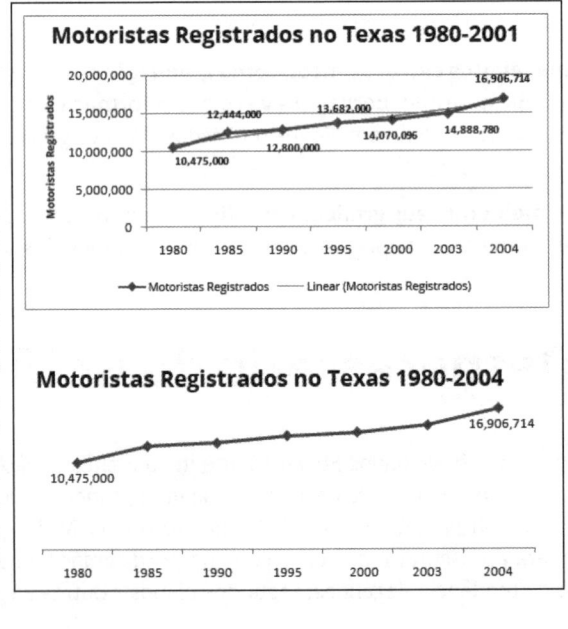

FIGURA 15-3: Os gráficos com muitos elementos visuais podem ficar imbricados e difíceis de ler. Remover os elementos desnecessários esclarece a mensagem.

» **Remova as bordas.** Você verá que eliminar as bordas e as estruturas dão a seus gráficos uma aparência mais clara e ajuda a evitar as linhas confusas que você tem ao colocar muitos gráficos com bordas em um único painel. Em vez de bordas, use o espaço em branco entre os gráficos como bordas implícitas.

» **Pule as linhas de tendência.** Raramente uma linha de tendência dá uma ideia que não pode ser conseguida com os dados já plotados ou uma legenda simples. Na verdade, as linhas de tendência normalmente expressam o óbvio e, algumas vezes, confundem o leitor fazendo com que pense que são outra série de dados. Por que colocar uma linha de tendência em um gráfico de linhas quando o gráfico em si é um tipo de linha de tendência? Por que colocar uma linha de tendência em um gráfico de barras quando é igualmente fácil ver o topo das barras? No lugar das linhas de tendência, adicione uma legenda simples que expresse o que você está tentando dizer sobre a tendência geral dos dados.

» **Evite a sobrecarga de legendas dos dados.** Em nenhum lugar está escrito que você precisa mostrar a legenda de dados para cada valor em seu gráfico. Tudo bem plotar um ponto de dado e não exibir seu valor. Você descobrirá que seus gráficos têm mais impacto quando mostrar apenas os números relevantes para sua mensagem. Por exemplo, o gráfico inferior na Figura 15-3 mostra uma tendência que inclui sete anos de dados. Embora todos os anos sejam plotados para mostrar a tendência, apenas os valores no primeiro e último anos plotados são mostrados. Os primeiro e último anos plotados são suficientes para atender a finalidade do gráfico, que é mostrar a tendência e o crescimento final dos registros de motoristas.

» **Não mostre uma legenda se não for necessário.** Quando você está plotando apenas uma série de dados, não há necessidade de exibir uma legenda do gráfico que ocupa espaço. Se você permitir que o título do gráfico identifique a série de dados sozinha em seu gráfico, poderá simplesmente apagar a legenda.

» **Remova qualquer eixo que não tenha valor.** A finalidade dos eixos x e y é ajudar o usuário a medir visualmente e posicionar os valores representados pelo ponto de dado. Contudo, se a natureza e a utilidade do gráfico não precisarem de certo eixo, você deve removê-lo. Para o gráfico inferior na Figura 15-3, por exemplo, não há nenhuma necessidade real do eixo y porque os dois pontos de dados para os quais estou tentando chamar a atenção já têm legendas. Novamente, o objetivo aqui não é reduzir seu gráfico. O objetivo é incluir apenas os elementos gráficos que contribuem diretamente com a mensagem central dele.

Formate os Números Grandes Onde For Possível

Nunca é divertido contar os zeros em um número grande, especialmente quando você está vendo uma fonte tamanho 8. Ao plotar números muito grandes em um gráfico, considere formatar os valores para que eles sejam cortados para facilitar a leitura.

Por exemplo, na Figura 15-4, formatei os valores para que aparecessem como 10M e 17M, em vez dos 10.475.000 e 16.906.714 difíceis de ler.

FIGURA 15-4: Formatar os números grandes para milhões ou milhares contribui para um gráfico mais claro.

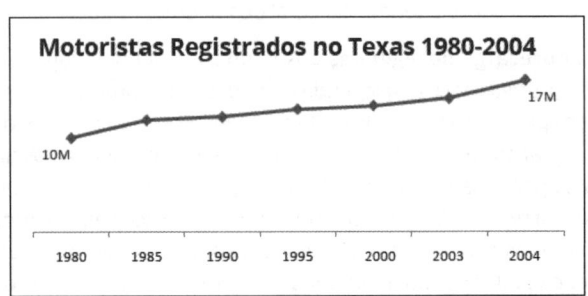

Você pode formatar facilmente os números grandes no Excel usando a caixa de diálogo Formatar Células. Nela, você pode especificar um formato de número personalizado selecionando Personalizar na lista Categoria e inserindo um código de formato do número na caixa de entrada Tipo. Na Figura 15-5, o código 0.. "M" assegura que os números são formatados para milhões com um M anexado.

FIGURA 15-5: Selecione Personalizar na lista Categoria e insira um código de formato do número na caixa de entrada Tipo.

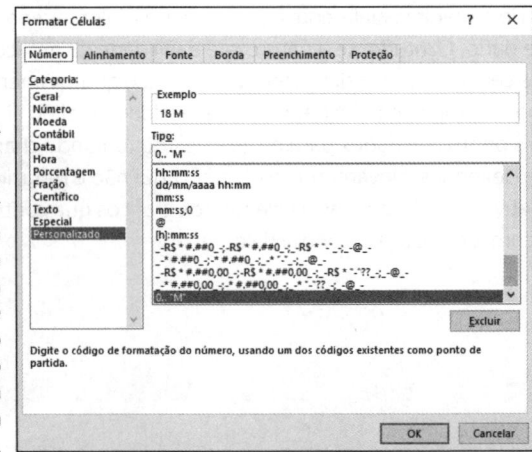

DICA: Para obter a caixa de diálogo Formatar Células, destaque os números que você está formatando, clique com o botão direito e escolha Formatar Células no menu que aparece.

Geralmente, é uma prática recomendada formatar os dados de origem que alimentam seu gráfico, em vez das legendas dos dados em seu gráfico. Assim, sua formatação será mantida mesmo que você adicione e remova as legendas dos dados.

LEMBRE-SE: A tabela no Capítulo 3 lista os códigos de formato comuns e seu efeito nos números.

Use Tabelas, não use legendas

Algumas vezes, é valioso mostrar todos os valores dos dados juntamente com os pontos de dados plotados. Contudo, as seções anteriores neste capítulo mostraram como as legendas dos dados podem inundar os usuários com o lixo do gráfico.

Em vez de usar legendas, é possível anexar uma tabela de dados ao seu gráfico do Excel. Uma *tabela de dados* permite ver os valores dos dados para cada ponto de dado plotado sob o gráfico. A Figura 15-6 ilustra uma tabela de dados, mostrando os valores dos dados para duas séries. Como se pode ver, muitas informações são mostradas aqui sem abarrotar o gráfico em si.

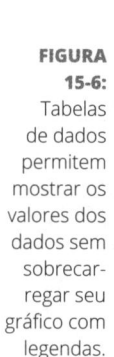

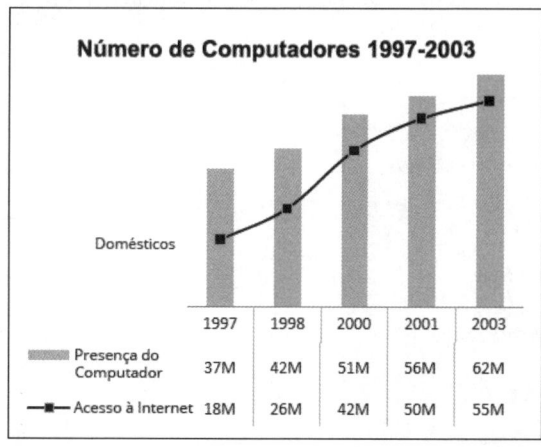

FIGURA 15-6: Tabelas de dados permitem mostrar os valores dos dados sem sobrecarregar seu gráfico com legendas.

Número de Computadores 1997-2003

	1997	1998	2000	2001	2003
Presença do Computador	37M	42M	51M	56M	62M
Acesso à Internet	18M	26M	42M	50M	55M

Embora as tabelas de dados aumentem o espaço que seus gráficos ocupam no painel, elas respondem bem à formatação e podem ser criadas para se misturarem bem em seus gráficos. As tabelas de dados são particularmente úteis se seus clientes estão sempre pedindo para ver as informações detalhadas por trás dos gráficos.

Para adicionar ou remover as tabelas de dados, selecione o gráfico e clique no botão Elementos do Gráfico ao lado dele. Esta ação expande um menu de elementos do gráfico que você pode adicionar ao seu gráfico. (Veja a Figura 15-7.) Coloque uma marca de verificação ao lado da Tabela de Dados para adicionar uma tabela. Retire a marca para remover a tabela de dados.

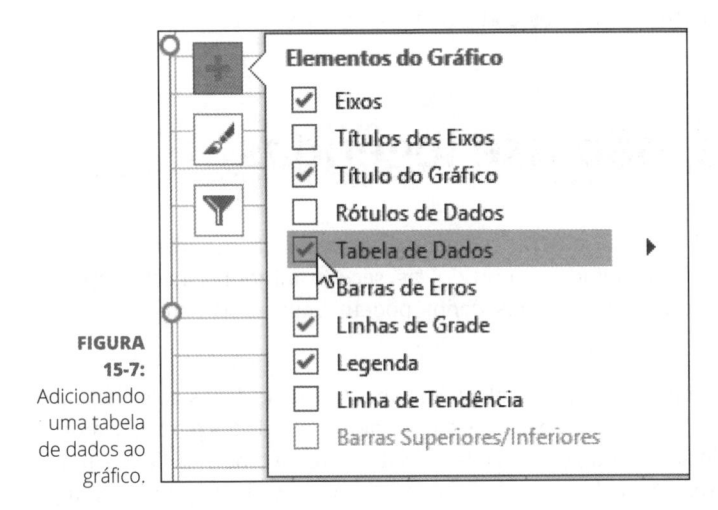

FIGURA 15-7: Adicionando uma tabela de dados ao gráfico.

DICA Você pode clicar com o botão direito na tabela de dados a qualquer momento para ativar a caixa de diálogo Formatar Tabela e aplicar uma formatação adicional a ela. (Veja a Figura 15-8).

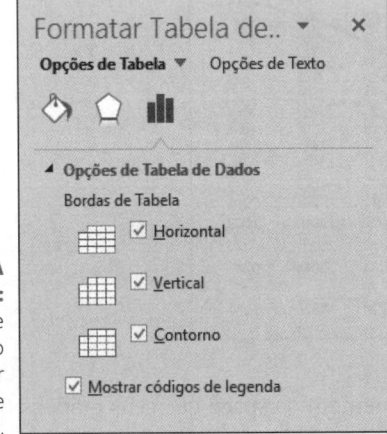

FIGURA 15-8: A caixa de diálogo Formatar Tabela de Dados.

Faça Um Uso Eficiente dos Títulos do Gráfico

Um título do gráfico não precisa ser limitado às simples tarefas de legenda e nome. Você pode usar o título de um gráfico para adicionar uma camada extra de informação, apresentando uma análise derivada dos dados mostrados no gráfico. A Figura 15-9 demonstra isso.

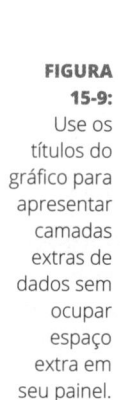

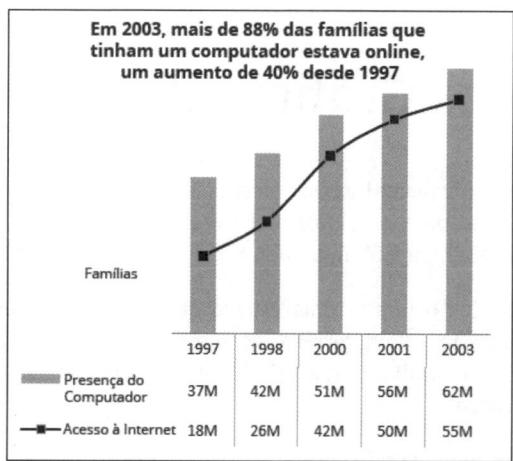

FIGURA 15-9: Use os títulos do gráfico para apresentar camadas extras de dados sem ocupar espaço extra em seu painel.

Em 2003, mais de 88% das famílias que tinham um computador estava online, um aumento de 40% desde 1997

	1997	1998	2000	2001	2003
Presença do Computador	37M	42M	51M	56M	62M
Acesso à Internet	18M	26M	42M	50M	55M

Classifique Seus Dados antes de Representar em Gráficos

A menos que haja uma ordem natural óbvia, como idade ou tempo, geralmente é uma prática recomendada classificar seus dados ao representar um gráfico. *Classificar* significa classificar os dados de origem que alimentam seu gráfico na ordem ascendente ou descendente pelo valor do dado.

Como se pode ver na Figura 15-10, criar um gráfico usando um conjunto de dados classificado por valores melhora a leitura e, de algum modo, dá ao gráfico uma aparência profissional.

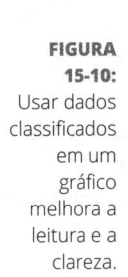

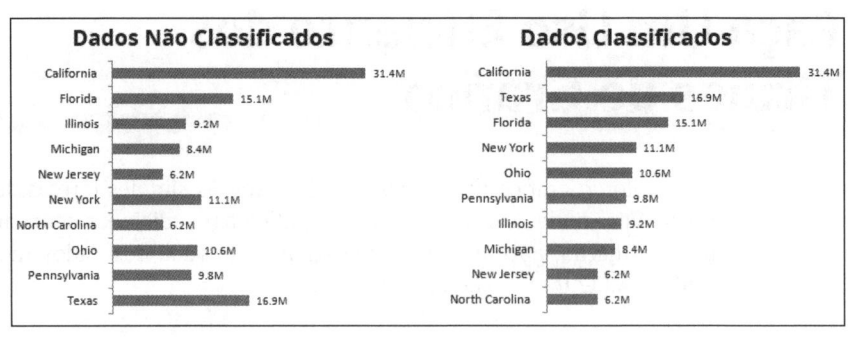

FIGURA 15-10: Usar dados classificados em um gráfico melhora a leitura e a clareza.

Limite o Uso dos Gráficos de Pizza

Embora os gráficos de pizza venham sendo considerados há algum tempo uma opção viável de gráfico para o relatório comercial, geralmente eles não são muito adequados para o relatório do painel. Há alguns motivos para isso.

Primeiro, em geral, eles ocupam mais espaço que seus correspondentes, os gráficos de linhas e barras. Com certeza, você pode torná-los pequenos, mas pixel por pixel, consegue muito menos eficiência para a visualização dos dados com um gráfico de pizza.

Segundo, os gráficos de pizza não podem representar claramente mais de duas ou três categorias de dados. A Figura 15-11 demonstra isso.

O gráfico da pizza à esquerda faz um bom trabalho de representar visualmente duas categorias de dados. É possível distingui-las com facilidade e ter uma noção clara da distribuição de cada uma. O gráfico de pizza à direita é outra história. Como se pode ver, quando você tem mais de duas ou três categorias, esse tipo de gráfico não é tão eficiente ao transmitir a devida ideia de distribuição da porcentagem. As fatias são parecidas demais em tamanho e forma para comparar visualmente as categorias. E mais, a legenda e as categorias dos dados estão desconectadas, fazendo com que seus olhos pulem do gráfico para a legenda. (Mesmo com cores, a legenda não ajuda.) Com certeza, você poderia adicionar legendas da categoria, mas isso faria com que o gráfico ocupasse mais espaço sem acrescentar muito valor.

FIGURA 15-11: Os gráficos de pizza não podem representar claramente mais de duas ou três categorias de dados.

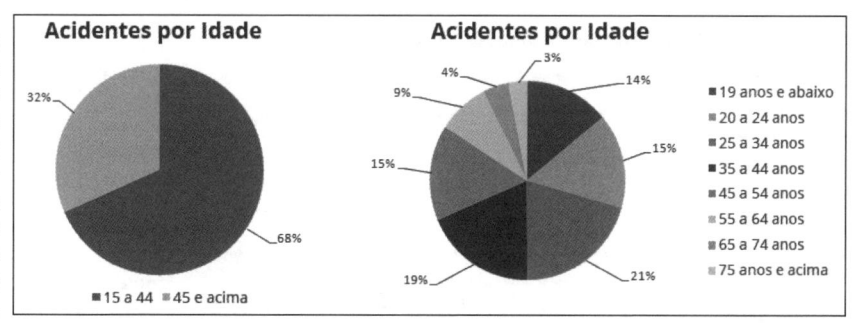

Qual é a alternativa? Em vez de um gráfico de pizza, considere usar um gráfico de barras. Com um gráfico de barras, você pode representar claramente as porcentagens de distribuição para muitas categorias sem ocupar espaço extra. Na Figura 15-12, você pode ver uma melhoria drástica na clareza que se pode conseguir usando os gráficos de barras.

FIGURA 15-12: Os gráficos de barras são uma alternativa para os gráficos de pizza quando você tem mais de duas ou três categorias de dados.

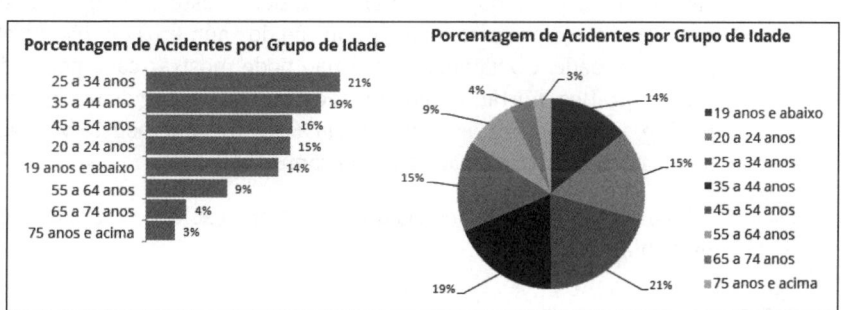

Não Tenha Medo de Analisar os Dados em Gráficos Separados

Saiba que um único gráfico poderá perder sua eficiência se você tentar plotar dados demais nele. Veja a Figura 15-13, por exemplo.

FIGURA 15-13: Algumas vezes, você trabalha com tantos dados que seus gráficos não fazem mais sentido.

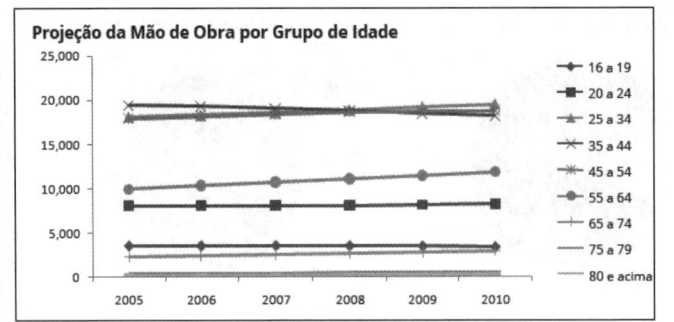

Este gráfico tem alguns problemas. Primeiro, os dados estão divididos em nove grupos de idade, forçando-o a usar nove linhas. Quando você começa a plotar mais de três linhas em um gráfico de linhas, ele começa a parecer confuso. Segundo, os grupos de dados têm um grande intervalo de valores de dados. Isso faz com que a escala do eixo y do gráfico seja tão extensa que cada linha basicamente parece uma linha reta.

Em situações como esta, volte e tente reduzir o que exatamente o gráfico precisa fazer. Qual é o objetivo final do gráfico? Neste caso, o objetivo do gráfico é mostrar o crescimento ou a diminuição dos números da mão de obra de cada grupo de idade. Obviamente, você não pode mostrar cada ponto de dados no mesmo gráfico, portanto, tem que mostrar cada grupo de idade em seu próprio gráfico. Isso significa que você deseja assegurar que poderá ver cada grupo de idade ao lado do outro para ter uma comparação.

A Figura 15-14 mostra apenas uma das muitas soluções para esse exemplo em particular.

FIGURA 15-14: Criar um gráfico individual e separado geralmente é melhor do que um gráfico imbricado.

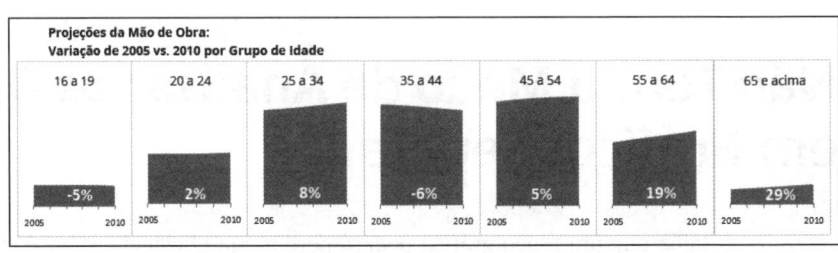

Aqui, criamos um gráfico de área separado para cada grupo de idade, então, eles foram alinhados lado a lado. Cada gráfico mostra individualmente uma tendência geral de 2005 a 2010. Como eles foram colocados juntos, você pode ter uma ideia do tamanho de cada grupo de idade. E mais, note que mesclei os últimos três grupos de idade em uma categoria denominada 65 e acima. Isso agrupa as três categorias menores em uma que vale a pena plotar. Por fim, usei as legendas dos dados para mostrar rapidamente o crescimento ou a diminuição de 2005 a 2010 para cada grupo.

Novamente, esta não é a única solução para o problema, mas faz o trabalho de exibir a análise que escolhi apresentar.

Nem sempre é fácil saber exatamente como exibir seus dados em um gráfico — especialmente quando os dados estão em várias camadas e são complexos. Em vez de colocar o mundo em um gráfico, volte e pense sobre como exibir os dados separadamente, mas juntos.

Mantenha as Devidas Proporções

Em termos de gráficos, *proporção* se refere à relação da altura com a largura. Ou seja, os gráficos devem manter uma devida proporção entre a altura e a largura para que sua integridade permaneça intacta. Veja a Figura 15-15 para entender o que quero dizer.

O gráfico na parte superior da Figura 15-15 está na devida proporção que apresenta corretamente o gráfico. Os dois gráficos inferiores mostram os mesmos dados, mas as proporções deles estão distorcidas. O gráfico do meio é alto demais e o gráfico inferior é largo demais. Isso basicamente distorce a apresentação visual, exagerando a tendência no gráfico que é alto demais e achatando a tendência no gráfico que é largo demais.

Vi muitas pessoas torcerem seus gráficos apenas para eles caberem no espaço vazio em seus painéis. Se você quiser evitar distorcer seus gráficos, deve mantê-los com uma proporção adequada.

O que é proporção? Em geral, a proporção mais adequada para um gráfico é aquela em que a largura do gráfico tem duas vezes o tamanho da altura. Por exemplo, 1 cm de altura por 2 cm de largura é uma proporção adequada. E 1,5 cm de altura por 3 cm de largura também é adequado. A altura e largura reais não são importantes. Você pode tornar seus gráficos tão pequenos ou grandes quanto precisar. O importante é a proporção da altura com a largura.

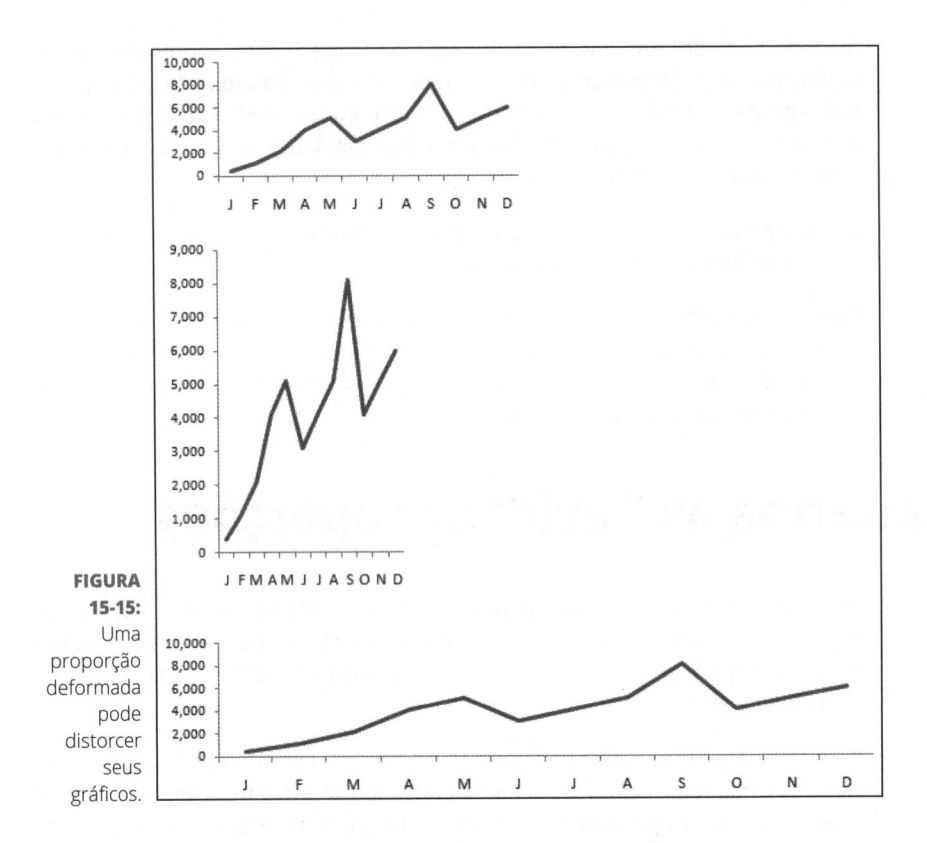

FIGURA 15-15: Uma proporção deformada pode distorcer seus gráficos.

Não Tenha Medo de Usar Algo Diferente de um Gráfico

Pergunte a si mesmo se uma tabela simples apresentará bem os dados. Se os dados que você está informando puderem ser compartilhados com mais eficiência em uma tabela, é assim que eles devem ser apresentados. Lembre-se de que o objetivo de um painel não é apresentar tudo em um gráfico — é apresentar os principais dados da *maneira mais eficiente* possível.

Capítulo 16
Dez Tipos de Gráficos do Excel e Quando Usá-los

Criar um gráfico no Excel não é algo muito difícil por si só. A parte difícil é conseguir entender quais tipos de gráfico usar em cada situação. O Excel tem 11 tipos de gráficos principais, com variações em cada tipo. Para a maioria dos painéis e relatórios comerciais, você precisa apenas de alguns tipos de gráfico disponíveis no Excel.

Este é um resumo dos tipos de gráfico aproveitados com mais frequência em painéis e relatórios.

Gráfico de Linhas

O gráfico de *linhas* (veja a Figura 16-1) é um dos mais usados, em geral, para mostrar as tendências em um período de tempo. Se você precisar que o gráfico tenha uma tendência ou mude com o tempo, considere usar um gráfico de linhas.

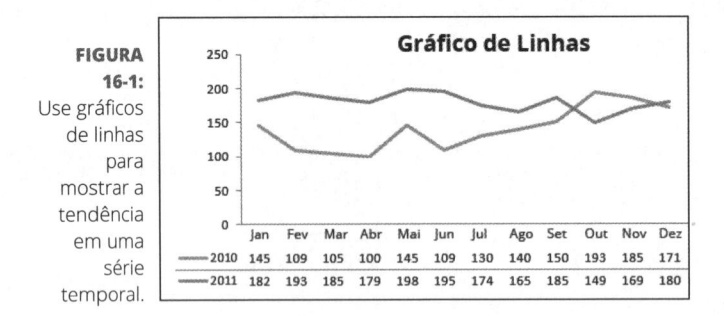

FIGURA 16-1: Use gráficos de linhas para mostrar a tendência em uma série temporal.

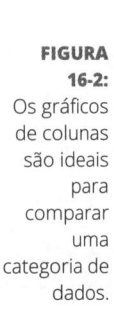

	Jan	Fev	Mar	Abr	Mai	Jun	Jul	Ago	Set	Out	Nov	Dez
2010	145	109	105	100	145	109	130	140	150	193	185	171
2011	182	193	185	179	198	195	174	165	185	149	169	180

Gráfico de Colunas

Um gráfico de *colunas* geralmente é usado para comparar vários itens em um intervalo específico de valores. Ele é ideal se você precisa comparar uma única categoria de dados entre subitens individuais. Por exemplo, você pode querer comparar o rendimento entre as regiões, como mostra a Figura 16-2.

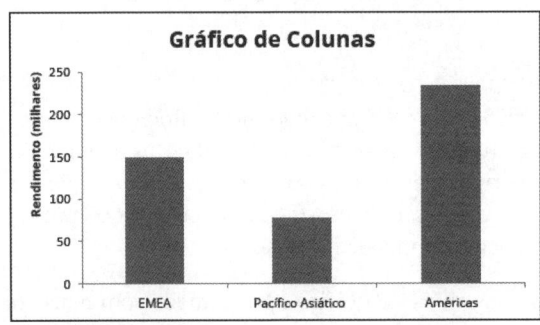

FIGURA 16-2: Os gráficos de colunas são ideais para comparar uma categoria de dados.

Gráfico de Colunas Agrupadas

Um gráfico de *colunas agrupadas* pode ser usado se você precisa comparar várias categorias de dados em subitens individuais, assim como entre os subitens. Por exemplo, é possível usá-lo para comparar o rendimento de cada ano em cada região e entre as regiões, como mostra a Figura 16-3.

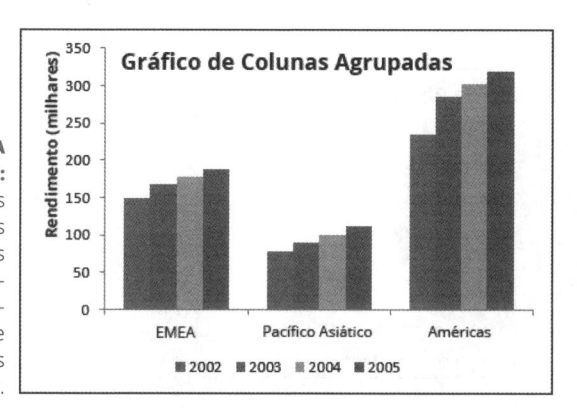

FIGURA 16-3: Use gráficos de colunas agrupadas para mostrar comparações entre vários itens de dados.

Gráfico de Colunas Empilhadas

Um gráfico de *colunas empilhadas* permite comparar os itens em um intervalo específico de valores e mostrar a relação dos subitens individuais com o todo. Por exemplo, um gráfico de colunas empilhadas mostra não apenas o rendimento geral de cada ano, mas também a proporção do rendimento total composto por cada região, como mostra a Figura 16-4.

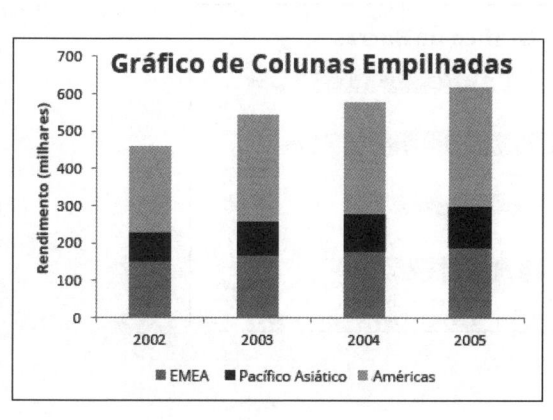

FIGURA 16-4: Um gráfico de colunas empilhadas é, basicamente, um gráfico de colunas com a capacidade de mostrar a distribuição dos subitens nas colunas.

Gráfico de Pizza

Outro gráfico usado com frequência é o gráfico de pizza padrão. Ele representa a distribuição ou a proporção de cada item de dado em um valor total (representado pela pizza inteira). Um gráfico de pizza é mais eficiente ao plotar não mais do que três categorias de dados. (Veja a Figura 16-5.)

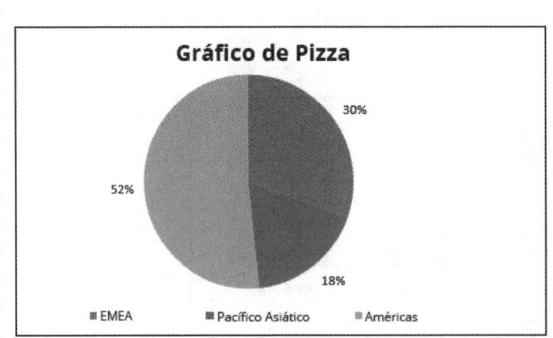

FIGURA 16-5: Use gráficos de pizza para mostrar a distribuição proporcional dos dados para três ou menos categorias de dados.

Gráfico de Pizza
- EMEA: 52%
- Pacífico Asiático: 30%
- Américas: 18%

Gráfico de Barras

Normalmente, os gráficos são usados para comparar várias categorias de dados. Os gráficos de *barras* são ideais para visualizar a distribuição ou a proporção dos itens de dados para mais de três categorias. Por exemplo, ele pode ser usado para comparar a distribuição de rendimento total para determinado conjunto de produtos, como mostra a Figura 16-6.

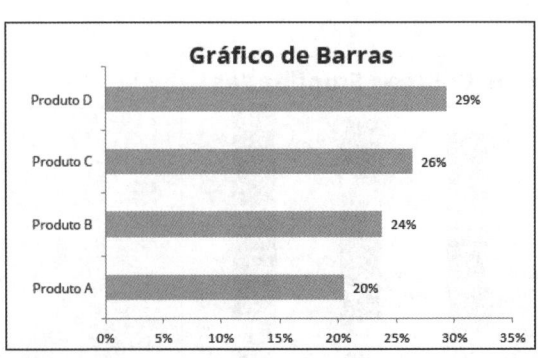

FIGURA 16-6: Os gráficos de barras são os substitutos ideais para os gráficos de pizza quando você tem mais de três categorias de dados.

Gráfico de Barras
- Produto D: 29%
- Produto C: 26%
- Produto B: 24%
- Produto A: 20%

Gráfico de Área

Um gráfico de *área* é ideal para ilustrar com clareza o tamanho da mudança entre dois ou mais pontos de dados. Por exemplo, você pode dar ao seu público uma visão do grau de variação entre os preços alto e baixo de cada mês, como mostra a Figura 16-7.

FIGURA 16-7: Os gráficos de área são mais adequados para mostrar o tamanho da mudança entre duas ou mais categorias em uma série temporal.

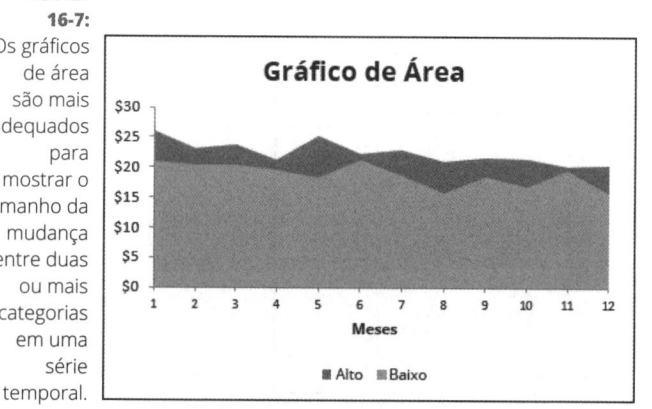

Gráfico de Combinação

Um gráfico de *combinação* é uma visualização que combina dois ou mais tipos de gráfico em um só; esse tipo é a escolha ideal quando você deseja comparar duas categorias de dados para cada subitem individual. Um gráfico de combinação é comumente usado para criar visualizações que mostram a diferença entre as metas versus os resultados reais, como mostra a Figura 16-8.

FIGURA 16-8: Use gráficos de combinação quando você precisar comparar visualmente duas ou mais métricas, como o desempenho versus o objetivo.

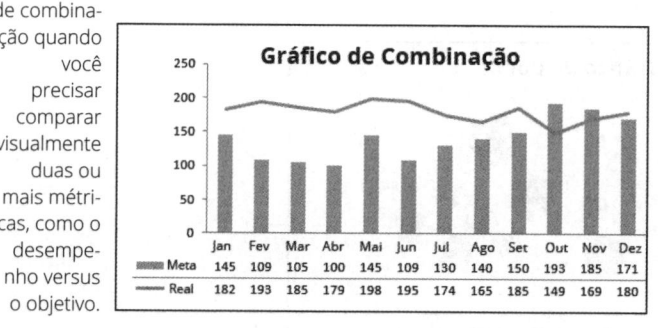

	Jan	Fev	Mar	Abr	Mai	Jun	Jul	Ago	Set	Out	Nov	Dez
Meta	145	109	105	100	145	109	130	140	150	193	185	171
Real	182	193	185	179	198	195	174	165	185	149	169	180

Gráfico de Dispersão XY

Um gráfico de *dispersão* no Excel (também conhecido como gráfico *de dispersão XY*) é excelente para mostrar as correlações entre dois conjuntos de valores. Por exemplo, ele pode ser usado para mostrar a correlação entre o desempenho e a competência dos funcionários, demonstrando que o desempenho dos funcionários aumenta quando a competência melhora, como mostra a Figura 16-9. Os eixos x e y trabalham juntos para representar os dados plotados no gráfico com base na interseção dos valores x e y.

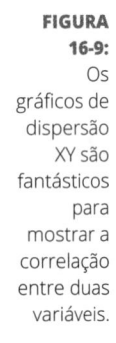

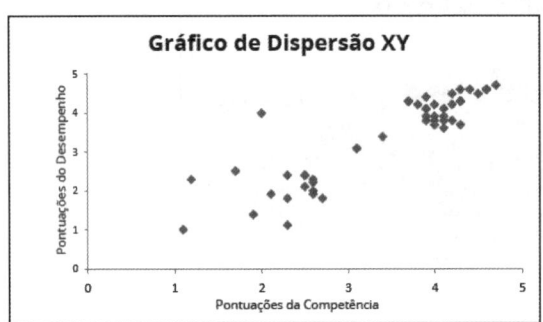

FIGURA 16-9: Os gráficos de dispersão XY são fantásticos para mostrar a correlação entre duas variáveis.

Gráfico de Bolhas

Um gráfico de bolhas é uma variação do gráfico de dispersão XY. Assim como o gráfico de dispersão XY, um gráfico de *bolhas* mostra a correlação entre dois conjuntos de dados. A diferença é o acréscimo de uma terceira dimensão representada pelo tamanho de cada bolha no gráfico. A terceira dimensão geralmente é usada para mostrar o impacto relativo de um item de dado quantitativo. Por exemplo, além de mostrar o desempenho versus a competência dos funcionários, você pode fazer com que o tamanho de cada bolha represente os anos de serviço, permitindo que seu público entenda rapidamente como os anos de serviço podem afetar a relação entre competência e desempenho. (Veja a Figura 16-10.)

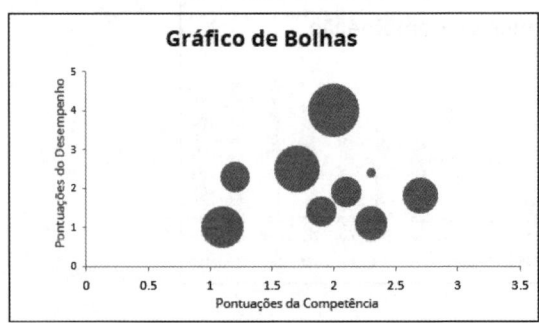

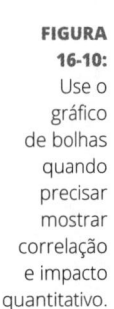

FIGURA 16-10: Use o gráfico de bolhas quando precisar mostrar correlação e impacto quantitativo.

Índice

SÍMBOLOS

3D, gráficos/efeitos, 331
10 Primeiros Itens, regra, 92
10 Primeiros, opção, 145
10 Últimos Itens, regra, 92
#N/A, erros, 245

A

Abaixo da Média, cenário, 92, 97
abreviações dos nomes da categoria (nos gráficos de tendência), 163-164
Access, 280-287
Acesso Rápido, barra de ferramentas, 110, 112
Acesso Rápido, botão da Barra de Ferramentas, 110
Acima da Média, cenário, 92, 97
ActiveX Controls, 229, 239
acumulado no ano (YTD), exibições dos totais em tabelas dinâmicas, 152
Adicionar Novo Local, botão, 231
Adobe, PDFs, 319-321
agrupadas, gráfico de colunas, 345
Agrupamento, caixa de diálogo, 148, 197
agrupar, 181
Ajustar Largura da Coluna, opção, 286
alinhamento, 63, 163-164
Alterar Fonte de Dados da Tabela Dinâmica, caixa de diálogo, 131
Alterar Tipo de Gráfico, caixa de diálogo, 169, 210, 217
Alternar Linha/Coluna, botão, 211
Anexar, opção, 301

ano, criar exibições baseadas em dinâmicas por, 148-150
área, gráficos, 159, 347
Arial, fonte, 64
Armazenar Macro Em, campo, 224
Armazenar Macro Em, menu suspenso, 224
Arquivo, botão, 110, 223, 306, 308, 318, 322
    Opções do Excel, 223
arquivo, extensões, 230
arrastar e soltar, método para importar dados do Access, 281
Assistentes de Exportação, Access, 282
Atribuir Macro, caixa de diálogo, 229, 241
atualização
    apresentações PowerPoint para, 316-318
    atualização automática de intervalos do minigráfico, 86
    de tabelas dinâmicas, 131
    entre Excel e Access, 283-287
    uso da ferramenta Câmera em, 215
atualizar dados, 128. *Consulte também* atualizar em tabelas dinâmicas
    dados da Consulta Avançada, 299-300
Atualizar, opção, 301
Atualizar Vínculos, botão, 317
autenticação, informações (conexão do SQL Server), 288
autofiltros, 312
Automático, botão de rádio, 319
Average, opção, 134

B

Barra de Rolagem (controle de Formulário), 239
Barras de Dados, 88, 93–94, 102–104, 225, 228
barras, gráficos, 165, 183, 346
bolhas, gráfico, 348
Borda, guia, 61
bordas
　como lixo do gráfico, 333
　nos painéis, 58, 58–60
Botão (controle de Formulário), 239, 241
Botão de Rotação (controle de Formulário), 239
botões. *Consulte também* botões específicos
　macros para criar botões de navegação, 232–233
　para executar macros, 228

C

cabeçalhos, 58, 63–64
Caixa de Combinação (controle de Formulário), 239, 250–251
Caixa de Grupo (controle de Formulário), 240
Caixa de Listagem (controle de Formulário), 239, 253–257
Caixa de Seleção (controle de Formulário), 239, 242–243
Caixa de Texto, ícone, 174
caixas de diálogo. *Consulte também* caixas de diálogo específicas
　Agrupar, 148, 197
　Alterar Origem dos Dados da Tabela Dinâmica, 131
　Alterar Tipo de Gráfico, 169, 210, 217
　Atribuir Macro, 229, 241
　Campos da Tabela Dinâmica, 124, 126–127, 128
　Colar Especial, 316

Conexões do Relatório, 269
Configurações de Células Ocultas e Vazias, 80
Configurações do Campo, 137, 141
Configurações do Campo Valor, 132, 134, 135, 152, 153–154
Configurações do Separador, 266, 275
Criar Minigráficos, 76–78
Criar Tabela, 51
Criar Tabela Dinâmica, 123
Editar Minigráficos, 79, 86
Filtrar 10 Primeiros, 145, 183–186
Formatar Células, 60–61, 65–67, 67–68, 70, 109, 134, 334
Formatar Eixo, 161, 162
Formatar Forma, 175
Formatar Imagem, 112
Formatar Legendas dos Dados, 188
Formatar Linha de Tendência, 177
Formatar Ponto dos Dados, 173
Formatar Série de Dados, 170, 172, 176, 193, 196, 210, 211, 213, 214
Formatar Tabela de Dados, 336
Gravar Macro, 223–224
Importar Dados, 284
Inserir Linhas do Tempo, 270
Inserir Separadores, 262–263
Macro, 227
Nova Regra de Formatação, 98, 101, 226
Opções da Tabela Dinâmica, 138
Opções do Excel, 110, 238
Opções Gerais, 308, 309
Opções para Exibir Navegador, 322
Primeiros 10%, 92
Propriedades dos Dados Externos, 286
Propriedades do Vínculo de Dados, 283
Propriedades, ícone, 299

Proteger Estrutura e Janelas, 314
Proteger Planilha, 311
Publicar como PDF ou XPS, 320
Salvar Como, 307, 308, 321
Selecionar Fonte de Dados, 283
Selecionar Tabela, 284
Símbolo, 108
Vínculos, 318-319
caixas de seleção
    Caixa de Seleção (controle de Formulário), 239, 242-243
Calibri, fonte, 64
Câmera, ferramenta, 114-117, 215
Câmera, ícone da ferramenta, 112
Campos da Tabela Dinâmica, caixa de diálogo, 124, 126-127, 128
Carregar Em, opção, 301
cascata, filtros, 260
CHOOSE, função, 49-50, 255-257
ciclos comerciais, 178
classificar
    classificar dados antes de apresentar em gráfico, 337-338
    como fator-chave na leitura dos dados, 64
    nas tabelas dinâmicas, 142-143
Classificar (proteção da planilha), 312
código, Visual Basic for Applications (VBA), 221, 223
Colar Especial, caixa de diálogo, 315
Colar Vínculo, botão de rádio, 316
coluna, área (da tabela dinâmica), 122
Coluna, minigráficos, 76, 77, 81
colunas, gráficos, 159, 344
combinação, gráfico, 347
comparativa, tendência
    criar comparações do tempo empilhadas, 168-169
    criar comparações do tempo lado a lado, 166-168
    tendência com eixo secundário, 169-172
compartilhamento de arquivos, opções, 307
Compartilhar com Pessoas, comando, 324
Compartimento
    Subtransbordamento do compartimento, 201
Computador, ícone, 307, 308
condicional, formatação
    adicionar regras manualmente, 96-100
    aplicação de cenários predefinidos, 88-96
    definida, 88
Condicional, Gerenciador de Regras de Formatação, 101
Conexão de Dados, Assistente, 287
Conexões da Pasta de Trabalho, caixa de diálogo, 299
Conexões do Relatório, caixa de diálogo, 269
confiáveis, locais, 231
confiável, documento, 231
Configurações da Consulta, comando, 298
Configurações de Células Ocultas e Vazias, caixa de diálogo, 80
Configurações do Campo, caixa de diálogo, 137, 141
Configurações do Campo Valor, caixa de diálogo, 132, 134, 135, 152, 153-154
Configurações do Campo Valor, opção, 133
Configurações do Separador, caixa de diálogo, 266, 275
Consulta Avançada, 290-303
contábil simples, sublinhados, 60
Controle, guia, 242, 246, 250, 253
Converter em Intervalo, botão, 54

Cor da Linha, lista suspensa, 112
cores
    aplicar cores com formato personalizado em números, 70–71
    em legendas, 63
    em tabelas, 58–59
    mudar nos minigráficos, 81
    reservar para pontos principais em gráficos, 331–332
    uso para enfatizar pontos de dados principais em minigráficos, 81–82
    Visual Basic, 70
Cor, Escalas, 88, 95
Cores do Tema, suspenso, 59
Cores e Linhas, guia, 112
Count Nums, opção, 134
Count, opção, 134
Criar Minigráficos, caixa de diálogo, 76–78
Criar PDF/XPS, botão, 320
Criar Regra Manualmente, guia, 97
Criar Tabela, caixa de diálogo, 51
Criar Tabela Dinâmica, caixa de diálogo, 123
cumulativa, adicionar porcentagem a histograma, 193–196

D

dados
    agrupar/mover, 181–202
    analisar gráficos separados, 339–341
    atualizar, 128
    com grandes flutuações em, 178
    converter intervalo em tabela do Excel, 52–53
    converter tabela do Excel de volta em intervalo, 54
    exibições superior e inferior, 181–202
    extrair e transformar, 290–303
    filtrar com função SUMPRODUCT, 46–48
    histogramas, 190–201
    mostrar/ocultar itens de dados em tabelas dinâmicas, 138–140
    ocultar/exibir itens sem, 140–142
    suavizar (em gráficos de tendência), 178–180
dados, aplicar formatos numéricos em campos de, 133–134
dados, fontes
    tabelas do Access, 280–287
    tabelas do SQL Server, 279, 287–290
Dados, guia, 283, 286, 287, 291, 300
dados, proporção entre tinta e, 331
dados, usar tabelas em vez de legendas dos dados, 335–336
dados, valores, 333
data, eixo, 84–86
datas, formatação, 71–72
De Outras Fontes, ícone, 287
Descer, opção, 301
Descer, opção (Consulta Avançada), 298
Descrição, campo, 289
desempenho
    mostrar com variâncias, 204–205
    mostrar em relação a intervalo de destino, 216–217
    mostrar em relação a tendências organizacionais, 205–206
Desenvolvedor, guia, 223, 225, 239, 241, 242, 246, 250, 253
Design, guia, 131
design, princípios
    das tabelas, 58–64
    dos gráficos, 329–342
Desproteger Planilha, ícone, 313
Destacar Regras das Células, 89–91
destino, campo, 141
dinâmicas, tabelas
    adicionar filtro do relatório a, 127–128

alterar layout em, 131
alterar/reorganizar, 126-127
aplicar formatos numéricos em campos de dados, 133-134
áreas de, 120-122
cálculos do total, 134-135
classificar em, 142-143
controlar várias tabelas dinâmicas com um separador, 269-270
corte dos subtotais, 135-138
corte dos subtotais para um campo em, 137
corte dos totais gerais em, 138
criação da primeira, 123-130
criação de exibições úteis baseadas em dinâmicas, 143-154
definidas, 120
exibição da distribuição de porcentagem em, 150-151
exibição de variação de mês sobre mês, 153-154
exibição dos totais YTD em, 152
exibições superior e inferior, 143-147
manter atualizadas, 128-130
mostrar/ocultar itens de dados, 138-140
ocultar/exibir itens sem dados, 140-142
personalização dos nomes do campo em, 132-133
por mês, trimestre e ano, 148-150
reorganizar dinamicamente dados ao usar macros, 233-234
Tabelas do Excel como fonte de, 51
uso para criar histograma, 197-198
uso para obter exibições superior e inferior, 183-186
dinâmicos, vínculos, 316-318
direcional, evitar sobrecarga com tendência, 176-177

divisores, usar para marcar eventos importantes, 174-175
Do Access, ícone, 283
Do SQL Server, opção, 287
Duplicar, opção, 301
Duplicar Valores, regra, 90

E

Editar, botão (Consulta Avançada), 293
Editar Cenários (proteção da planilha), 312
Editar Configurações, opção (Consulta Avançada), 298
Editar Minigráficos, caixa de diálogo, 79, 86
Editar Objetos (proteção da planilha), 312
Editar, opção, 301
Editar Regra, botão, 103, 106
É Igual A, regra, 89
Eixo, comando, 82
eixo, dimensionar, 82-83
eixos, 82-83, 84-86, 161, 162, 169-172
Eixo Secundário, botão de rádio, 171
É Maior Do Que, regra, 89
É Menor Do Que, 89
empilhadas, comparações do tempo, 168-169
erros, evitar cometer no uso de macro, 222
Escolher Comandos Em, lista suspensa, 110
espaço em branco, 60
Está Entre, regra, 89
estatísticos, gráficos, 199-201
Estilo de Separador, galeria, 266, 267
Excel
    cenários predefinidos em, 88
Excel 2003, recursos Listar, 49

Excel 2010
    extensão xlsx, 230
    Minigráficos, 75
Excel 2013
    extensão xlsx, 230
    Minigráficos, 75
    separadores da Linha do Tempo ativados, 271
Excel 2016
    Consulta Avançada, 290-303
    separadores da Linha do Tempo desativados, 271
Excel, caixa de diálogo Opções, 110, 223, 238
Excel, Formulários do Usuário, 239
Excel Web App, limites, 325-326
Excluir Até Final, opção (Consulta Avançada), 298
Excluir Colunas (proteção da planilha), 312
Excluir Linhas (proteção da planilha), 312
Excluir, opção, 298, 301
Executar, botão, 226
exibições baseadas em dinâmicas, criação que são úteis, 143-154
Exportar, assistentes no Access, 282

F

FALSE, 243, 245
Fechar e Carregar, opção (Consulta Avançada), 296
Ferramentas, botão, 307, 308
Ferramentas da Tabela Dinâmica, guia contextual, 131, 135, 148
Ferramentas do Minigráfico, guia, 79, 81
Filtrar 10 Primeiros, caixa de diálogo, 145, 183-186
filtro, área (tabela dinâmica), 122
Filtro, campos, 260-261

fontes, 64, 107
fonte, tamanho, 63
Formas, botão, 174
formatação
    aplicar formatos numéricos em campos de dados, 133-134
    de datas e horas, 71-72
    de gráficos com marcas, 214-216
    de números grandes, 334
    de números negativos, 65, 67, 69
    de números positivos, 67
    de períodos de tempo específicos, 172-174
    de porcentagens, 67
    de separadores, 264-269
    eficiente de números, 58, 62-63
    evitar formatação extravagante, 330-331
    uso de símbolos para criar formato de número personalizado, 108
Formatação Condicional, botão, 88, 103, 107
Formatar Apenas Células Que Contêm, opção, 98, 101
Formatar Apenas os Primeiros ou Últimos Valores, opção, 98
Formatar Células, caixa de diálogo, 60-61, 65-67, 67-68, 70, 109, 134, 334
Formatar Células (proteção da planilha), 312
formatar códigos para datas e horas, 71-72
Formatar Colunas (proteção da planilha), 312
Formatar Eixo, caixa de diálogo, 161, 162
Formatar Forma, caixa de diálogo, 175
Formatar Imagem, caixa de diálogo, 112
Formatar Legendas dos Dados, caixa de diálogo, 188
Formatar Linha de Tendência, caixa de diálogo, 177

Formatar Linhas (proteção da planilha), 312
Formatar Número, botão, 134
Formatar Ponto de Dados, caixa de diálogo, 173
Formatar Separador, painel, 265
Formatar Série de Dados, 170, 172, 176, 193, 196, 210, 211, 213, 214
Formatar Tabela de Dados, caixa de diálogo, 336
Formatar Todas as Células com Base em seus Valores, 98
Formulário, controles, 229, 238–241, 273–276
Formulários do Usuário, 229, 239
frequência, distribuição, 197
FREQUENCY, função, 192–193
funções
    CHOOSE, 49–50, 255–257
    FREQUENCY, 192–193
    INDEX, 252, 257
    LARGE, 186–188
    SMALL, 189
    SUMPRODUCT, 46–48

G

Ganhos/Perdas, minigráficos, 76, 81, 84
gerais, remoção de totais em tabelas dinâmicas, 138
Google Docs, 321
gráficos
    analisar dados em gráficos separados, 339–341
    classificar dados antes de representar graficamente, 337–338
    controlar vários gráficos com um seletor, 254–257
    enfatizar primeiros valores em, 186–190
    estatísticos, 199–201
    estilo termômetro, 208, 251
    gráfico de bolhas, 348
    gráfico de colunas agrupadas, 345
    gráfico de colunas empilhadas, 345
    gráfico de combinação, 347
    gráfico de dispersão XY, 348
    gráfico de pizza, 346
    gráficos de área, 159, 347
    gráficos de barras, 165, 182, 346
    gráficos de barras na célula, 182
    gráficos de colunas, 159, 344
    gráficos de linhas, 158, 344
    gráficos de pizza, limitar uso de, 338–339
    gráficos/efeitos em 3D, 331
    mostrar várias exibições com um gráfico, 247–249
    mudar dados do gráfico com seletor suspenso, 251–253
    princípios de design, 329–342
    pular lixo do gráfico desnecessário, 331–333
    sobre, 343
    tabelas do Excel como fonte de, 51
    tipos, 158–159, 343–348
    usando algo diferente de, 342
    uso eficiente de títulos em, 337
gráficos com marcas, 208–212
gráfico, tabela do alimentador/alimentação de gráfico, 188, 193, 195, 217
Gravando sua Primeira Macro, guia, 223–226
Gravar Macro, caixa de diálogo, 223–224
Gravar Macro, comando, 223, 226

H

histogramas, 190–201
horizontais, gráficos com marcas, 214–215

I

ícones
    Caixa de texto, 174
    Computador, 307, 308
    De Outras Fontes, 287
    Desproteger Planilha, 313
    Do Access, 283
    ferramenta Câmera, 112
    Layout do Relatório, 131
    Limpar, 147
    Limpar Filtro, 263
    mostrar apenas um na formatação condicional, 100–102
    mostrar de fora das células na formatação condicional, 102–105
    Obter Dados Externos, 283–287
    Preencher, 218
    Propriedades, 299
    Proteger Pasta de Trabalho, 314
    Proteger Planilha, 311, 313
    Subtotais, 137
    Tabela Dinâmica, 123
    Verificação, 97, 100
    X, 97, 100
Ícones, Conjuntos, 88, 98, 102–105
IF... THEN... ELSE, instrução, 89
Importar Dados, caixa de diálogo, 284
Incluir Números da Linha, opção, 286
Incorporar, comando, 324
INDEX, função, 252, 257
Iniciar Em, valores, 197
Inserir, botão, 108
Inserir Células para Novos Dados, Excluir Células Não Usadas, opção, 286
Inserir Colunas (proteção da planilha), 312
Inserir, comando, 239
Inserir, guia, 77, 108, 123, 174
Inserir Hiperlinks (proteção da planilha), 312
Inserir Linha do Tempo, comando, 270
Inserir Linhas do Tempo, caixa de diálogo, 270
Inserir Linhas Inteiras para Novos Dados, Limpar Células Não Usadas, opção, 286
Inserir Linhas (proteção da planilha), 312
Inserir, lista suspensa, 242, 246, 251, 253
Inserir Separadores, caixa de diálogo, 262–263
interatividade
    adicionar com separadores dinâmicos, 259–276
    adicionar controle à planilha, 240–241
    compreender separadores, 260–261
    controlar várias tabelas dinâmicas com um separador, 269–270
    criar separador Linha do Tempo, 270–273
    criar separador padrão, 262–263
    encontrar controles de Formulário, 238–239
    exemplo de botão de opção, 247–249
    exemplo de caixa de combinação, 251–253
    exemplo de caixa de listagem, 254–257
    exemplo de caixa de seleção, 242–243
    formatar separadores, 264–269
    usar controle Botão, 241
    usar controle Botão de Opção, 246–247
    usar controle Caixa de Combinação, 250–251
    usar controle Caixa de Listagem, 253–254

usar controle Caixa de Seleção, 242-243
usar separadores como controles de Formulário, 273-276
intervalos
    atualizar automaticamente intervalos do minigráfico, 86
    converter em tabelas do Excel, 52-53
    converter tabelas do Excel de volta em, 54
    desbloquear intervalos editáveis, 309-310

L

lado a lado, comparações do tempo, 166-168
LARGE, botão, 186-188
Largura do Compartimento, opção, 200
layout
    mudar em tabela dinâmica, 131
Layout do Relatório, ícone, 131
Layout e Impressão, guia, 141
Legenda (controle de Formulário), 240
legendas, 333
    como lixo do gráfico, 333
    em gráficos de tendência, 163-166
    uso de tabelas de dados em vez de legendas de dados, 335-336
    uso eficiente de, 58, 62-63
Limpar Filtro, ícone, 263
Limpar, ícone, 147
linha, área (da tabela dinâmica), 121
Linha do Tempo, separadores, 259, 270-273
Linha, minigráficos, 75, 77, 81
linhas de grade, 60, 332
linhas, gráficos, 158, 344
Lista de Campos da Tabela Dinâmica, 124
Listar, recurso, 49

Locais Confiáveis, botão/menu, 231
logarítmica, escala, 161-163

M

Macro, caixa de diálogo, 227
macros
    ativar e confiar, 230
    definidas, 221
    execução, 226-229
    exemplos, 232-235
    gravação, 223-226
    para criar botões de navegação, 232-233
    para oferecer opções de relatório com um toque, 234-235
    para reorganizar dinamicamente dados da tabela dinâmica, 233-234
    usos, 222
Macros, comando, 227
Máximo, valor, 161
Max, opção, 134
Mesclar, opção, 301
mês, criar exibições baseadas em dinâmicas, 148-150
mês sobre mês, exibição de variação (em tabela dinâmica), 153-154
metas
    exibir desempenho com variâncias, 204-205
    exibir desempenho em relação a intervalo da meta, 216-218
    exibir desempenho em relação a tendências organizacionais, 205
Microsoft Access, 280-287
Microsoft Office, 321
Microsoft OneDrive, 321-325
minigráficos
    ajustar escala do eixo, 82-83
    alterar cores e largura da linha, 81
    alterar tipo, 81

atualizar automaticamente intervalos em, 86
como disponíveis apenas com Excel 2010 e 2013, 75
criação, 76–78
definidos, 73
dimensionar e mesclar células do minigráfico, 79–80
especificar eixo da data, 84–86
exemplo mostrando tendência, 75
grupos de, 78–79
lidar com dados ocultos ou ausentes, 80
linhas de referência fictícias, 83–84
personalização, 79–86
tipos, 75–76

Mínimo, valor, 160
Min, opção, 134
Mostrar Valores Como, guia, 151, 152, 153–154
móvel, funcionalidade da média, 178–179
Mover para Grupo, opção, 301
Multiple Items, 261

N

na célula, gráficos de barras, 182
Não Mostrar Subtotais, opção, 136
não numérica (texto ou dada), caixa de seleção, 125
navegação complicada, uso de macro para evitar, 222
Navegador, painel, 292
Nome Amistoso, campo, 289
Nome da Macro, campo, 224
Nome do Arquivo, caixa de entrada, 289
nomes do campo, personalização em tabelas dinâmicas, 132–133
Nova Consulta, comando, 291

Nova Regra, botão, 101
Nova Regra de Formatação, caixa de diálogo, 98, 101, 226
Novo Estilo de Separador, botão, 266
numérica, caixa de seleção, 125
Número de Compartimentos, opção, 200
Número, guia, 65
números
  alinhamento, 63
  aplicar cores de formato personalizadas, 70–71
  aplicar formatos numéricos em campos de dados, 133–134
  em milhares e milhões, formatação, 67–69
  formatação de números grandes, 334
  formatação de números negativos, 66, 67, 69
  formatação de números positivos, 66, 67
  formatação eficiente de, 58, 62–63
  uso de símbolos para criar formato de número personalizado, 109
números negativos, formatação, 65, 66, 67, 69
números positivos, formatação, 66, 67

O

Obter Dados Externos, ícone, 283–287
OK, botão, 90
OneDrive, conta/painel, 321
OneDrive, distribuição de painéis via, 321–325
Opção, Botão (controle de Formulário), 239, 246
opções
  10 Primeiros, 145
  Ajustar Largura da Coluna, 286
  Anexar, 301

Atualizar, 301
Average, 134
Carregar em, 301
compartilhamento(s) de arquivos, 307
Configurações do Campo Valor, 133
Count, 134
Count Nums, 134
Descer, 298, 301
Do SQL Server, 287
Editar, 301
Editar Configurações (Consulta Avançada), 298
Excluir, 298, 301
Excluir Até Final (Consulta Avançada), 298
Fechar e Carregar (Consulta Avançada), 296
Formatar Apenas Células Que Contenham, 98, 101
Formatar Apenas os Primeiros ou Últimos Valores, 98
Incluir Números da Linha, 286
Inserir Células para Novos Dados, Excluir Células Não Usadas, 286
Inserir Linhas Inteiras para Novos Dados, Limpar Células Não Usadas, 286
Largura do Compartimento, 200
Max, 134
Mesclar, 301
Min, 134
Mover para Grupo, 301
Não Mostrar Subtotais, 136
Número de Compartimentos, 200
para proteção da planilha, 312
Personalizar Valor, 82
Preservar Coluna/Classificação/Filtro/Layout, 286
Preservar Formatação da Célula, 286
Product, 134
Propriedades, 301
Referência, 301
relatório com um toque, 234–235
Renomear (Consulta Avançada), 298
Sem Preenchimento, 59, 218
StdDev, 134
StedDevP, 134
Subir, 301
Subir (Consulta Avançada), 298
Substituir Células por Novos Dados, Limpar Células Não Usadas, 286
Sum, 134
Transbordamento do compartimento, 201
Var, 134
VarP, 134
Opções, botão, 223, 239, 320
Opções, caixa de diálogo, 320
Opções da Tabela Dinâmica, caixa de diálogo, 138
Opções de Ferramentas do Separador, guia, 266
Opções Gerais, caixa de diálogo, 307, 308, 309
Opções, guia, 147
Opções para Exibir Navegador, caixa de diálogo, 322
organizacionais, mostrar desempenho em relação a tendências, 205–206

P

padrão, eixo vertical, 170
padrão, escala linear, 162
painéis
    aperfeiçoar com ferramenta Câmera, 113–114
    distribuição via OneDrive, 321–325
    distribuição via PDF, 319–321
    incorporar exibições superior e inferior, 182–183

proteção, 306-314
vincular ao PowerPoint, 316-318
Parar Gravação, comando, 226
pasta de trabalho, limitar acesso a intervalos, 309-313
pasta de trabalho, proteção, 312
pasta de trabalho, proteção no nível, 306-307, 309
pastas de trabalho
　assegurar acesso a pasta de trabalho inteira, 306-309
　compartilhamento, 305-326
　limitar acesso a intervalos de pastas de trabalho específicos, 309-313
　limites ao publicar na Web, 325-326
　proteger estrutura, 313-314
PDF (formato de documento portável), distribuir painéis via, 319-321
Personalizar Faixa, botão, 223, 238
Personalizar Nome, caixa de entrada, 133
Personalizar Valor, opção, 82
porcentagem, contribuição, 150
porcentagem, exibição da distribuição em tabelas dinâmicas, 150-151
porcentagens, formatação, 67
PowerPoint, vínculo de painéis com, 316-318
predefinidos, cenários (formatação condicional), 88-96
Preencher, ícone, 218
preparação, tabelas, 252
Preservar Coluna/Classificar/Filtrar/Layout, opção, 286
Preservar Formatação da Célula, opção, 286
previsões, representação em componentes de tendência, 175-176
primário, eixo, 170
Primeiros 10%, caixa de diálogo, 92
Primeiros 10%, regra, 92

Primeiros/Últimos, Regras, 88, 91-93
primeiros valores, ênfase em gráficos, 186-190
princípios, 329-342. *Consulte também* design, princípios
Product, opção, 134
proporções, 80, 341-342
Propriedades, caixa de diálogo/ícone, 299
Propriedades dos Dados Externos, caixa de diálogo, 286
Propriedades do Vínculo de Dados, caixas de diálogo, 283
Propriedades, opção, 301
proteção de painéis e relatórios
　aplicar proteção da planilha, 311
　assegurar acesso à pasta de trabalho inteira, 306-309
　desbloquear intervalos editáveis, 309-310
　exigir senha para abrir arquivo do Excel, 308
　limitar acesso a intervalos específicos da planilha, 309-313
　permitir acesso de somente leitura a menos que seja fornecida senha, 306-307
　proteger elementos e ações da planilha, 312
　proteger estrutura da pasta de trabalho, 313-314
　remover proteção da planilha, 313
　remover proteção no nível da pasta de trabalho, 309
Proteção, guia, 309
Proteger Estrutura e Janelas, caixa de diálogo, 313
Proteger Pasta de Trabalho, ícone, 313
Proteger Planilha, caixa de diálogo, 311
Proteger Planilha, ícone, 311, 312
Publicar como PDF ou XPS, caixa de diálogo, 320

Q

qualitativas, faixas (em gráficos com marcas), 214

R

referência, linha, 83-84
Referência, opção, 301
regras, 96-100. *Consulte também* regras específicas
relatório
    opções do relatório com um toque, 234-235
relatórios
    aperfeiçoamento com formatação condicional, 88-106
    códigos do formato para, 71-72
    ferramenta Câmera como modo de aperfeiçoar, 113-114
    ferramenta Câmera como útil para, 110
    filtros do relatório, 127-128
    minigráficos para adicionar dimensão a relatórios baseados em tabelas, 74-75
    por mês e trimestres, 148-150
    problemas com, 222
    proteção, 306-314
    relatórios da tabela dinâmica, 120
    tabelas dinâmicas como estrelas em potencial, 128
    usar símbolos para aperfeiçoar, 106-109
Renomear, opção (Consulta Avançada), 298
repetitivas, uso macro para tarefas, 222
representação das tendências com Conjuntos de Ícone, 104-105
    gráficos de waffle e, 116-117
    mostrar apenas um ícone, 100-102
    usar símbolos para melhorar relatório, 106-109
Revisão, guia, 311, 313

S

Salvar Como, caixa de diálogo, 307, 308, 321
Salvar Como, comando, 321
Salvar Senha em Arquivo, caixa de seleção, 289
sazonalidade, 178
secundário, tendência com eixo, 169-172
Segmento Comercial, lista suspensa, 139, 144-145
Segoe UI, fonte, 64
segundos planos, 332
Segurança da Macro, botão, 231
Selecionar Células Bloqueadas (proteção da planilha), 312
Selecionar Células Desbloqueadas (proteção da planilha), 312
Selecionar Fonte de Dados, caixa de diálogo, 283
Selecionar Tabela, caixa de diálogo, 284
Sem Preenchimento, opção, 59, 218
senhas, 306-309, 309-313
separadores, 259-276
Símbolo, caixa de diálogo, 108
Símbolo, comando, 108
símbolos, uso para aperfeiçoar relatório, 106-109
Sim, botão, 54
SMALL, função, 189
soltar, zonas, 124, 126
somente leitura, acesso, 306-307
SQL Server, tabelas como fonte de dados externos, 279
StdDev, opção, 134
StedDevP, opção, 134

suavização (de dados), 178-180
Subir, opção, 298, 301
Sublinhado, menu suspenso, 61
sublinhados, contábil simples comparado com padrão, 60
Substituir Células por Novos Dados, Limpar Células Não Usadas, opção, 286
Subtotais, ícone, 137
subtotais, remoção/corte de, 137, 135-138
Subtransbordamento do compartimento, opção, 201
Sum, opção, 134
SUMPRODUCT, função, 46-48
superiores e inferiores, exibições, 181-202
superiores e inferiores, exibições nas tabelas dinâmicas, 143-147
suspensos, listas/menus/caixas
   alterar dados do gráfico com, 251-253
   campos Filtro como, 260-261
   na caixa de diálogo Configurações do Campo Valor, 151
   na guia Mostrar Valores Como, 152, 153-154
   no cenário É Maior Do Que, 90
   no cenário Primeiros 10%, 92
   no controle Caixa de Combinação, 250
   no ícone Outras Fontes, 291

T

Tabela Dinâmica, ícone, 123
tabela dinâmica, relatórios, 120
tabelas, 58-64
Tecla de Atalho, campo (gravar macros), 224
tempo, comparações, 166-168
tempo, enfatizar períodos (em gráficos de tendência), 172-176
tempos, formatação, 71-72
tendência
   enfatizar períodos de tempo, 172-176
   outras técnicas em, 176-180
   prós e contras, 158-165
   tendência comparativa, 166-169
tendência definida, 158
tendência, linhas como lixo do gráfico, 333
tendências organizacionais, mostrar desempenho em relação a, 205-206
Terminar Em, valores, 197
termômetro, gráfico no estilo, 208, 251
Texto Que Contém, regra, 90
Times New Roman, fonte, 64
Tipo, caixa de entrada, 66, 67, 68, 70
Tipo, caixas suspensas, 99
títulos, uso eficiente de, 337
Totais e Filtros, guia, 138
total, cálculos, 134-135
Transbordamento do compartimento, opção, 201
trimestre, criar exibições baseadas em dinâmicas por, 148-150
TRUE, 243, 245

U

Últimos 10%, regra, 92
Uma Data Ocorrendo, regra, 90
um toque, opções de relatório, 234-235
Unicode, caracteres, 106
Unidade Maior, valor, 161
Usar AutoFiltro (proteção da planilha), 312
Usar Relatórios da Tabela Dinâmica (proteção da planilha), 312
usuário, interfaces
   interatividade de, 259-276

V

Valor, caixa, 99
valores. *Consulte também* valores específicos
- abaixo da média, 97
- acima da média, 97
- caixa de diálogo Configurações do Campo Valor, 132, 134, 135, 152, 153–154
- desempenho, 216–218
- eixos mínimo e máximo, 83
- guia Mostrar Valores Como, 151, 152, 153–154
- inferiores, 182
- inicialização, 90, 93
- negativos, 84
- opção Configurações do Campo Valor, 133
- regra Duplicar Valores, 90
- superiores, 182, 186–190
- valores dos dados, 333
- zona para soltar VALORES, 125, 197

valores, área (da tabela dinâmica), 120–121
VALORES, zona para soltar, 125, 197
Valor, série, 211
Value, argumento, 48
variâncias, mostrar desempenho com, 204–205
Var, opção, 134
VarP, opção, 134
Verificação, ícone, 97, 99, 100
versões anteriores, compatível com, 271
vertical, eixo (em gráficos de tendência), 160
vertical, ficar em gráficos de tendência, 165
Vínculos, caixa de diálogo, 318–319
Visual Basic, cores, 70
Visual Basic for Applications (VBA), código, 221, 223
Visualização definida, 87
Visualizar Rápido, opção, 301

W

waffle, gráficos, 114–117
Web, botão de comando, 292
Webdings, fonte, 106
Web, limites ao publicar em, 325–326
Wingdings, fonte, 106

X

X, ícone, 97, 100
xlsm, extensão, 230
xlsx, extensão, 230
XY, gráfico de dispersão, 348

Z

zeros, ocultar e cortar, 69–70